Windows & Mac

Zwei Welten gemeinsam nutzen

Christian Immler

Markt+Technik

ISBN 978-3-98810-012-2

Produktmanagement Christian Braun, Burkhardt Lühr
Herstellung Jutta Brunemann
Covergestaltung David Haberkamp
Coverfotos © Jiwa_Visual – Adobe Stock
Satz inpunkt[w]o, Wilnsdorf (www.inpunktwo.de)
Druck mediaprint solutions GmbH, Paderborn
Printed in Germany

Inhaltsverzeichnis

1. Auf den ersten Blick ganz anders – die Desktops beider Welten

Windows-PCs und Apples Mac scheinen auf den ersten Blick zwei komplett verschiedene Welten zu sein. Windows-Anwender kennen sich mit macOS nicht aus und umgekehrt – was im Wesentlichen an der unterschiedlichen Desktop-Optik liegt.

Dabei ist es gar nicht so schwer, zwischen beiden Systemen zu wechseln. In vielen Familien wie auch in modernen Arbeitswelten, wo Mitarbeiter und Externe eigene Geräte mitbringen oder aus der Ferne ins Netzwerk einbinden, kommt es immer wieder vor, dass auch Apple-Geräte mit bestehender Windows-Infrastruktur kommunizieren sollen. Nutzer möchten Dateien miteinander austauschen, auf gemeinsame Fotos, Cloud-Speicher und E-Mails zugreifen.

Ein weiteres wichtiges Thema ist der Datenaustausch mit Smartphones, da auch hier die beiden Plattformen Android und iOS deutliche Unterschiede zeigen. Die iPhones sind in Apples Softwarewelt gut eingebunden und arbeiten perfekt mit macOS zusammen. Die deutlich weiter verbreiteten Android-Smartphones aller anderen Hersteller außer Apple arbeiten dank der webbasierten Tools von Google mit jedem Betriebssystem zusammen. Zusätzlich haben verschiedenste Entwickler eigene Programme für das Zusammenspiel zwischen Smartphone und PC entwickelt – wegen der offeneren Software-Plattformen im Wesentlichen für Android und Windows.

In diesem Buch geht es immer um beide Systeme. Um deutlich zu kennzeichnen, ob sich ein Textabschnitt auf Windows oder macOS bezieht, verwenden wir die typischen Symbole der beiden Betriebssysteme.

Windows und macOS werden automatisch regelmäßig mit neuen Funktionen erweitert und aktualisiert. Bei Windows kam mit Windows 11 ein deutlicher Sprung, was das Design der Benutzeroberfläche angeht. macOS ist dagegen seit Jahren optisch weitgehend unverändert und erhält nur neue Apps und Komponenten. Wir verwenden in diesem Buch die aktuellen Versionen von Windows 11 sowie macOS Ventura und Sonoma.

Um festzustellen, welche Windows-Version auf Ihrem PC installiert ist, rufen Sie die *Einstellungen* auf und klicken dann auf *System/Info* oder drücken die Tastenkombination ⊞+I. Eine weitere Möglichkeit ist, den Befehl *Winver* ins Suchfeld einzugeben, er zeigt ebenfalls die Versionsnummer an.

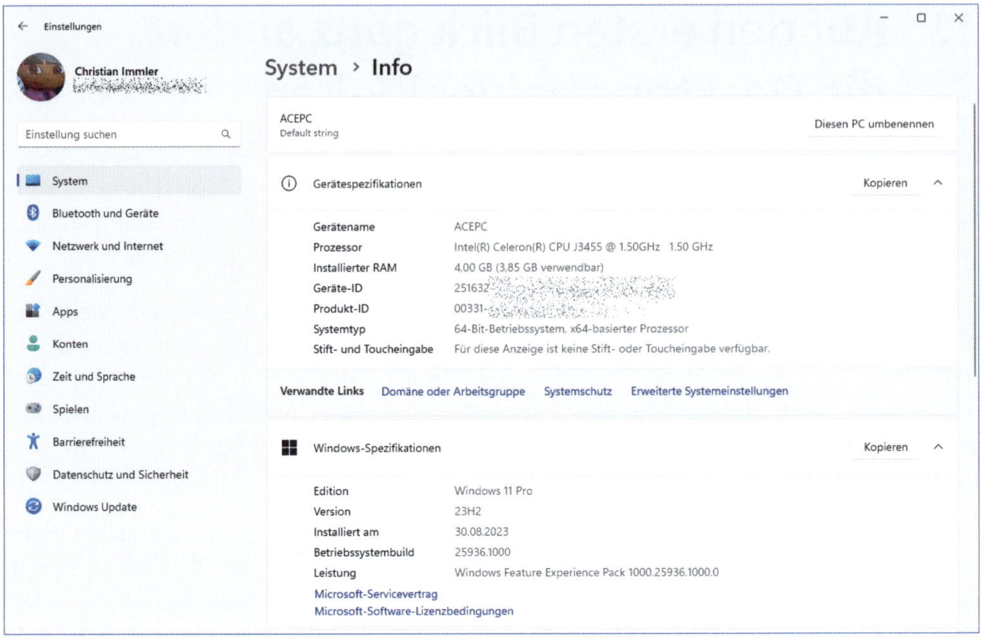

Betriebssystemversion in Windows 11 anzeigen

Um festzustellen, welche macOS-Version auf Ihrem Mac installiert ist, klicken Sie auf das Apfel-Menü ganz oben links und dann auf *Über diesen Mac*.

Betriebssystemversion in macOS anzeigen

1.1 Die Desktops von Windows und macOS

Die Desktops von Windows und macOS sehen auf den ersten Blick so unterschiedlich aus, enthalten aber bei genauem Hinsehen die gleichen Elemente, nur an teilweise unterschiedlichen Stellen.

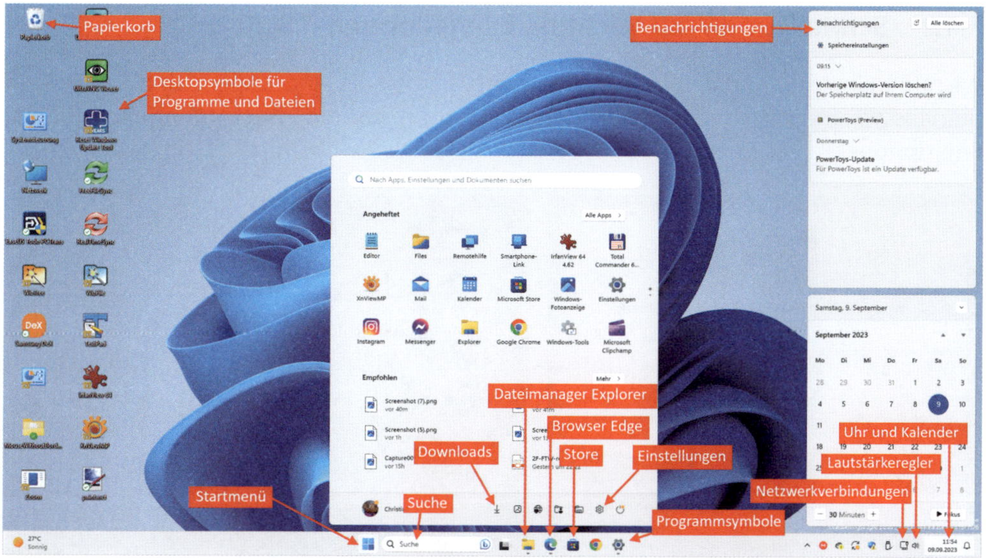

Typischer Desktop von Windows 11 mit Standardhintergrund, Startmenü und Benachrichtigungen

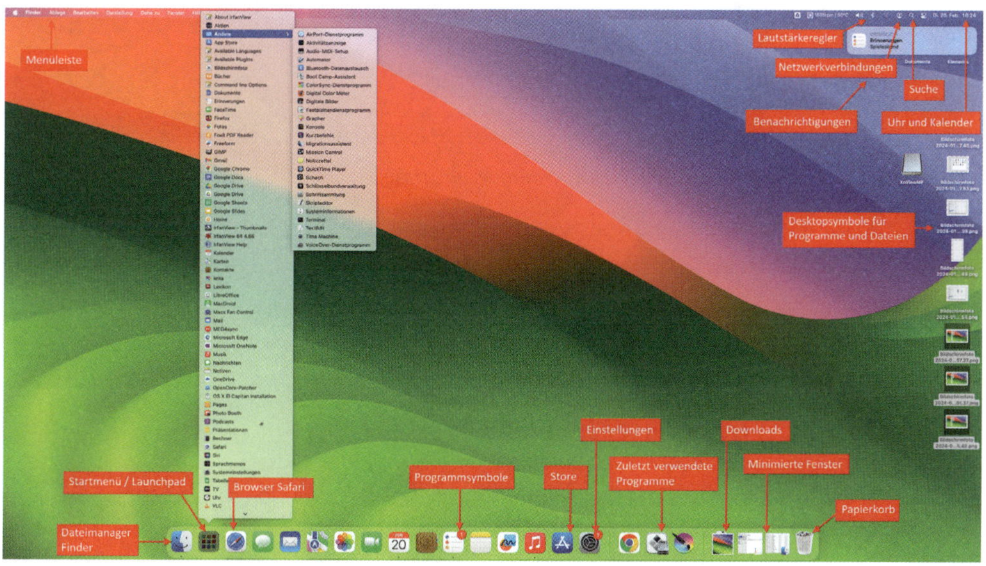

Typischer Desktop von macOS mit Standardhintergrund, Startmenü und Benachrichtigungen

macOS zeigt oben auf dem Desktop immer eine Menüleiste. Diese ändert sich je nach gerade geöffnetem Programmfenster.

In Windows zeigen die Programme ihre Menüleiste immer am oberen Fensterrand. Eine Menüleiste auf dem Desktop gibt es dagegen nicht.

1.1.1 Schnellzugriff auf wichtige Einstellungen

Wichtige Einstellungen wie WLAN, Bluetooth, Lautstärke und andere sind bei beiden Betriebssystemen in einem kleinen Kontrollzentrum zusammengefasst, ähnlich wie bei Smartphones.

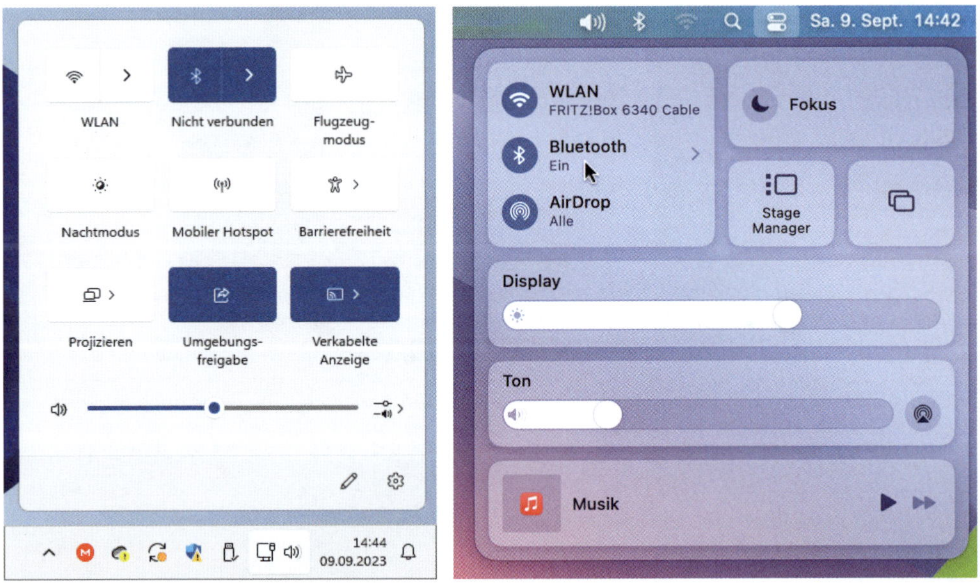

Kontrollzentrum mit Schnelleinstellungen in Windows und macOS

Klicken Sie auf das Lautsprechersymbol unten rechts in der Ecke der Taskleiste, um das Kontrollzentrum zu öffnen.

Klicken Sie auf das Symbol *Kontrollzentrum* oben rechts in der Menüleiste, um das Kontrollzentrum zu öffnen.

1.1.2 Übersicht geöffneter Fenster

Wer mit vielen offenen Fenstern auf dem Desktop arbeitet, verliert schnell die Übersicht. Windows und macOS bieten Übersichtsfenster mit allen geöffneten Fenstern an, sodass Sie schnell zu einem bestimmten Fenster springen können.

Das Taskleistensymbol *Aktive Anwendungen* oder die Tastenkombination ⊞+⭾ zeigt einen Übersichtsbildschirm aller geöffneten Fenster. Klicken Sie auf das gewünschte Fenster.

Übersicht aller geöffneten Fenster in Windows 11

Die Symbolfunktion der Taste F3 der Mac-Tastatur oder die Tastenkombination command+↑ zeigt einen Übersichtsbildschirm aller geöffneten Fenster, die sogenannte ***Mission Control***. Anwendungen im Vollbildmodus werden als eigene Vorschaubilder neben der Desktop-Vorschau angezeigt. Klicken Sie jeweils auf das gewünschte Fenster.

Übersicht aller geöffneten Fenster in macOS

1.1.3 Virtuelle Desktops/Spaces

Um die Arbeit mit vielen offenen Fenstern übersichtlicher zu gestalten, bieten Windows und macOS mehrere Desktops an, zwischen denen Sie schnell wechseln können. Jeder Desktop enthält jeweils nur einen Teil der geöffneten Fenster.

Windows spricht von ***virtuellen Desktops***, macOS bezeichnet diese als ***Spaces***.

Das Taskleistensymbol *Aktive Anwendungen* oder die Tastenkombination [Win]+[Tab] blendet einen Übersichtsbildschirm aller geöffneten Fenster ein. Hier legen Sie auch neue Desktops an.

Klicken Sie dazu einfach auf den noch leeren Desktop mit dem Pluszeichen ganz rechts. Die Tastenkombination [Win]+[Strg]+[D] legt ebenfalls einen neuen virtuellen Desktop an.

Zwischen mehreren Desktops in Windows 11 umschalten und neue anlegen

Klicken Sie auf die Namen der virtuellen Desktops, um diese beliebig zu verändern. Mit den Tastenkombinationen [Win]+[Strg]+[→] sowie [Win]+[Strg]+[←] wechseln Sie zwischen den Desktops.

Beim Schließen eines Desktops werden noch offene Fenster auf einen noch vorhandenen Desktop verschoben. Es geht also nichts verloren.

In den *Einstellungen* unter *System/Multitasking/Desktops* legen Sie fest, ob in der Taskleiste und beim Drücken der Tastenkombination [Alt]+[Tab] nur die Fenster des aktuellen Desktops oder alle Fenster angezeigt werden sollen.

Die Spaces in macOS verhalten sich ähnlich. Öffnen Sie mit der Symbolfunktion der Taste [F3] der Mac-Tastatur oder der Tastenkombination [control]+[↑] die ***Mission Control***. Klicken Sie auf das Pluszeichen ganz rechts, um einen neuen Space zu öffnen.

Zur deutlichen Unterscheidung können Sie diesem ein eigenes Hintergrundbild geben.

Mit den Tastenkombinationen [control]+[→] und [control]+[←] wechseln Sie zwischen den Spaces.

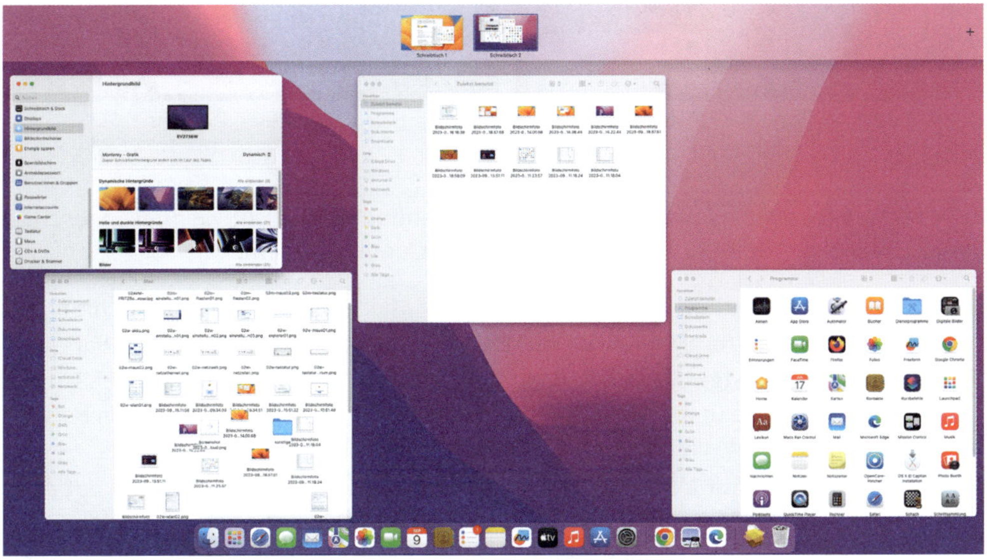

Zwischen mehreren Spaces in macOS umschalten und neue anlegen

1.2 Taskleiste/Dock

Windows und macOS zeigen am unteren Bildschirmrand eine Leiste mit Programmsymbolen, die bei Windows als ***Taskleiste*** und bei macOS als ***Dock*** bezeichnet wird. Ein Klick auf eines dieser Symbole öffnet das jeweilige Programm. Auch Windows benötigt an dieser Stelle nur einen einzelnen Klick, keinen Doppelklick.

In der Grundeinstellung enthält die Taskleiste neben dem Windows-Logo ein Suchfeld, das Symbol *Aktive Anwendungen* sowie einige vorinstallierte Programme, etwa den Explorer, den Edge-Browser und den Store. Weitere geöffnete Programme erscheinen automatisch als Taskleistensymbole. Die Taskleistensymbole zeigen mit kleinen grauen Punkten unterhalb der Symbole an, wenn das jeweilige Programm gerade in einem Fenster geöffnet ist. Ein blauer Strich unter einem Symbol markiert das aktuelle Fenster.

Alle vorinstallierten Apps sowie auch neu installierte lassen sich per Rechtsklick über das Kontextmenü von der Taskleiste lösen. Die jeweilige App bleibt installiert und kann über das Startmenü weiterhin aufgerufen werden. Auf die gleiche Weise können Sie ein laufendes Programm mit einem Rechtsklick auf sein Symbol an die Taskleiste anheften. Das Symbol bleibt dann dort, auch nachdem das Programm beendet wurde.

Taskleistensymbole in Windows 11 anheften und lösen

Beim Rechtsklick auf die Taskleiste erscheint der Menüpunkt *Taskleisteneinstellungen*. Hier können Sie noch weitere Einstellungen vornehmen, unter anderem:

- **Taskleiste automatisch ausblenden** lässt die Taskleiste am unteren Bildschirmrand verschwinden. Fahren Sie mit der Maus dorthin, erscheint die Taskleiste wieder.
- **Badges in Taskleisten-Apps anzeigen** zeigt mit einer kleinen Zahl am App-Symbol an, wenn diese App ungelesene Benachrichtigungen hat. So werden Sie zum Beispiel auffällig an neue E-Mails erinnert.
- **Meine Taskleiste auf allen Anzeigegeräten anzeigen** zeigt die Taskleiste auf allen angeschlossenen Monitoren an. Ist dieser Schalter deaktiviert, wird die Taskleiste nur auf dem Hauptbildschirm angezeigt. Wenn die Taskleiste auf mehreren Bildschirmen eingeblendet wird, können Sie wählen, ob die App-Symbole auf allen Bildschirmen zu sehen sind, nur auf der Haupttaskleiste oder nur auf dem Bildschirm, auf dem das zugehörige Programmfenster zu sehen ist.

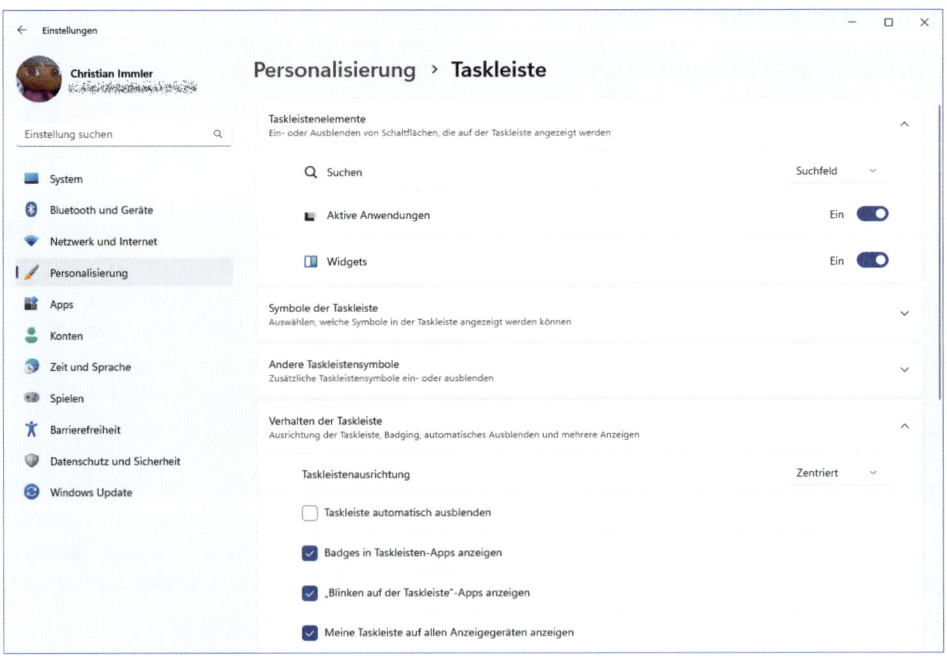

Taskleisteneinstellungen in Windows 11

- **Wählen Sie die äußerste Ecke der Taskleiste aus, um den Desktop anzuzeigen** ist eine aus früheren Windows-Versionen übernommene Funktion. Windows 7 hatte ganz rechts in der Taskleiste noch ein kleines rechteckiges Symbol dafür. Ein Klick darauf blendete alle Fenster aus und zeigte den Desktop. Der nächste Klick blendete die Fenster wieder ein. In Windows 10 wurde dieses Symbol durch einen sehr schmalen grauen Balken ersetzt, in Windows 11 ist es gar nicht mehr zu sehen, funktioniert aber weiter, wenn diese Option eingeschaltet ist. Noch einfacher zeigen Sie den Desktop mit der Tastenkombination [Win]+[D], die alle Fenster aus- und wieder einblendet.
- **Beschriftungen auf Taskleisten-App-Symbolen anzeigen** zeigt wie in früheren Windows-Versionen neben den Taskleistensymbolen den Namen des jeweiligen Programms an, was aber deutlich mehr Platz in der Taskleiste benötigt.

Das Dock am unteren Bildschirmrand von macOS verhält sich ähnlich. Auch hier sind Symbole diverser vorinstallierter Programme zu sehen. Programme, die gerade geöffnet sind, werden mit einem kleinen Punkt unter dem Symbol gekennzeichnet.

Das Dock ist mit dünnen Linien in verschiedene Bereiche geteilt. Der linke, größte Teil zeigt die Programmsymbole installierter Programme. Der zweite Teil enthält drei zuletzt verwendete Programme, die sonst nicht im Dock zu sehen sind. Ganz rechts finden Sie den Download-Ordner, minimierte Programmfenster sowie den Papierkorb.

Weitere Programmsymbole können Sie aus dem *Programme*-Ordner im ***Finder*** direkt per Drag-and-drop in den linken Symbolbereich des Docks ziehen. Ordner mit Dateien können in den rechten Bereich neben dem Download-Ordner gezogen werden.

Sie können auch einfach ein laufendes Programm oder eines der drei zuletzt verwendeten mit gedrückter [control]-Taste oder rechter Maustaste anklicken und dann im Menü *Optionen/Im Dock behalten* wählen. Das Programmsymbol wird daraufhin fest im Dock verankert.

Programmsymbol im Dock behalten

Umgekehrt können Sie auch nicht benötigte Programmsymbole über den Menüpunkt *Optionen/Aus dem Dock entfernen* entfernen, ohne dass das Programm selbst deinstalliert wird.

In den Einstellungen unter *Schreibtisch & Dock* können Sie die Größe des Docks, die Position auf dem Bildschirm sowie verschiedene Effekte festlegen. Mit dem Regler *Vergrößerung* bestimmen Sie, ob und wie viel das Dock-Element an der Mausposition vergrößert werden soll, um besser aufzufallen. Damit vermeiden Sie, versehentlich falsche Programme zu starten.

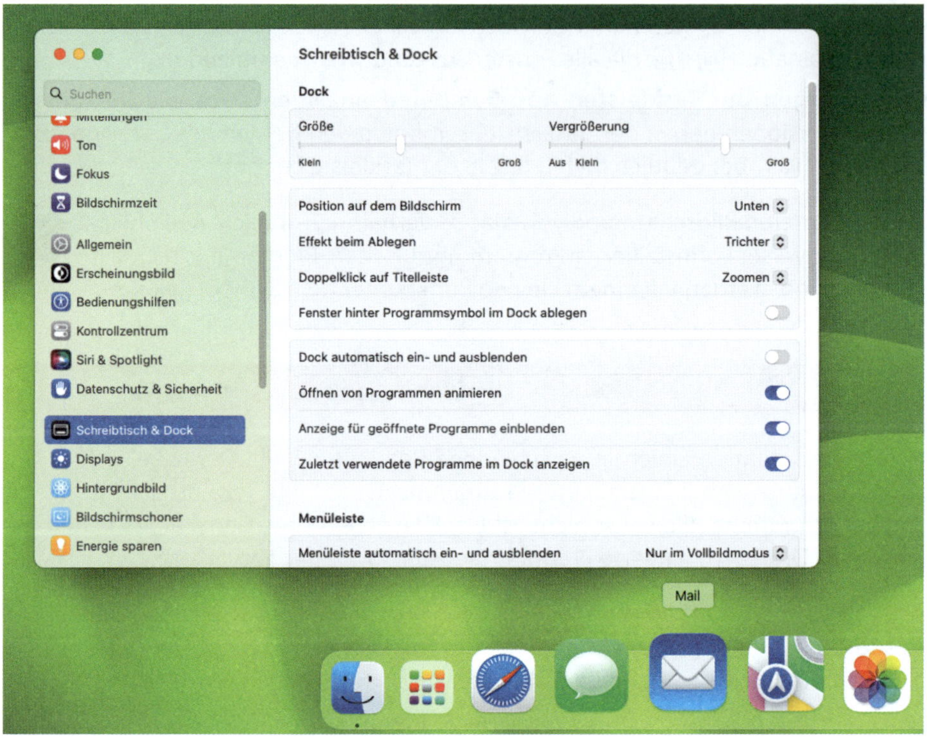

Vergrößerung des Symbols im Dock an der Mausposition

1.3 Startmenü/Launchpad

Windows wie auch macOS enthalten Symbolpaletten, auf denen sich die installierten Programme einfach starten lassen. Zusätzlich zu der personalisierbaren Symbolpalette, in Windows klassisch als ***Startmenü*** bezeichnet und bei macOS als ***Launchpad***, gibt es alphabetische Programmlisten aller installierten Programme.

Windows 11 fällt auf den ersten Blick durch die aufgefrischte Desktop-Optik auf, deren Mittelpunkt das neue ***Startmenü*** ist, das jetzt auch in der Mitte der Taskleiste angeordnet ist. Das Windows-Startmenü wird über einen Klick auf das Windows-Logo in der Taskleiste oder durch Drücken der [Windows]-Taste auf der Tastatur geöffnet. Statt der beiden Bereiche mit Kacheln sowie der alphabetischen Programmliste aus Windows 10 enthält das Startmenü in Windows 11 eine anpassbare Liste mit Programmen sowie den zuletzt verwendeten Dateien. Das Design ist den Startbildschirmen von Smartphones ähnlicher als dem klassischen Windows-Startmenü.

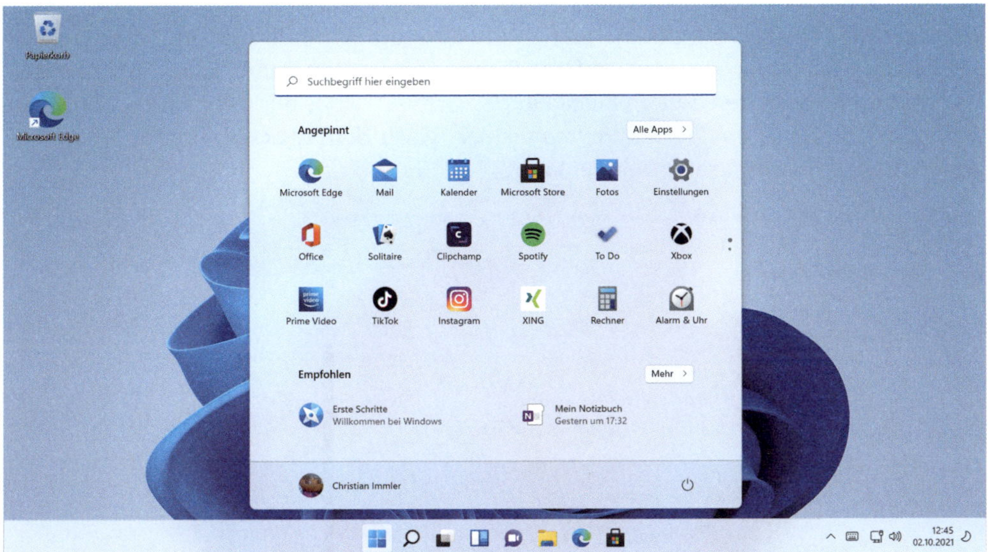

Das Startmenü in Windows 11 beim ersten Start nach der Installation

1.3.1 Windows-Startmenü anpassen

Die meisten Anwender nutzen nur wenige Programme regelmäßig, diese aber immer wieder. Das Windows-Startmenü enthält oben standardmäßig eine persönlich anpassbare Liste mit bis zu 24 Programmsymbolen. Werden es mehr, wird eine zweite Seite angelegt, zu der Sie mit dem Mausrad oder zwei Fingern auf dem Touchpad schnell wechseln.

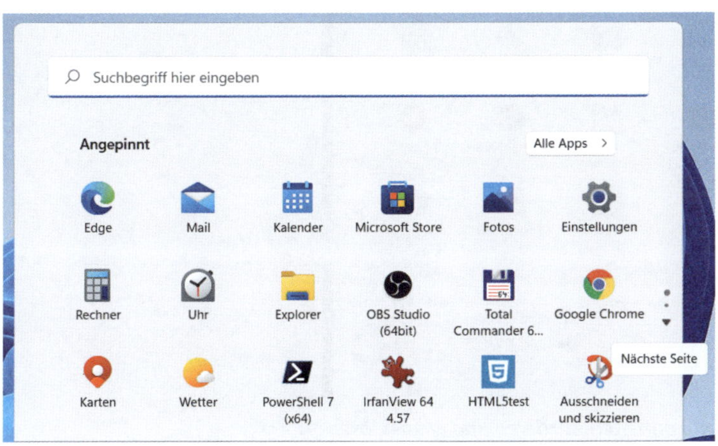

Weitere angepinnte Apps im Startmenü zeigen

Die Funktionen der Live-Kacheln aus Windows 10 fallen in Windows 11 weg, es bleiben nur Symbole, die aber moderner und farbenfroher gestaltet wurden.

Apps im Startmenü anpinnen

Ein Klick auf *Alle Apps* öffnet eine alphabetische Programmliste mit Unterordnern, wie man sie seit Windows 95 kennt. Auf der Startseite des Startmenüs können Sie beliebige Programme anheften, indem Sie sie in der Liste *Alle Apps* mit der rechten Maustaste anklicken und dann *An "Start" anheften* wählen. Nach dem gleichen Prinzip lassen sich angeheftete Programme auch wieder lösen.

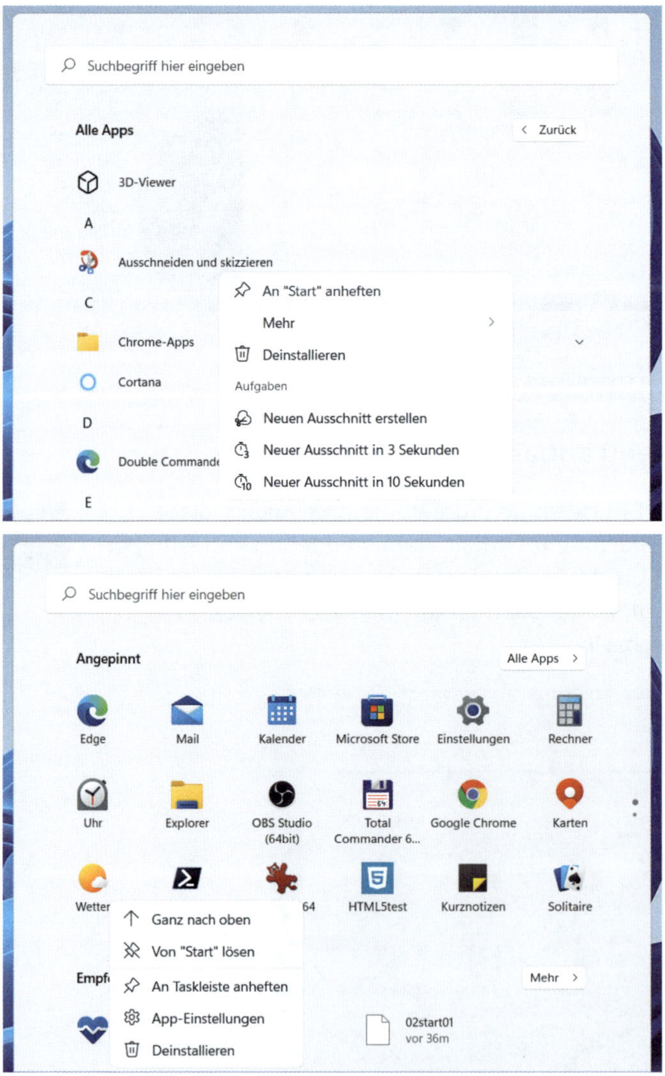

Apps aus der Liste im Startmenü anheften, sortieren und wieder lösen

Per Drag-and-drop ordnen Sie die angehefteten Symbole frei an, wie auf einem Smartphone, oder Sie bringen über einen Rechtsklick ein Symbol an die oberste Position und legen so Schritt für Schritt eine beliebige Reihenfolge fest.

Empfohlene Elemente im Startmenü

Der untere Teil des Startmenüs enthält empfohlene Elemente, was zuletzt hinzugefügte Verknüpfungen wie auch kürzlich verwendete Dateien umfasst. Klicken Sie auf eine der hier angezeigten Dateien, wird diese mit dem zugeordneten Standardprogramm geöffnet. Dies muss nicht unbedingt das gleiche sein, mit dem die Datei seinerzeit bearbeitet wurde.

Mit einem Rechtsklick auf eine hier gelistete Datei blenden Sie ein Kontextmenü ein, in dem Sie den Ordner im Explorer öffnen können, in dem die Datei liegt, oder die Datei aus der Liste entfernen können. Dabei wird die Datei selbst nicht gelöscht, sondern lediglich die Verknüpfung im Startmenü.

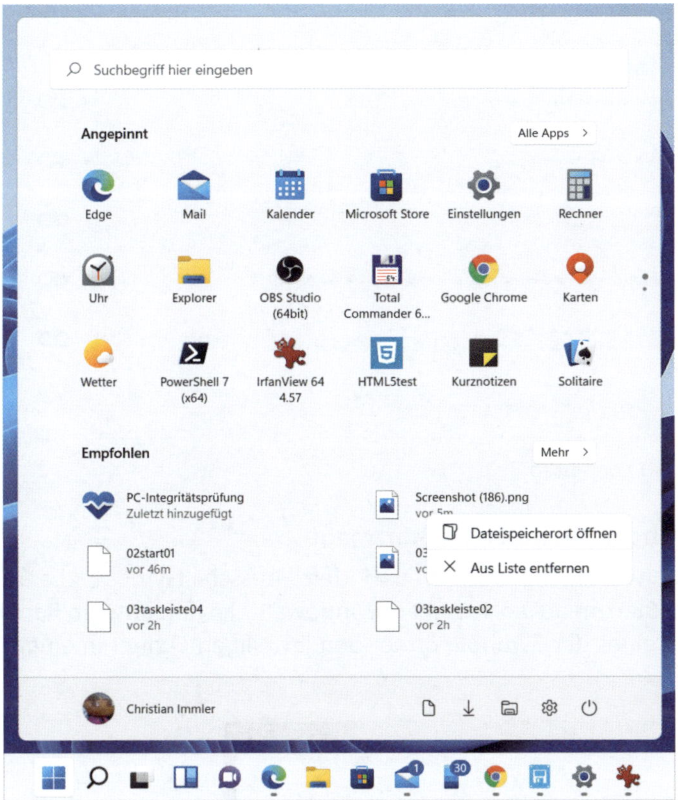

Empfohlene, zuletzt verwendete Dateien im Startmenü

Ein Klick auf *Mehr* zeigt eine scrollbare und deutlich längere Liste empfohlener Elemente an. Auch hier können Sie per Rechtsklick einzelne Elemente entfernen oder Speicherorte öffnen.

Teile des Startmenüs ausblenden

In den *Einstellungen* unter *Personalisierung/Start* wählen Sie zwischen verschiedenen Startmenü-Layouts und können bei Bedarf die Liste zuletzt hinzugefügter Apps, die Liste der meistgenutzten Apps sowie auch die zuletzt verwendeten Elemente im Startmenü, in Sprunglisten und im Datei-Explorer ausblenden.

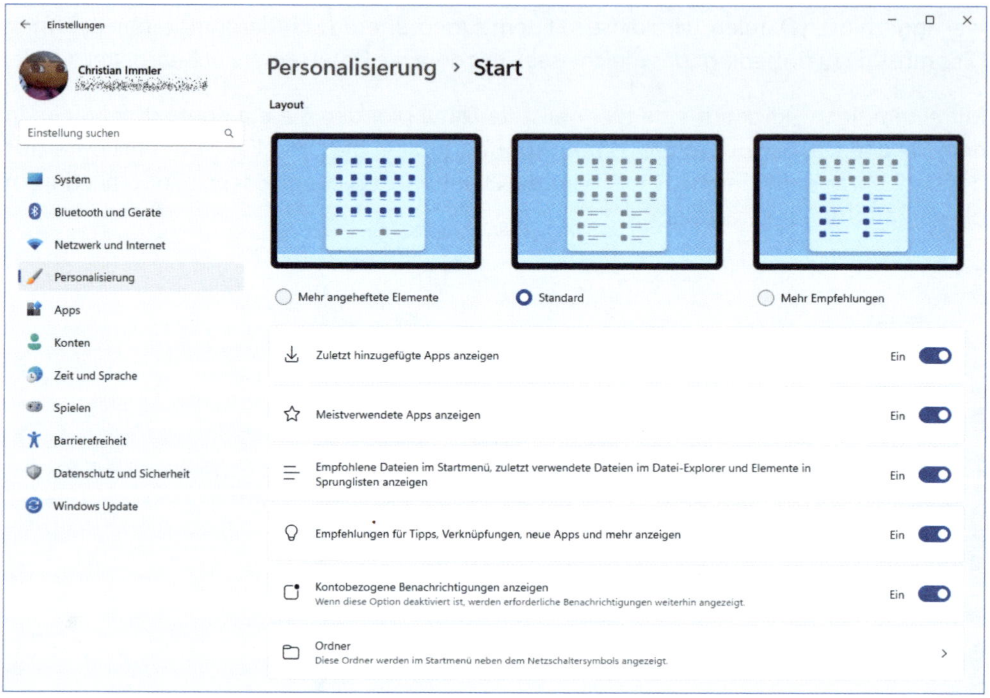

Layout des Startmenüs in Windows 11 anpassen

Favoritenordner in der Symbolleiste unten im Startmenü

Die kleine Symbolleiste mit wichtigen Ordnern und dem Ausschaltsymbol, die in Windows 10 links neben dem Startmenü lag, rutscht in Windows 11 an den unteren Rand des Startmenüs. Ein Klick auf eines der Symbole öffnet den jeweiligen Ordner in einem neuen Explorer-Fenster.

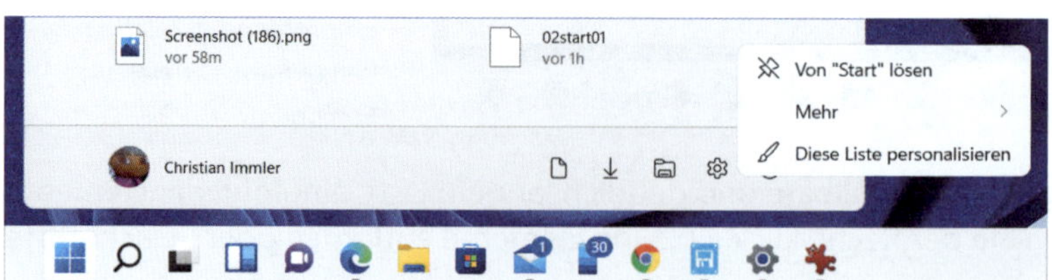

Symbolleiste ganz unten im Startmenü

Das Ausschaltsymbol ganz rechts unten blendet ein kleines Menü ein, in dem Sie den PC herunterfahren, neu starten oder in den Energiesparmodus versetzen können.

Ein Rechtsklick auf eines der Symbole zeigt den Menüpunkt *Diese Liste personalisieren*. An dieser Stelle in den *Einstellungen* wählen Sie die Standardordner, die in der Symbolleiste angezeigt werden sollen. Eine freie Ordnerauswahl ist nicht möglich. Nur das Symbol *Datei-Explorer* zeigt ein Kontextmenü, in dem angeheftete sowie zuletzt verwendete Ordner direkt geöffnet werden können.

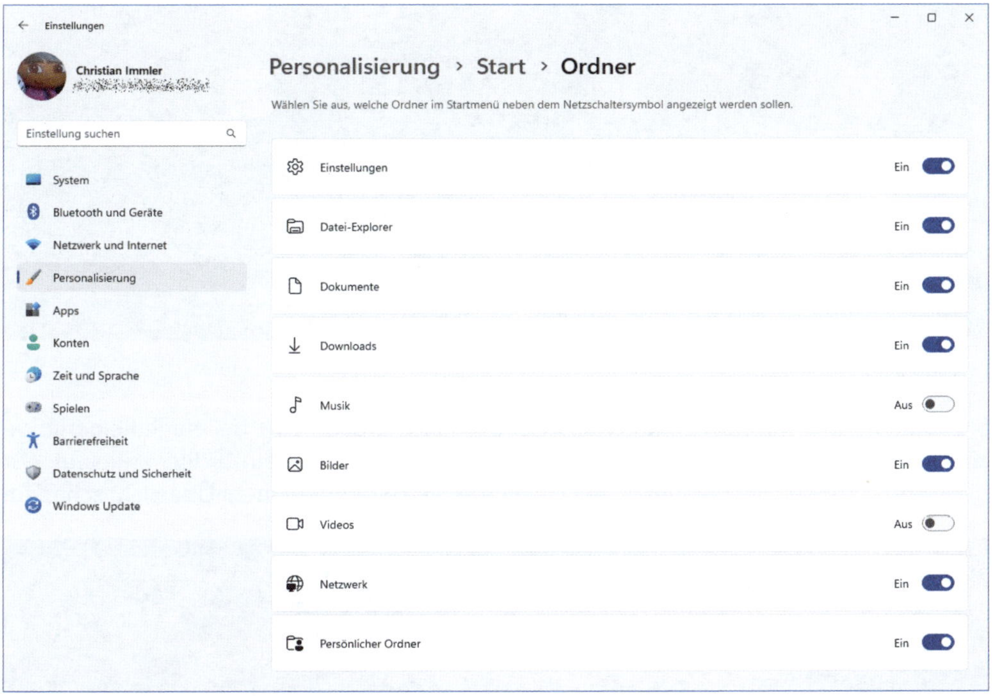

Ordner, die im Startmenü angezeigt werden, auswählen

1.3.2 Launchpad in macOS anpassen

Das ***Launchpad*** von macOS entspricht weitgehend dem Startmenü von Windows. Nach einem Klick auf das *Launchpad*-Symbol im Dock oder durch Drücken der Taste [F4] erscheint ein Bildschirm mit allen Programmen. Sind mehr Programme installiert, können Sie mit den Punkten ganz unten zu weiteren Bildschirmseiten wechseln.

Das Launchpad enthält alle Programme aus dem Ordner *Programme* im ***Finder***. Zusätzlich werden bei Installation des Chrome-Browsers auch Symbole für browserbasierte Google-Web-Apps wie Google Drive, Gmail, Google Docs und YouTube im Launchpad angelegt.

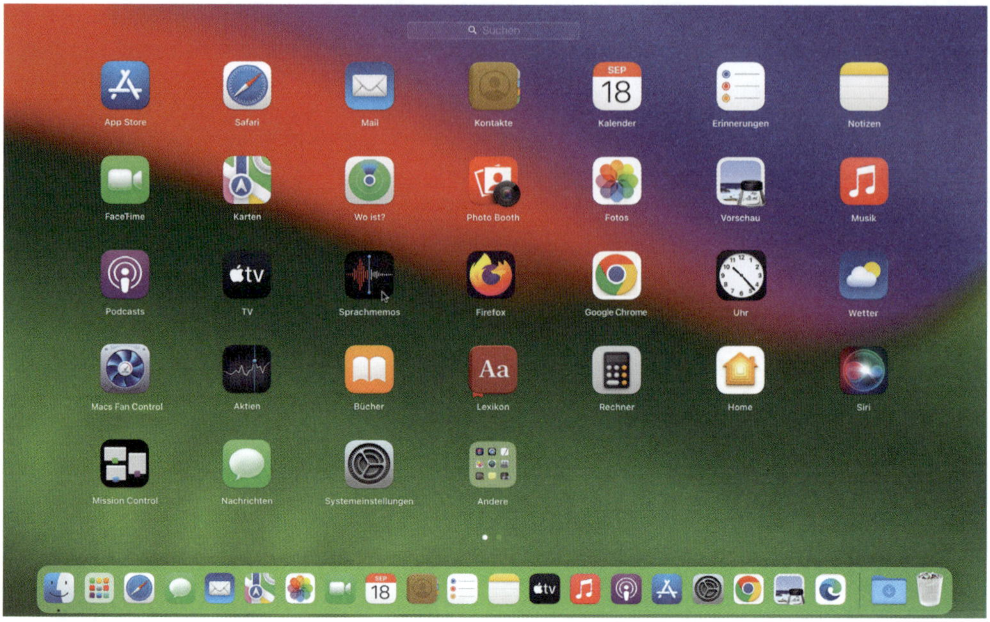

Das Launchpad von macOS

Sie können die Symbole im Launchpad per Drag-and-drop in eine beliebige Reihenfolge ziehen. Ziehen Sie ein Symbol auf ein anderes, wird automatisch ein Ordner angelegt. Auf diese Weise können Sie bei sehr vielen installierten Programmen mehr Übersicht schaffen.

Ordner im Launchpad

Der Ordner *Andere* ist bereits vorinstalliert. Ziehen Sie ein Programmsymbol aus einem Ordner an den oberen Bildschirmrand aus diesem Ordner heraus, erscheint es im Launchpad wie jedes andere Programm. Befindet sich nur noch ein Programm im Ordner, wird dieses automatisch herausgenommen und der Ordner aufgelöst.

Klicken Sie mit gehaltener *control*-Taste oder mit der rechten Maustaste auf das *Launchpad*-Symbol, erscheint ein Menü mit allen Programmen in alphabetischer Reihenfolge. Ordner im Launchpad werden als Untermenüs angezeigt.

Menü mit allen installierten Programmen

1.4 Desktop personalisieren

Direkt nach der Installation sehen alle PCs und auch alle Macs fast gleich aus. Niemand möchte jedoch einen PC wie alle anderen haben, deshalb bieten die Betriebssysteme Möglichkeiten, das Hintergrundbild und auch Farben nach dem persönlichen Geschmack anzupassen.

1.4.1 Hintergrundbild

Die wahrscheinlich am häufigsten aufgerufene Einstellung auf jedem PC, Mac oder auch Smartphone ist die für das Hintergrundbild auf dem Desktop. Auf all diesen Geräten können Sie aus einer Galerie vorinstallierter Hintergrundbilder wählen oder auch ein eigenes Bild als Desktop-Hintergrund verwenden.

Klicken Sie mit der rechten Maustaste auf den Desktop und wählen Sie im Kontextmenü *Anpassen* oder gehen Sie in den *Einstellungen* auf *Personalisierung/ Hintergrund*. Im Bereich *Hintergrund personalisieren* können Sie zwischen einem Hintergrundbild, einer einfachen Farbe oder einer Diashow für den Hintergrund wählen. Hat das gewählte Bild nicht das gleiche Seitenverhältnis wie der Bildschirm, haben Sie mit der Option *Wählen Sie ein passendes Bild für Ihren Desktop aus* die Auswahl zwischen verschiedenen Methoden, wie das Bild an den Bildschirm angepasst werden soll.

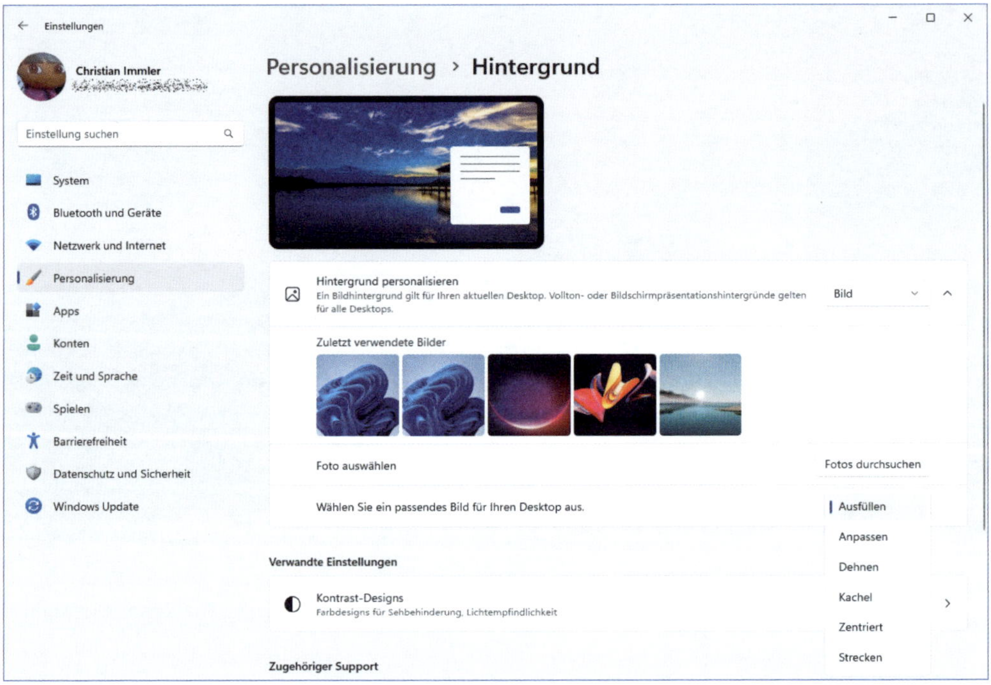

Einstellungen für den Desktop-Hintergrund in Windows 11

In macOS klicken Sie mit gehaltener *control*-Taste oder mit der rechten Maustaste auf den Desktop und wählen im Kontextmenü *Hintergrundbild ändern* oder verwenden in den *Einstellungen* die Option *Hintergrundbild*.

Hier können Sie eines der zahlreichen vorinstallierten Hintergrundbilder auswählen. Die dynamischen Hintergründe ändern sich im Laufe des Tages und werden abends zunehmend dunkler. Weiter unten wählen Sie anstelle eines Hintergrundbildes eine Hintergrundfarbe aus.

Ganz unten können Sie einen Ordner oder ein Fotoalbum aus der Fotos-App hinzufügen. Die Bilder werden dann automatisch nacheinander als Diashow auf dem Desktop-Hintergrund angezeigt.

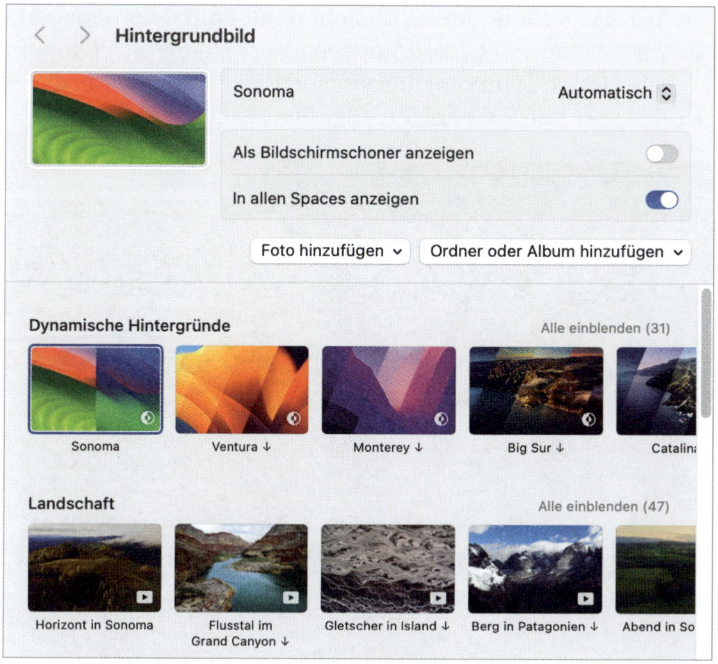

Einstellungen für den Desktop-Hintergrund in macOS

1.4.2 Dunkles Design

Ob ein dunkles Bildschirmdesign mit heller Schrift auf schwarzem Grund tatsächlich augenfreundlicher ist, wurde nie eindeutig bewiesen. Klar ist nur, der dunkle Modus kam in den letzten Jahren auf Smartphones wie auch PCs zunehmend in Mode. Für manche sieht es cooler aus, andere fühlen sich weniger geblendet. Nahezu alle aktuellen Betriebssysteme bieten die Auswahl zwischen dem klassischen hellen und einem dunklen Design für Desktop und Apps an.

Klicken Sie mit der rechten Maustaste auf den Desktop und wählen Sie im Kontextmenü *Anpassen* oder wählen Sie in den *Einstellungen* die Funktion *Personalisierung/Hintergrund*. Im Bereich *Farben* schalten Sie unter *Modus auswählen* zwischen hellem und dunklem Modus um. Zusätzlich wird ein benutzerdefinierter Modus angeboten, in dem Sie den Windows-Modus für Taskleiste und Startmenü sowie den App-Modus für die Darstellung aller unterstützten Apps und auch des Explorers unterschiedlich einstellen können.

Die meisten Apps bieten zusätzlich die Option, diese Standardeinstellung zu umgehen, und immer hell oder dunkel dargestellt zu werden.

Windows 11 verwendet für Fenstertitel sowie für einige Apps zusätzlich zu Schwarz und Weiß noch eine Akzentfarbe. Diese Farbe kann unter *Akzentfarbe* aus einer Palette ausgewählt oder automatisch aus dem Hintergrundbild ausgewählt werden. Über *Benutzer-*

definierte Farben können Sie die Akzentfarbe frei einstellen, ohne an die vorgegebene Farbpalette gebunden zu sein. Da Windows 11 keine Startmenükacheln mehr verwendet und die Einstellungen jetzt mehrfarbige Symbole nutzen, taucht die Akzentfarbe, die in Windows 8 und Windows 10 eine wichtige Rolle spielte, allerdings kaum noch auf.

Dunkles Design für Startmenü und Apps in Windows 11

Dunkles Design für Startmenü und Apps in macOS

Bei macOS können Sie in den *Einstellungen* unter *Erscheinungsbild* zwischen hellem und dunklem Design oder einer automatischen Veränderung je nach Tageszeit wählen. Auch hier können Sie eine Akzentfarbe auswählen, die unter anderem für Menüpunkte und Schalter in Dialogfeldern verwendet wird.

1.5 Dateimanager Explorer und Finder

Windows und macOS liefern wie alle Betriebssysteme mit grafischer Oberfläche einen Dateimanager mit, mit dem Sie Dateien zwischen verschiedenen Laufwerken und Ordnern verschieben, kopieren oder umbenennen sowie weitere Aufgaben der Dateiverwaltung erledigen können.

Der unter Windows vorinstallierte ***Explorer*** wird über ein Symbol in der Taskleiste oder über die Tastenkombination ⊞+E gestartet. Ein Rechtsklick auf das *Explorer*-Symbol in der Taskleiste zeigt angeheftete und häufig verwendete Ordner an. Hier können Sie direkt einen dieser Ordner in einem neuen Explorer-Fenster öffnen.

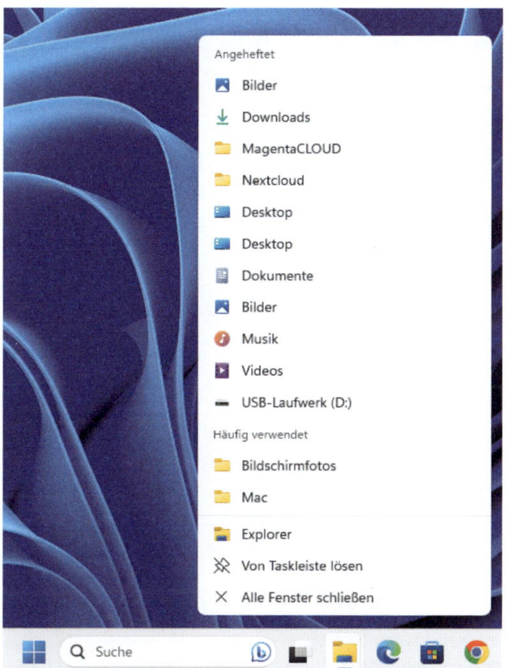

Ordnerliste beim Rechtsklick auf das Explorer-Symbol in Windows 11

Die frühere Startansicht des Explorers mit einer Übersicht aller Laufwerke ist jetzt über den Link *Dieser PC* im Navigationsbereich links im Explorer-Fenster zu finden.

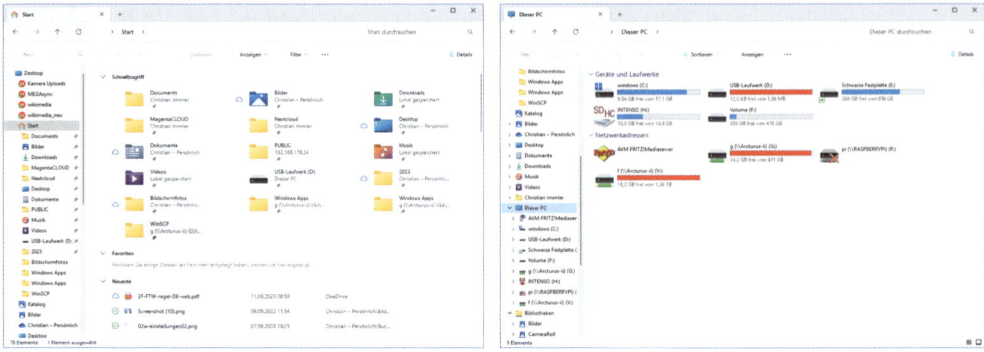

Der Explorer von Windows 11 in der Startansicht und der Ansicht »Dieser PC«

Möchten Sie beim Start des Explorers immer die Ansicht *Dieser PC* sehen, klicken Sie in der Symbolleiste oben auf das Menü mit den drei Punkten und wählen dort *Optionen*. Im nächsten Dialogfeld können Sie ganz oben zwischen *Start*, *Dieser PC* und Ihrem persönlichen Benutzerordner wählen.

Die bei vielen Nutzern wenig beliebten Menübänder früherer Explorer-Versionen mit ihren unübersichtlichen Schaltflächen fallen im Explorer von Windows 11 weg. Dies soll zusammen mit den größeren Zeilenabständen, die sich über den Menüpunkt *Anzeigen/Einblenden/Kompakte Ansicht* wieder auf das gewohnte Maß zurücksetzen lassen, den Bedienungskomfort auf Touchscreens erhöhen.

Im Menü *Anzeigen* wählen Sie zwischen verschiedenen Darstellungsweisen der Dateien, beispielsweise als Liste oder mit unterschiedlich großen Symbolen oder Vorschaubildern. Die Symbole rechts unten in jedem Explorer-Fenster bieten ebenfalls eine einfache Umschaltung zwischen Liste und Vorschaubildern.

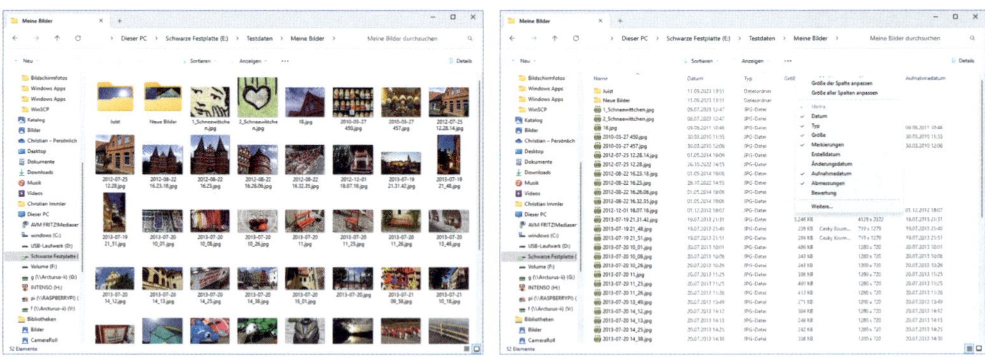

Ansicht mit Vorschaubildern oder als Liste im Explorer von Windows 11

Ein Klick auf eine Spaltenüberschrift in der Detailansicht sortiert die Anzeige nach dieser Spalte. Sie können die Sortierung auch im Menü *Sortieren* festlegen. Mit einem Rechtsklick auf eine Spaltenüberschrift fügen Sie weitere Spalten mit zusätzlichen Informationen hinzu.

Das Layout des Explorers lässt sich über den Menüpunkt *Anzeigen/Einblenden* anpassen. Hier können Sie außer dem Navigationsbereich links auf der rechten Seite des Explorer-Fensters wahlweise einen Detailbereich zur Anzeige von Dateieigenschaften oder einen Vorschaubereich zur Vorschau von Bildern einblenden. Ganz unten in diesem Untermenü schalten Sie die Anzeige von Dateierweiterungen oder versteckten Dateien ein.

Der Dateimanager ***Finder*** in macOS wird über ein Symbol im Dock gestartet. Ein Klick mit gedrückter *control*-Taste oder ein Rechtsklick auf das *Finder*-Symbol zeigt geöffnete Fenster sowie häufig verwendete Ordner.

Hier können Sie direkt einen dieser Ordner in einem neuen Finder-Fenster öffnen.

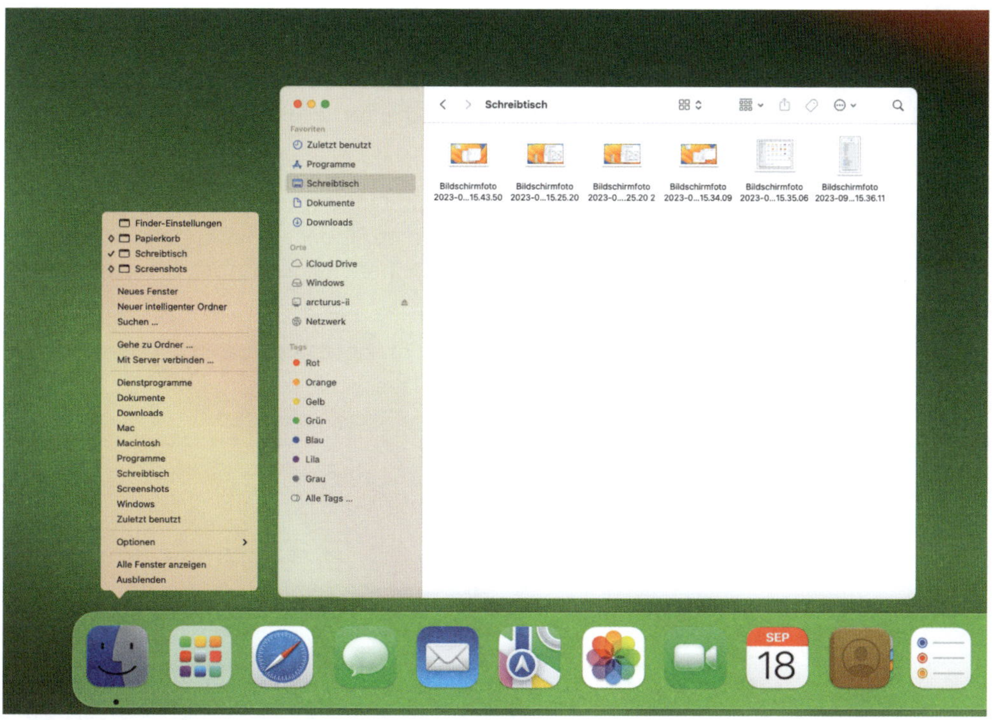

Ordnerliste am Finder-Symbol und Finder-Fenster in macOS

Der ***Finder*** startet neue Fenster immer mit einer Liste der zuletzt benutzten Dateien. Möchten Sie beim Start des ***Finder*** lieber einen anderen Ordner sehen, klicken Sie in der Menüleiste oben auf das Menü *Finder* und wählen dort *Einstellungen*. Im nächsten Dialogfeld können Sie unten wählen, welchen Ordner neue Fenster zeigen sollen.

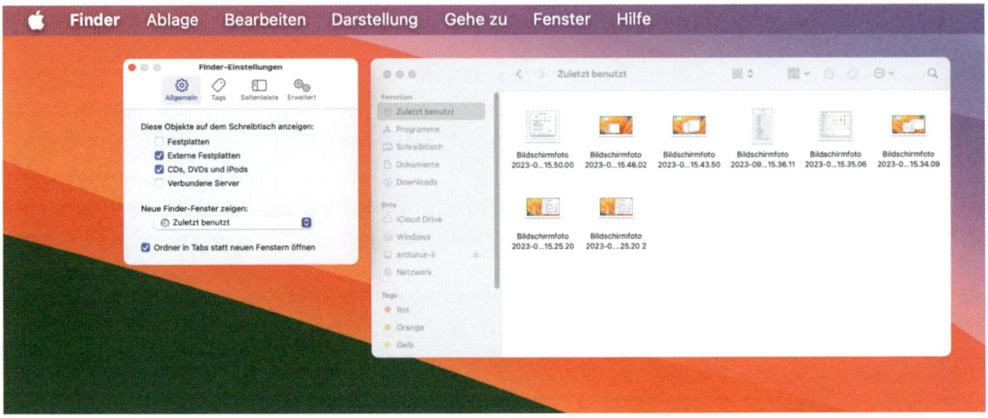

In den Finder-Einstellungen auswählen, welcher Ordner beim Start gezeigt werden soll

Das Symbol mit den vier Quadraten neben dem Ordnernamen in der oberen Symbolleiste eines Finder-Fensters bietet verschiedene Darstellungsweisen der Dateien, etwa als Listen oder mit Vorschaubildern. Ein Klick auf eine Spaltenüberschrift in der Detailansicht sortiert die Anzeige nach dieser Spalte. Sie können die Sortierung auch mit dem Symbol *Sortieren* festlegen.

Im Gegensatz zum Windows-Explorer, in dem Dateien immer nach einem Sortierkriterium, meistens nach dem Namen, sortiert sind, können im Finder auch Dateien unsortiert in einem Ordner liegen und sind dann nicht einmal an einem Raster ausgerichtet, was leicht für Verwirrung sorgen kann.

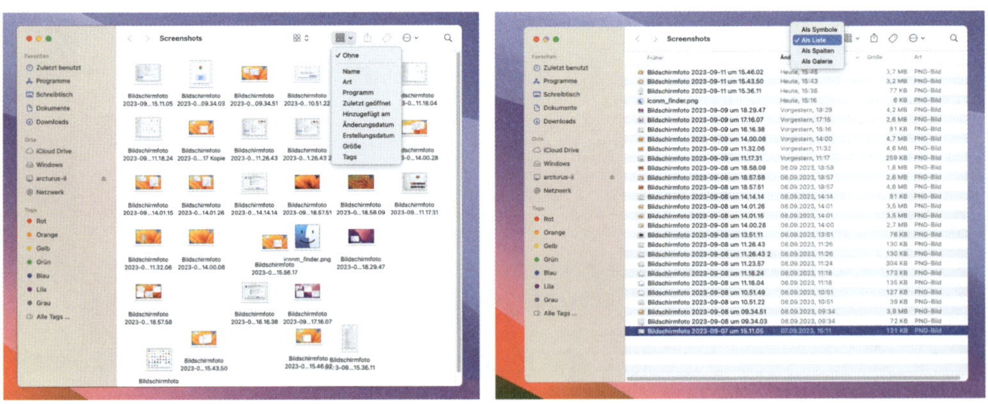

Links: unsortierter Finder-Ordner, rechts: Listenansicht im Finder

In den Einstellungen des ***Finder*** schalten Sie unter *Erweitert* die Anzeige von Dateierweiterungen ein. Unter *Seitenleiste* legen Sie fest, welche Ordner links in der Seitenleiste der Finder-Fenster angezeigt werden sollen.

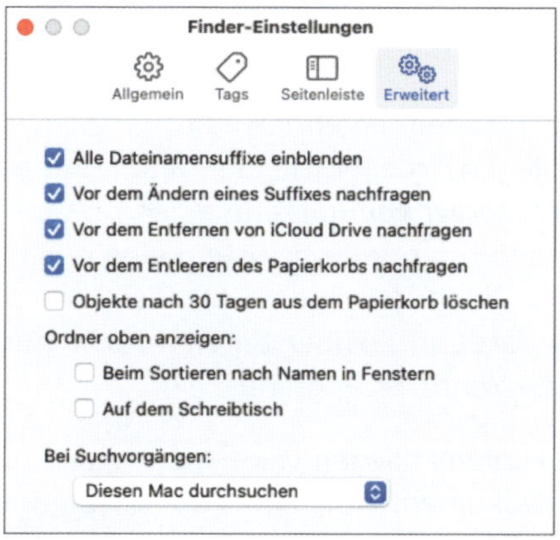

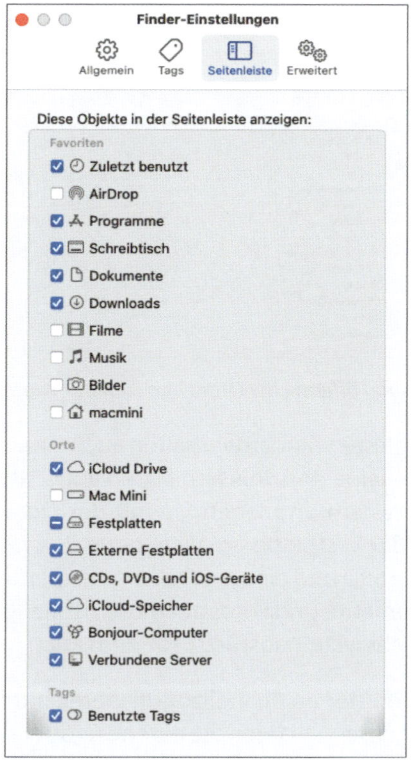

Einstellungen im Finder von macOS

1.5.1 Unterschiedliche Verzeichnisstrukturen

Windows und macOS unterscheiden sich deutlich in ihren Verzeichnisstrukturen. Beide Betriebssysteme haben sich im Laufe ihrer Geschichte zunehmend an der Linux-Struktur orientiert, in der es einen Benutzerordner gibt, in dem Benutzer Unterordner anlegen, um ihre persönlichen Dateien abzulegen. Eigene Dateien werden schon lange nicht mehr in den jeweiligen Programmverzeichnissen abgelegt, und die Ordner mit den Systemdateien des Betriebssystems sollten für Benutzer grundsätzlich tabu sein.

Windows legt auf der Festplatte unter *C:\users* für jeden Benutzer einen Ordner an. Unterhalb dieses Ordners liegen ein paar automatisch angelegte Ordner für 3D-Objekte, Dokumente, Downloads, Favoriten, Kontakte, Links, Musik, Bilder, Suchvorgänge, Videos. Unterhalb des Benutzerordners können Benutzer oder Programme selbstständig weitere Unterordner anlegen. Auch eingeschränkte Nutzer ohne Administratorrechte haben vollen Zugriff auf ihren jeweiligen Benutzerordner.

Zusätzlich gibt es einen öffentlichen Ordner *C:\users\public*, auf den alle Benutzer Zugriff haben, um Daten untereinander auszutauschen.

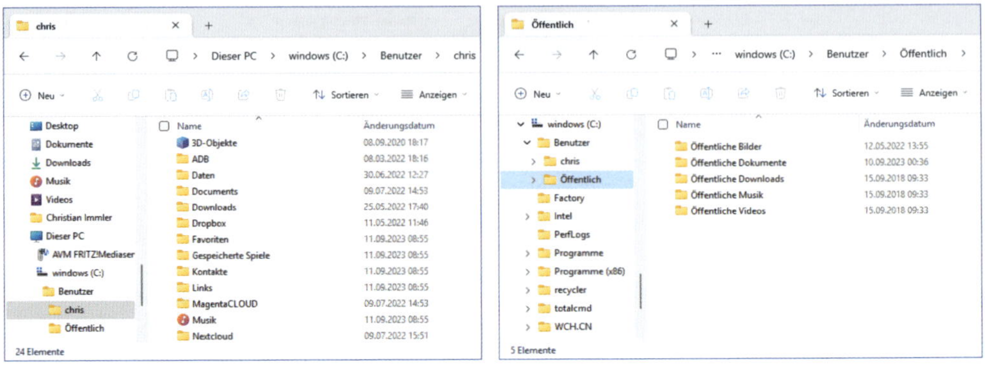

Benutzerordner und öffentlicher Ordner im Explorer von Windows 11

Allerdings ist dieses Standardverhalten auch einer der größten Fehler, den man in Windows machen kann, seine persönlichen Daten auf *C:* abzulegen. Trennen Sie Ihre Daten sauber vom Betriebssystem und legen Sie mit der ***Datenträgerverwaltung*** eine eigene Datenpartition auf der Festplatte an. Viele neue PCs haben für das Betriebssystem eine relativ kleine schnelle SSD und eine zusätzliche Festplatte für Daten. Verschieben Sie alle eigenen Dateien, Dokumente und Fotos auf diese zusätzliche Partition. So überstehen sie nicht nur schwere Betriebssystemabstürze, sondern auch große Windows Upgrades.

Alle Standardordner im Schnellzugriffsbereich des Explorers liegen standardmäßig unter *C:\users\...*. Legen Sie eigene Ordner für Dokumente und Bilder auf der Datenpartition an und klicken Sie dann mit der rechten Maustaste auf die entsprechende Verknüpfung im Schnellzugriff.

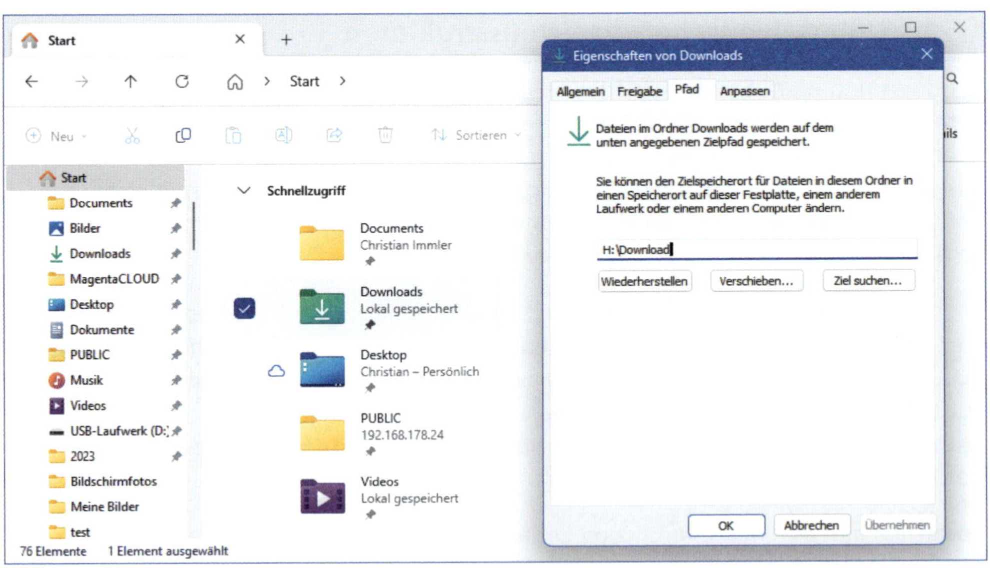

Download-Ordner auf ein anderes Laufwerk in Windows 11 legen

Tragen Sie auf der Registerkarte *Pfad* den neuen Ordner ein. In Zukunft können Sie über den Explorer und in den *Speichern unter*-Dialogen einfach auf Ihre Datenordner zugreifen.

Um mit dem OneDrive-Ordner auf die Datenpartition umzuziehen, brauchen Sie einen kleinen Umweg. Klicken Sie in den OneDrive-Einstellungen unter *Konto* auf *Verknüpfung dieses PCs aufheben*. Jetzt erscheint automatisch der Einrichtungsdialog von OneDrive. Verschieben Sie dann den OneDrive-Ordner über den Explorer auf die Datenpartition. Wählen Sie jetzt unter *Erste Schritte* in der OneDrive-Einrichtung den neuen Ordner.

Im ***Finder*** von macOS ist die Verzeichnisstruktur der Festplatte standardmäßig gar nicht zu sehen. Ähnlich wie bei Windows gibt es einen Benutzerordner mit Unterordnern für *Programme*, *Schreibtisch*, *Dokumente*, *Downloads*, *Filme*, *Musik*, *Bilder*. Auch von diesen werden nicht alle in der Seitenleiste im Finder angezeigt. Um mehr Ordner und auch die Festplatten des Macs im ***Finder*** zu sehen, wählen Sie oben links im Finder-Menü *Einstellungen*. Klicken Sie in den *Finder-Einstellungen* oben auf *Seitenleiste*.

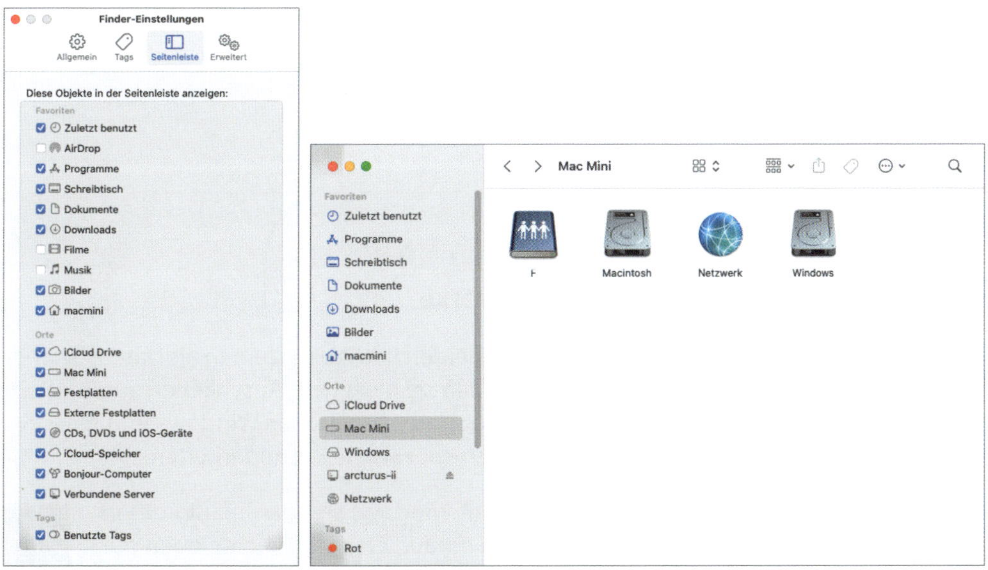

Weitere Laufwerke im Finder von macOS anzeigen

Aktivieren Sie das Kästchen mit dem Namen Ihres Macs, im Bild *Mac Mini* unterhalb von *iCloud Drive*, sehen Sie im Finder eine Übersicht aller lokalen Festplatten sowie verbundener Netzwerklaufwerke.

Das Laufwerk *Macintosh* ist die Festplatte des Macs. Hier finden Sie neben den Benutzerordnern für die eigenen Dateien auch die Ordner *Library* und *System*, in denen Benutzer nichts verändern sollten. Der Ordner *Programme* zeigt alle installierten Programme, die Sie auch direkt von hier starten können.

Der Ordner mit dem Haussymbol ganz unten im Bereich *Favoriten* ist der persönliche Benutzerordner, im Bild *macmini*. In diesem Ordner liegen die Unterordner für *Bilder*, *Dokumente*, *Downloads* und andere persönliche Daten.

Der Ordner *Öffentlich* dient zum Datenaustausch, falls mehrere Anwender den Mac nutzen.

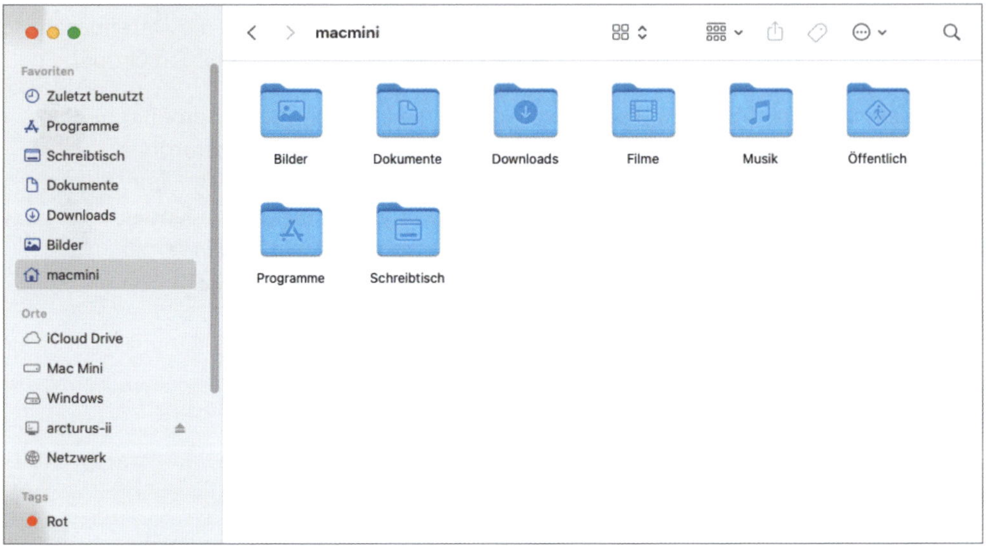

Unterordner im Benutzerordner von macOS

1.5.2 USB-Sticks und externe Laufwerke

USB-Sticks und externe Festplatten können in beiden Betriebssystemen als Datenspeicher verwendet werden. In den meisten Fällen werden sie nach dem Anschließen automatisch erkannt und können direkt – auch zum Datenaustausch zwischen Windows und macOS – genutzt werden. Auch hier gibt es einige systemspezifische Besonderheiten.

Stecken Sie einen USB-Stick an den PC, blendet Windows standardmäßig unten rechts eine Benachrichtigung ein. Klicken Sie darauf, erscheint rechts oben auf dem Bildschirm ein Auswahldialog, in dem Sie eine Aktion wählen können, wie zum Beispiel *Ordner öffnen* oder *Fotos importieren*.

Klicken Sie auf *Ordner öffnen, um Dateien anzuzeigen*, erscheint der Inhalt des USB-Sticks in einem neuen Explorer-Fenster. Auch ohne diesen Auswahldialog finden Sie den USB-Stick als neues Laufwerk im Explorer in der Ansicht *Dieser PC*.

Benachrichtigung und Auswahl beim Anschließen eines USB-Sticks in Windows 11

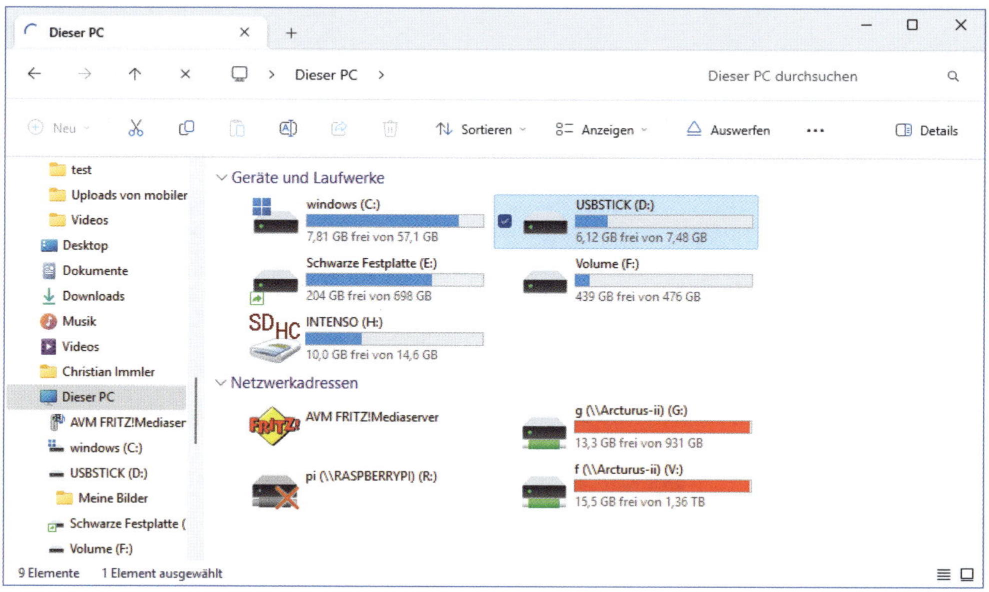

USB-Stick in der Ansicht »Dieser PC« im Explorer in Windows 11

Klicken Sie mit der rechten Maustaste auf den USB-Stick und wählen Sie *Eigenschaften*, um das Dateisystem und die Speicherauslastung zu sehen. Ein Klick auf *Details* zeigt eine ausführliche Übersicht, welche Arten von Daten den Speicherplatz auf dem USB-Stick belegen.

Die gleiche Übersicht finden Sie in den *Einstellungen* unter *System/Speicher/Erweiterte Speichereinstellungen/Speichernutzung auf anderen Laufwerken* für alle angeschlossenen Laufwerke.

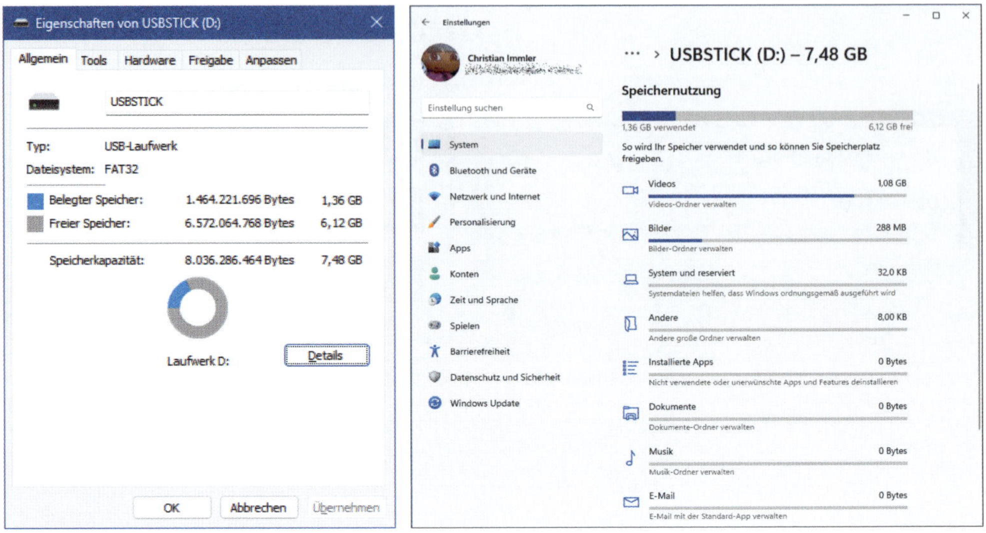

Eigenschaften und Speichernutzung eines USB-Sticks in Windows 11

Auswahl für Aktionen bei USB-Sticks, DVDs und Speicherkarten erscheint nicht mehr

Sollte der Auswahldialog für die Aktionen beim Einstecken des USB-Sticks nicht erscheinen, ist in den *Einstellungen* unter *Bluetooth und Geräte/Automatische Wiedergabe* eine Standardaktion festgelegt.

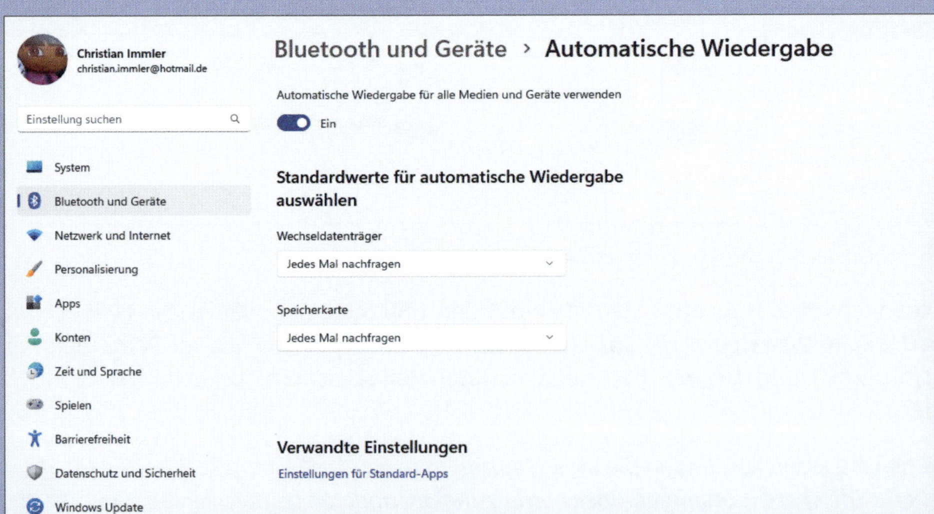

Hier können Sie für Wechseldatenträger (USB-Sticks und externe Festplatten) wie auch für Speicherkarten und auch für früher schon einmal angeschlossene bekannte

Geräte, zum Beispiel Smartphones, unterschiedliche Standardaktionen festlegen, die automatisch beim Anschließen ausgeführt werden sollen. Bei der Auswahl *Jedes Mal nachfragen* erscheint der bekannte Auswahldialog.

Beim Einstecken eines USB-Sticks am Mac erscheint auf dem Desktop ein Symbol mit dem Namen des USB-Sticks. Sollte dies nicht erscheinen, aktivieren Sie in den *Finder-Einstellungen* unter *Allgemein* das Kästchen *Externe Festplatten*.

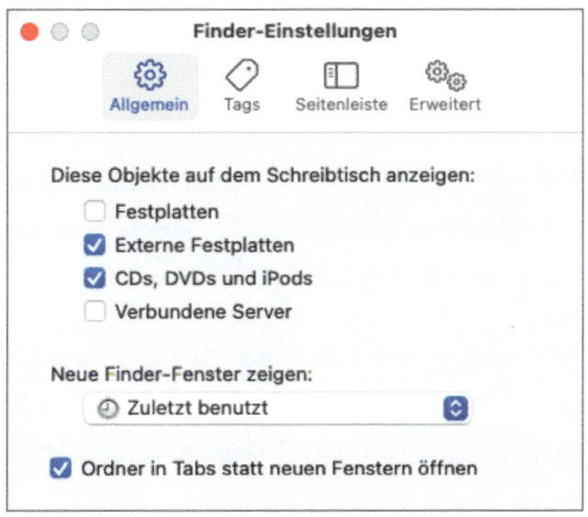

Symbole für USB-Sticks und externe Festplatten auf dem Desktop anzeigen

Ein Doppelklick auf das Desktop-Symbol zeigt den Inhalt des USB-Sticks in einem Finder-Fenster. Der USB-Stick wird in der Seitenleiste des ***Finder*** unter *Orte* automatisch angezeigt, wenn in den *Finder-Einstellungen* unter *Seitenleiste* die Option *Externe Festplatten* eingeschaltet ist.

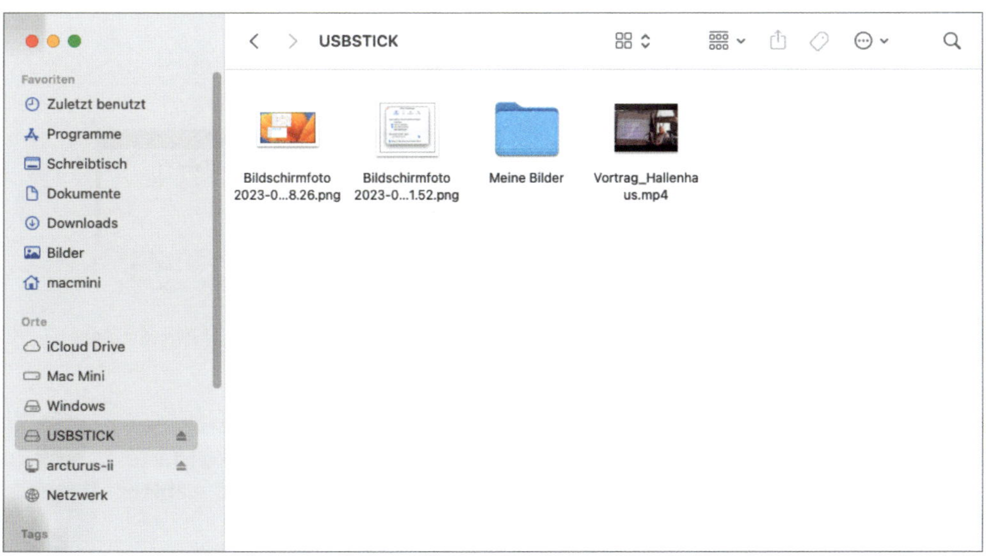

USB-Stick im Finder von macOS

> **Nicht alle USB-Sticks laufen am Mac**
>
> In Foren liest man immer wieder, nur etwa jeder zehnte USB-Stick würde am Mac funktionieren. Das ist so nicht ganz richtig. Unsere eigenen, nicht repräsentativen Tests zeigen: Etwa drei Viertel aller USB-Sticks laufen am Mac, allerdings unter der Voraussetzung, dass sie mit dem FAT32-Dateisystem formatiert sind. NTFS-formatierte USB-Sticks werden von macOS nicht erkannt, wie umgekehrt auch Windows keine macOS-formatierten USB-Sticks erkennt. FAT32-formatierte USB-Sticks können gut zum Datenaustausch zwischen Windows-PC und Mac verwendet werden.

USB-Sticks auswerfen

Nachdem Sie Daten auf einen USB-Stick geschrieben haben, sollten Sie diesen nicht einfach abziehen, sondern über das Betriebssystem auswerfen, um so den Schreib-Cache zurückzuschreiben und Datenverluste zu vermeiden.

Klicken Sie im ***Explorer*** mit der rechten Maustaste auf den USB-Stick und wählen Sie *Auswerfen* oder klicken Sie auf das Symbol *Hardware sicher entfernen* in der Taskleistenecke und wählen Sie dort den auszuwerfenden USB-Stick aus.

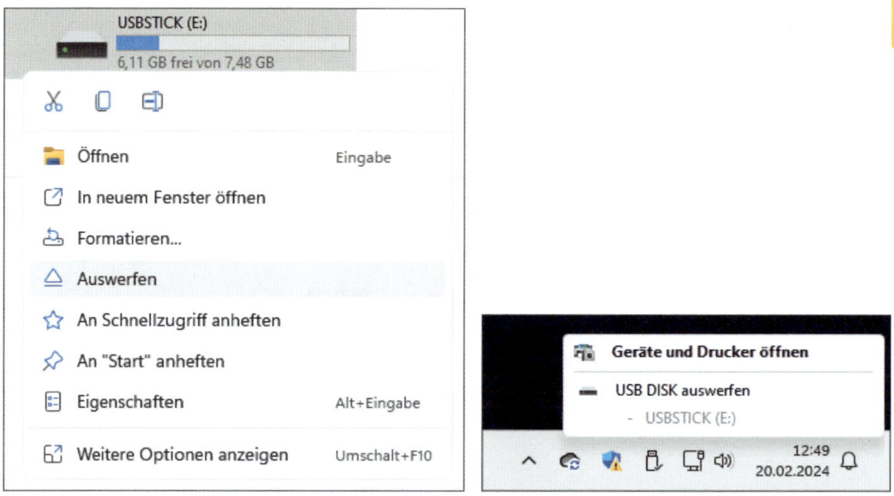

Kontextmenü eines USB-Sticks im Explorer von Windows 11 und Taskleistensymbol »Hardware sicher entfernen«

Klicken Sie im ***Finder*** auf das dreieckige Symbol *Auswerfen* neben dem Namen des USB-Sticks in der Seitenleiste oder klicken Sie mit gedrückter control-Taste oder rechter Maustaste auf das Desktop-Symbol des USB-Sticks und wählen Sie *Auswerfen*.

1.5.3 Dateien kopieren oder verschieben

Im ***Explorer*** von Windows wie auch im ***Finder*** von macOS lassen sich Dateien zwischen zwei Ordnern verschieben oder kopieren. Am besten öffnen Sie dazu zwei Fenster nebeneinander auf dem Bildschirm, markieren die gewünschten Dateien und ziehen sie von einem Fenster in das andere. Dabei weisen beide Betriebssysteme ein paar Besonderheiten auf.

In Windows kann man leicht Überraschungen erleben, denn der ***Explorer*** kopiert per Drag-and-drop Dateien von einem Laufwerk auf ein anderes. Befinden sich allerdings Start- und Zielordner auf demselben Laufwerk, werden die Dateien verschoben, sind also im Startordner danach nicht mehr vorhanden.

Um hier keine versehentlichen Fehler zu machen, ziehen Sie die markierten Dateien mit der rechten Maustaste in das zweite Explorer-Fenster. Jetzt können Sie auswählen, ob die Dateien kopiert, verschoben oder Verknüpfungen erstellt werden sollen.

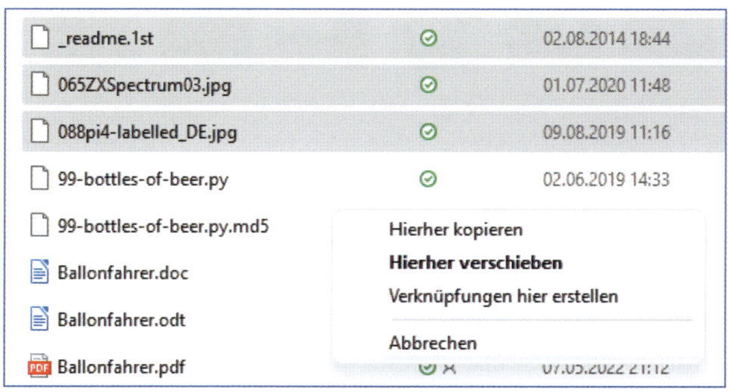

Kontextmenü beim Ziehen von Dateien mit der rechten Maustaste im Windows-Explorer

Halten Sie beim Ziehen die ⇧-Taste gedrückt, werden die Dateien immer verschoben, bei gedrückter Strg-Taste immer kopiert, und bei gedrückter Alt-Taste legt der Explorer Verknüpfungen an.

Mit gedrückter ⇧-Taste können Sie im Explorer einen ganzen Bereich von Dateien auf einmal auswählen. Mit gedrückter Strg-Taste wählen Sie nacheinander mehrere Dateien aus. Wenn Sie allerdings zwischendurch die Tasten loslassen und Dateien auswählen, ist die vorherige Auswahl wieder dahin.

Wählen Sie öfter mehrere Dateien, die in der Liste nicht direkt nacheinander stehen, schalten Sie im Menü *Anzeigen* unter *Einblenden* die *Elementkontrollkästchen* ein. Jetzt können Sie bequem einzelne Dateien auswählen und die Auswahl auch wieder zurücknehmen, ohne Tasten gedrückt halten zu müssen.

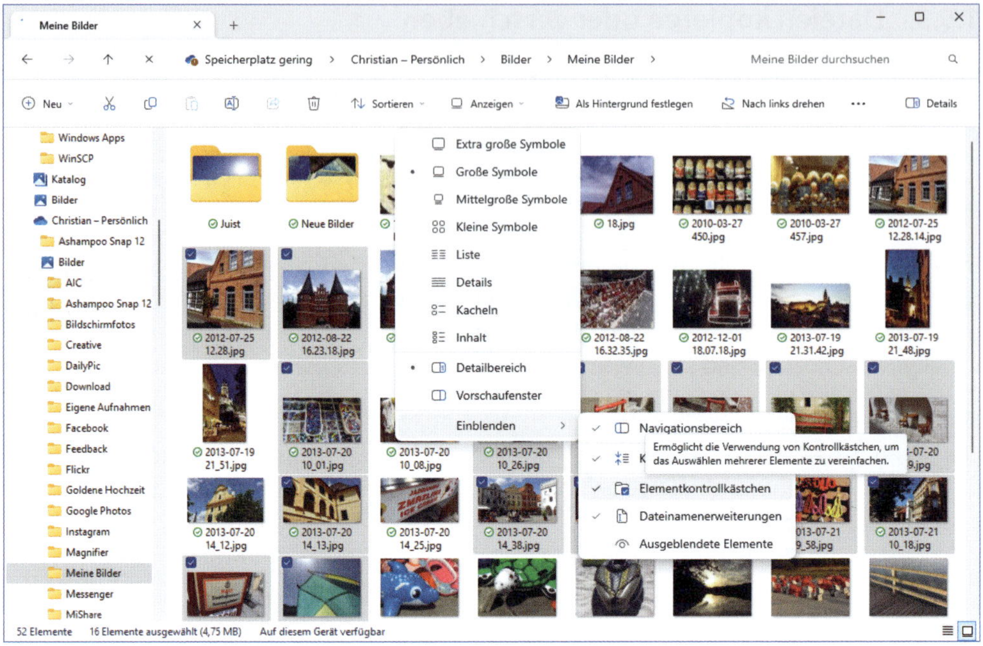

Elementkontrollkästchen im Explorer von Windows 11 nutzen

Der ***Finder*** in macOS kopiert per Drag-and-drop Dateien von einem Laufwerk auf ein anderes. Befinden sich allerdings Start- und Zielordner auf demselben Laufwerk, werden die Dateien verschoben, sind also im Startordner danach nicht mehr vorhanden. Bei gedrückter *command*-Taste werden Dateien immer verschoben, auch wenn sich Start- und Zielordner auf unterschiedlichen Laufwerken befinden.

1.6 PC und Mac ausschalten

Beim Drücken des Ein-Ausschalters auf einem PC oder Mac wird schon lange nicht mehr einfach der Strom abgeschaltet. Die Geräte werden kontrolliert heruntergefahren. Aber auch mit der Maus auf dem Desktop können Sie einen PC oder Mac herunterfahren, was besonders dann der einfachere Weg ist, wenn der Ausschalter des Gerätes nur schwer erreichbar ist.

Klicken Sie auf das Windows-Logo in der Taskleiste und dann auf das Ausschaltsymbol ganz unten rechts im Startmenü. Hier haben Sie die Möglichkeit, den PC herunterzufahren, neu zu starten oder in den Energiesparmodus zu versetzen.

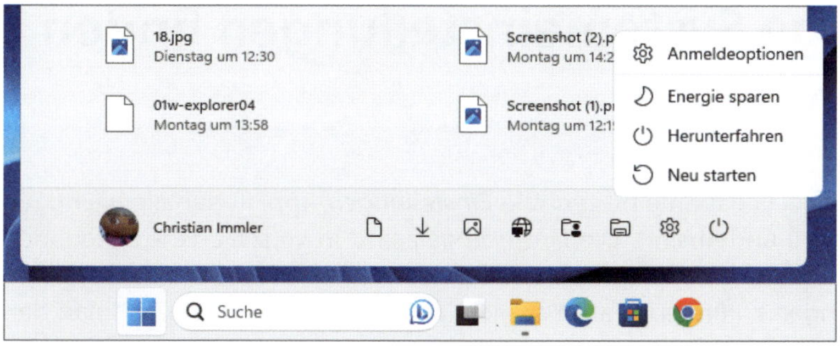

Ausschaltsymbol im Startmenü von Windows 11

Klicken Sie oben links auf das Apfel-Symbol und wählen Sie im daraufhin erscheinenden Apfel-Menü die Option *Ausschalten*. Jetzt erscheint ein Dialogfeld, in dem Sie den Ausschaltvorgang noch eine Minute lang abbrechen können oder auch direkt ausschalten. Hier können Sie noch festlegen, ob die gerade geöffneten Fenster beim nächsten Einschalten automatisch wieder geöffnet werden sollen.

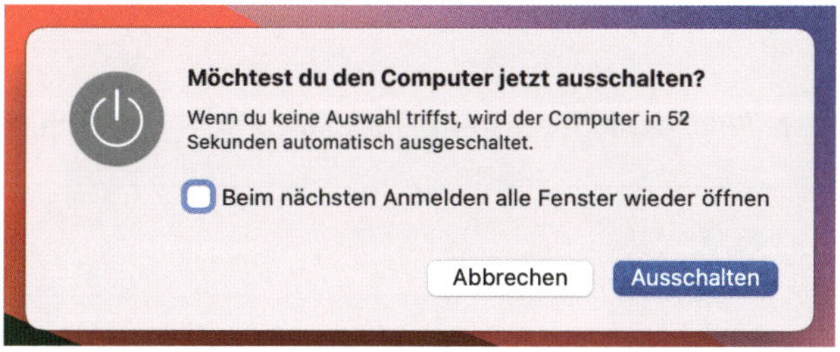

Mac ausschalten

2. Wichtige Systemeinstellungen finden und anpassen

Windows wie auch macOS haben eine zentrale ***Einstellungen***-App, in der alle wichtigen Systemeinstellungen zu finden sind. Die *Einstellungen* sind in verschiedene Kategorien aufgeteilt. Auf beiden Plattformen hat die Einstellungen-App oben links ein Suchfeld, um bestimmte Einstellungen zu finden, was aber nicht immer ganz einfach ist, da man den entsprechenden Begriff genau kennen muss, nach dem man zu suchen hat.

Die *Einstellungen* von Windows 11 werden über das *Einstellungen*-Symbol im Startmenü geöffnet, das standardmäßig bei den angepinnten Apps zu finden ist.

Außerdem finden Sie die *Einstellungen* im System-Menü mit einem Rechtsklick auf das Windows-Logo. Zusätzlich gibt es optional in der Symbolleiste neben dem Ausschaltsymbol ein Symbol zum Aufruf der *Einstellungen*.

Besonders einfach lassen sich die *Einstellungen* mit der Tastenkombination ⊞+I aufrufen.

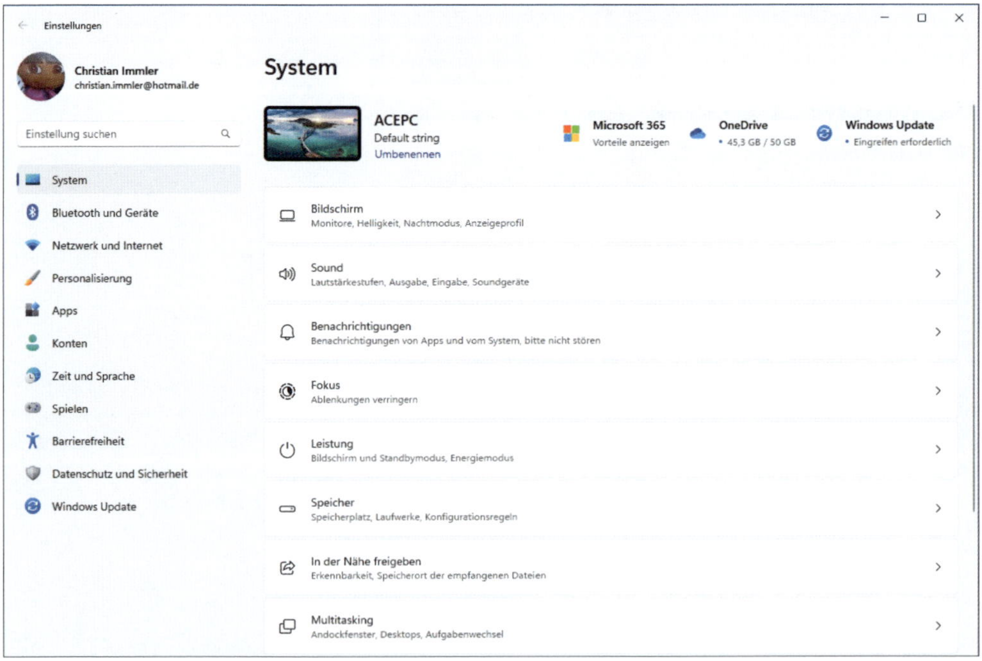

Die Einstellungen in Windows 11

Klassische Systemsteuerung aufrufen

Die klassische *Systemsteuerung* ist seit einem Windows-10-Update aus dem System-Menü, das mit einem Rechtsklick auf das Windows-Logo in der Taskleiste aufgerufen wird, verschwunden. Da einer der ältesten Systemdialoge seit Windows 95 bis Windows 11 überlebt hat, können Sie die *Systemsteuerung* leicht auf den Desktop legen. Klicken Sie dazu in den *Einstellungen* unter *Personalisierung/Designs* auf *Desktopsymboleinstellungen*. In diesem altbekannten Fenster schalten Sie die *Systemsteuerung* auf dem Desktop ein.

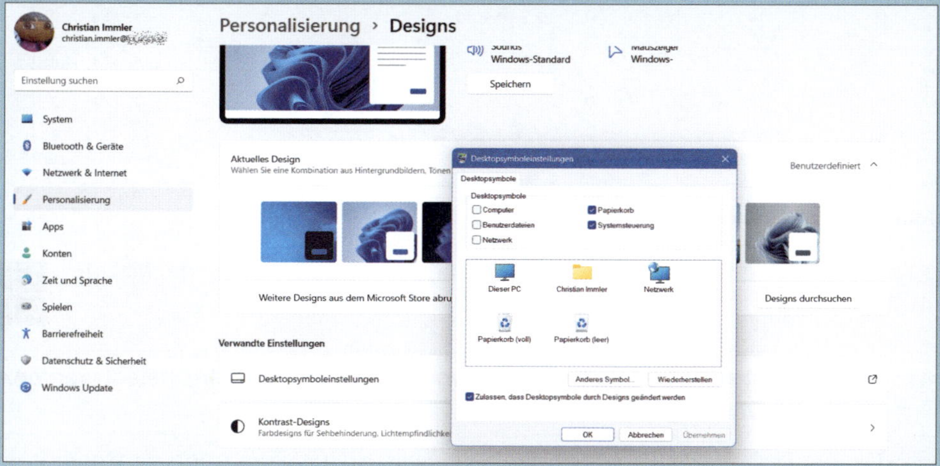

Das Symbol für die macOS-Einstellungen ist in den meisten Fällen im Dock zu finden. Andernfalls nutzen Sie den Menüpunkt *Systemeinstellungen* im Apfel-Menü.

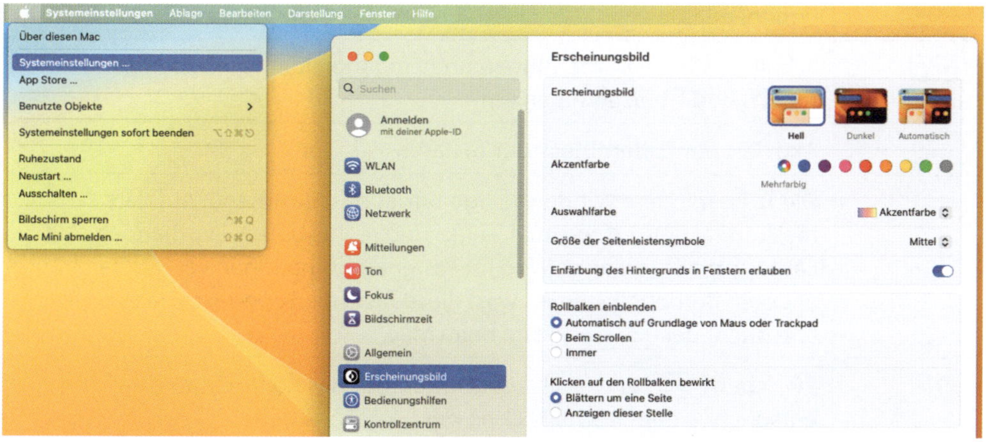

Die Einstellungen in macOS

2.1 Verschiedene Tastaturen bei Windows und Mac

Die typischen PC-Tastaturen mit USB-Anschluss, wie es sie in Hunderten Varianten günstig zu kaufen gibt, können prinzipiell auch am Mac angeschlossen werden. Die Buchstaben- und Zifferntasten sind gleich. Allerdings unterscheiden sich die PC- und Mac-Tastaturen durch diverse Sondertasten.

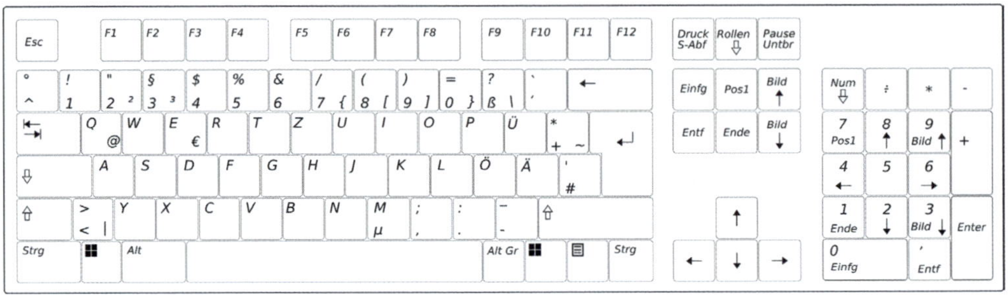

Layout einer deutschsprachigen PC-Tastatur

Die Tabelle zeigt die Tasten, die auf der PC-Tastatur anders sind als auf der Macintosh-Tastatur:

F1–F12	**Funktionstasten**, sie können von jedem Programm frei belegt werden. F1 ruft meist die Hilfe auf.
Druck	Früher: Druckersteuerung, heute wird sie für Screenshots verwendet. Um mit der Mac-Tastatur ein Bildschirmfoto aufzunehmen, drücken Sie die Tastenkombination shift + command + 3.
Rollen	Relikt, wird heute kaum noch verwendet.
Pause	Relikt, wird heute kaum noch genutzt. Windows + Pause zeigt Systeminformationen.
Einfg	Schaltet in Textverarbeitungen und Eingabefeldern zwischen Einfügemodus und Überschreiben um.
Num	Aktiviert den Ziffernblock der Tastatur.
Windows-Taste	Die Taste mit dem Windows-Logo öffnet das Startmenü. Auf den meisten Tastaturen zweimal – links und rechts unten – vorhanden. Auf Laptops meist nur links. Wird für Tastenkombinationen verwendet. In anderen Betriebssystemen wird diese Taste als Supertaste bezeichnet. Entspricht der command-Taste beim Mac.
Kontextmenü-Taste	Zwischen AltGr und Strg rechts unten ruft das Kontextmenü auf und entspricht einem Rechtsklick an der Cursorposition.

Fn	Ruft auf Laptops und anderen Tastaturen mit reduzierter Tastenanzahl die meist blau markierte Zusatzfunktion auf.
Strg	**Steuerung**, auf den meisten Tastaturen zweimal – links und rechts unten – vorhanden. Wird für Tastenkombinationen verwendet. Entspricht der *control*-Taste beim Mac.
Alt	**Alternate** (links neben der Leer). Wird für Tastenkombinationen genutzt. Entspricht der *option*-Taste beim Mac.
Alt Gr	**Alternate Grey** (die zweite Alt-Taste rechts neben der Leer war auf früheren IBM-PC-Tastaturen grau, im Gegensatz zur weißen Alt-Taste links). Ruft die Drittbelegung auf, die rechts unten auf den Tasten aufgedruckt ist. Damit können diese Sonderzeichen eingegeben werden: ² ³ { [ ] } \ @ ~ | µ €. Auf den meisten Tastaturen nicht aufgedruckt ist das Copyright-Zeichen ©, das sich mit der Tastenkombination Alt Gr+C eingeben lässt. Die Entsprechung auf der Mac-Tastatur ist die Tastenkombination *control*+*option*.

Layout einer deutschsprachigen Macintosh-Tastatur

Die Tabelle zeigt die Tasten, die auf der Macintosh-Tastatur anders sind als auf der PC-Tastatur.

F1–F19	**Funktionstasten**, können von jedem Programm frei belegt werden. Standardmäßig verwendet macOS statt der Funktionstasten die auf den Tasten abgebildeten Symbole.
F1	Bildschirm dunkler
F2	Bildschirm heller
F3	Übersicht aller geöffneten Fenster (zurück: Taste nochmals drücken)
F4	Launchpad zum Starten von Programmen (zurück: Taste nochmals drücken)
F7	Mediaplayer rückwärts blättern

F8	Mediaplayer Play/Pause
F9	Mediaplayer vorwärts blättern
F10	Lautstärke aus
F11	Lautstärke leiser
F12	Lautstärke lauter
fn	Ruft die Funktion der Funktionstaste anstelle der Zusatzfunktion mit dem Symbol auf.
control oder ctrl	**Control**, zweimal – links und rechts unten – vorhanden. Wird für Tastenkombinationen verwendet.
option oder ⌥	**Alternate**, zweimal – links und rechts unten – vorhanden. Wird für Tastenkombinationen eingesetzt.
command oder ⌘	**Command** zweimal, links und rechts unten, vorhanden. Wird für Tastenkombinationen verwendet. In anderen Betriebssystemen wird diese Taste als Supertaste oder Befehlstaste bezeichnet. Manchmal auch Apfeltaste genannt, da einige Apple-Tastaturen hier das Firmenlogo zeigen.

Funktionstasten dauerhaft nutzen

Arbeiten Sie oft mit Programmen, die die Funktionstasten verwenden, können Sie statt der abgebildeten Symbole standardmäßig die Funktionstasten verwenden, ohne die Fn-Taste drücken zu müssen.

Klicken Sie in den *Einstellungen* links auf *Tastatur* und dann rechts auf *Tastaturkurzbefehle.* Wählen Sie im nächsten Fenster links den Bereich *Funktionstasten* und aktivieren Sie dann den Schalter *Die Tasten F1, F2 usw. als Standard-Funktionstasten verwenden.*

2.2 Sonderzeichen, die nicht auf der Tastatur stehen

Zusätzlich zu den diversen Zeichen, die auf den Tastaturen aufgedruckt sind, lassen sich noch viele weitere Zeichen eingeben, wenn man die Tastenkombinationen kennt.

Auf Windows-Tastaturen können Sie alle vom jeweiligen Programm unterstützten Unicode-Zeichen eingeben, indem Sie die vierstellige Unicode-Nummer gefolgt von der Tastenkombination Alt+C schreiben. So hat zum Beispiel das Herz ♥ die Tastenfolge 2 6 6 5 Alt+C.

Auf der Apple-Tastatur finden Sie in Kombination mit der option-Taste zahlreiche Sonderzeichen, die nicht auf der Tastatur abgebildet sind. Die Abbildung zeigt die Sonderzeichen in der Reihenfolge der Buchstaben auf der Tastatur, rechts zusammen mit der ⇧-Taste.

```
1234567890ß  !"§$%&/()=?
¡“¶¢[]|{}≠¿  ¬”#£ﬁ^\˜·¯˙

qwertzuiopü  QWERTZUIOPÜ
«∑€®†Ω¨⁄øπ•  »„‰¸˝ˇÁÛØ∏°

asdfghjklöä  ASDFGHJKLÖÄ
å‚∂ƒ©ªº∆@œæ  ÅÍ™ÏÌÓıˆﬂŒÆ

yxcvbnm,.-   YXCVBNM;:_
¥≈ç√∫~µ∞…–   ‡ÙÇ◊‹›˘˛÷—
```

Sonderzeichen mit der option-Taste auf der Mac-Tastatur

2.3 Unterschiedliche (und gleiche) Tastenkombinationen in beiden Welten

Windows- wie auch Mac-Nutzer verwenden im Alltag häufig Tastenkombinationen. Einige dieser Tastenkombinationen, die systemweit gelten, sind auf beiden Plattformen fast gleich, einige aber auch anders. Programme können zudem eigene Tastenkombinationen einsetzen. Die meisten Programme zeigen im Menü die entsprechenden Tastenkombinationen zu den einzelnen Menüpunkten, soweit verfügbar, an.

Funktion	Windows	macOS
Alles markieren	Strg+A	command+A
Speichern	Strg+S	command+S
Zurück	Strg+Z	command+Z
Einstellungen des aktuellen Programms		command+,
Suche in den *Einstellungen*	⊞+I	command+Leer

Windows bietet in Kombination mit der [⊞]-Taste weitere Tastenkombinationen an:

Tastenkombination	Funktion
[⊞]	Blendet das Startmenü ein oder aus.
[⊞]+[,]	Blendet die Fenster kurz aus.
[⊞]+[.]	Emoji-Eingabe und erweiterte Zwischenablage.
[⊞]+[+]	Aktiviert die Bildschirmlupe und vergrößert die Ansicht.
[⊞]+[-]	Verkleinert die Ansicht in der Bildschirmlupe. Die Bildschirmlupe bleibt aktiv.
[⊞]+[↑]	Maximiert das aktuelle Fenster auf Bildschirmgröße oder bringt ein in die Taskleiste minimiertes Fenster auf seine ursprüngliche Größe zurück. Ein rechts oder links angedocktes Fenster wird in der entsprechenden oberen Bildschirmecke angedockt.
[⊞]+[⇧]+[↑]	Vergrößert das aktuelle Fenster auf Bildschirmhöhe, die Fensterbreite bleibt bestehen.
[⊞]+[↓]	Minimiert das aktuelle Fenster in die Taskleiste oder bringt ein auf Bildschirmgröße maximiertes Fenster auf seine ursprüngliche Größe zurück. Ein rechts oder links angedocktes Fenster wird in der entsprechenden unteren Bildschirmecke angedockt.
[⊞]+[→]	Dockt das aktuelle Fenster an den rechten Bildschirmrand an.
[⊞]+[←]	Dockt das aktuelle Fenster an den linken Bildschirmrand an.
[⊞]+[Strg]+[→]	Wechselt zwischen virtuellen Desktops.
[⊞]+[Strg]+[←]	Wechselt zwischen virtuellen Desktops.
[⊞]+[⇧]+[→]	Verschiebt ein Fenster vom linken auf den rechten Monitor, ohne Position und Größe zu verändern.
[⊞]+[⇧]+[←]	Verschiebt ein Fenster vom rechten auf den linken Monitor, ohne Position und Größe zu verändern.
[⊞]+[1]	Startet die erste Anwendung (von links) in der Taskleiste, üblicherweise den Browser Microsoft Edge. [⊞]+[2] und folgende Zahlen starten weitere Anwendungen.
[⊞]+[A]	Blendet die Schnelleinstellungen ein.

Tastenkombination	Funktion
Win+C	Öffnet die Chat-App *Teams*.
Win+D	Blendet alle Fenster ein und aus.
Win+Strg+D	Legt einen neuen virtuellen Desktop an.
Win+E	Öffnet ein Explorer-Fenster.
Win+F	Erstellt einen Screenshot und gibt ihn an den Feedback-Hub weiter.
Win+Strg+F	Sucht in Active-Directory-basierten Netzwerken einen Computer.
Win+G	Öffnet die Spielleiste.
Win+H	Schaltet die Sprachausgabe ein.
Win+I	Öffnet die *Einstellungen*.
Win+K	Zeigt die Seitenleiste für drahtlose Anzeige an.
Win+L	Sperrt den Computer mit dem Sperrbildschirm.
Win+N	Öffnet die Benachrichtigungen.
Win+O	Schaltet den Orientierungssensor zur Bildschirmdrehung (wenn vorhanden) ein und aus.
Win+P	Präsentationsmodus wählen.
Win+R	Öffnet das Dialogfeld *Ausführen*.
Win+S	Suche starten.
Win+⇧+S	Erstellt einen Screenshot mit dem Programm *Snipping Tool*.
Win+T	Schaltet zwischen den Programmen in der Taskleiste um.
Win+U	Öffnet die Einstellungen für Barrierefreiheit.
Win+V	Fügt ein Element aus der erweiterten Zwischenablage ein.
Win+W	Zeigt das Fenster mit den Widgets.
Win+X	Öffnet das System-Menü links unten.
Win+Z	Snap-Layouts für das aktuelle Fenster anzeigen.
Win+Druck	Erstellt einen Screenshot und speichert ihn automatisch.

Tastenkombination	Funktion
⊞+Leer	Schaltet Eingabesprache und Tastaturlayout um, wenn mehrere installiert sind.
⊞+Pause	Zeigt den Info-Bildschirm in den *Einstellungen* mit Informationen über den Computer.
⊞+⭾	Zeigt alle offenen Fenster auf einmal, um eines davon auszuwählen.
⊞+Strg+F4	Schließt den aktuellen virtuellen Desktop.

2.4 Zwischenablage nutzen

Die Zwischenablage ist ein Speicher, in dem unterschiedliche Daten mit einer Tastenkombination kurzfristig gespeichert werden, um sie dann an eine andere Stelle oder in andere Programme zu kopieren. Die Tastenkombinationen sind in Windows und macOS fast gleich.

Funktion	Windows	macOS
Kopieren	Strg+C	command+C
Ausschneiden	Strg+X	command+X
Einfügen	Strg+V	command+V

Warum V für Einfügen?

Generationen von PC- und Mac-Nutzern kennen die Tastenkombinationen der Zwischenablage auswendig. **C** steht für **C**opy (= kopieren), aber was bedeutet das **V**? Die Antwort ist der Ergonomie geschuldet und ganz einfach: **V** ist die Taste neben dem **C**.

Windows bietet im Kontextmenü beim Rechtsklick auf eine Datei oder einen markierten Text in einer Textverarbeitung ebenfalls die Befehle der Zwischenablage an. Manche Programme, wie der Explorer, verwenden eine Symbolleiste anstelle des Kontextmenüs oder zusätzlich.

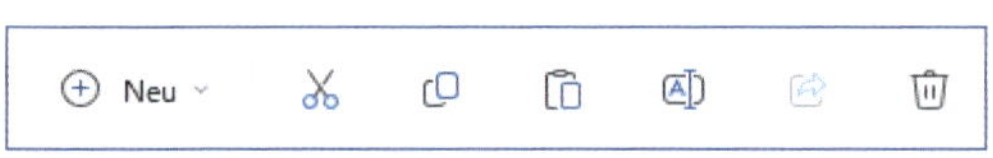

Symbolleiste mit Funktionen der Zwischenablage im Explorer: Ausschneiden, Kopieren, Einfügen, Umbenennen, Teilen, Löschen

2.4.1 Die erweiterte Zwischenablage in Windows

Windows 11 verwendet die geräteübergreifende Zwischenablage, die mit einem der letzten Funktionsupdates für Windows 10 eingeführt wurde. Damit kann die Zwischenablage nicht nur mehrere Elemente enthalten, es ist auch möglich, Daten von einem Computer auf einen anderen innerhalb eines lokalen Netzwerks zu übertragen.

Kopieren Sie Text, Bilder oder ganze Dateien wie gewohnt über das Kontextmenü oder die Tastenkombination [Strg]+[C] in die Zwischenablage.

Drücken Sie zum Einfügen in einem anderen Programm oder auch auf einem anderen Computer im lokalen Netzwerk die Tastenkombination [Win]+[V]. Ein Fenster zeigt die letzten kopierten Elemente in der Zwischenablage, aus denen Sie jetzt das gewünschte auswählen und einfügen können.

Zur Auswahl können Sie statt der Maus auch die Pfeiltasten auf der Tastatur verwenden und das gewählte Element dann mit der [↵]-Taste einfügen.

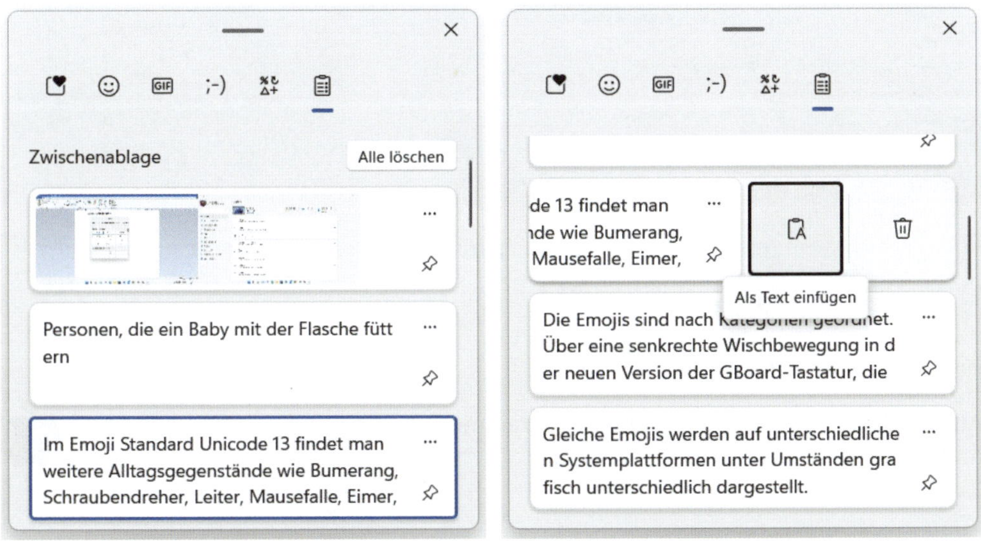

Die erweiterte Zwischenablage in Windows

Diese erweiterte Zwischenablage ist auch über das Emoji-Eingabefeld, das Sie mit [Win]+[.] einblenden, mit dem Symbol ganz rechts zu erreichen.

Die ältesten Elemente in der Zwischenablage rutschen irgendwann aus der Liste nach unten heraus. Mit dem Pin-Symbol können Sie Elemente anpinnen, die immer in diesem Fenster verfügbar bleiben sollen.

Das Symbol mit den drei Punkten bei jedem kopierten Element blendet zwei weitere Symbole ein, mit denen Sie das Element löschen oder einen formatierten Text als reinen Text ohne Formatierung einfügen können, was besonders bei Texten aus Textverarbeitungsprogrammen sehr nützlich ist.

Damit die erweiterte Zwischenablage funktioniert, muss in den *Einstellungen* unter *System/Zwischenablage* der *Zwischenablageverlauf* eingeschaltet sein.

Zur Synchronisation zwischen mehreren Geräten aktivieren Sie zusätzlich den Schalter *Auf allen Geräten synchronisieren*. Die verwendeten Geräte müssen mit dem gleichen Microsoft-Konto angemeldet sein.

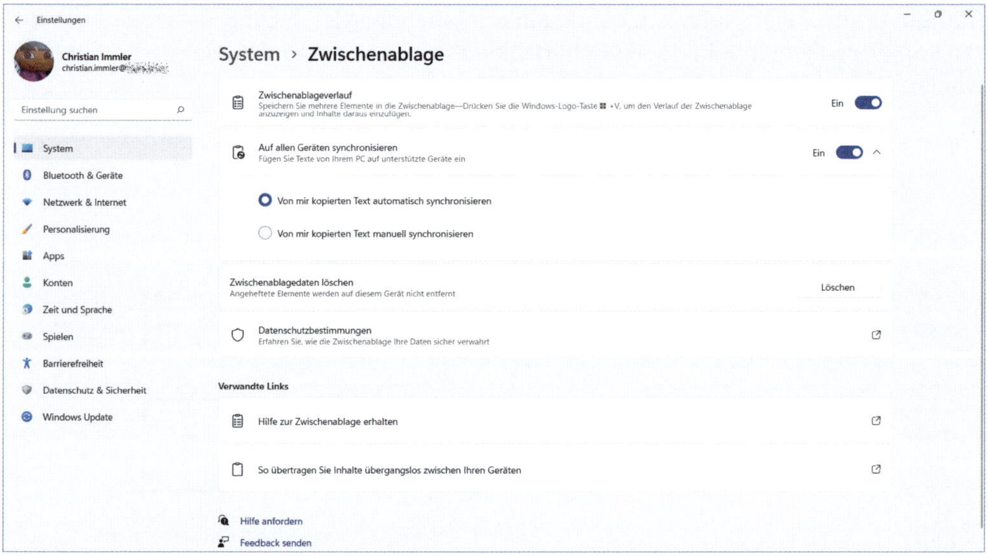

Einstellungen für die erweiterte Zwischenablage

Auf macOS benötigen Sie externe Programme, um eine Zwischenablage mit mehreren Elementen nutzen zu können.

2.5 Maus

Windows wie auch macOS werden vorwiegend mit der Maus bedient. Mäuse am USB-Anschluss werden automatisch erkannt und brauchen in den meisten Fällen nicht konfiguriert zu werden. Am Mac muss nicht die Original-Maus verwendet werden, Sie können auch eine beliebige USB-Maus nutzen.

Die Geschwindigkeiten von Mauszeiger und Bildlauf können in den *Einstellungen* je nach Ihren persönlichen Vorlieben geändert werden. In Windows finden Sie diese Einstellungen unter *Bluetooth und Geräte/ Maus*, in macOS einfach unter *Maus*.

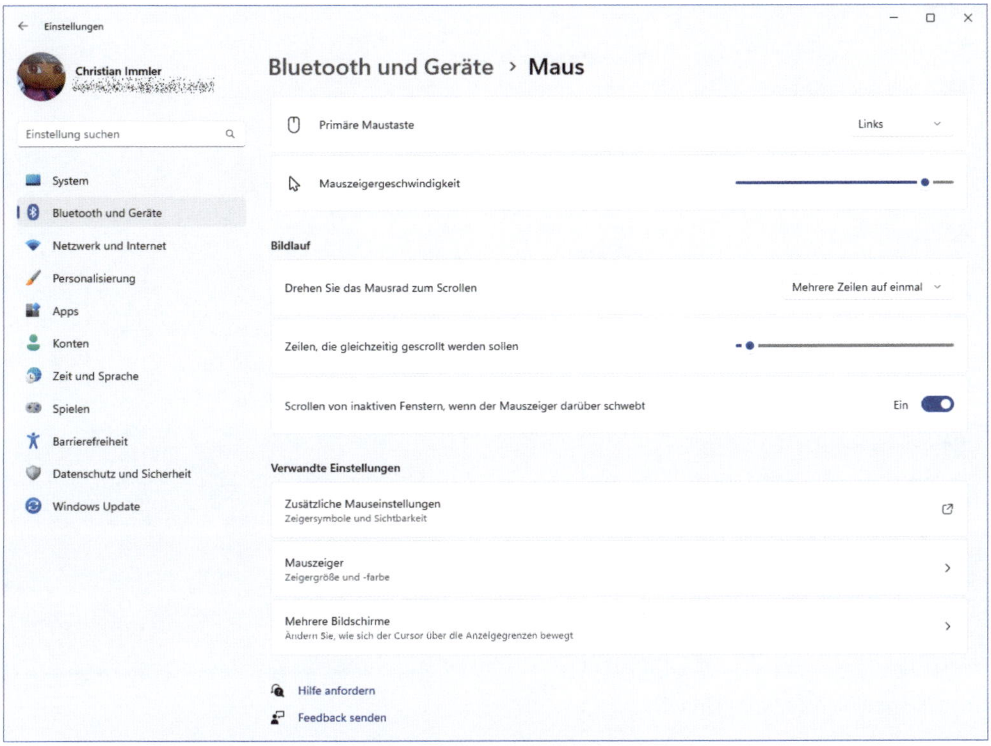

Einstellungen für die Maus in Windows 11

2.5.1 Bildlauf nach oben oder unten

Windows-Nutzer, die auf einem Mac erstmals das Mausrad oder die kleine Kugel der Mac-Maus drehen, wundern sich nicht schlecht, wie sich angezeigte Webseiten oder Dokumente verhalten. Unter Windows ist man es gewohnt, dass eine Drehung des Mausrads nach unten, also zum Benutzer hin, das Dokument nach unten scrollt. Umgekehrt scrollt eine Drehung nach oben, also vom Benutzer weg, das Dokument nach oben.

macOS verhält sich genau umgekehrt: Drehen Sie das Mausrad nach oben, scrollt das Dokument nach unten, drehen Sie nach unten, scrollt es nach oben. Apple bezeichnet das als *Natürliches Scrollen*.

Kommt Ihnen dieses Scrollverhalten doch etwas unnatürlich vor, schalten Sie in den *Einstellungen* unter *Maus* die Option *Natürliches Scrollen* aus. macOS verhält sich dann wie Windows.

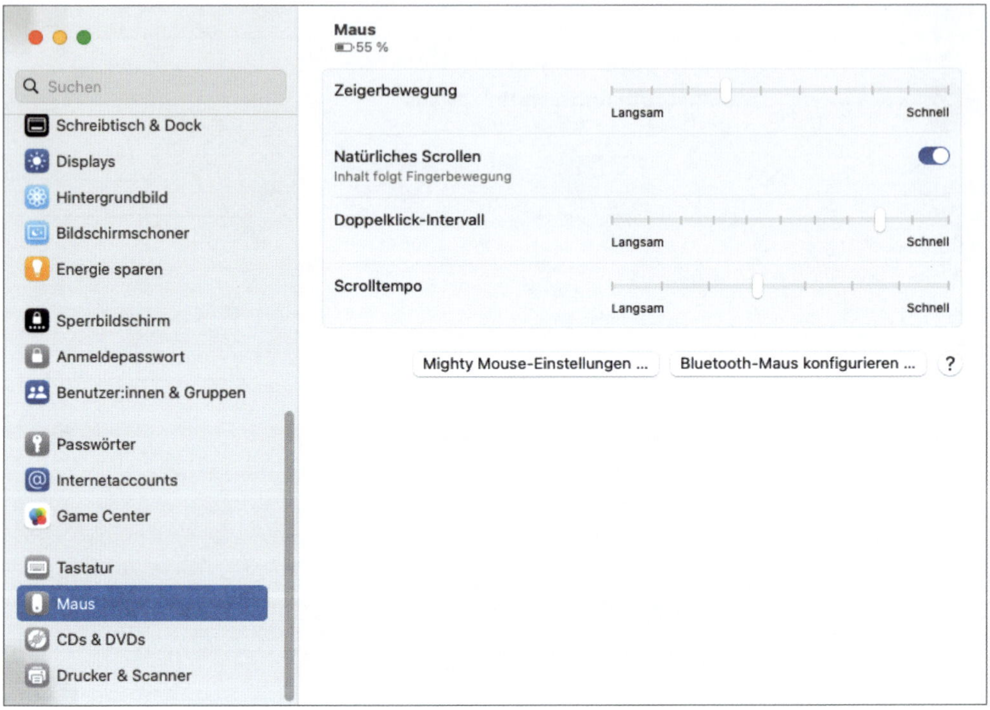

Einstellungen für die Maus in macOS

2.5.2 Die Mac-Maus hat doch eine rechte Maustaste

Bereits zu Zeiten der ersten Macs lächelten PC-Nutzer über ihre Mac-Kollegen, dass diese sich wegen der hohen Preise bei Apple nur eine Maustaste leisten könnten.

Obwohl die ersten Mac-Mäuse wirklich nur eine Taste hatten, bietet macOS aber auch Kontextmenüs, ähnlich wie Windows. Statt mit der rechten Maustaste zu klicken, halten Sie während des Mausklicks die Taste *command* gedrückt und das Kontextmenü erscheint.

Moderne Mac-Mäuse wie die Mighty Mouse haben, auch wenn es nicht so aussieht, eine rechte Maustaste. Drücken Sie weiter rechts auf die Maus, die keine deutlich abgegrenzten Tasten hat, kann dies eine andere Funktion auslösen, die aber erst eingerichtet werden muss.

Klicken Sie in den *Einstellungen* unter *Maus* auf *Mighty Mouse-Einstellungen*, können Sie jeder Maustaste eine eigene Funktion zuordnen. Wählen Sie bei der rechten Maustaste die Option *Sekundäre Maustaste*, haben Sie das typische Verhalten einer Windows-Maus.

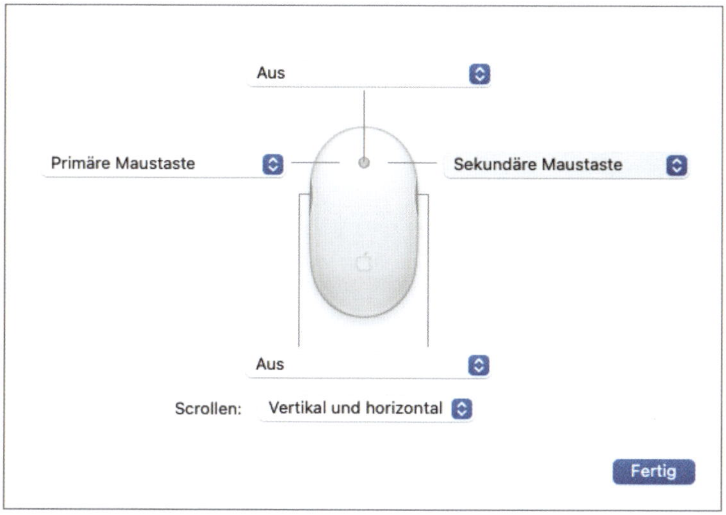

Einstellungen für die Maustasten in macOS

Maus für Linkshänder

Wer die Maus in der linken Hand hält, möchte trotzdem mit dem Zeigefinger klicken. Vertauschen Sie dazu die primäre und sekundäre Maustaste in den *Mighty Mouse-Einstellungen*. In Windows wählen Sie in den *Einstellungen* unter *Bluetooth und Geräte/Maus/Primäre Maustaste* aus, ob die primäre Maustaste links oder rechts sein soll.

2.5.3 Bluetooth-Mäuse verbinden

Die meisten Mac-Nutzer verwenden die originale Mac-Maus, die über Bluetooth verbunden wird. Auch auf dem PC erfreuen sich Bluetooth-Mäuse zunehmender Beliebtheit.

In Windows brauchen Sie bei einer Bluetooth-Maus nur die Kopplungstaste zu drücken und die Maus wird automatisch verbunden. Dazu muss Bluetooth auf dem PC eingeschaltet sein.

Klicken Sie auf das Netzwerksymbol im Infobereich der Taskleiste und schalten Sie das Symbol *Bluetooth* ein, falls es ausgeschaltet ist.

Bluetooth in Windows 11 ein- und ausschalten

Schalten Sie in macOS in den *Einstellungen* unter *Bluetooth/Weitere Optionen* den Bluetooth-Assistenten ein.

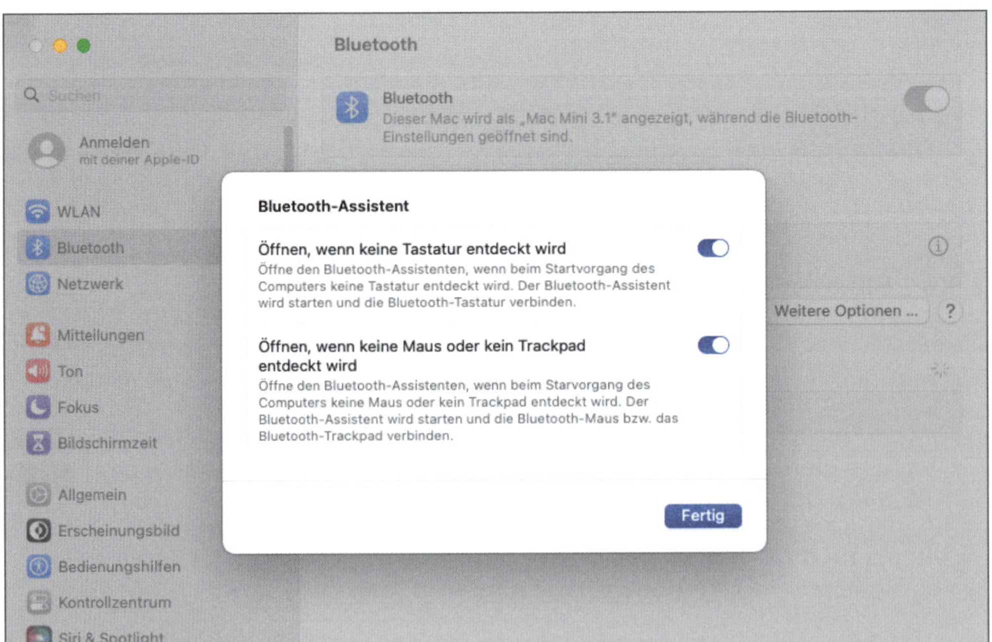

Bluetooth-Assistent für Maus und Tastatur in macOS

Wenn beim Starten des Macs keine Tastatur oder keine Maus entdeckt wird, die per USB angeschlossen ist, versucht dieser Assistent, automatisch Bluetooth-Geräte zu finden und zu verbinden.

Kommt es hier zu Problemen, können Sie mithilfe der Tastatursteuerung im Assistenten die Maus suchen und verbinden oder auch mit der Maus eine Tastatur suchen.

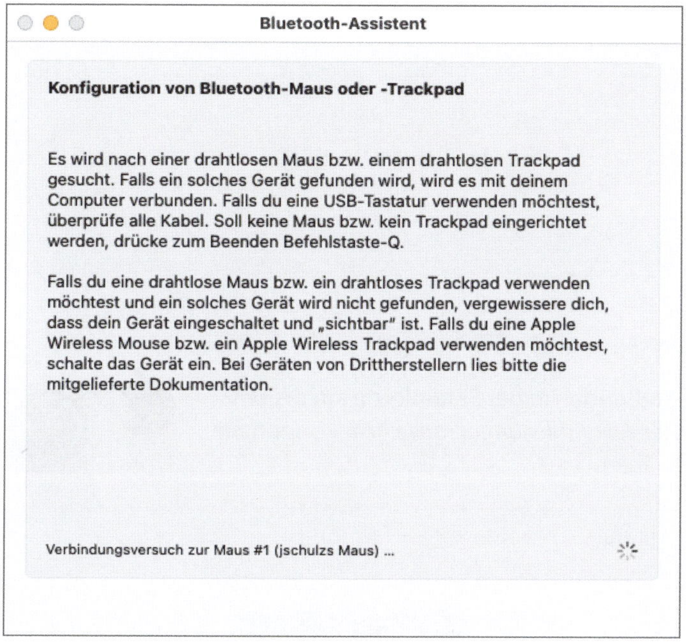

Der Bluetooth-Assistent von macOS sucht nach einer Maus

2.6 Bildschirmeinstellungen

In den allermeisten Fällen werden moderne Plug-and-play-Bildschirme automatisch erkannt und es wird die richtige Bildschirmauflösung eingestellt. Sollte die passende Auflösung nicht automatisch eingestellt werden, können Sie die Einstellung selbst vornehmen.

Klicken Sie in Windows mit der rechten Maustaste auf den Desktop und wählen Sie *Anzeigeeinstellungen*. Hier können Sie die Bildschirmauflösung, die Ausrichtung und auch die Skalierung festlegen, wenn bei extrem hochauflösenden Bildschirmen die Schriften und Bedienelemente zu klein werden.

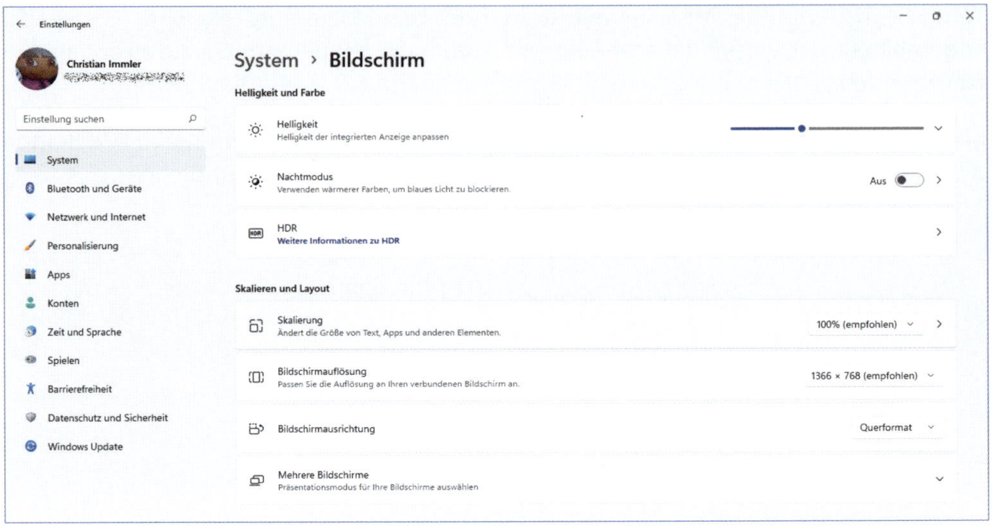

Bildschirmeinstellungen in Windows 11

Klicken Sie in den macOS-Einstellungen in der Seitenleiste auf *Displays*. Aktivieren Sie hier den Schalter *Alle Auflösungen anzeigen*, können Sie die Bildschirmauflösung frei wählen.

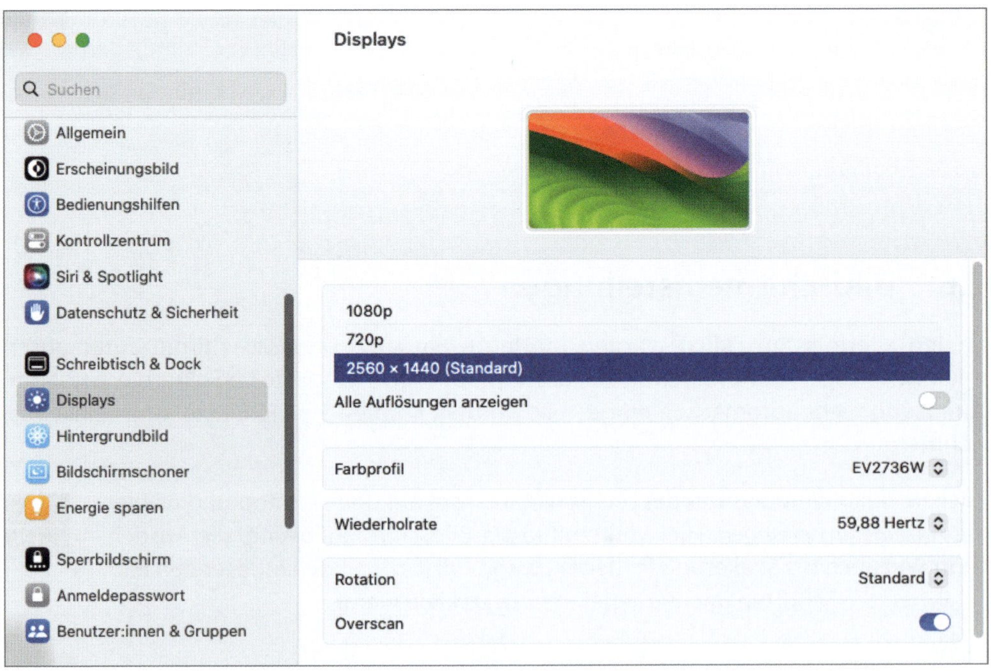

Bildschirmeinstellungen in macOS

2.7 Bildschirmsperre und automatische Abmeldung

Windows wie auch macOS sind in den Grundeinstellungen oft so konfiguriert, dass nach einer bestimmten Inaktivitätszeit, die manchmal sehr kurz ist, ein Sperrbildschirm erscheint, auf dem Sie das Passwort neu eingeben müssen. Wenn Sie das stört, deaktivieren Sie die Passworteingabe bei Inaktivität.

In Windows 11 finden Sie diese Möglichkeit in den *Einstellungen* unter *Konten/Anmeldeoptionen*. Entscheiden Sie sich hier in der Zeile *Wann soll Windows nach Abwesenheit eine erneute Anmeldung anfordern?* für die Option *Nie*.

In macOS finden Sie diese Option ebenfalls in den *Einstellungen*, und zwar unter *Sperrbildschirm*. Hier können Sie bei *Passwort nach Aktivierung des Bildschirmschoners oder Deaktivierung des Displays erforderlich* eine Zeit auswählen oder auch auf *Nie* schalten.

2.8 Ruhezustand – das ewige Problem

Windows sowie macOS enthalten diverse Einstellungen, um Strom zu sparen. Teilweise müssen diese Einstellungen wegen spezieller EU-Vorschriften von den Herstellern ins Betriebssystem eingebaut werden. Wirklich nützlich sind sie nur auf Laptops im Akkubetrieb. In den meisten Fällen bringen die Energiesparfunktionen, besonders der Ruhezustand, mehr Ärger als Nutzen, da PCs und Macs sich oft nicht mehr sauber wecken lassen.

In Windows 11 werden viele der Stromspareinstellungen nur noch auf Laptops im Akkubetrieb angezeigt – hier kann es wichtig sein, auch kleine Mengen Strom zu sparen, um das Gerät etwas länger nutzen zu können, wenn längere Zeit keine Steckdose zur Verfügung steht.

Der Bereich *System/Strom und Akku* der Windows-Einstellungen, der auf Laptops die Energiespareinstellungen enthält, heißt auf stationären PCs *Leistung*, da Sie dort nur festlegen können, wann der Bildschirm ausgeschaltet wird und wann das Gerät in den Ruhezustand versetzt wird. Beide Zeiten beziehen sich auf eine Inaktivität des PCs.

Tastatureingaben oder Mausbewegungen unterbrechen die Inaktivität und starten den Countdown zum Abschalten neu. Auch ein im Vollbildmodus laufendes Video verhindert automatisches Ausschalten. Dies gilt aber nicht für Berechnungen oder Downloads im Hintergrund.

Stellen Sie den Schalter *Im Netzbetrieb das Gerät in den Ruhezustand versetzen nach* auf die Option *Nie*, um zu verhindern, dass größere Downloads oder lang andauernde Rechenaufgaben durch den Ruhezustand unterbrochen werden.

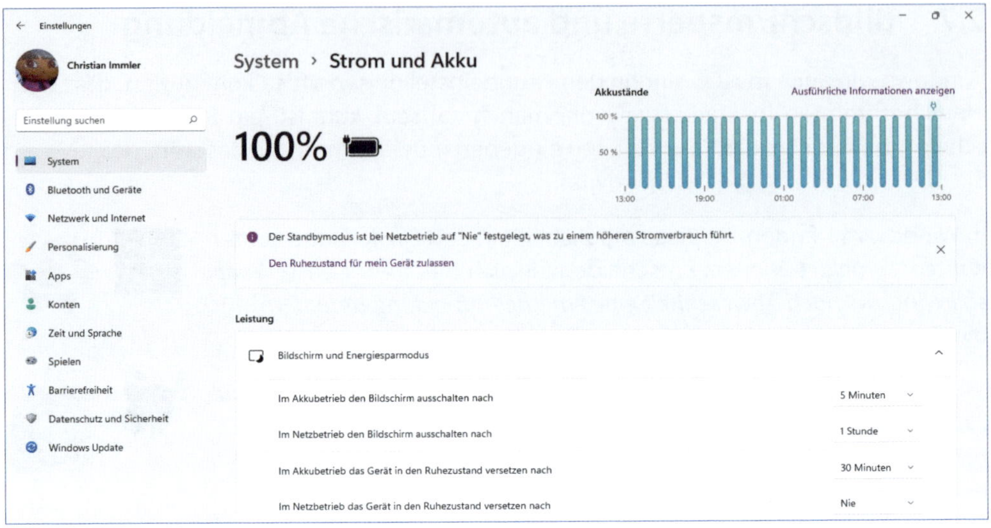

Strom- und Akku-Einstellungen in Windows 11

Bildschirme – besonders große – tragen erheblich zum Gesamtstromverbrauch des PCs bei. Hier kann es durchaus sinnvoll sein, den Bildschirm schon nach kürzeren Inaktivitätszeiten, zum Beispiel 30 Minuten, auszuschalten. Zu kurze Abschaltzeiten sind eher lästig als nützlich, da das Wiedereinschalten der meisten Monitore eine gefühlte Ewigkeit dauert, auch wenn es objektiv meist weniger als eine Sekunde ist.

Die Zeit bis zum Abschalten des Bildschirms sollte kürzer gewählt werden als bis zum Ruhezustand des PCs, da es keinen Sinn ergibt, einen PC mit eingeschaltetem Bildschirm im Ruhezustand laufen zu lassen.

Windows empfiehlt unsinnigerweise, beide Zeiten auf den gleichen Wert zu setzen. Bei Problemen mit dem Aufwecken aus dem Ruhezustand schalten Sie diesen am besten auf *Nie*.

Während sich ein Windows-PC, der aus dem Ruhezustand nicht wieder aufwacht, meistens mit einem erzwungenen Neustart über langes Drücken des Ausschalters wieder zum Leben erwecken lässt, kann es bei Macs zu Datenverlusten kommen. Daher ist es hier umso wichtiger, den Ruhezustand komplett abzuschalten.

Klicken Sie in den *Einstellungen* von macOS unter *Displays* auf *Weitere Optionen* und aktivieren Sie den Schalter *Kein automatisches Aktivieren des Ruhezustands bei ausgeschaltetem Display*. Schalten Sie zusätzlich unter *Energie sparen* die Option *Wenn möglich, Ruhezustand für Festplatten aktivieren* aus.

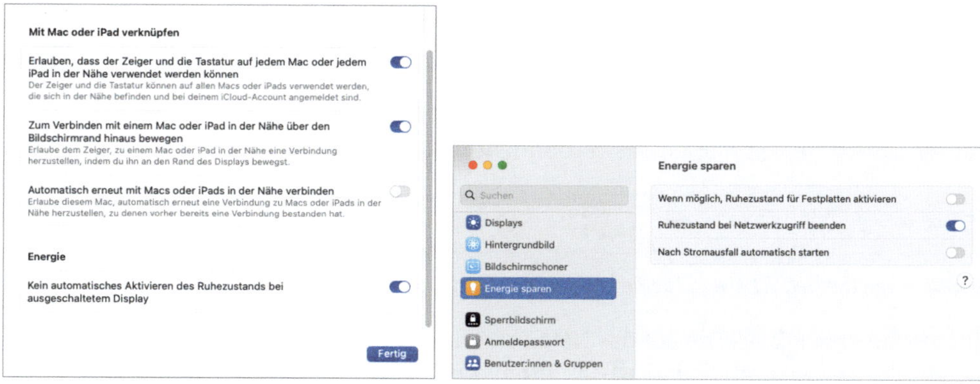

Ruhezustand in macOS abschalten

2.9 WLAN und Ethernet einrichten

Der Zugang zum Internet ist heute die wichtigste Aufgabe für die meisten privat genutzten PCs. Windows und macOS funktionieren zwar mit Einschränkungen auch offline, aber erst mit Internetzugang macht es wirklich Spaß. In den meisten Haushalten erfolgt der Internetzugang heute über einen Router, an den einer oder mehrere Computer per Netzwerkkabel oder drahtlos über WLAN angeschlossen sind.

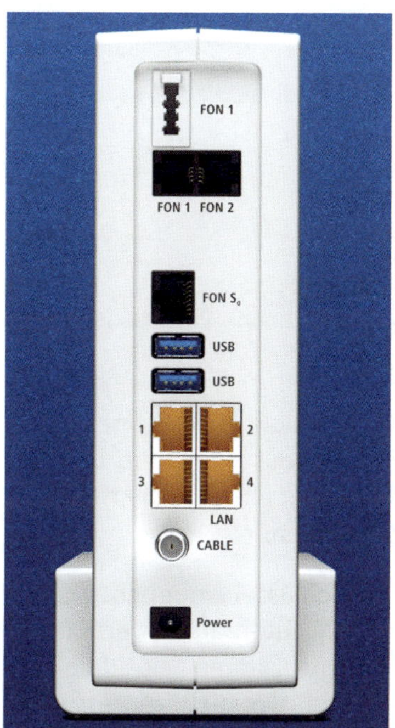

Zentraler Punkt eines lokalen Netzwerks ist der Router. Er übernimmt die Koordination des lokalen Netzwerks und stellt gleichzeitig einen Internetzugang zur Verfügung. Dabei können an die meisten WLAN-Router vier PCs oder andere Geräte per Kabel und theoretisch bis zu 250 weitere drahtlos angeschlossen werden. In der Praxis liegt die Zahl anschließbarer WLAN-PCs aufgrund der Bandbreite, die sich die Geräte teilen müssen, deutlich darunter.

Die beiden Betriebssysteme Windows und macOS erkennen eine Kabelverbindung mit dem Router automatisch. Hier brauchen Sie in den meisten Fällen gar nichts weiter zu tun. Bei WLAN-Verbindungen geben Sie bereits während der Ersteinrichtung den Schlüssel ein und sind dann ebenfalls gleich mit dem Router verbunden.

Anschlüsse an einem typischen Kabelrouter, hier das Modell FRITZ!Box 6591 Cable von AVM (Bild: AVM GmbH)

Windows 11 zeigt die Netzwerkverbindung mit einem Symbol in der Taskleistenecke unten rechts an. Je nach Art der Verbindung erscheint ein PC-Symbol mit einem Kabel oder ein WLAN-Symbol. Ein Weltkugelsymbol bedeutet, dass keine Netzwerkverbindung besteht. Fahren Sie mit der Maus über das Symbol, ohne zu klicken, sehen Sie den Namen des verbundenen Routers.

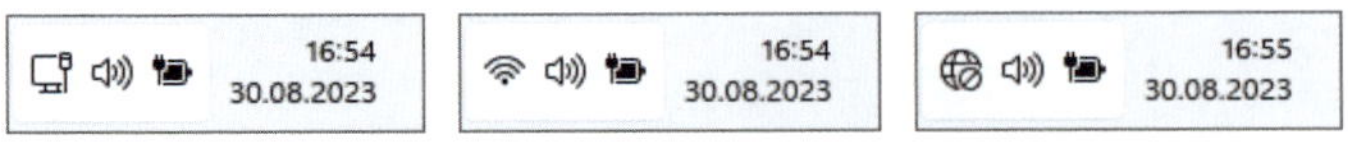

Symbole für Ethernet, WLAN und keine Netzwerkverbindung

Klicken Sie in der Taskleiste auf das Netzwerksymbol, um die Schnelleinstellungen anzuzeigen. Die Tastenkombination [Win]+[A] öffnet ebenfalls die Schnelleinstellungen.

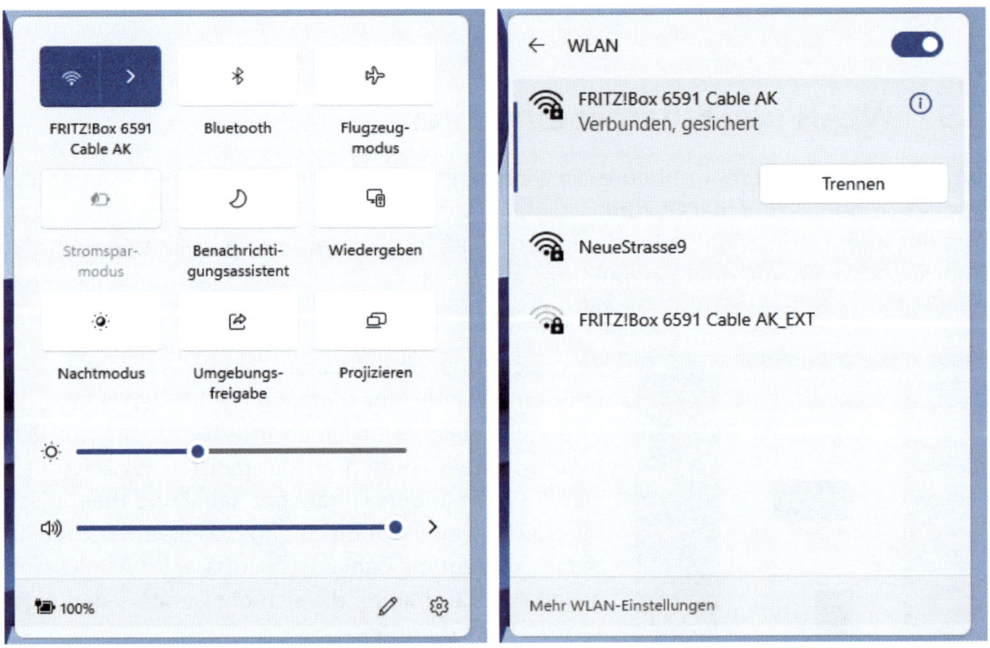

Schnelleinstellungen und Liste der WLANs

Je nach Ausstattung des Gerätes erscheinen hier diverse Symbole zum Schnellzugriff auf wichtige Systemeinstellungen: Das Symbol *WLAN* schaltet das WLAN ein und aus (nur wenn verfügbar). Der Pfeil rechts auf dieser Schaltfläche zeigt eine Liste verfügbarer WLANs an. Hier können Sie eines wählen und sich damit verbinden.

Bei der ersten Verbindung mit einem WLAN müssen Sie den Schlüssel eingeben. Aktivieren Sie den Schalter *Automatisch verbinden*, wird dieses WLAN automatisch verbunden, wenn es in Reichweite ist. Das i-Symbol rechts neben dem WLAN-Namen zeigt detaillierte Informationen zum WLAN, beispielsweise den Netzwerkprofiltyp, die IP-Adresse und mehr.

macOS zeigt oben rechts ein WLAN-Symbol. Klicken Sie darauf, können Sie das WLAN ein- und ausschalten. Hier wird eine Liste aller WLANs in der Nähe angezeigt. Klicken Sie auf eines, um es zu verbinden.

WLAN in macOS auswählen und verbinden

In den WLAN-Einstellungen finden Sie noch detailliertere Informationen zum verbundenen WLAN. Hier sehen Sie auch eine Liste bereits bekannter Netzwerke.

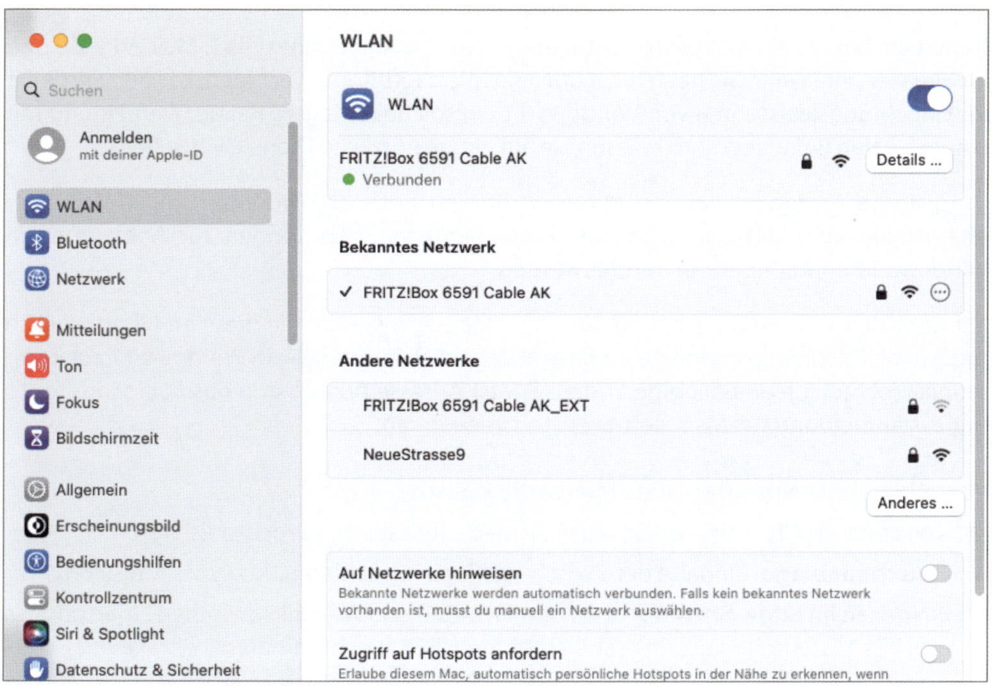

WLAN-Einstellungen in macOS

2.10 Benutzerverwaltung

Computer enthalten heute jede Menge sehr persönlicher Daten, sodass man sie ungern anderen Menschen überlässt. Windows und auch macOS können deshalb auf einem Gerät mehrere Benutzer verwalten. Jeder Nutzer hat nach der Anmeldung seinen eigenen Desktop und seine eigenen Dateien, auf die andere Benutzer erst nach bewusster Freigabe Zugriff erhalten.

Auch wenn die meisten Computer heute nur von einer Person benutzt werden, kann es durchaus sinnvoll sein, mehrere Benutzer einzurichten, einen eingeschränkten Benutzer für alltägliche Aufgaben, der nichts am System kaputt machen kann, sowie einen Administrator, der nur für Systemaufgaben verwendet wird.

2.10.1 Lokales Konto oder Microsoft-Konto zur Windows-Anmeldung

Wie auch in früheren Windows-Versionen müssen Sie bei der Einrichtung eines Windows-11-PCs ein neues Benutzerkonto einrichten. Windows empfiehlt dabei, sich mit einem Microsoft-Konto statt mit einem lokalen Benutzerkonto anzumelden.

Haben Sie bereits ein Microsoft-Konto, geben Sie zur Anmeldung die E-Mail-Adresse und Ihr Passwort ein. Wenn Sie noch nicht über ein Microsoft-Konto verfügen, können Sie direkt im Einrichtungsassistenten von Windows 11 ein solches anlegen. Bei der Anmeldung mit einem lokalen Benutzerkonto müssen Sie auf einige nützliche Dienste verzichten.

Langjährige Anwender werden Microsoft-Konten noch als Windows Live ID aus dem ehemaligen MSN-Messenger kennen. Diese Benutzerdaten können zur Anmeldung in Windows 11 immer noch verwendet werden.

Mit dem Microsoft-Konto erhalten Sie eine E-Mail-Adresse. Ob Sie diese im Alltag wirklich nutzen, bleibt Ihnen persönlich überlassen. Natürlich können Sie in Windows 11 zur Kommunikation auch jede beliebige andere E-Mail-Adresse nutzen und das Microsoft-Konto nur zur Anmeldung bei Microsoft-Diensten verwenden.

Vorteile bei der Nutzung eines Microsoft-Kontos

- **Kontakte und Termine** zwischen verschiedenen Geräten synchronisieren.
- **Zwischenablage** – Inhalte der Zwischenablage mit anderen PCs synchronisieren.
- **Favoriten im Edge-Browser** – Browser-Favoriten und Weblinks zwischen Smartphones und PCs austauschen und zwischen mehreren PCs synchronisieren.
- **E-Mail-Adresse** – Zu jedem Microsoft-Konto gehört eine E-Mail-Adresse, die in der Mail-App oder über Outlook.com genutzt werden kann.
- **OneDrive** – persönliche Dateien in OneDrive speichern, synchronisieren und freigeben.
- **Diashows** aus der Fotos-App mit Freunden teilen.

- **Skype** – Die Anmeldung bei Skype kann alternativ auch über einen früher verwendeten Skype-Namen erfolgen.
- **Notizen** aus der OneNote-App auf onenote.com speichern.
- **Einstellungen** für den Desktop mit anderen Geräten synchronisieren.
- **Microsoft Store** – Apps im Microsoft Store herunterladen oder kaufen.
- **Umgebungsfreigabe** per Bluetooth kann über das Microsoft-Konto auf eigene Geräte begrenzt werden.
- **Xbox-Live-Spiele** – Spielstand der Spiele speichern und über die Xbox-Live-Plattform mit anderen Spielern gemeinsam spielen und kommunizieren.
- **Microsoft 365** – Lizenzinformationen für Office-Programme speichern und mit anderen gemeinsam an Dokumenten arbeiten.
- **Jugendschutzeinstellungen** – Nutzungsverhalten von Kindern überwachen und einschränken.
- **Verlorene Geräte orten** – Tablets und auch Notebooks über Standortinformationen orten.
- **BitLocker** – verlorene BitLocker-Schlüssel wiederherstellen (nur Windows 11 Pro und Enterprise).
- **Lizenzinformationen speichern** – Windows nach einem Hardwarewechsel leichter wieder aktivieren.

Neuen Benutzer anlegen

Der erste Benutzer wird bei der Einrichtung von Windows angelegt. In den *Einstellungen* unter *Konten* können Sie weitere Benutzer anlegen. Klicken Sie dazu auf *Andere Benutzer* und dann in der Zeile *Weiteren Benutzer hinzufügen* auf *Konto hinzufügen*.

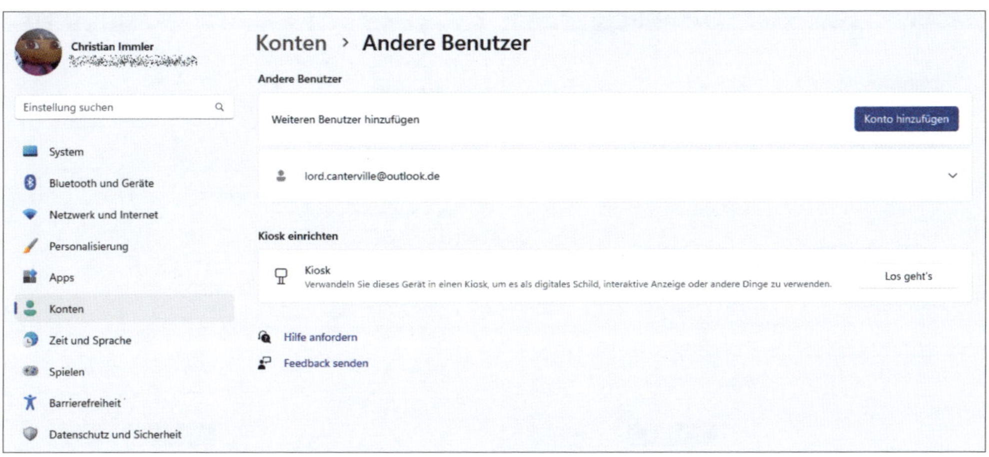

Benutzer in den Einstellungen von Windows 11

Möchten Sie einen Nutzer eines Microsoft-Kontos als Benutzer auf dem PC hinzufügen, brauchen Sie nur die E-Mail-Adresse seines Microsoft-Kontos anzugeben. An diese Adresse geht automatisch eine E-Mail mit der Einladung zur Anmeldung. Meldet sich jemand mit diesem Microsoft-Konto lokal am PC an, werden automatisch ein Benutzerkonto sowie ein lokaler Profilordner für persönliche Daten angelegt.

Leider ist die Auswahloption, ein lokales Benutzerkonto ohne Microsoft-Konto anzulegen, etwas versteckt.

Klicken Sie im ersten Schritt auf *Ich kenne die Anmeldeinformationen für diese Person nicht*. Im nächsten Schritt haben Sie die Möglichkeit *Benutzer ohne Microsoft-Konto hinzufügen* auszuwählen.

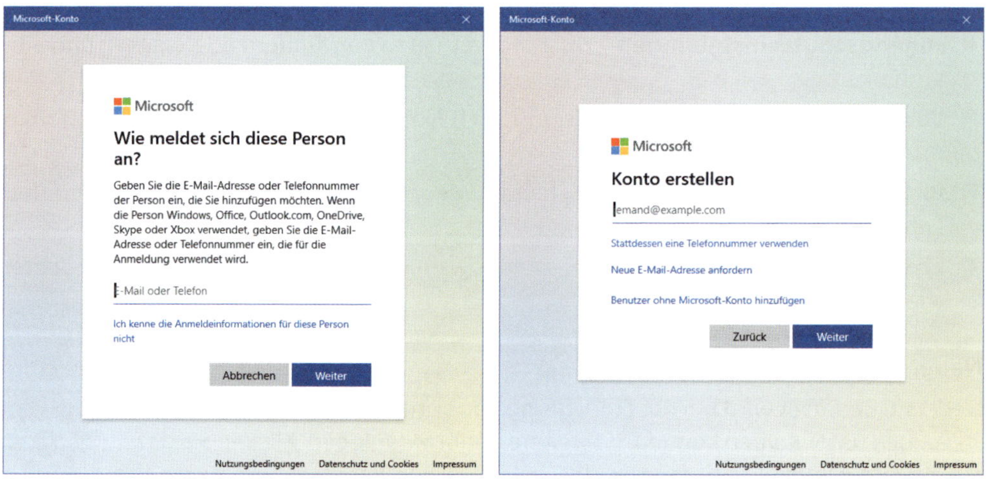

Neuen Benutzer in Windows 11 anlegen

Benutzerdaten für lokale Benutzer festlegen

Legen Sie jetzt einen Benutzernamen und ein Passwort für den neuen Benutzer fest. Falls dieser Benutzer sein Kennwort vergisst, müssen Sie noch drei Sicherheitsfragen sowie passende Antworten eintragen. Vergessene Passwörter von Microsoft-Konten können online wiederhergestellt werden, bei lokalen Benutzerkonten ist das nicht möglich.

Danach ist der neue Benutzer unter *Konten/Andere Benutzer* in den *Einstellungen* zu sehen und kann sich an diesem PC anmelden.

Lokalen Benutzernamen herausfinden

Benutzer, die sich mit einem Microsoft-Konto am PC anmelden, haben trotzdem einen lokalen Benutzernamen, den sie oftmals gar nicht kennen, aber für manche Aktionen doch brauchen, zum Beispiel für die Nutzung freigegebener Laufwerke in lokalen Netzwerken.

In vielen Fällen entspricht der lokale Benutzername dem Namen des eigenen Ordners unter *C:\Users*. Um den lokalen Benutzernamen herauszufinden, öffnen Sie in Windows 11 mit einem Rechtsklick auf das Windows-Logo das Terminal und geben dort *whoami* ein. Jetzt werden der Computername und der Benutzername angezeigt.

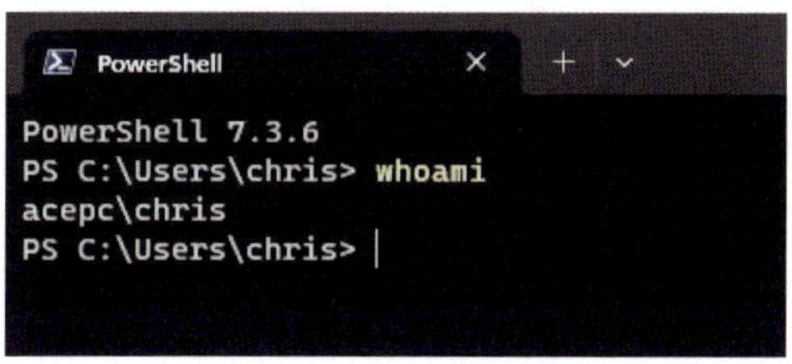

Lokalen Benutzernamen in Windows 11 mit whoami anzeigen

2.10.2 Lokaler Benutzer oder Apple-ID

Auch auf dem Mac benötigen Sie zur Anmeldung einen Benutzernamen und ein Passwort. Der erste Nutzer wird bei der Ersteinrichtung des Macs angelegt.

In den *Einstellungen* unter *Benutzer:innen und Gruppen* finden Sie alle auf dem Mac gespeicherten Nutzer. Standardmäßig ist neben dem Admin noch ein Gastnutzer ohne Systemrechte gespeichert, der aber vorerst deaktiviert ist.

Klicken Sie auf *Account hinzufügen*, können Sie einen neuen lokalen Benutzer erstellen. Legen Sie hier einen vollständigen Namen fest. Daraus wird automatisch ein *Accountname* generiert, der aber auch verändert werden kann. Der *Accountname* ist gleichzeitig auch der Name des Benutzerordners. Legen Sie noch ein Passwort sowie eine Merkhilfe fest, die im Gegensatz zum Passwort sichtbar angezeigt wird. Ein Klick auf *Benutzer:in erstellen* legt den Benutzer an.

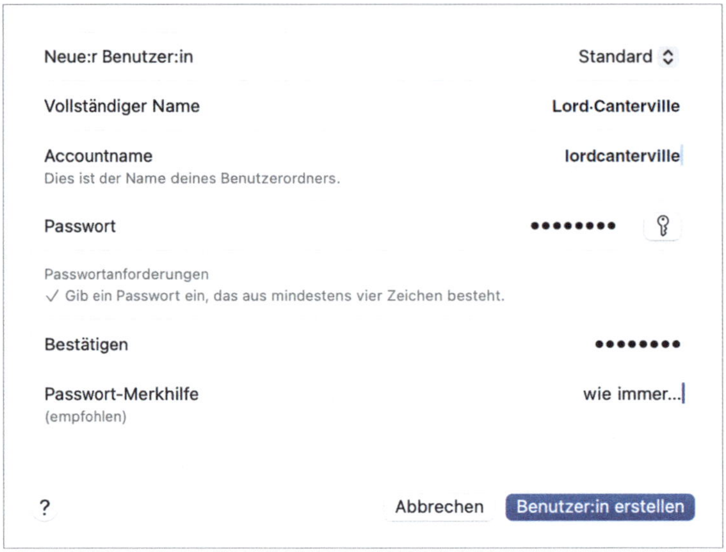

Neuen Benutzer in macOS anlegen

Haben Sie die automatische Anmeldung aktiviert, mit der sich ein Benutzer beim Einschalten des Macs automatisch anmeldet, erscheint jetzt die Frage, ob Sie diese abschalten möchten, um beim Einschalten einen Auswahlbildschirm für die Benutzer anzuzeigen. Verwenden Sie fast immer denselben Nutzer, lassen Sie die automatische Anmeldung aktiviert.

Um das Passwort eines gespeicherten Benutzers zu ändern, klicken Sie auf das i-Symbol rechts neben dem Benutzernamen.

Lokalen Benutzernamen herausfinden

macOS zeigt in den *Einstellungen* nur den vollständigen Namen, nicht aber den wirklichen Benutzernamen an. Sie finden den Benutzernamen im Seitenbalken des ***Finder*** bei dem Haussymbol, da er dem Ordnernamen des persönlichen Ordners gleicht.

Außerdem gibt es auch hier im Terminal – wie bei Windows – den Befehl *whoami*, der den Benutzernamen anzeigt.

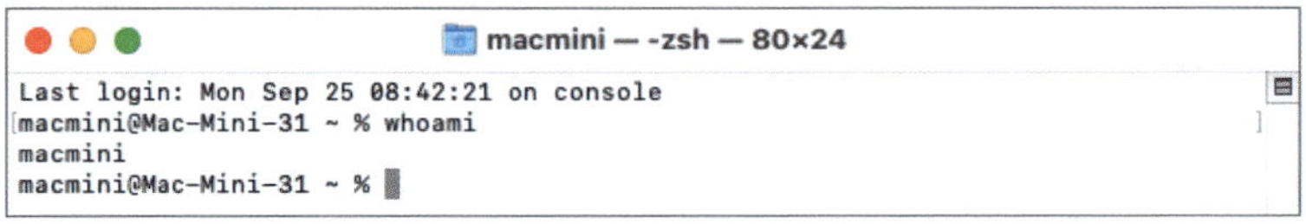

Lokalen Benutzernamen in macOS mit whoami anzeigen

Anmelden mit der Apple-ID

Apple verwendet die sogenannte Apple-ID, um persönliche Daten eines Nutzers zu speichern und zwischen mehreren Geräten zu synchronisieren. Die Funktionsweise ist ähnlich der der Microsoft-Konten.

macOS verwendet die Apple-ID unter anderem für den ***App Store***, für ***iCloud***, ***Nachrichten***, den ***Apple Online Store***, ***FaceTime*** und weitere Onlinedienste sowie zum Speichern persönlicher Einstellungen, Anmelde-, Kontakt-, Zahlungs- und Sicherheitsinformationen. Die Apple-ID kann auch zur Anmeldung am Mac verwendet werden.

Wenn Sie nicht direkt bei der Ersteinrichtung des Macs eine Apple-ID angelegt haben, können Sie dies leicht jederzeit nachholen. Klicken Sie dazu in den *Einstellungen* ganz oben auf *Anmelden mit deiner Apple-ID*. Hier können Sie sich mit einer vorhandenen Apple-ID anmelden, oder Sie klicken unten auf *Apple-ID erstellen*, um eine neue ID anzulegen.

Neue Apple-ID erstellen

Geben Sie im ersten Schritt Ihr Geburtsdatum an, da einzelne Apple-Dienste in manchen Ländern unter den Jugendschutz fallen und erst ab einem bestimmten Alter genutzt werden können.

Geben Sie eine vorhandene E-Mail-Adresse an, die für die Apple-ID genutzt werden soll. Alternativ können Sie auch eine neue Adresse *@icloud.com* anlegen. Danach tragen Sie noch eine Telefonnummer ein, die zur Bestätigung der Identität verwendet werden kann. Zur Bestätigung erhalten Sie eine SMS oder einen Anruf auf dieser Nummer. Den dort erhaltenen Code tragen Sie auf dem Mac ein und akzeptieren die Nutzungsbedingungen.

Zum Schluss müssen Sie noch die verwendete E-Mail-Adresse bestätigen und auch dort einen empfangenen Code eintragen.

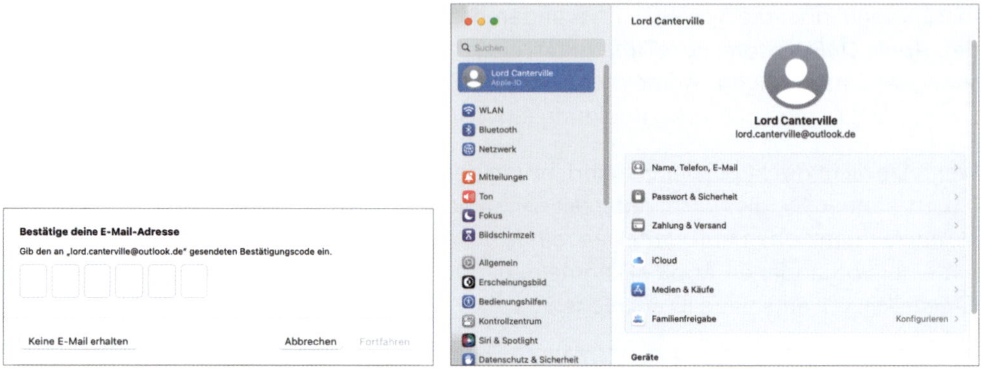

E-Mail-Adresse bestätigen und Einstellungen zur Apple-ID

In Zukunft wird diese Apple-ID automatisch angemeldet, wenn Sie diesen Mac nutzen.

Zwei-Faktor-Authentifizierung und Anmeldeprobleme

Apple richtet für neue Apple-IDs automatisch eine Zwei-Faktor-Authentifizierung ein. Bei der Anmeldung auf einem neuen Gerät oder im Browser müssen Sie außer Name und Passwort noch einen Code eingeben, den Sie auf einem anderen vertrauenswürdigen Gerät erhalten. Auch bei Onlinekäufen oder der Anmeldung auf anderen Webseiten mit dem Apple-Anmeldesystem benötigen Sie einen Code. Standardmäßig gelten alle Apple-Geräte mit der gleichen Apple-ID als vertrauenswürdig. Außer Macs können das auch iPhones und iPads sein.

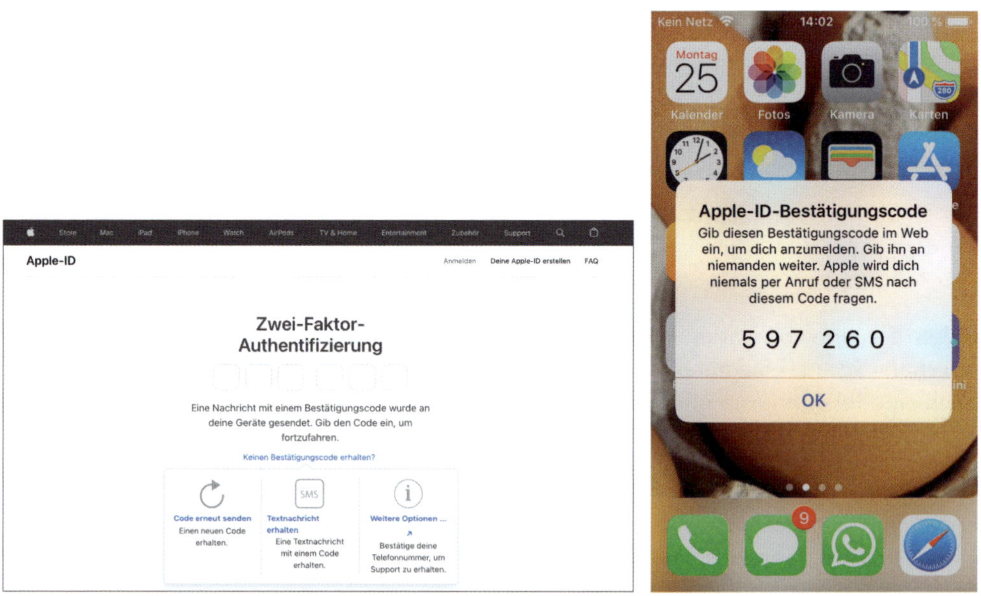

Code zur Anmeldung mit der Apple-ID auf einem iPhone erhalten

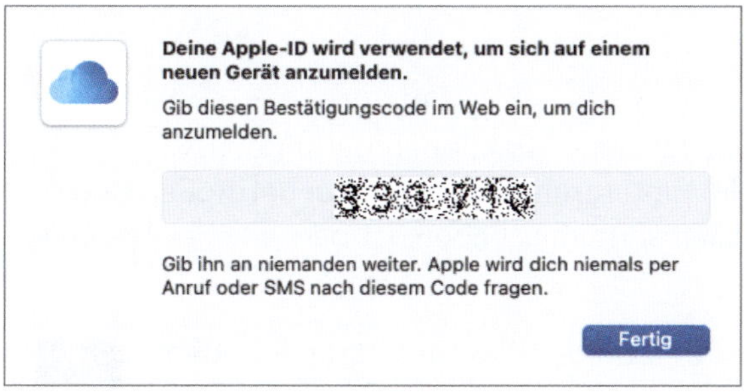

Der Code wird auch auf einem zweiten Mac angezeigt

Der Code wird automatisch an alle vertrauenswürdigen Geräte gesendet. Genau das kann schnell zu einem Problem werden, wenn Sie kein iPhone dabeihaben oder dieses sogar verkauft oder verloren haben.

Klicken Sie bei der Zwei-Faktor-Authentifizierung auf den Link *Keinen Bestätigungscode erhalten?*, können Sie sich den Code erneut senden lassen oder sich eine SMS mit dem Code zuschicken lassen. Dafür kann jedes Handy verwendet werden, es muss kein iPhone sein. Allerdings müssen Sie vorher in Ihrer Apple-ID eine gültige Telefonnummer hinterlegt haben. Machen Sie das am besten jetzt gleich, bevor Sie möglicherweise ein Problem mit der Zwei-Faktor-Authentifizierung bekommen. Klicken Sie auf der Webseite appleid.apple.com auf *Account-Sicherheit*. Hier können Sie vertrauenswürdige Telefonnummern hinzufügen, die dann auch mit einem Code bestätigt werden müssen.

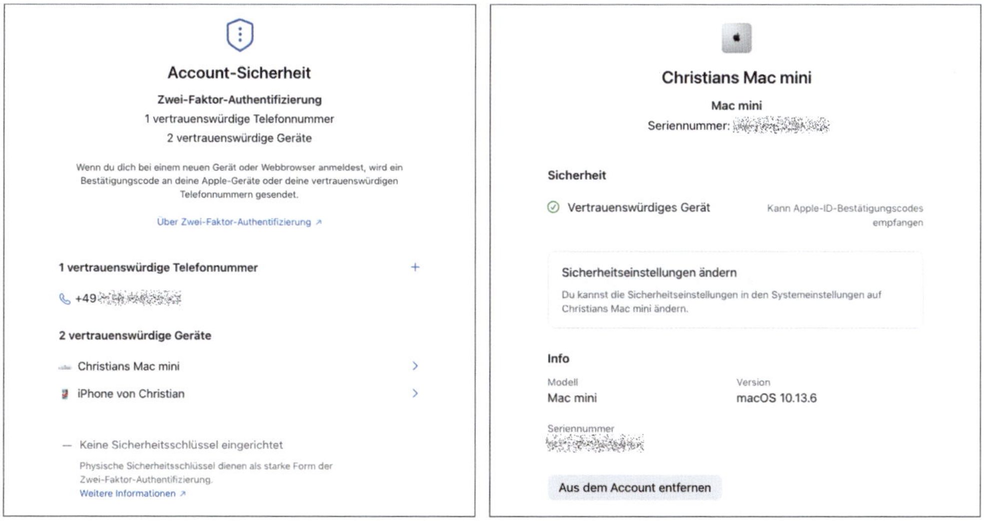

Vertrauenswürdige Telefonnummern und Geräte zur Zwei-Faktor-Authentifizierung

Auf der gleichen Seite finden Sie auch alle Ihre vertrauenswürdigen Geräte. Sollte sich eines davon nicht mehr in Ihrem Besitz befinden oder haben Sie es zurückgesetzt, um es zu verkaufen, dann entfernen Sie es aus dem Account. Dieses Gerät erhält dann keine Codes für die Zwei-Faktor-Authentifizierung mehr.

2.11 Updates installieren

Windows 11 wie auch macOS werden regelmäßig mit Updates versorgt, die Sicherheitslücken schließen, aber auch hin und wieder neue Funktionen mitbringen. Kleinere Updates werden in der Regel automatisch im Hintergrund installiert. Nur bei großen Updates, die teilweise sogar eine neue Unterversionsnummer haben, ist persönliches Eingreifen erforderlich.

Windows 11 installiert kleinere Updates automatisch im Hintergrund. In den *Einstellungen* unter *Windows Update* finden Sie den aktuellen Update-Stand. Hier werden auch Updates angezeigt, die noch heruntergeladen und installiert werden müssen. Sollten Probleme mit aktuellen Updates bekannt werden oder haben Sie eine Zeit lang keine stabile Internetverbindung, besteht in der Zeile *Updates aussetzen* die Möglichkeit, bis zu fünf Wochen auf automatische Updates komplett zu verzichten.

Windows Update in den Einstellungen von Windows 11

Nach automatisch installierten Updates wird der PC in vielen Fällen auch automatisch neu gestartet, was sehr lästig sein kann, wenn man den PC gerade nutzen möchte. In den *Einstellungen* unter *Windows Update/Erweiterte Optionen/Nutzungszeit* lassen sich Nutzungszeiten angeben, zu denen der PC nicht automatisch neu gestartet wird. Allerdings darf die Nutzungszeit höchstens 18 Stunden pro Tag betragen. Es ist also nicht möglich, die automatischen Neustarts durch eine 24-Stunden-Nutzungzeit komplett zu unterbinden.

Immer wieder kommt es vor, dass Windows keine Updates herunterladen kann oder heruntergeladene Updates nicht installiert werden können. Windows bietet eigens für solche Fälle eine automatische Problembehandlung an. Klicken Sie dazu in den *Einstellungen* unter *System/Problembehandlung/Andere Problembehandlungen* bei *Windows Update* auf *Ausführen*. Die Problembehandlung läuft weitgehend automatisch.

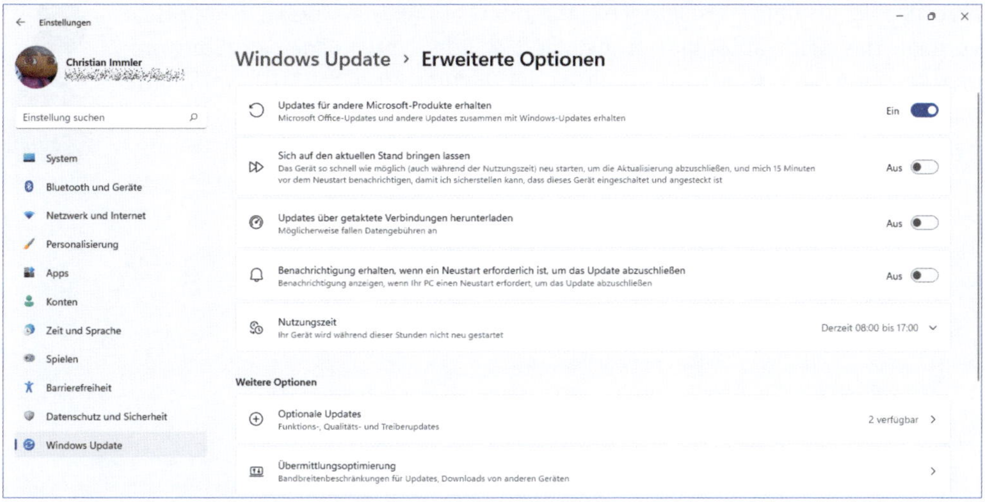

Erweiterte Optionen zu Windows Update in Windows 11

Unerwünschtes Windows Update zurücknehmen

Nicht immer bringen die Updates nur Gutes, es kommt immer mal wieder zu Problemen, die durch Updates bedingt sind. In solchen Fällen ist es oft die beste Lösung, das problematische Update erst einmal zu deinstallieren und zu warten, bis Microsoft das Problem durch ein neues Update löst. Klicken Sie in den *Einstellungen* unter *Windows Update/Updateverlauf* ganz unten auf *Update deinstallieren*. Ein Fenster der klassischen Systemsteuerung listet dann alle Updates auf, die deinstalliert werden können.

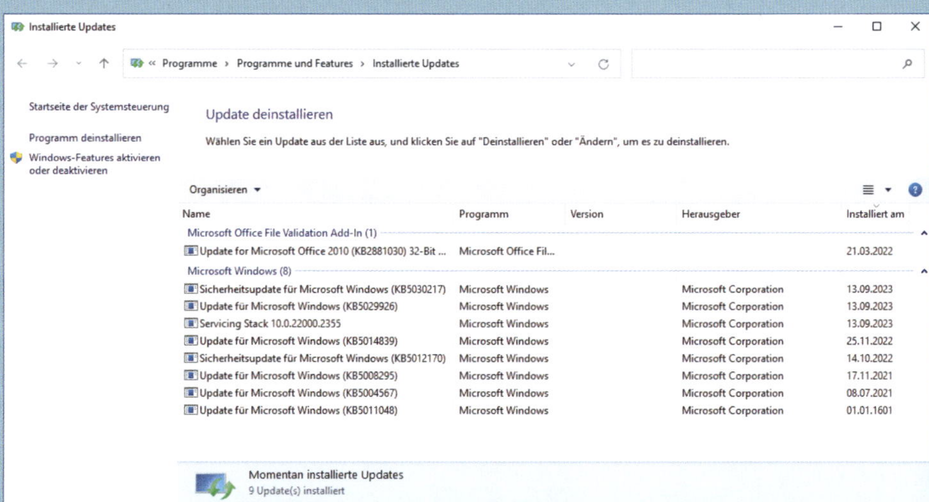

macOS zeigt in den *Einstellungen* ganz oben auffällig an, wenn ein Update vorliegt, das nicht automatisch installiert wurde. Unter *Allgemein/Softwareupdate* legen Sie fest, ob zusätzlich zu den kleinen Updates auch komplette macOS-Updates und App-Updates aus dem App Store automatisch installiert werden sollen.

Einstellungen zu Softwareupdates in macOS

3. Mac im Windows-Netzwerk

Die meisten privaten Netzwerke basieren auf Windows-Freigaben und dem SMB-Protokoll, das in Windows fest integriert wird und mittlerweile auch von vielen anderen Betriebssystemen genutzt wird.

Fast alle der im privaten und kleingewerblichen Umfeld gebräuchlichen Netzwerkfestplatten (NAS = **N**etwork **A**ttached **S**torage) unterstützen dieses Netzwerkprotokoll. Dabei spielt es keine Rolle, ob die Computer über Ethernet-Kabel oder WLAN mit dem Router verbunden sind. Jeder Router bietet die Möglichkeit, einige PCs über Ethernet-Kabel anzuschließen und weitere Geräte wie Smartphones, Tablets oder Laptops drahtlos zu verbinden.

Vorteile von Ethernet

Ist das Ethernet einmal angeschlossen, funktioniert es störungsfrei und mit gleichbleibender Signalqualität, vorausgesetzt, Kabel und Netzwerkdosen sind unbeschädigt und frei von Feuchtigkeit. Die Verbindung wird nicht durch bauliche Gegebenheiten, etwa Betondecken oder Stahlträger, und Luftfeuchtigkeit, die Funkverbindungen beeinträchtigen, gestört.

Da sich ein Fremder nicht so leicht unbemerkt mit dem Netzwerk verbinden kann, sind die Sicherheitsanforderungen und der damit verbundene Konfigurationsaufwand deutlich geringer. Bei vielen Geräten im Netzwerk fällt es nicht so schnell negativ auf, dass diese sich Bandbreite teilen müssen.

Vorteile von WLAN

WLAN benötigt keine Leitungsinstallation im Haus, vorausgesetzt, der Router hat einen Standort, der das Gebäude komplett mit WLAN abdeckt. Drahtlose Verbindungen eignen sich auch für nicht ortsgebundene Geräte wie Smartphones, Tablets oder Laptops sowie für Smart-Home-Geräte ohne Ethernet-Anschluss.

Beim Einrichten eines Computers in einem privaten Netzwerk wird automatisch ein bestehendes Windows-Netzwerk gesucht und eine Verbindung damit hergestellt. Über das Windows-Netzwerk lassen sich aber nur dann Daten zwischen mehreren PCs austauschen und Laufwerke gemeinsam nutzen, wenn passende Benutzernamen zur Anmeldung verwendet werden und Freigaben eingerichtet sind.

3.1 Netzwerkfreigaben nutzen

Innerhalb von lokalen Netzwerken können Ordner auf einem PC freigegeben werden, um von anderen PCs auf die Dateien zuzugreifen. Das funktioniert auch im Zusammenspiel mit älteren Windows-Versionen. Macs können auf diese Windows-Freigaben zugreifen, um Daten auszutauschen.

3.1.1 Freigaben in Windows anlegen

1. Schalten Sie als Erstes den *Netzwerkprofiltyp* auf *Privates Netzwerk*. Der Netzwerktyp wird in den *Einstellungen* unter *Netzwerk und Internet* ganz oben bei *Eigenschaften* angezeigt.

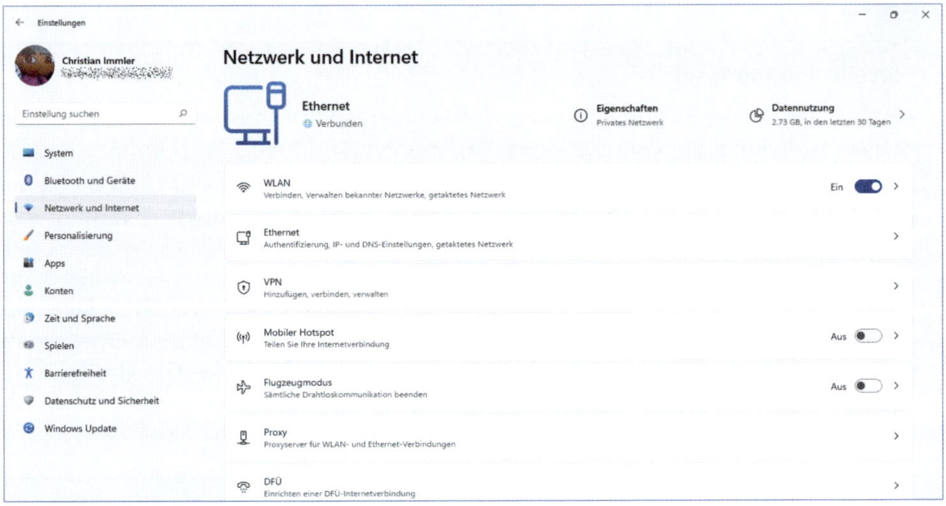

Netzwerk- und Interneteinstellungen in Windows 11

Private und öffentliche Netzwerke

Windows 11 bietet zwei Typen von Netzwerkprofilen, die sich nicht in der Verbindungstechnologie, sondern nur in den Funktionen und Berechtigungen unterscheiden:

- **Öffentliches Netzwerk** – In dieser Einstellung kann der PC das Netzwerk nur zum Internetzugang nutzen.
- **Privates Netzwerk** – Nur in privaten Netzwerken sind die angemeldeten Computer untereinander auffindbar, um freigegebene Ordner zu sehen und Dateien innerhalb des lokalen Netzwerks auszutauschen.

2. Wenn beim *Netzwerkprofiltyp* dagegen *Öffentliches Netzwerk* steht, klicken Sie darauf und schalten auf *Privates Netzwerk* um.

Netzwerktyp in Windows 11 einstellen

3. Markieren Sie im ***Explorer*** den Ordner, der im Netzwerk für andere Nutzer freigegeben werden soll, klicken Sie mit der rechten Maustaste darauf und wählen Sie im Kontextmenü *Eigenschaften*.

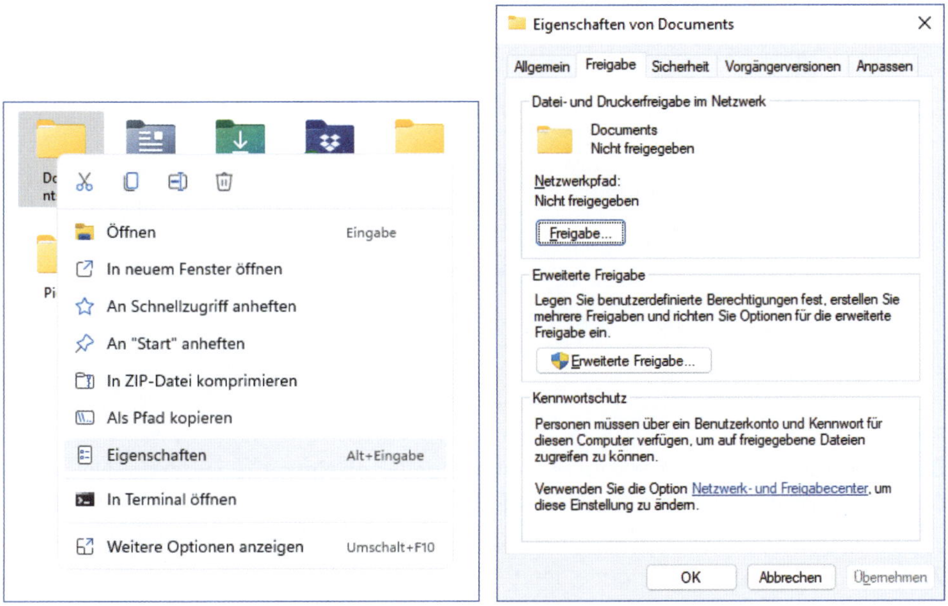

Kontextmenü eines Ordners im Explorer und Ordnereigenschaften in Windows 11

4. Im nächsten Dialogfeld sehen Sie auf der Registerkarte *Freigabe*, ob der Ordner bereits im Netzwerk freigegeben ist. Um eine neue Freigabe anzulegen, klicken Sie auf den Button *Freigabe*.
5. Im Dialogfeld *Personen für die Freigabe auswählen* entscheiden Sie sich im oberen Listenfeld für *Jeder* und klicken dann auf *Hinzufügen*. Damit hat jeder Nutzer im Netzwerk, unabhängig von seinem Benutzernamen die Möglichkeit, auf die Freigabe zuzugreifen. Nur wenn Sie sich auf allen Geräten im Netzwerk mit dem gleichen Microsoft-Konto als Benutzer anmelden, der in der unteren Liste eingetragen ist, brauchen Sie nichts weiter zu ändern. Diese Option ist immer dann sinnvoll, wenn Sie allein mehrere Computer nutzen und uneingeschränkt auf alle Dateien zugreifen möchten.

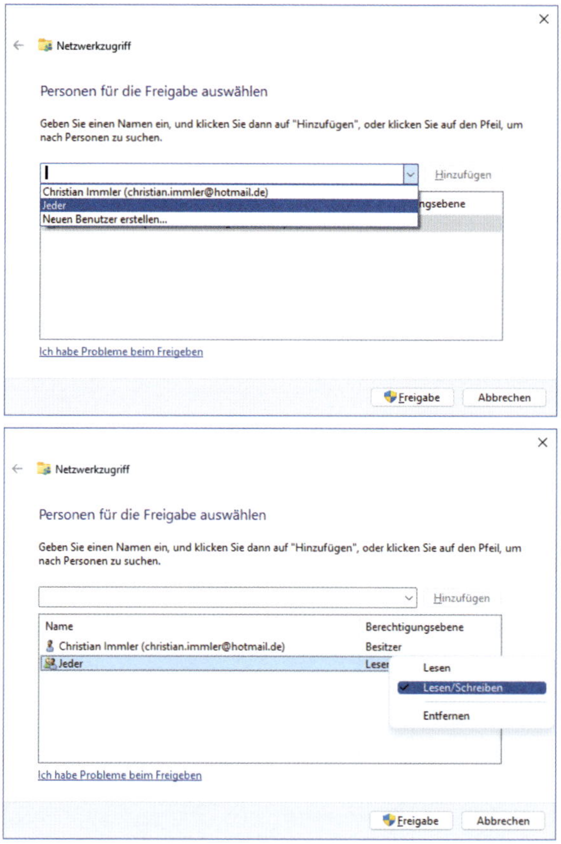

Freigabe in Windows 11 erstellen

6. Wählen Sie mit einem Klick auf die Liste bei *Jeder*, ob Nutzer, die über das Netzwerk auf den freigegebenen Ordner zugreifen, die Dateien nur lesen oder auch schreiben und damit verändern und löschen sowie neue Dateien in diesen Ordner kopieren dürfen.
7. Klicken Sie unten auf *Freigabe*. Jetzt wird der Freigabename, der aus Computername und Ordnername besteht, angezeigt. Sie können das Fenster mit einem Klick auf *Fertig* schließen.

3.1.2 Freigegebene Ordner auf einem anderen PC nutzen

1. Um von einem anderen PC auf einen freigegebenen Ordner im Netzwerk zuzugreifen, wählen Sie im ***Explorer*** unter *Netzwerk* den gewünschten PC aus, auf dessen Festplatte der freigegebene Ordner liegt. Beim Doppelklick auf einen PC werden alle auf diesem PC freigegebenen Ordner angezeigt. Jetzt können Sie im ***Explorer*** direkt Dateien im freigegebenen Ordner öffnen oder kopieren. Auf anderen PCs werden nur die freigegebenen Ordner mit ihren Freigabenamen angezeigt, die sich von den lokalen Ordnernamen unterscheiden können. Auf andere Ordner besteht indessen kein Zugriff.

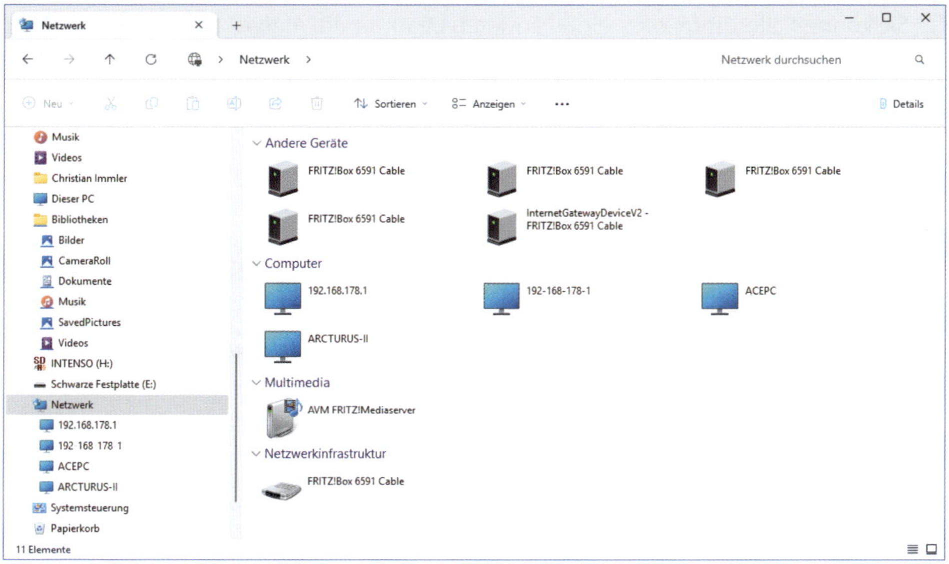

Netzwerk im Explorer von Windows 11

2. Um in Zukunft leichter auf einen freigegebenen Ordner auf einem anderen PC zuzugreifen, können Sie ihn per Rechtsklick an den Schnellzugriff ganz oben im ***Explorer*** anheften.

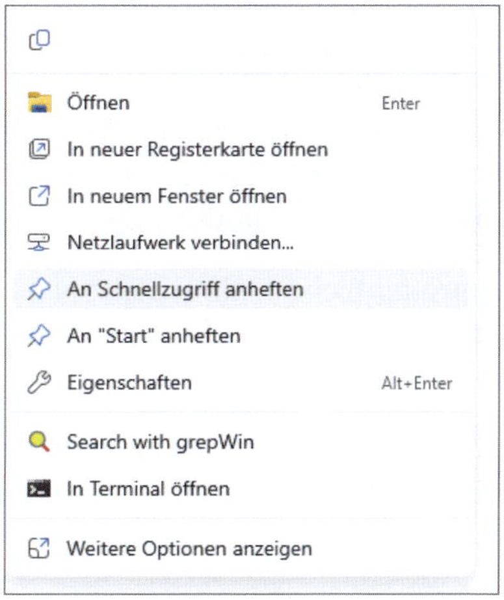

Freigegebene Ordner auf einem PC im Explorer von Windows 11 an den Schnellzugriff anheften

3.1.3 Laufwerkbuchstaben für Netzwerklaufwerke einrichten

Noch einfacher als über den Schnellzugriff greifen Sie auf ein Netzwerklaufwerk über einen neuen Laufwerkbuchstaben zu. Diese Methode funktioniert ebenfalls mit den meisten anderen Programmen, Dateimanagern sowie Kommandozeilentools, die Laufwerkbuchstaben benötigen, da sie den Schnellzugriff nicht nutzen.

1. Klicken Sie mit der rechten Maustaste im ***Explorer*** auf einen im Netzwerk freigegebenen Ordner und wählen Sie im Kontextmenü *Weitere Optionen anzeigen*, danach im erweiterten Kontextmenü *Netzlaufwerk verbinden*.
2. Im daraufhin folgenden Dialogfeld wird ein freier Laufwerkbuchstabe vorgeschlagen. Sie können allerdings auch einen anderen bestimmen. Aktivieren Sie den Schalter *Verbindung bei Anmeldung wiederherstellen*. Nach einem Klick auf *Fertig stellen* erscheint der Netzwerkordner bei den Laufwerken im Explorer. Je nach Konfiguration des Netzwerks müssen Sie sich noch mit einem gültigen Benutzernamen anmelden.

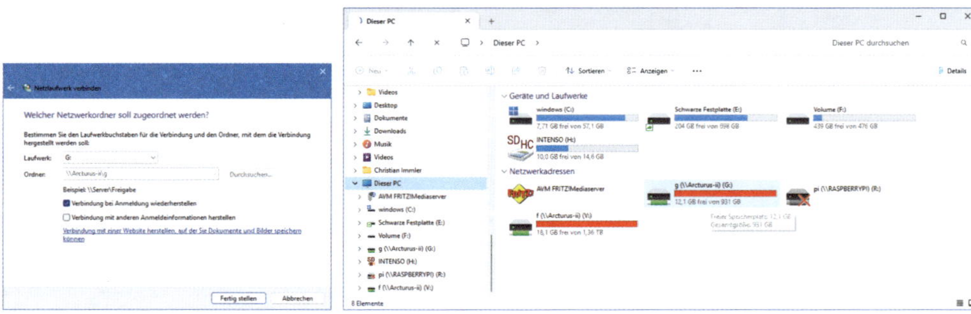

Einem Netzwerklaufwerk im Explorer von Windows 11 einen Laufwerkbuchstaben zuweisen

3.1.4 Öffentlichen Ordner im Netz freigeben

Der öffentliche Ordner wurde im Jahr 2006 mit Windows Vista erstmals eingeführt, um Daten zwischen mehreren lokal angemeldeten Benutzern austauschen zu können. Da im privaten Bereich auf kaum einem PC mehrere Benutzerkonten eingerichtet sind, fristet dieser Ordner, der auch in Windows 11 noch vorhanden ist, ein Schattendasein und ist vielen Nutzern nicht einmal bekannt. Er ist auf der Ebene der Benutzerordner meistens unter *C:\users* zu finden.

Der öffentliche Ordner steht allen lokal angemeldeten Benutzern zum Datenaustausch auf einem PC zur Verfügung und kann auch im Netzwerk für andere Benutzer freigegeben werden.

Er bietet so eine einfache Möglichkeit, Dateien nicht nur auf dem lokalen PC, sondern auch im Netzwerk anderen Benutzern zur Verfügung zu stellen.

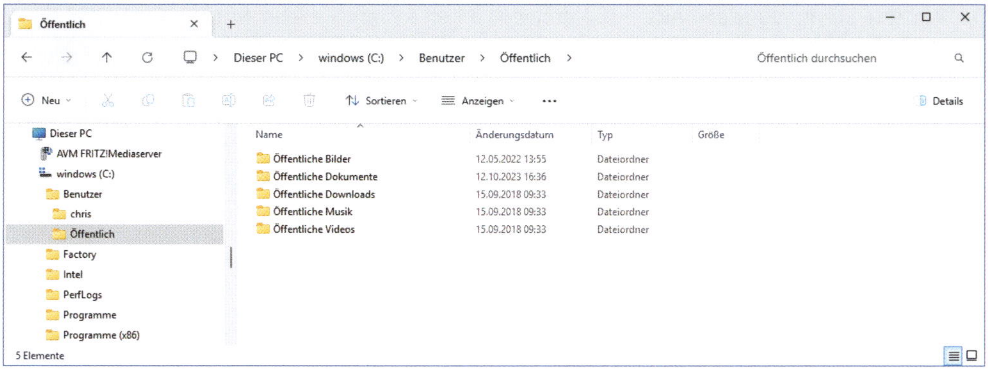

Der öffentliche Ordner im Explorer von Windows 11

1. Schalten Sie in den *Einstellungen* von Windows unter *Netzwerk und Internet/ Erweiterte Netzwerkeinstellungen/Erweiterte Freigabeeinstellungen/Alle Netzwerke* die Option *Freigabe des öffentlichen Ordners* ein.

Erweiterte Freigabeeinstellungen in Windows 11

2. Nachdem der öffentliche Ordner freigegeben ist, können Sie von anderen Computern aus auf diesen öffentlichen Ordner zugreifen. Er erscheint unter *Users\Öffentlich* unterhalb des Computernamens des jeweiligen PCs im Explorer im Ordner *Netzwerk*.

3.1.5 Windows-Freigaben auf dem Mac nutzen

Um einen freigegebenen Ordner auf einem Windows-PC vom Mac aus nutzen zu können, müssen Sie einen Benutzernamen auf dem PC und das zugehörige Passwort kennen.

1. Klicken Sie im ***Finder*** links auf *Netzwerk*. Hier sehen Sie alle Router und Windows-PCs mit freigegebenen Laufwerken.

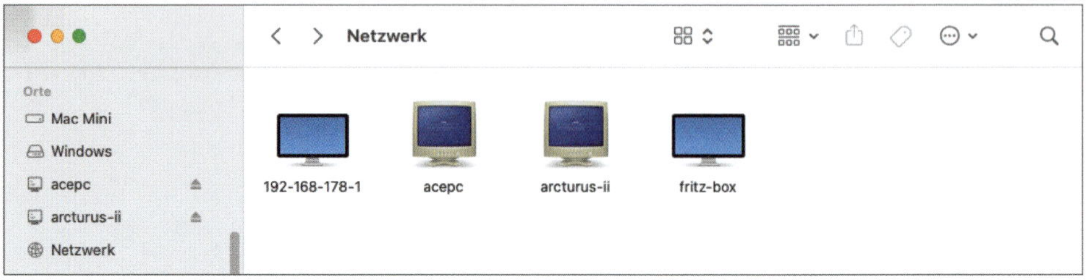

Geräte mit Netzwerkfreigaben im Finder

2. Doppelklicken Sie auf den PC, mit dem Sie eine Verbindung herstellen möchten.
3. In den meisten Fällen erscheint die Meldung *Verbindung fehlgeschlagen*. Klicken Sie dann oben rechts auf *Verbinden als*.

Anmeldung mit einem Windows-Benutzernamen

4. Wählen Sie im nächsten Fenster *Registrierte:r Benutzer:in* und geben Sie auf dem PC gültige Benutzerdaten ein. Wenn Sie das Passwort speichern, brauchen Sie es in Zukunft nicht jedes Mal einzugeben.
5. Im ***Finder*** sehen Sie alle freigegebenen Laufwerke mit ihren Freigabenamen, die nicht unbedingt den lokalen Laufwerk- oder Ordnernamen auf dem Windows-PC entsprechen müssen.
6. Wählen Sie ein Laufwerk. Jetzt können Sie den gewünschten Ordner finden und Dateien per Drag-and-drop wie gewohnt zwischen diesem Ordner und dem Mac kopieren oder verschieben.

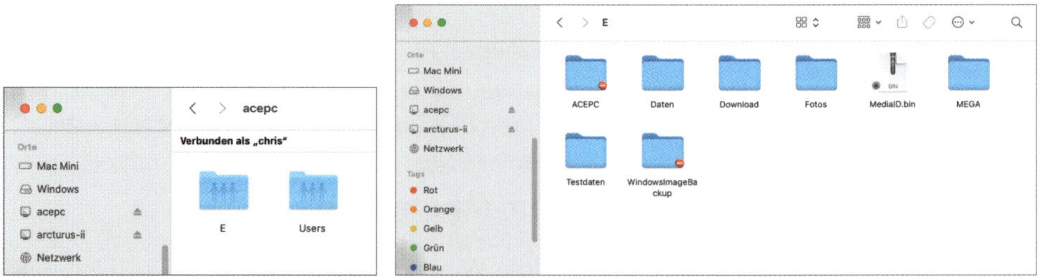

Freigegebene Laufwerke und Ordner im Finder auf dem Mac

3.1.6 Freigaben auf dem Mac anlegen

Umgekehrt können Sie auch auf dem Mac Freigaben anlegen, um von Windows-PCs oder anderen Macs auf die gespeicherten Dateien zugreifen zu können.

1. Schalten Sie als Erstes in den *Einstellungen* unter *Allgemein/Teilen* die Dateifreigabe ein. Dazu muss das Passwort des angemeldeten Mac-Users eingegeben werden.

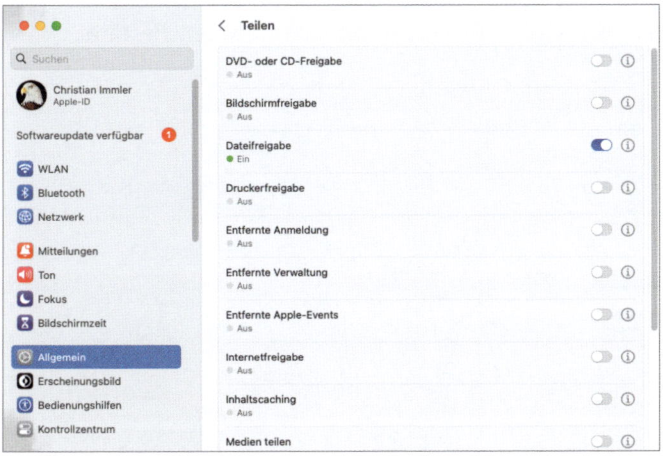

Dateifreigabe in den Einstellungen aktivieren

2. Klicken Sie daneben auf das Info-Symbol und im nächsten Fenster auf *Optionen*.
3. Im dann folgenden Fenster aktivieren Sie den Schalter *Dateien und Ordner über SMB teilen* und wählen in der Liste unten den Benutzer, der für die Windows-Freigabe verwendet werden soll. Klicken Sie danach auf *Fertig*.
4. Wählen Sie in der Liste links den Benutzer, dessen Ordner freigegeben werden sollen. Hier legen Sie die Zugriffsrechte für den freigegebenen Ordner fest. Ganz oben finden Sie einen Namen, der bei der Suche des Macs im Windows-Netzwerk auf dem PC hilft.

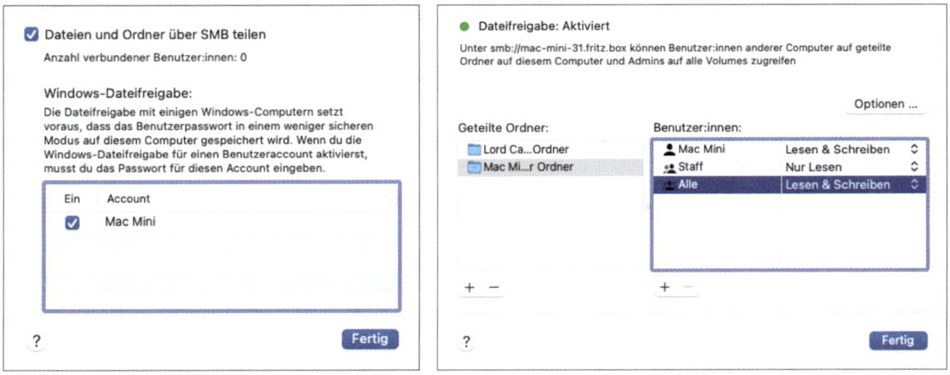

SMB-Dateifreigabe einschalten und Zugriffsrechte festlegen

Zugriffsrechte festlegen

Möchten Sie sich über das Netzwerk nicht mit dem Mac-Benutzernamen anmelden, sondern mit dem Windows-Benutzernamen oder einem anderen, geben Sie der Gruppe *Alle*, die standardmäßig keine Zugriffsrechte hat, Lese- und Schreibrechte.

5. Klicken Sie noch in den *Einstellungen* unter *Netzwerk* auf die aktive Netzwerkverbindung und dann auf *Details*. Tragen Sie hier im Bereich *WINS* den im Windows-Netzwerk verwendeten Arbeitsgruppennamen ein. Bestätigen Sie mit *OK*.

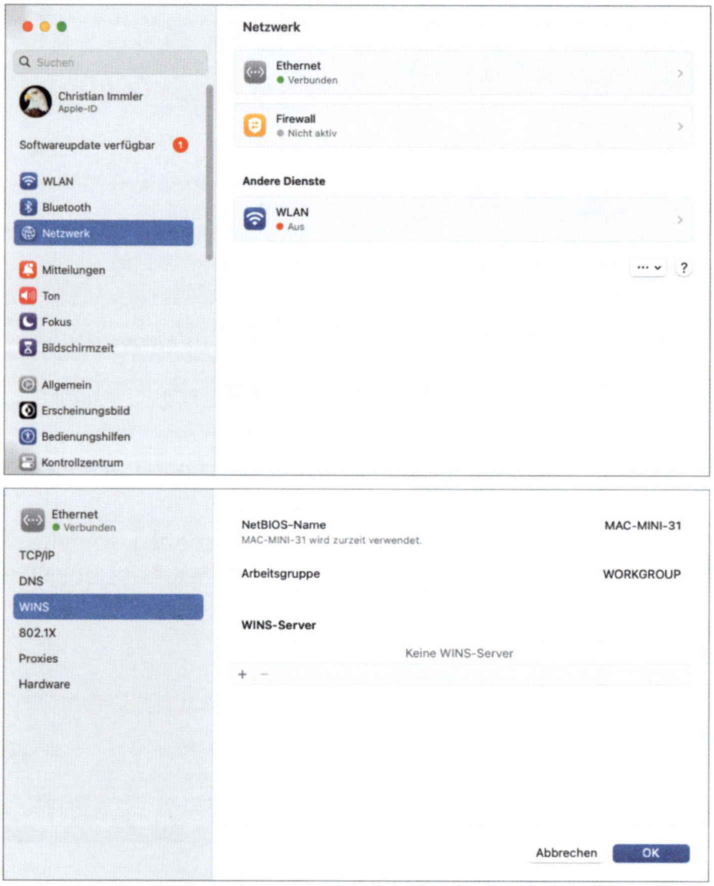

Arbeitsgruppe eintragen

6. Da Windows selbst diesen Arbeitsgruppennamen kaum noch nutzt, ist in den meisten Netzwerken der Standard-Arbeitsgruppenname *WORKGROUP* eingetragen. In Windows 11 finden Sie den Arbeitsgruppennamen in den *Einstellungen* unter *System/*

Info. Klicken Sie hier in der Mitte auf *Domain or Workgroup*. Unter dem vollständigen Computernamen wird im nächsten Fenster auch der Arbeitsgruppenname angezeigt.

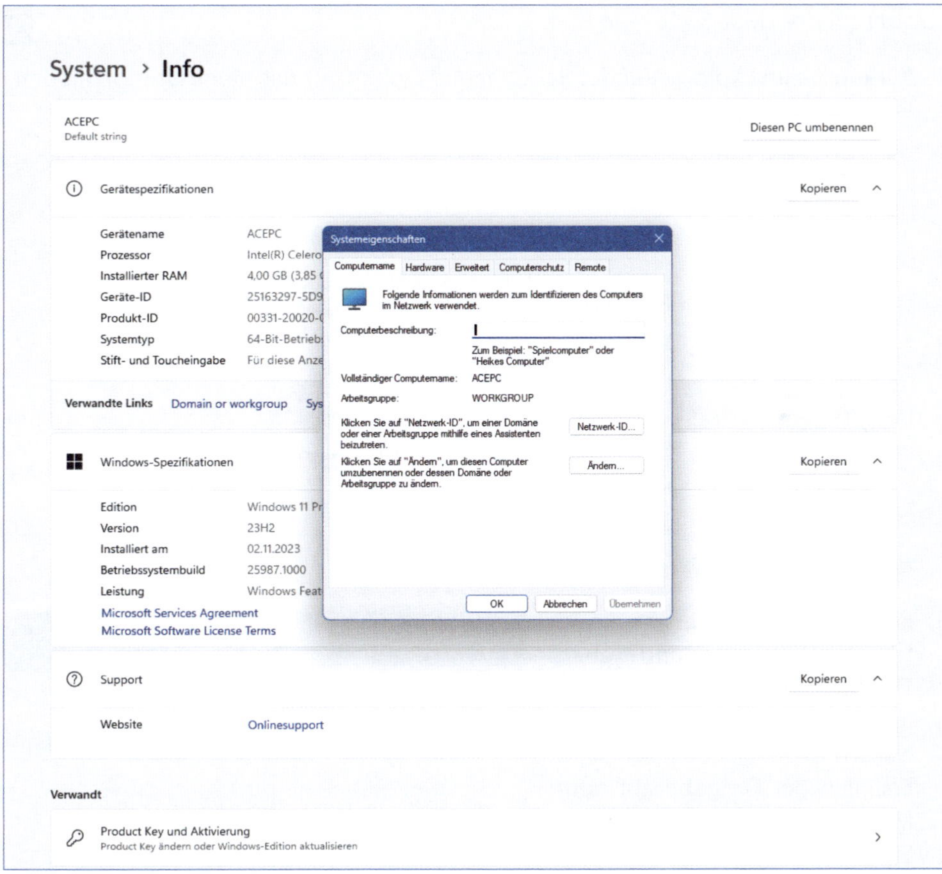

Arbeitsgruppennamen in Windows 11 finden

7. Der Standardordner des angemeldeten Mac-Nutzers sowie der öffentliche Ordner *Geteilt* werden automatisch freigegeben. Sie finden den Namen des Standardordners des angemeldeten Mac-Users im *Finder* bei den Favoriten oder auch unter *Orte*, wenn Sie dort auf den Mac klicken, anschließend auf *Macintosh/Benutzer*.

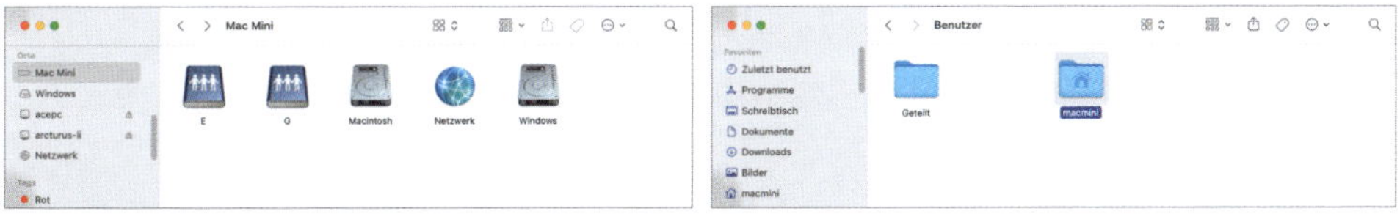

Benutzerordner im Finder auf dem Mac

3.1.7 Mac-Freigaben auf dem Windows-PC nutzen

In den meisten Fällen erscheint ein Mac nicht automatisch im Windows-Explorer, obwohl auf dem Mac SMB-Freigaben existieren.

1. Klicken Sie im Explorer auf der Seite *Dieser PC* oben auf das Menüsymbol mit den drei Punkten und wählen Sie *Netzwerkadresse hinzufügen*.

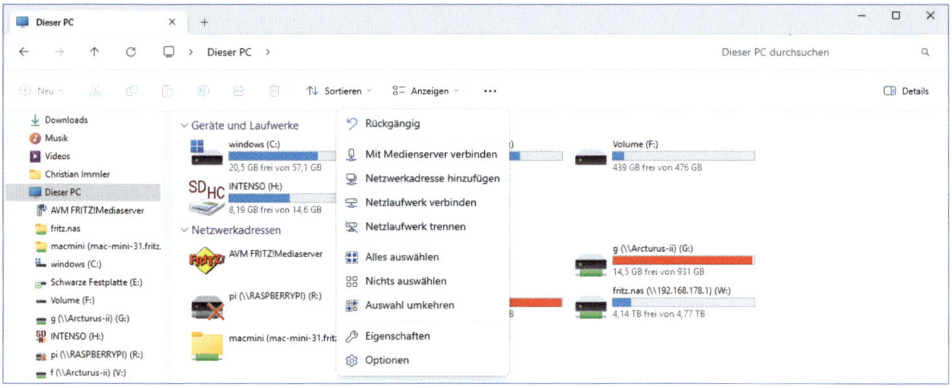

Netzwerkadresse im Explorer hinzufügen

2. Bestätigen Sie die ersten Fenster des Assistenten und geben Sie dann im Fenster *Geben Sie den Standort der Website an* den Namen des Macs ein, der beim Erstellen der Freigabe auf dem Mac angezeigt wurde. Beachten Sie dabei: Tragen Sie am Anfang zwei Backslashs \\ ein statt der auf dem Mac angezeigten Protokollbezeichnung *smb://*. Geben Sie außerdem hinter dem Computernamen noch das Standardverzeichnis des Mac-Benutzers ein, im Bild *\macmini*.

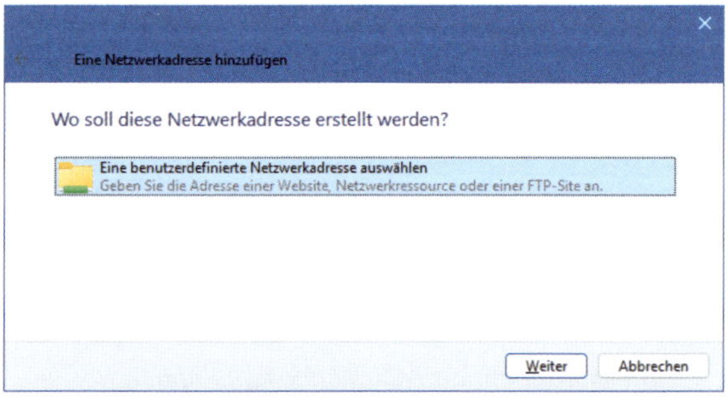

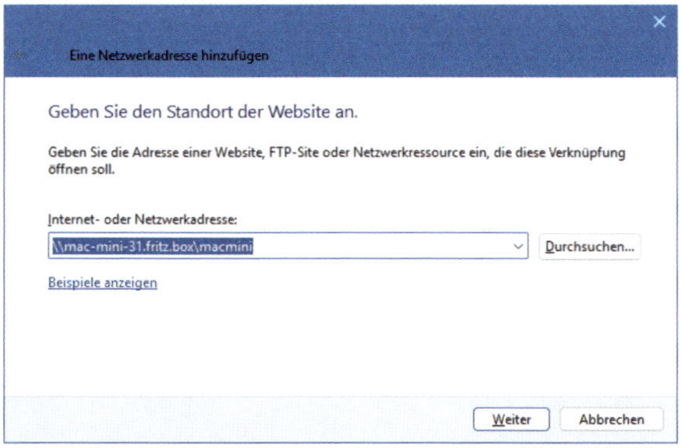

Freigabenamen des Macs in Windows eintragen

3. Im Fenster *Wie soll diese Netzwerkadresse heißen?* wird der Name des Macs automatisch als Name für die Netzwerkadresse unter Windows vorgeschlagen. Diesen Vorschlag können Sie einfach bestätigen oder einen besser zu merkenden Namen selbst eintragen. Dieser Name hat keinen Einfluss auf die Funktionalität der Freigabe. Klicken Sie im letzten Fenster auf *Fertig stellen*.

Namen für die neue Netzwerkadresse festlegen

4. Während der Einrichtung müssen Sie sich auch hier mit dem Benutzernamen sowie dem Passwort des Mac-Nutzers anmelden.

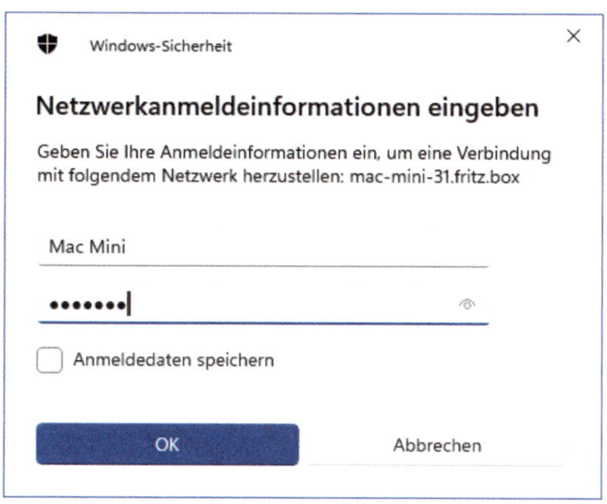

Mit dem Mac-Benutzernamen vom Windows-PC an der Freigabe anmelden

5. Die neue Netzwerkadresse wird auf der Seite *Dieser PC* im Explorer angezeigt. Darunter finden Sie die freigegebenen Ordner.

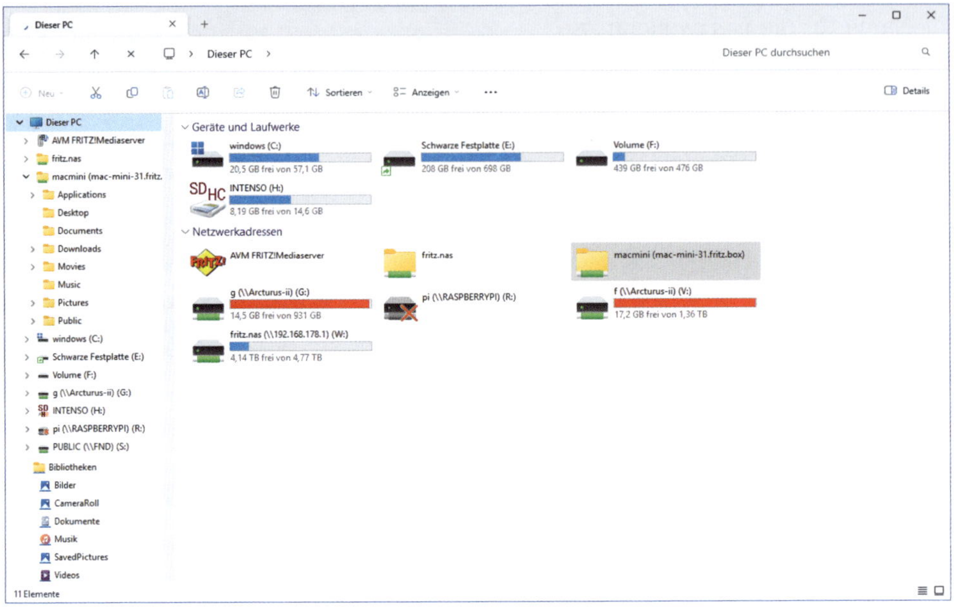

Mac-Freigabe im Explorer von Windows 11

6. Jetzt können Sie auf die Freigaben auf dem Mac genauso wie auf Windows-Freigaben zugreifen.

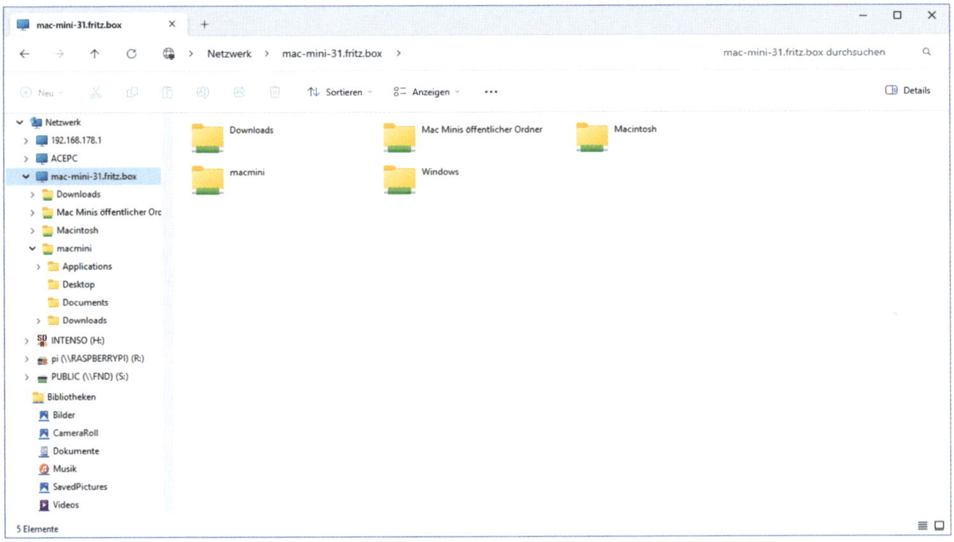

Mac unter »Netzwerk« im Windows-Explorer

3.2 NAS-Laufwerke gemeinsam nutzen

Die Abkürzung **NAS** steht für **N**etwork **A**ttached **S**torage, zu Deutsch: Speicher im Netzwerk. Dabei handelt es sich um kleine, autarke Server oder einfache externe Festplatten, die nicht über USB an einen Computer angeschlossen werden, sondern über ein Netzwerkkabel direkt am Router. Das hat den Vorteil gegenüber freigegebenen Laufwerken an einem PC, dass ein NAS immer zur Verfügung steht und kein bestimmter PC dazu eingeschaltet sein muss. Viele Router verfügen über USB-Anschlüsse und die notwendige Software, um USB-Sticks oder Festplatten ohne zusätzliche Hardware als NAS zu verwenden.

3.2.1 Das NAS konfigurieren

NAS-Laufwerke werden üblicherweise über webbasierte Konfigurationsseiten eingerichtet. Dazu läuft auf dem NAS ein kleiner Webserver, der über einen speziellen Namen im Netzwerk oder über die IP-Adresse des NAS über den Browser eines beliebigen PCs im lokalen Netzwerk erreichbar ist.

1. Geben Sie in der Adresszeile im Browser den Namen oder die lokale IP-Adresse des NAS ein. Den Namen finden Sie in der Dokumentation des Herstellers. Die lokale IP-Adresse wird üblicherweise vom Router vergeben.
2. Auf der FRITZ!Box wird das NAS wie alle im Netzwerk angemeldeten Geräte auf der Seite *Heimnetz/Netzwerk* mit seinem Namen und der IP-Adresse angezeigt, im abgebildeten Beispiel *FND*.

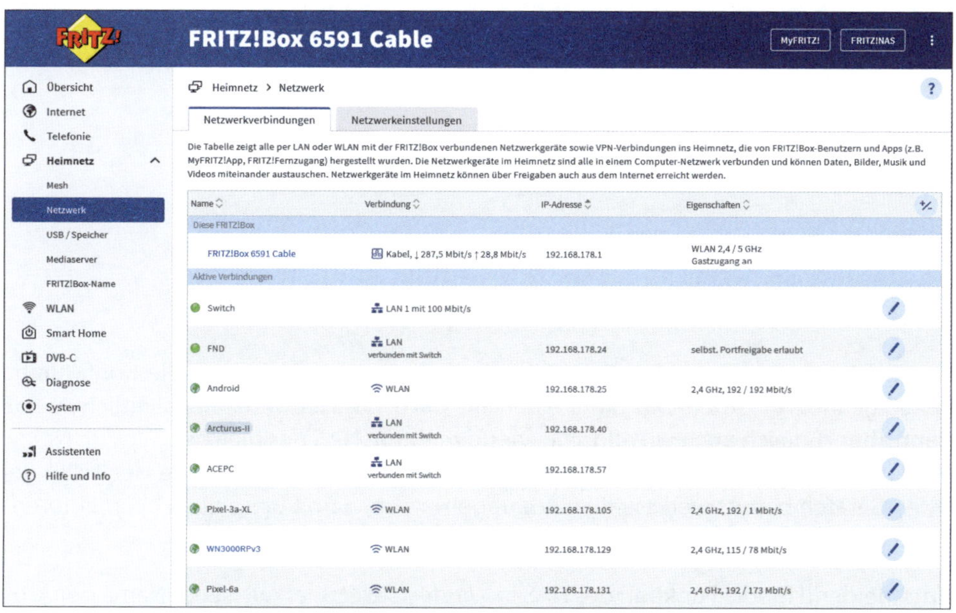

Ein NAS mit dem Namen FND in der Geräteübersicht auf der FRITZ!Box

3. Klicken Sie auf das Stiftsymbol ganz rechts in der Zeile des NAS und schalten Sie auf der nächsten Seite im Bereich *Adressen im Heimnetz (IP-Adressen)* die Option *Diesem Netzwerkgerät immer die gleiche IPv4-Adresse zuweisen* ein. So stellen Sie sicher, dass Sie jederzeit über die IP-Adresse auf das NAS zugreifen können, da der Router nicht mehr zufällig nach einer bestimmten Inaktivitätszeit eine neue IP-Adresse an das Gerät vergibt.
4. Bei Geräten mit einer webbasierten Konfiguration, wie bei den meisten NAS, können Sie in der Geräteübersicht auf der FRITZ!Box direkt auf den Namen klicken, um die Konfigurationsseite zu öffnen, ohne den Namen oder die IP-Adresse im Browser eingeben zu müssen (diese Geräte erscheinen in blauer Schrift, da ein Link hinterlegt ist). Wenn das nicht funktioniert, geben Sie die IP-Adresse in die Adresszeile des Browsers ein.
5. Die Konfigurationsseite des Gerätes im Browser sieht je nach Hersteller bei jedem NAS etwas anders aus. Bei allen Geräten müssen Sie sich zunächst mit einem Standard-Benutzernamen und Passwort anmelden. Diese Zugangsdaten finden Sie auf einem Aufkleber auf dem NAS bzw. in der Dokumentation des NAS.

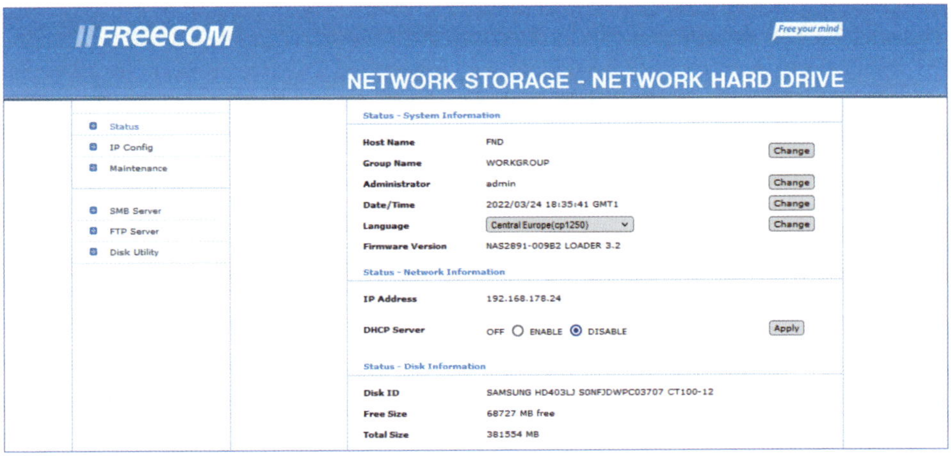

Typische Konfigurationsseite eines NAS

3.2.2 Gerätename und Arbeitsgruppe

Der Gerätename ist vom Hersteller vorgegeben, kann jedoch über die Konfigurationsseiten geändert werden. Das dient einerseits dazu, das Netzwerk übersichtlich zu halten, kann aber zugleich auch wichtig sein, wenn mehrere NAS des gleichen Typs im Netzwerk vorhanden sind. Diese müssen eindeutige Gerätenamen haben. Einige Hersteller geben ihren Geräten bereits werksseitig eindeutige Namen, damit diese auch bei mehreren Geräten gleichen Typs im Netzwerk nicht geändert werden müssen.

Entscheidend für die Funktion des NAS in Windows-Netzwerken ist der Name der Arbeitsgruppe. Dieser muss auf allen Geräten gleich sein. Ändern Sie den Arbeitsgruppennamen auf dem NAS auf den im Netzwerk verwendeten Arbeitsgruppennamen.

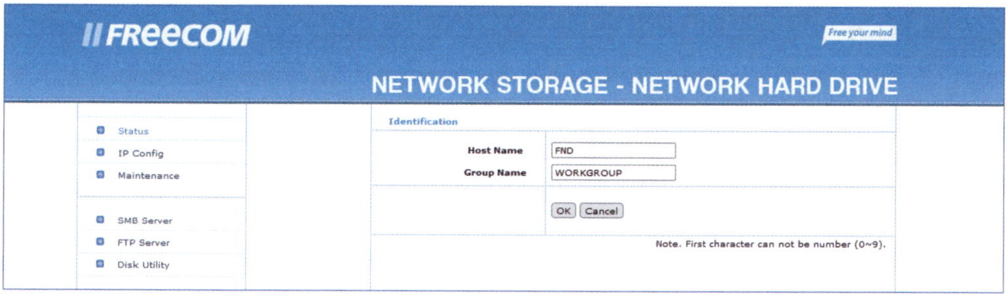

Gerätenamen und Arbeitsgruppe auf einem NAS festlegen

Arbeitsgruppennamen werden heute in Windows kaum noch genutzt, sind aber beim Netzwerkzugriff von Linux-Betriebssystemen, wie sie auf den meisten NAS laufen, immer noch wichtig.

3.2.3 Systemzeit und Sprache

Viele NAS bieten die Möglichkeit, die Sprache der Benutzeroberfläche zu verändern. Bei einigen Geräten lassen sich auch unterschiedliche Codepages für die Zeichensätze der Dateinamen einstellen. Wählen Sie in Windows-Netzwerken immer den Unicode, um deutsche Umlaute sowie weitere Sonderzeichen europäischer Sprachen in Dateinamen verwenden zu können.

Um Datum und Uhrzeit der Dateien festzulegen, haben NAS – ebenso wie PCs und viele andere Geräte –eigene interne Uhren, die üblicherweise mit einem Zeitserver im Internet synchronisiert werden. Achten Sie darauf, dass in den Einstellungen des NAS die richtige Zeitzone gewählt und die Synchronisierung aktiv ist. Eine falsch laufende Uhr auf dem NAS führt fast immer zu Synchronisierungsproblemen, wenn die Daten der letzten Änderung einer Datei auf dem NAS nicht mit den PCs im Netzwerk übereinstimmen.

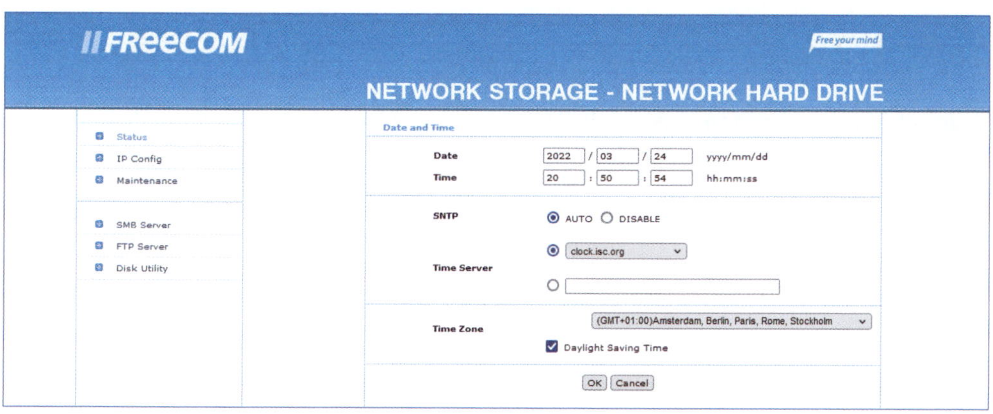

Zeiteinstellungen auf einem NAS

3.2.4 IP-Konfiguration und DHCP-Server

NAS können wie die meisten Geräte im Netzwerk ihre IP-Adresse automatisch vom DHCP-Server im Router beziehen. Dies ist in den meisten Fällen die beste Lösung. Das **D**ynamic **H**ost **C**onfiguration **P**rotocol (DHCP) ist ein Standard, nach dem ein Server oder Router die lokalen IP-Adressen der Geräte im Netzwerk dynamisch vergibt. Aktivieren Sie in diesem Fall auf der FRITZ!Box bei dem NAS den Schalter *Diesem Netzwerkgerät immer die gleiche IPv4-Adresse zuweisen*. Damit erhält das Gerät immer wieder die gleiche IP-Adresse vom DHCP-Server zugeordnet, auch wenn die Gültigkeitsdauer der IP-Adresse, die meist auf einige Tage begrenzt ist, abgelaufen ist.

Sind in Netzwerken feste IP-Adressen vorgesehen oder verwenden Sie einen Router, der keine Möglichkeit bietet, einem Gerät immer die gleiche IP-Adresse zuzuweisen, können Sie dem NAS auch eine feste IP-Adresse geben. Dabei müssen Sie außer der IP-Adresse auch die Subnetzmaske des Netzwerks und die IP-Adressen des Gateways – normalerweise des Routers – sowie des primären DNS-Servers – üblicherweise auch des Routers – eintragen. Nutzen Sie im Netzwerk gleichzeitig dynamische und feste IP-Adressen, lassen Sie den DHCP-Server Adressen in einem eingeschränkten Adressbereich vergeben und legen IP-Adressen außerhalb dieses Bereichs manuell fest.

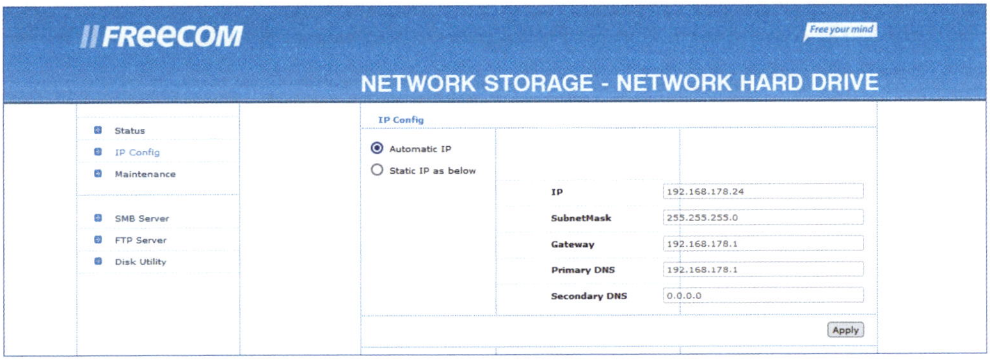

Dynamische oder statische IP-Adresse auf dem NAS festlegen

Viele NAS bieten die Möglichkeit, als DHCP-Server im Netzwerk zu agieren. Schalten Sie diese Option aus, wenn im eigenen Netzwerk – wie in fast allen Netzwerken – der Router als DHCP-Server die IP-Adressen vergibt. Zwei DHCP-Server im Netzwerk führen nur zu Chaos und IP-Adresskonflikten.

3.2.5 Netzwerklaufwerke einrichten

Auf dem NAS können Sie Freigaben einrichten, die auf Windows-PCs und auf Macs als Netzwerklaufwerke angemeldet werden, um von jedem Computer im Netzwerk auf die dort gespeicherten Daten zuzugreifen.

Freigaben auf dem NAS anlegen

Freigaben werden immer auf der Konfigurationsoberfläche des NAS im Browser eingerichtet. Diese sieht von Hersteller zu Hersteller unterschiedlich aus. Die grundlegende Vorgehensweise ist aber immer gleich. Um Windows-Freigaben anzulegen, muss auf dem NAS ein SMB-Server laufen, der auf den meisten NAS automatisch vorkonfiguriert ist, auf manchen Geräten aber erst eingeschaltet werden muss.

Legen Sie jetzt auf dem NAS direkt über die Konfigurationsoberfläche Ordner an. Diese können später einzeln freigegeben werden. Unter Windows sehen diese Ordner wie eigenständige Laufwerke aus. Im Gegensatz zu physikalischen Festplattenpartitionen legen sie keine Größen fest. Alle Ordner teilen sich den Speicherplatz auf dem NAS dynamisch – wie Ordner auf einer lokalen Festplatte. Nutzt ein Ordner mehr Speicherplatz, steht für die anderen entsprechend weniger zur Verfügung. Bei manchen NAS mit mehreren Festplatten funktionieren die Ordner sogar festplattenübergreifend.

Bei den meisten NAS schieben Sie die Ordner, die Sie im Windows-Netzwerk freigeben möchten, einfach in eine Liste der Freigaben. Ordner für besondere Zwecke, beispielsweise FTP-Server, können Sie aus den Freigaben herausnehmen. Diese müssen nicht unbedingt auch im Windows-Netzwerk zur Verfügung stehen.

Einige NAS bieten eine eigene Benutzerverwaltung – unabhängig von Windows-Benutzern – an oder zumindest die Möglichkeit, eigene Passwörter für die Freigaben anzulegen. Auf einfacheren Geräten wird ein Standardnutzer oder gar kein Passwort für den Zugriff auf Windows-Freigaben verwendet.

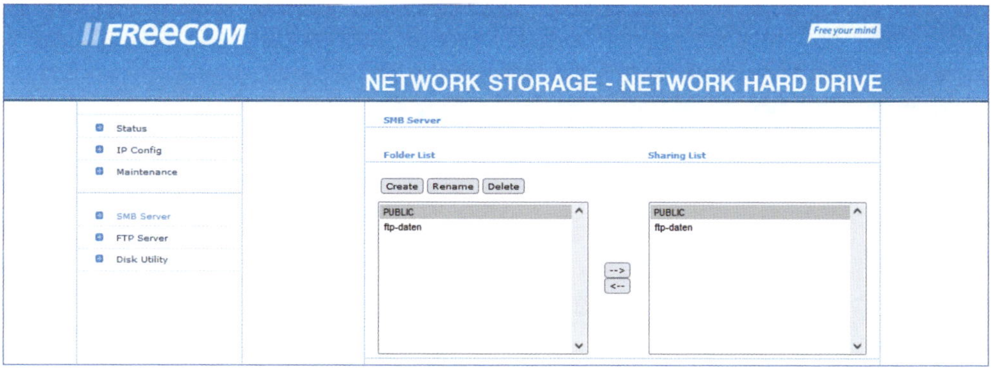

Ordner und Freigaben auf dem NAS einrichten

Netzwerklaufwerke in Windows einrichten

Unter Windows richten Sie den Zugriff auf ein NAS so ähnlich ein wie den Zugriff auf einen freigegebenen Ordner auf einem anderen PC im Netzwerk.

1. Der ***Explorer*** zeigt in den meisten Fällen – leider nicht immer – unter *Netzwerk* bei den Computern im Netzwerk auch das NAS an.

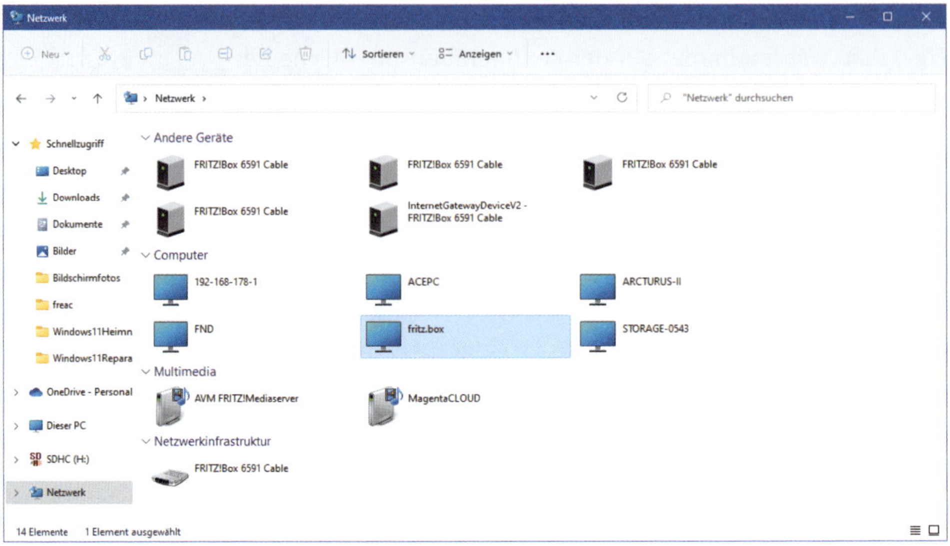

Mehrere NAS im Netzwerk

2. Klicken Sie doppelt auf ein NAS, um die Ordner anzuzeigen.
3. Klicken Sie mit der rechten Maustaste auf den gewünschten freigegebenen Ordner und wählen Sie im Kontextmenü *Netzlaufwerk verbinden*.
4. Legen Sie einen freien Laufwerkbuchstaben fest oder übernehmen Sie den Vorschlag von Windows. Standardmäßig wird immer der letzte freie Laufwerkbuchstabe vorgeschlagen. Server- und Ordnername sind bereits eingetragen.

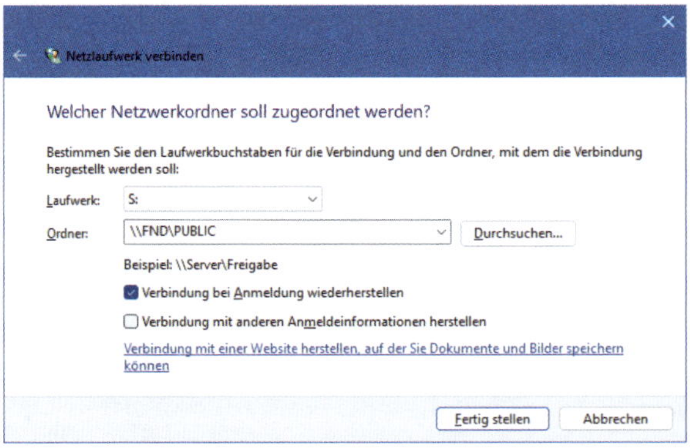

Laufwerkbuchstaben für das Netzlaufwerk wählen

5. Verwendet das NAS eigene Benutzernamen, schalten Sie die Option *Verbindung mit anderen Anmeldeinformationen herstellen* ein und geben später auf Anfrage die Benutzerdaten ein.
6. Achten Sie darauf, dass der Schalter *Verbindung bei Anmeldung wiederherstellen* aktiviert ist, und klicken Sie auf *Fertig stellen*. Andernfalls müssten Sie bei jedem Neustart von Windows das Netzwerklaufwerk erneut verbinden.

7. Das Laufwerk wird verbunden und im Explorer unter *Dieser PC* bei den Netzwerkadressen angezeigt.

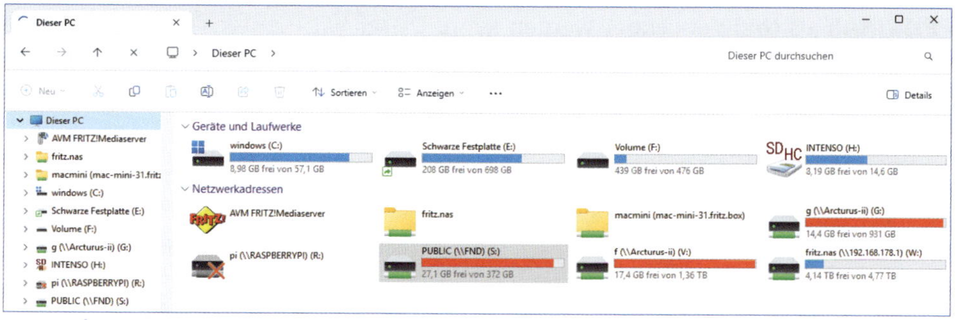

Netzlaufwerk auf einem NAS im Explorer

In manchen Fällen wird das NAS im ***Explorer*** unter *Netzwerk* zunächst nicht gefunden. Gehen Sie dann folgendermaßen vor:

1. Wechseln Sie im ***Explorer*** in den Bereich *Dieser PC*.
2. Klicken Sie in der Symbolleiste oben auf das Menü mit den drei Punkten. Wählen Sie hier *Netzlaufwerk verbinden*.
3. Bestimmen Sie im nächsten Fenster einen freien Laufwerkbuchstaben oder übernehmen Sie den Vorschlag. Tragen Sie den Servernamen sowie den Ordnernamen des NAS – beginnend mit zwei Backslashs \\ – im Feld *Ordner* ein. Der Button *Durchsuchen* funktioniert nicht, wenn kein Zugriff auf die Ordnerliste besteht. Die Servernamen und Ordnernamen finden Sie auf der Konfigurationsseite des NAS.
4. Achten Sie darauf, dass die Option *Verbindung bei Anmeldung wiederherstellen* eingeschaltet ist.

Netzwerklaufwerke in macOS nutzen

Auf dem Mac erscheint das NAS im ***Finder*** unter *Netzwerk*. Klicken Sie doppelt darauf, sehen Sie die Freigaben und können diese nutzen. Verwendet das NAS eigene Benutzernamen, klicken Sie auf *Verbinden als* und geben die Zugangsdaten ein.

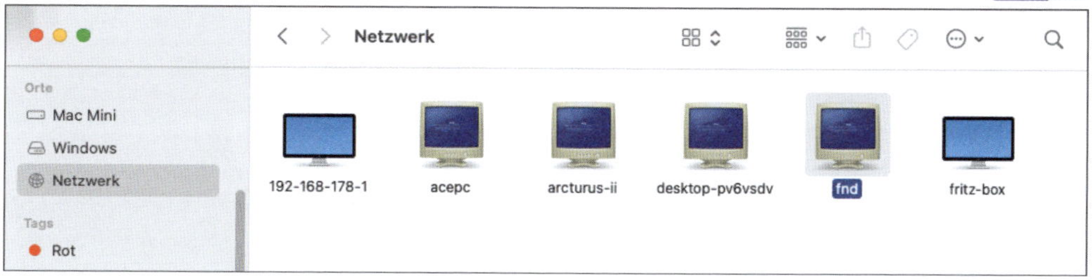

NAS im Finder auf dem Mac

3.3 FRITZ!NAS – Fritz!Box als NAS verwenden

Viele FRITZ!Boxen haben einen eingebauten Flash-Speicher, der unter dem Namen **FRITZ!NAS** als NAS verwendet werden kann. Dieser hat meistens nur eine Größe von etwa 3 GB. Zusätzlich besteht aber die Möglichkeit, einen USB-Stick oder eine externe Festplatte anzuschließen und so deutlich mehr Speicherplatz für das NAS zur Verfügung zu haben.

> **Systemvoraussetzungen für USB-Laufwerke an der FRITZ!Box**
> Die angeschlossenen USB-Speicherlaufwerke müssen mit dem Dateisystem NTFS, FAT/FAT32 oder ext2/ext3/ext4 formatiert sein und dürfen in maximal vier Partitionen mit jeweils bis zu 4 TB Größe aufgeteilt sein. Die USB-Ports liefern insgesamt bis zu 900 mA Stromversorgung. Bei höherem Strombedarf verbinden Sie die Geräte über einen USB-Hub mit eigener Stromversorgung mit der FRITZ!Box oder verwenden Sie USB-Festplatten mit eigenem Netzteil.

1. Um die FRITZ!Box als NAS nutzen zu können, muss auf der FRITZ!Box unter *Heimnetz/USB/Speicher* auf der Registerkarte *Geräteübersicht* die Option *Speicher-(NAS)-Funktion von FRITZ!Box aktiv* eingeschaltet sein. An den USB-Ports angeschlossene Laufwerke werden automatisch erkannt und aktiviert.

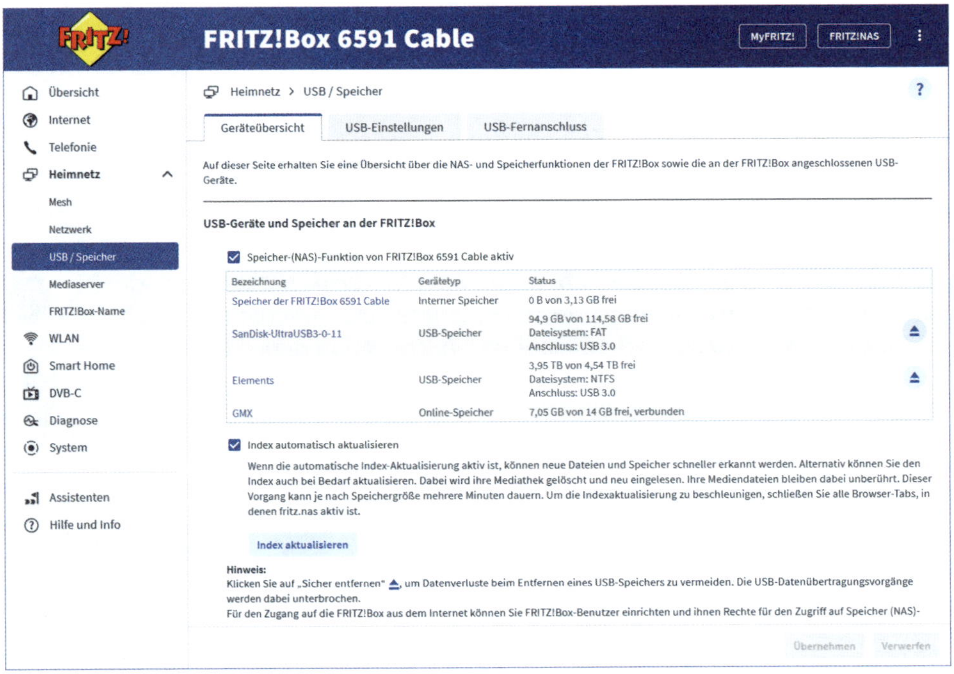

FRITZ!NAS aktivieren

2. Die auf der FRITZ!Box vorinstallierte Software FRITZ!NAS regelt die Verwaltung des NAS und bietet auch einen einfachen Dateimanager zur Dateiverwaltung direkt in der FRITZ!OS-Konfigurationsoberfläche. Angeschlossene USB-Laufwerke erscheinen als Ordner auf der obersten Ebene der Ordnerstruktur von FRITZ!NAS. Diesen Dateimanager finden Sie über den Link *FRITZ!NAS* oben in der Titelleiste der FRITZ!OS-Konfigurationsoberfläche oder über den Link fritz.box/nas im Browser.

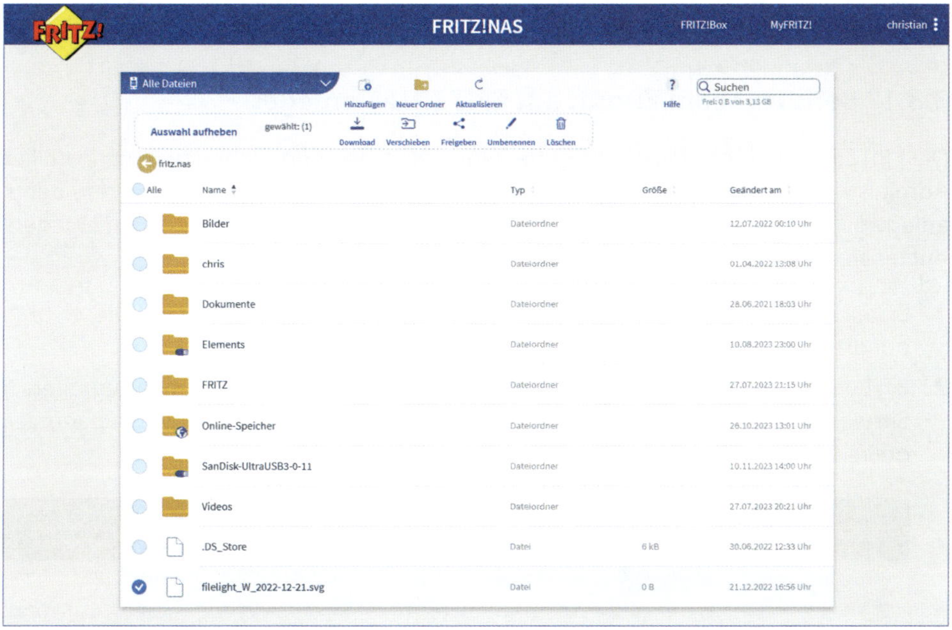

Der Dateimanager von FRITZ!NAS

3. Die USB-Anschlüsse der aktuellen FRITZ!Boxen unterstützen den USB-3.0-Standard.

Einstellungen für die USB-Anschlüsse an der FRITZ!Box

Wenn Sie USB-3.0-Laufwerke für FRITZ!NAS einsetzen, schalten Sie unter *Heimnetz/USB/Speicher* auf der Registerkarte *USB-Einstellungen* die verwendeten Anschlüsse in den *Power Mode*, um die volle Datenübertragungsrate der angeschlossenen Festplatten oder USB-Sticks zu gewährleisten, was sich besonders beim Streaming von Medien aus dem FRITZ!NAS bemerkbar macht. Festplatten können nach einer einstellbaren Zeit der Inaktivität in den Energiesparmodus versetzt werden. Sie werden beim nächsten Zugriff automatisch aufgeweckt, was eine kurze Zeit länger dauern kann als normale Festplattenzugriffe.

3.3.1 Benutzer zum Zugriff auf FRITZ!NAS anlegen

Die FRITZ!Box verfügt über eine eigene Benutzerverwaltung. Neben dem vorinstallierten Administrator, der auch zur Konfiguration verwendet wird, können Sie weitere Benutzer anlegen. Zum Zugriff auf FRITZ!NAS im Netzwerk legen Sie am besten einen eigenen Benutzer an, der keinen Zugriff auf die Konfiguration hat.

1. Erstellen Sie unter *System/FRITZ!Box-Benutzer* einen neuen Benutzer. Dieser braucht nur die Berechtigung *Zugang zu NAS-Inhalten*.
2. Ein Benutzer kann entweder auf alle angeschlossenen Speichermedien zugreifen, oder Sie wählen einzelne Ordner oder externe USB-Laufwerke aus, auf die ein Benutzer zugreifen darf.

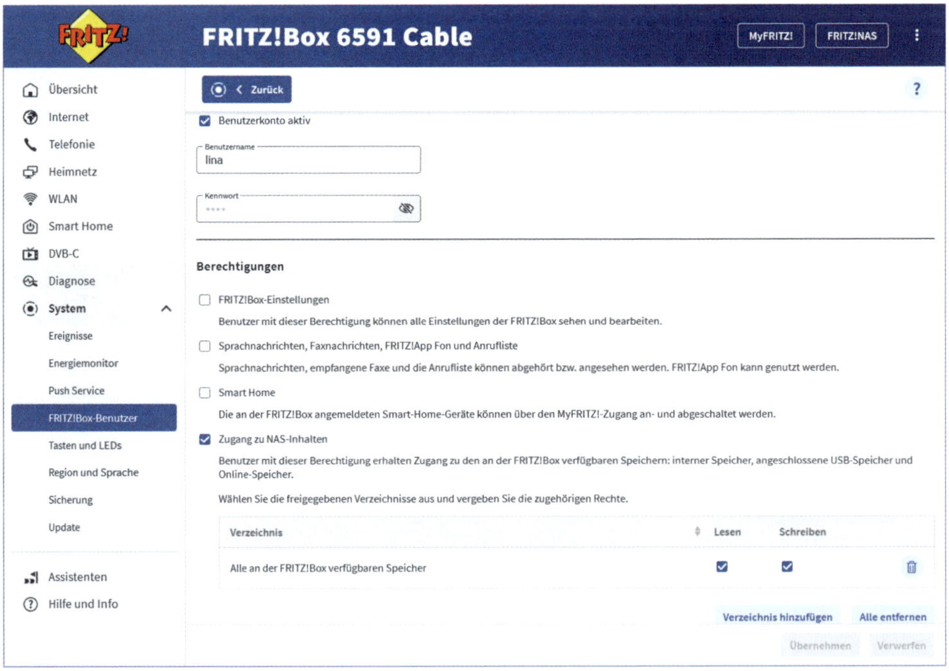

Benutzer zum Zugriff auf das FRITZ!NAS einrichten

3.3.2 Windows-Freigaben einrichten und nutzen

Standardmäßig ist FRITZ!NAS nur über die Benutzeroberfläche von FRITZ!OS im Browser unter fritz.box/nas erreichbar. Hier können sich auch Benutzer anmelden, die keinen administrativen Zugriff auf die FRITZ!Box haben.

Um FRITZ!NAS im Windows-Netzwerk zu nutzen, richten Sie die Heimnetzfreigabe ein. Damit erhalten die NAS-Ordner Laufwerkbuchstaben in Windows.

1. Schalten Sie unter *Heimnetz/USB/Speicher* auf der Registerkarte *Geräteübersicht* im Bereich *Heimnetzfreigabe* den *Zugriff über ein Netzlaufwerk (SMB) aktiv*. Tragen Sie auch die im eigenen Windows-Netzwerk verwendete Arbeitsgruppe ein.
2. Die Unterstützung für SMBv1 wird nur für frühere Windows-Versionen, Media-Center, Spielkonsolen und einige Linux-Distributionen benötigt. Windows 11 greift über das neuere SMBv2-Protokoll auf Netzwerkfreigaben zu. Dieses Protokoll ist automatisch aktiviert. Klicken Sie anschließend unten auf *Übernehmen*.

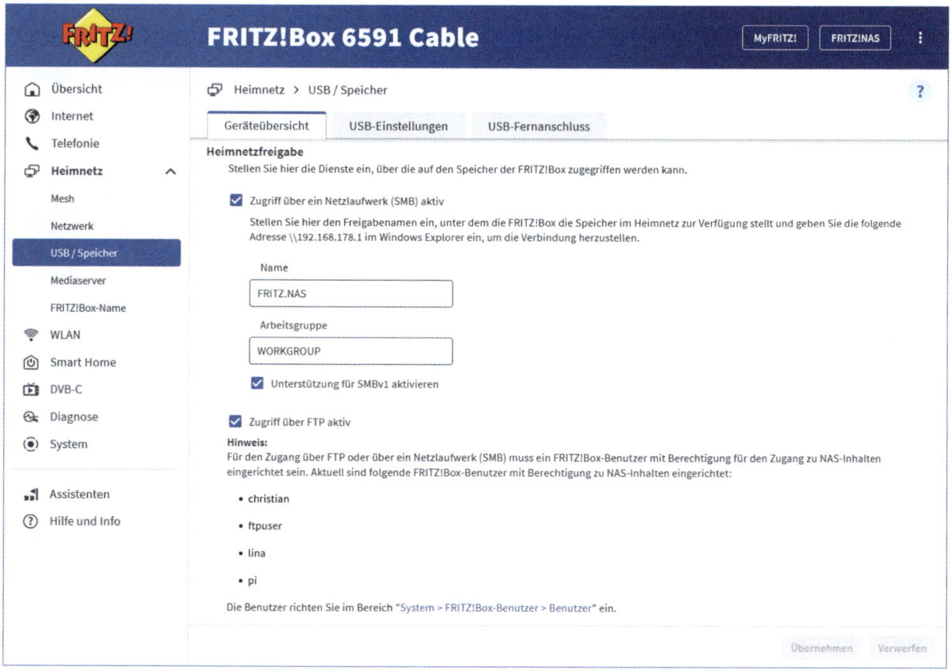

Heimnetzfreigabe auf der FRITZ!Box aktivieren

3. Im ***Explorer*** von Windows 11 finden Sie das FRITZ!NAS im Bereich *Netzwerk*. Klicken Sie doppelt darauf, erscheint der Ordner *FRITZ!NAS* und darunter finden Sie die angelegten Unterordner sowie USB-Laufwerke. Mit einem Rechtsklick auf den Ordner *FRITZ!NAS* und dann im Kontextmenü *Netz-*

laufwerk verbinden richten Sie FRITZ!NAS als Laufwerk ein. Auf diese Weise können Sie auch einzelne FRITZ!NAS-Ordner als Laufwerke festlegen. Geben Sie beim Verbinden des Netzwerklaufwerks die Benutzerdaten des FRITZ!Box-Nutzers an.

3.3.3 FRITZ!NAS auf dem Mac einrichten und nutzen

Auf dem Mac erscheint die FRITZ!Box im ***Finder*** unter *Netzwerk*. Klicken Sie doppelt darauf, danach dann auf *Verbinden als*, und geben Sie die Zugangsdaten eines berechtigten FRITZ!Box-Nutzers ein. Jetzt erscheint FRITZ!NAS. Nach einem weiteren Doppelklick sehen Sie die Ordner und können diese nutzen. Auch externe Laufwerke erscheinen auf dieser Ebene als Ordner.

FRITZ!NAS im Finder auf dem Mac

3.4 Datenaustausch über das Netzwerk

Zum Datenaustausch zwischen mehreren Nutzern im Netzwerk verwenden Sie am besten ein NAS. Gegenüber freigegebenen Ordnern auf einem Computer im Netzwerk hat das den Vorteil, dass kein Computer die ganze Zeit eingeschaltet sein muss.

Legen Sie auf dem NAS am besten projektbezogene Ordner an, auf die alle am jeweiligen Projekt beteiligten Nutzer Zugriff haben. Auf vielen NAS-Laufwerken, unter anderem *FRITZ!NAS*, lassen sich die Zugriffsrechte auf einzelne Ordner je nach Benutzer festlegen. Um die freigegebenen Ordner auf den PCs und Macs wiederzufinden, bieten beide Betriebssysteme Möglichkeiten, sie übersichtlich anzuheften.

3.4.1 NAS-Ordner im Schnellzugriff, Startmenü oder Desktop von Windows 11 anheften

1. Wechseln Sie im ***Explorer*** auf das NAS und markieren Sie den gewünschten Ordner.

2. Klicken Sie auf das Menüsymbol mit den drei Punkten und wählen Sie im Menü *An Schnellzugriff anheften*.
3. Der Ordner erscheint nun auf der Startseite des Explorers im Bereich *Schnellzugriff* und ist so jederzeit schnell zu finden.

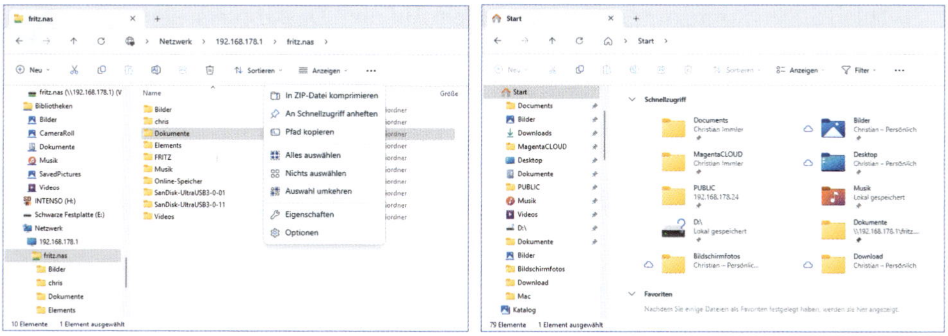

NAS-Ordner im Schnellzugriff anheften

4. Sie können den Ordner auch im Startmenü von Windows 11 anheften. Klicken Sie mit der rechten Maustaste auf den Ordner im Schnellzugriff und wählen Sie im Kontextmenü ebenfalls *An Start anheften*. Daraufhin erscheint der Ordner im Startmenü. Verschieben Sie ihn an die gewünschte Position.

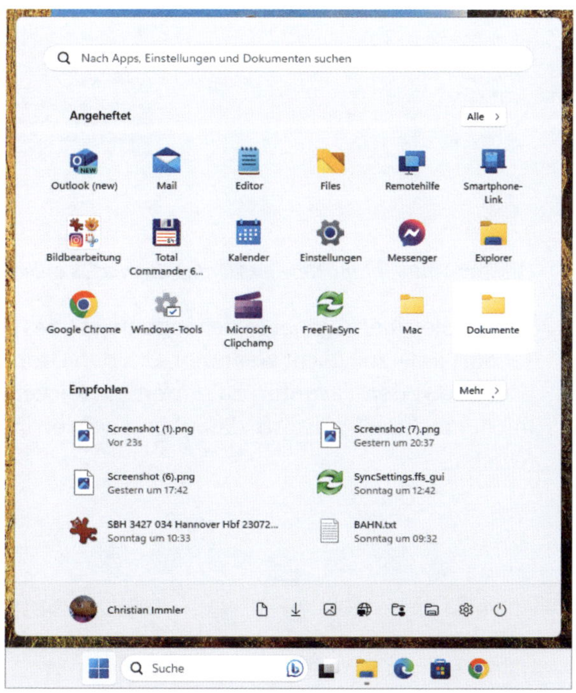

NAS-Ordner im Startmenü anheften

5. Um eine Desktop-Verknüpfung für den Ordner anzulegen, klicken Sie mit der rechten Maustaste darauf und wählen im Kontextmenü *Weitere Optionen anzeigen/Senden an/Desktop (Verknüpfung erstellen)*. Jetzt erscheint ein Symbol auf dem Desktop, mit dem Sie den Ordner im Explorer öffnen können.

3.4.2 NAS-Ordner auf dem Desktop von macOS oder im Finder anheften

1. Klicken Sie im ***Finder*** mit gedrückter [control]-Taste oder mit der rechten Maustaste auf den NAS-Ordner, den Sie auf den Desktop legen möchten, und wählen Sie im Kontextmenü *Alias erzeugen*. Auf dem Desktop erscheint ein Ordnersymbol. Klicken Sie darauf, wird der Ordner in einem neuen Finder-Fenster geöffnet.

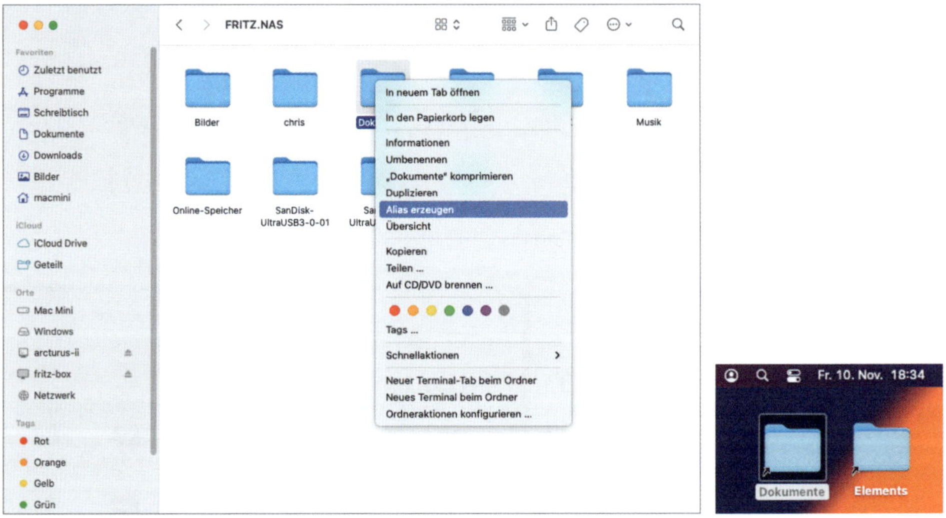

Desktop-Verknüpfung für einen Ordner in macOS anlegen

2. Ziehen Sie einen Ordner in der Seitenleiste des ***Finder*** in den Bereich *Favoriten*, ist dieser dort jederzeit leicht zu finden. Um den Ordner, wenn Sie ihn nicht mehr brauchen, wieder aus den Favoriten zu entfernen, klicken Sie mit gedrückter [control]-Taste oder mit der rechten Maustaste darauf und wählen im Kontextmenü *Aus der Seitenleiste entfernen*.

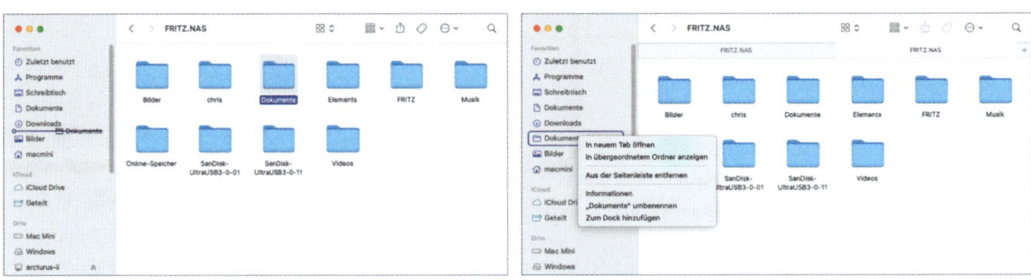

NAS-Ordner in den Favoriten im Finder von macOS anheften und wieder entfernen

3.5 Netzwerkdrucker einsetzen

Es ist nicht erforderlich, dass jeder PC oder Mac im lokalen Netzwerk einen eigenen Drucker hat. Durch die Freigabe eines Druckers, der an einem der PCs angeschlossen ist, können andere Geräte über das Netzwerk darauf drucken. Für Smartphones, Tablets und weitere Geräte ohne direkte Anschlussmöglichkeit eines Druckers ist das Drucken über das Netzwerk die einzige Methode, um Dokumente oder Fotos auf Papier zu bringen.

3.5.1 Netzwerkdrucker am Windows-PC einrichten

1. Falls noch nicht erfolgt, richten Sie im ersten Schritt den Drucker auf dem PC, an den er angeschlossen ist, als lokalen Drucker ein. Windows 11 liefert viele Druckertreiber mit. Einen Treiber beim Druckerhersteller herunterzuladen, ist nur noch in seltenen Fällen nötig. Viele USB-Drucker werden beim Anschließen sogar automatisch erkannt und eingerichtet.
2. Wählen Sie in den *Einstellungen* unter *Bluetooth und Geräte/Drucker und Scanner* den gewünschten Drucker aus und klicken Sie in dessen Druckereinstellungen auf *Druckereigenschaften*.
3. Aktivieren Sie im nächsten Dialogfeld auf der Registerkarte *Freigabe* den Schalter *Drucker freigeben*. Tragen Sie einen Freigabenamen ein oder übernehmen Sie die Vorgabe. Verwenden Sie für den Freigabenamen weniger als 32 Zeichen und keine Leerzeichen, da es sonst mit manchen Programmen und Betriebssystemen Probleme geben kann. Theoretisch unterstützt Windows auch längere Freigabenamen.
4. Lassen Sie den Schalter *Druckauftragsaufbereitung auf Clientcomputern durchführen* aktiviert, um den Computer, an den der Drucker physisch angeschlossen ist, von der Aufbereitung der Druckaufträge zu entlasten.

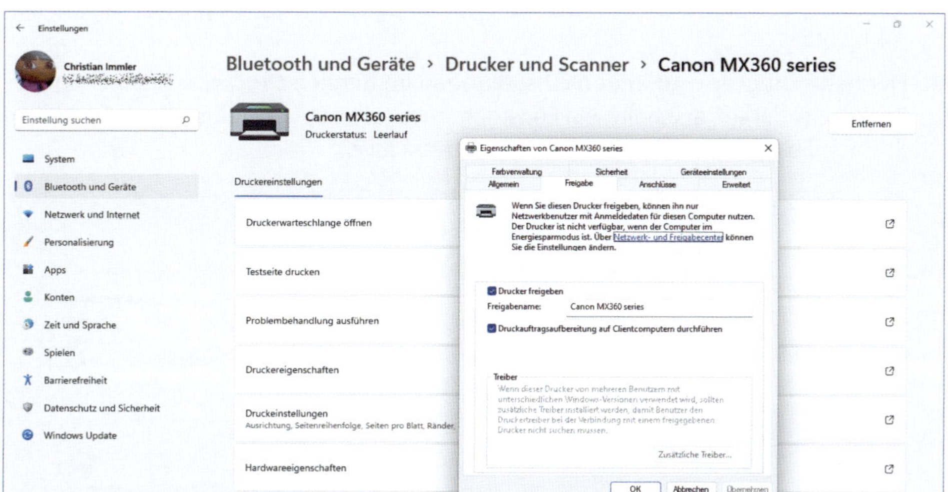

Drucker in Windows 11 freigeben

3.5.2 Netzwerkdrucker am Mac einrichten

Auch am Mac muss ein Drucker, der im Netzwerk freigegeben werden soll, zunächst als lokaler Drucker installiert werden.

1. Klicken Sie in den *Einstellungen* im Bereich *Drucker & Scanner* auf *Drucker, Scanner oder Fax hinzufügen*.
2. Eine Liste zeigt die automatisch erkannten Drucker. Klicken Sie auf den gewünschten Drucker. Jetzt können Sie unten den Namen und Standort anpassen. Manche Drucker bieten in der Liste *Verwenden* mehrere Treiberoptionen zur Auswahl. Hier können Sie auch einen vom Hersteller gelieferten Treiber wählen und installieren.

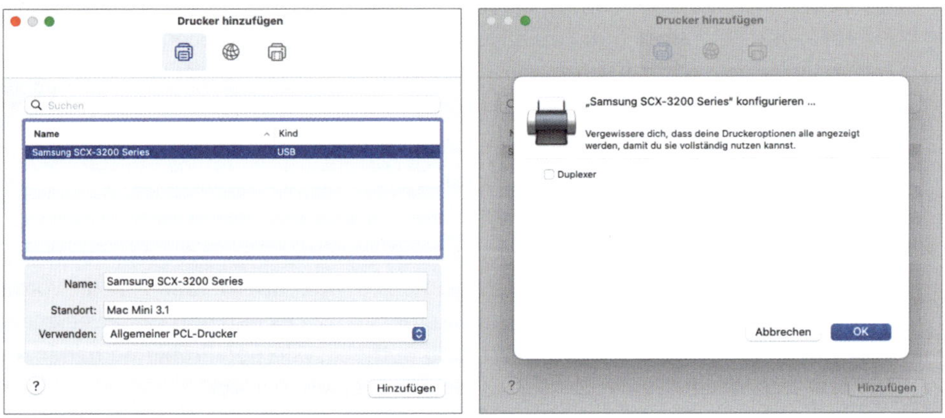

Drucker in macOS installieren

3. Klicken Sie auf *Hinzufügen* und aktivieren Sie im nächsten Fenster zusätzliche Druckeroptionen, beispielsweise zusätzliche Papiermagazine oder Duplexer. Klicken Sie danach auf *OK*.
4. Der neue Drucker wird in den Einstellungen im Bereich *Drucker & Scanner* angezeigt. Klicken Sie darauf, erscheint ein Fenster mit weiteren Druckereinstellungen. Aktivieren Sie hier die Option *Diesen Drucker im Netzwerk teilen*.

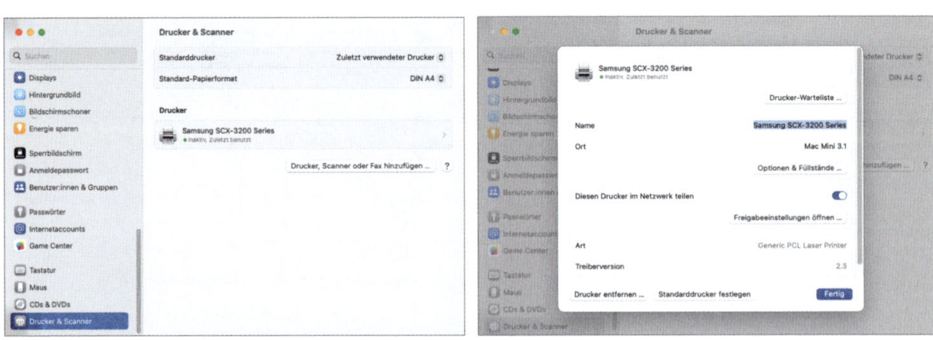

Drucker im Netzwerk freigeben

5. Klicken Sie auf *Freigabeeinstellungen öffnen*. Hier können Sie die Druckerfreigabe im Netzwerk global ein- oder ausschalten.

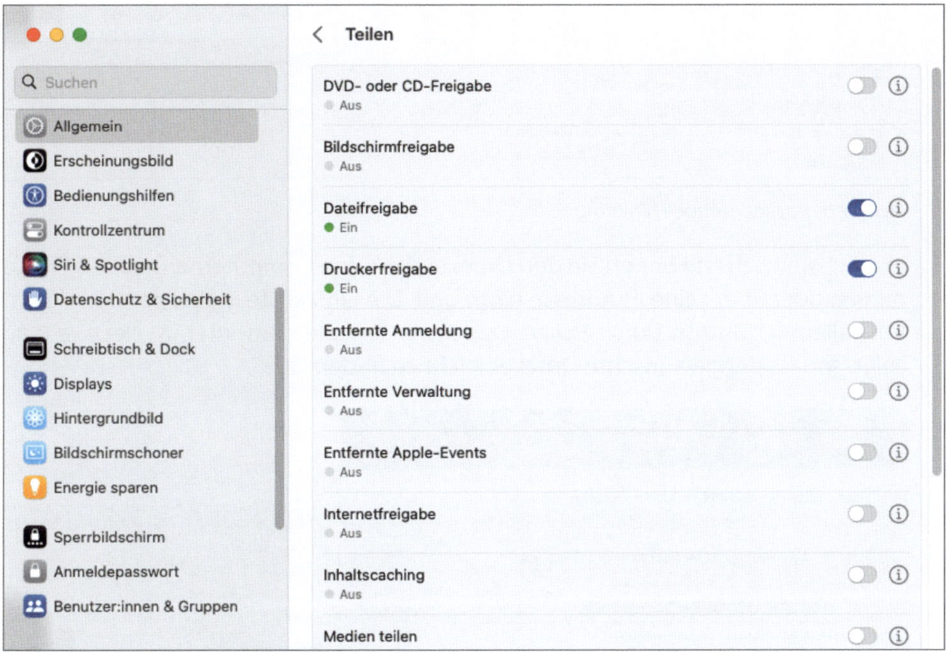

Druckerfreigabe im Netzwerk einschalten

3.5.3 Netzwerkdrucker am Windows-PC nutzen

Um auf einem im Netzwerk freigegebenen Drucker zu drucken, muss dieser Netzwerkdrucker auf jedem Windows-PC als Drucker installiert werden.

Dabei spielt es keine Rolle, ob der freigegebene Drucker an einem Windows-PC, einem Mac oder einem anderen netzwerkfähigen Gerät angeschlossen ist oder sogar einen eigenen Netzwerkanschluss hat.

1. Klicken Sie in den *Einstellungen* auf der Seite *Bluetooth und Geräte/Drucker und Scanner* auf *Gerät hinzufügen*, um einen Drucker automatisch zu finden.
2. Leider werden nicht immer alle Drucker im Netzwerk auf diesem Weg automatisch erkannt. Besonders bei älteren Druckern kann es Erkennungsprobleme geben.
3. Wird ein Netzwerkdrucker nicht gefunden, klicken Sie – nachdem der Befehl *Drucker oder Scanner hinzufügen* bereits durchgelaufen ist – in der Zeile *Der gewünschte Drucker ist nicht aufgelistet* auf *Fügen Sie ein neues Gerät manuell hinzu*.

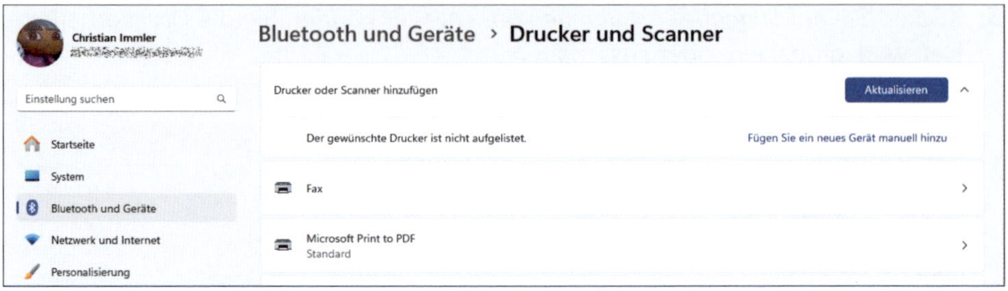

Netzwerkdrucker manuell hinzufügen

4. Im nächsten Schritt können Sie den Drucker über den Computernamen und Freigabenamen oder über seine IP-Adresse eintragen. Die einfachste Methode ist in den meisten Fällen der Button *Durchsuchen*. Dabei werden alle Computer im Netzwerk angezeigt, sodass der gewünschte Drucker leicht zu finden ist.

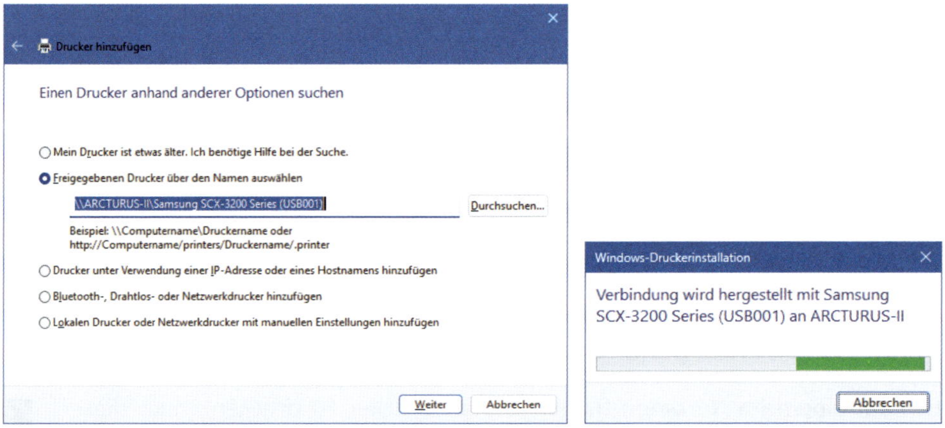

Netzwerkdrucker hinzufügen

5. Jetzt wird automatisch der passende Treiber installiert. Anschließend haben Sie die Möglichkeit, den angezeigten Druckernamen zu ändern. Im nächsten Schritt können Sie den Drucker als Standarddrucker festlegen und auch eine Testseite ausdrucken.

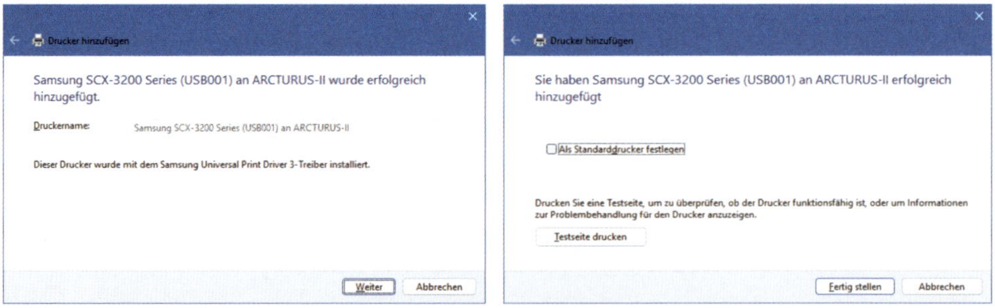

Druckernamen ändern, Standarddrucker festlegen

6. Nach der abgeschlossenen Installation wird der Netzwerkdrucker in den *Einstellungen* unter den Druckern angezeigt und kann genutzt werden.

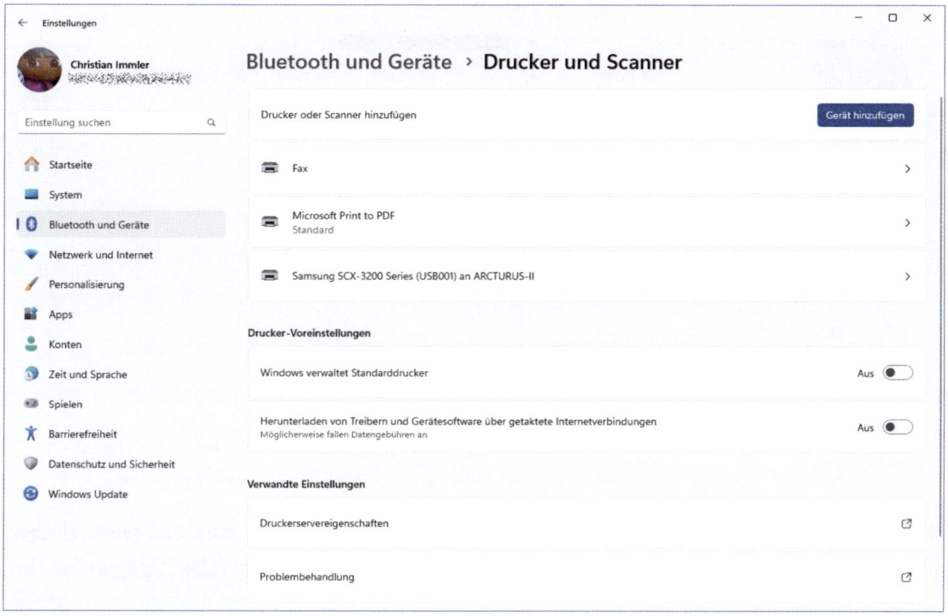

Druckerinstallation erfolgreich abgeschlossen

3.5.4 Netzwerkdrucker am Mac nutzen

Auch am Mac muss ein Drucker, der über das Netzwerk genutzt werden soll, als Drucker installiert werden.

1. Klicken Sie in den *Einstellungen* im Bereich *Drucker & Scanner* auf *Drucker, Scanner oder Fax hinzufügen*.
2. Im nächsten Fenster klicken Sie auf das Druckersymbol oben rechts neben der Weltkugel. Im linken Teilfenster klicken Sie auf die Arbeitsgruppe, dann sehen Sie im mittleren Bereich alle Computer, die zu dieser Arbeitsgruppe gehören. Wählen Sie den Computer, an den der gewünschte Drucker lokal angeschlossen ist, und danach den Drucker aus.
3. Auch hier können Sie unten sowohl den Namen als auch den Standort anpassen. Manche Drucker bieten in der Liste *Verwenden* mehrere Treiberoptionen zur Auswahl an. Hier können Sie auch einen vom Hersteller gelieferten Treiber wählen und installieren.

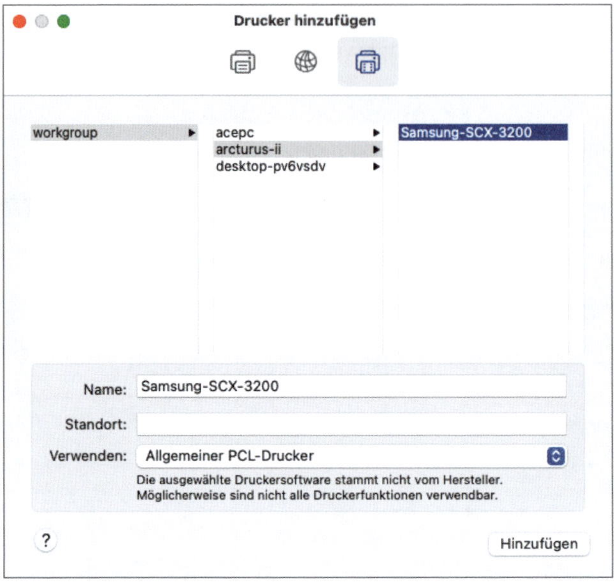

Netzwerkdrucker suchen und einrichten

4. Klicken Sie auf *Hinzufügen* und aktivieren Sie im nächsten Fenster weitere Druckeroptionen, etwa zusätzliche Papiermagazine oder Duplexer. Danach bestätigen Sie mit *OK*. Der neue Drucker wird in den *Einstellungen* im Bereich *Drucker & Scanner* angezeigt.

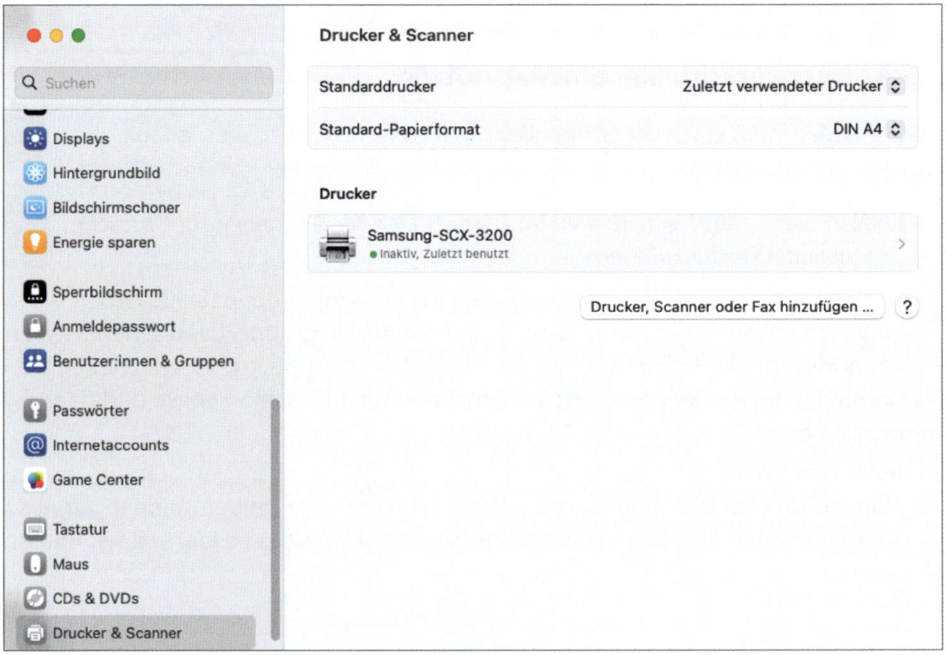

Der installierte Netzwerkdrucker in den Einstellungen

3.5.5 WLAN-Drucker

Viele der modernen Multifunktionsgeräte, die zusätzlich auch noch einen Scanner enthalten, lassen sich direkt per WLAN in das lokale Netzwerk einbinden, ohne dass ein bestimmter PC eingeschaltet sein muss.

Auf jedem Computer, der diesen Drucker verwenden soll, muss der passende Druckertreiber installiert sein. Zuvor wird der Drucker von einem PC aus mit einer speziellen vom Druckerhersteller gelieferten Software eingerichtet, die von Hersteller zu Hersteller unterschiedlich aussieht. In den meisten Fällen wählen Sie im Bedienfeld des Druckers das WLAN aus, geben den Schlüssel ein und bekommen dann die IP-Adresse des Druckers angezeigt.

Bei der lokalen Treiberinstallation auf den PCs kann ebenfalls die IP-Adresse des Druckers verwendet werden. Viele Druckertreiber finden den Netzwerkdrucker sogar automatisch, solange es nur einen Netzwerkdrucker im LAN gibt.

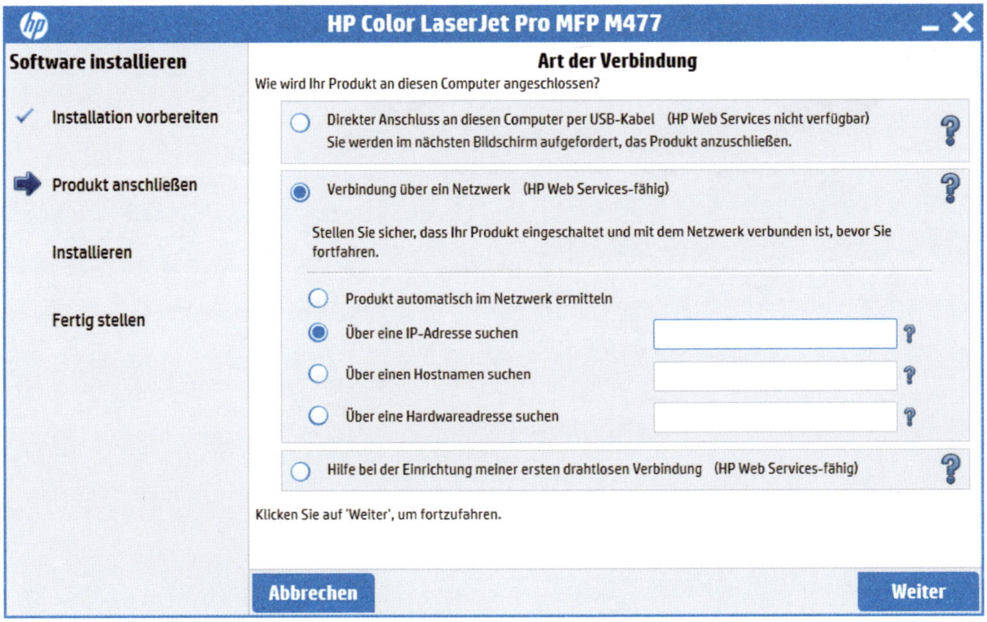

Installation eines WLAN-Druckers (Beispiel: HP Color LaserJet Pro Serie)

3.5.6 Printserver lösen Probleme mit Netzwerkdruckern

Die optimale Lösung für das Drucken im Netzwerk ist die Nutzung eines Printservers. Im Gegensatz zu dem, was der Name vermuten lässt, handelt es sich dabei nicht um einen wuchtigen Serverschrank, sondern lediglich um ein kleines Gerät, das direkt an den Drucker angeschlossen und mit dem Netzwerk verbunden wird.

Ein Printserver bietet den Vorteil, dass kein spezifischer Computer eingeschaltet sein muss, um auf den Drucker zuzugreifen. Ein Netzwerkdrucker, der über einen Printserver betrieben wird, ist stets verfügbar. Außerdem ermöglichen die meisten Printserver das Drucken von Smartphones über WLAN, was bei Windows-Druckern allerdings nicht immer reibungslos funktioniert.

Diese Printserver sind sowohl für Drucker mit USB- als auch mit Parallelanschluss erhältlich. Somit können auch ältere Drucker weiterhin genutzt werden, obwohl heutzutage kaum noch PCs über einen Parallelanschluss verfügen.

Printserver: links für Parallelport, rechts für USB (Foto: LogiLink)

4. Nützliche Programme beider Welten

Früher sagte man, jeder Computer wird erst interessant durch die darauf installierten Programme. Heute, da im Betriebssystem für alle wichtigen Anwendungen bereits Programme mitgeliefert werden und ohnehin die meisten Aktivitäten im Browser stattfinden, ist die Installation zusätzlicher Software in den Hintergrund gerückt. Trotzdem gibt es noch jede Menge Programme für Windows wie auch für macOS, die zusätzlich installiert werden können.

Einige Entwickler stellen ihre Programme für beide Betriebssysteme zur Verfügung, andere nur für Windows oder nur für macOS. Windows- und macOS-Programme sind technisch völlig unterschiedlich und können nicht auf der jeweils anderen Plattform installiert werden.

Nur wenige Programme gibt es gleichermaßen für macOS wie auch für Windows. Allerdings lassen sich fast alle Dateiformate mit geeigneten Programmen auf beiden Plattformen bearbeiten. Nur PC-Spiele funktionieren nicht auf macOS. Es gibt für macOS zwar auch Spiele, aber das Angebot ist deutlich eingeschränkter. Besonders Spiele, die sehr hohe Hardwareanforderungen haben, werden für macOS nicht angeboten, da hier die Gamer keine Möglichkeiten haben, Prozessor oder Grafikkarte auszutauschen und damit Vorteile gegenüber anderen Spielern zu erzielen.

4.1 Programme installieren auf PC und Mac

Auf beiden Betriebssystemen können Programme über Installationsdateien installiert werden, die auf CD, DVD oder seit längerer Zeit immer häufiger als Download geliefert werden.

Installationsdateien für Windows heißen klassischerweise *setup.exe*, in letzter Zeit sind aber auch andere, aussagekräftigere Namen gebräuchlich. Diese Dateien installieren per Doppelklick ein Programm. Dabei werden in manchen Fällen noch verschiedene Fragen gestellt, unter anderem nach dem Ordner, in dem das Programm installiert werden soll, oder ob eine Verknüpfung auf dem Desktop angelegt werden soll.

Bei Programmen, die tief ins System eingreifen, muss zusätzlich eine Abfrage bestätigt werden, auch wenn Sie mit Administratorrechten angemeldet sind. Damit wird verhindert, dass systemkritische Programme ungewollt oder gar im Hintergrund von einem anderen Programm installiert werden. Sind Sie nicht mit Administratorrechten angemeldet, benötigen Sie in solchen Fällen das Passwort des Administrators, um das Programm zu installieren.

Typische Installation eines Freeware-Programms in Windows

Achten Sie genau auf die Texte in den Installationsdialogen. Einige Freeware-Programme versuchen, Testversionen kostenpflichtiger Programme mit zu installieren, die Sie danach nur schwer wieder loswerden.

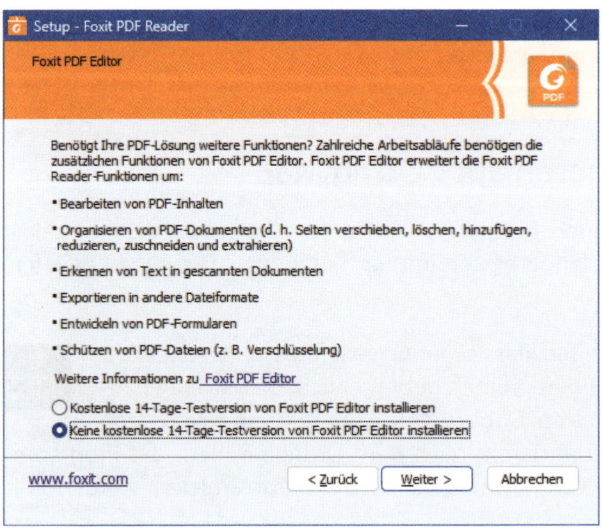

Optionale Einstellungen bei der Installation auswählen und kostenpflichtige Testversion abschalten

Nach der Installation des Programms kann die Installationsdatei wieder gelöscht werden.

Installationsdateien für macOS werden als Dateien mit der Endung *.dmg* oder *.pkg* geliefert. Auch diese lassen sich per Doppelklick installieren. Der Installationsordner kann unter macOS nur in seltenen Fällen ausgewählt werden.

Bei Programmen, die tief ins System eingreifen, muss zusätzlich das Passwort des angemeldeten Benutzers eingegeben werden, um ungewollte Installationen zu verhindern.

Typische Installation eines Freeware-Programms in macOS

Nach der Installation des Programms kann auch hier die Installationsdatei wieder gelöscht werden. Viele Installationsdateien bieten abschließend direkt eine Option, die Installationsdatei in den Papierkorb zu legen.

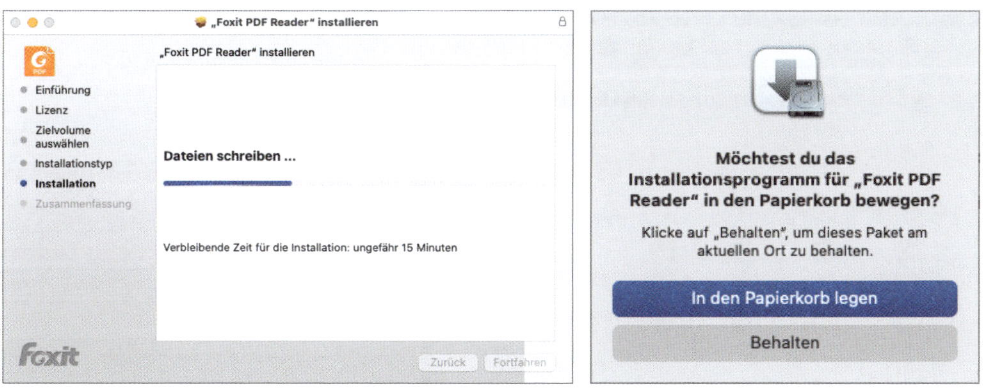

Programm installieren und danach Installationsdatei in den Papierkorb legen

4.1.1 Programme an Startmenü, Taskleiste oder auf dem Desktop anheften

In Windows 11 erscheint jedes installierte Programm im Startmenü unter *Alle*. Neu installierte Programme werden zusätzlich im unteren Bereich des Startmenüs unter *Empfohlen* angezeigt.

Mit einem Rechtsklick auf das gewünschte Programm unter *Alle* im Startmenü können Sie dieses auf der Startseite des Startmenüs anheften. Die Reihenfolge der Symbole auf der Startseite des Startmenüs lässt sich per Drag-and-drop verändern.

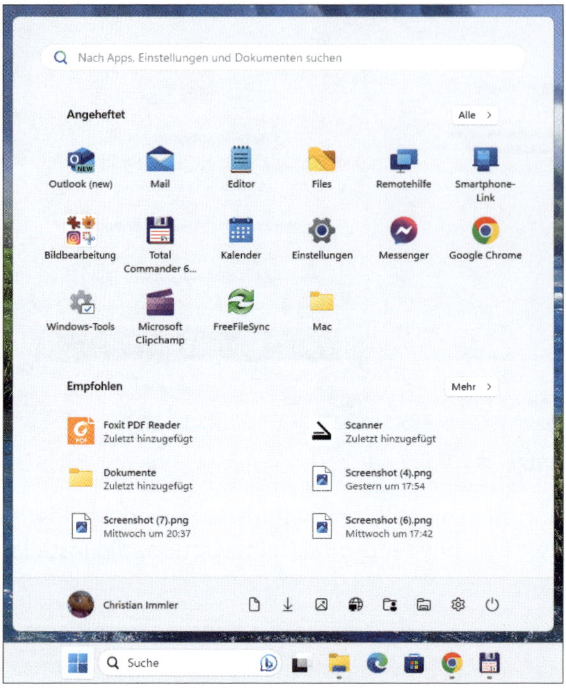

Neu installiertes Programm bei den empfohlenen und bei allen Programmen im Startmenü

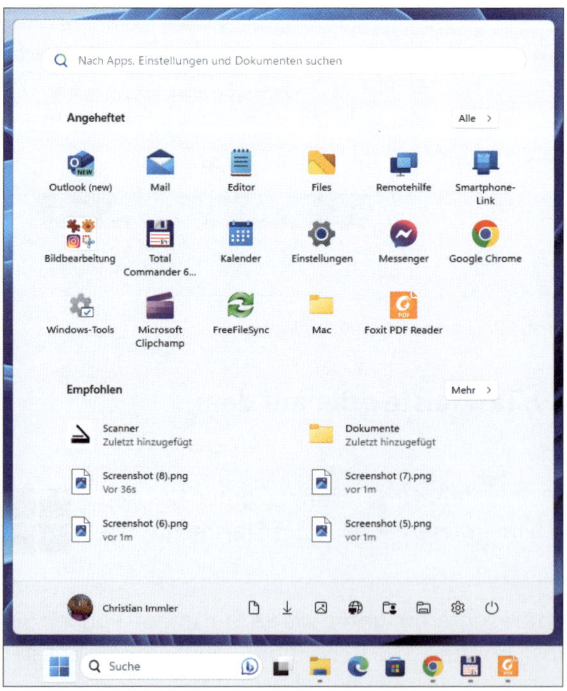

Im Startmenü angeheftetes Programm und Programm an der Taskleiste anheften

Im gleichen Kontextmenü können Sie das Programmsymbol auch an der Taskleiste anheften. Ein laufendes Programm kann über einen Rechtsklick auf sein Taskleistensymbol ebenfalls an der Taskleiste angeheftet werden.

Um ein Programm als Symbol auf den Desktop zu legen, ziehen Sie es einfach aus dem Startmenü auf den Desktop. Dort wird eine Verknüpfung angelegt, im Startmenü bleibt das Programm an seiner Position stehen.

4.1.2 Programme im Launchpad oder Dock anheften

Alle installierten Programme sind im ***Finder*** im Ordner *Programme* links bei den *Favoriten* zu finden.

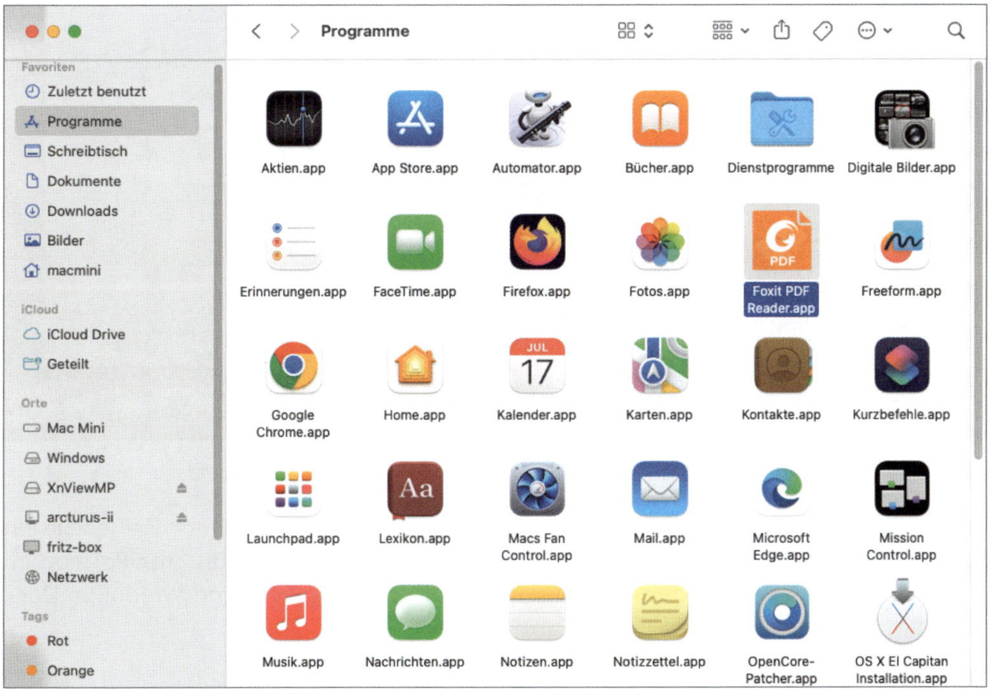

Der Ordner Programme im Finder

Alle Programme aus dem gleichnamigen Ordner erscheinen auch im ***Launchpad***. Hier können Sie die Reihenfolge der Symbole per Drag-and-drop anordnen. Sollte ein Programm hier nicht auftauchen, handelt es sich um ein vorinstalliertes Systemprogramm und liegt daher in einem anderen Ordner. Ziehen Sie es in den Ordner *Programme*, erscheint es auch im ***Launchpad***.

Ein Rechtsklick auf das *Launchpad*-Symbol zeigt alle installierten Programme in alphabetischer Reihenfolge.

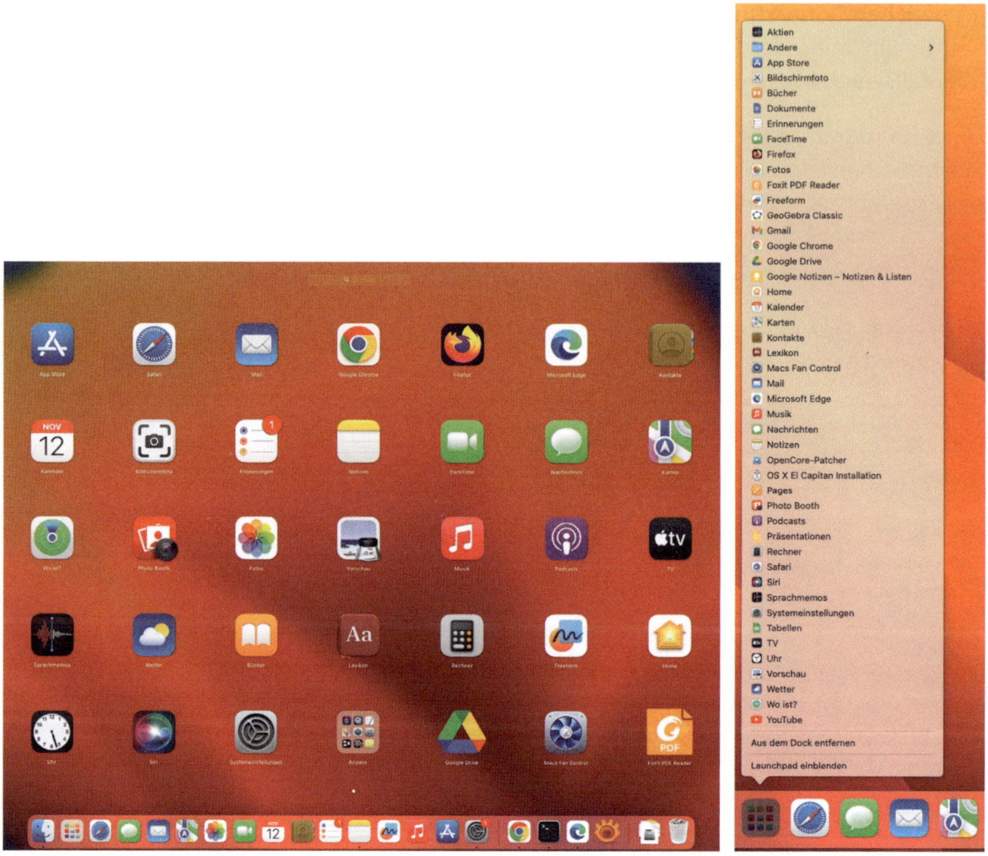

Links: Launchpad, rechts: Programmliste beim Rechtsklick auf das Launchpad-Symbol

Am einfachsten starten Sie häufig verwendete Programme über das Dock. Ziehen Sie ein Programmsymbol einfach aus dem Ordner *Programme* auf die gewünschte Position im Dock. Ein laufendes Programm kann per Rechtsklick auf das Programmsymbol im Dock behalten werden.

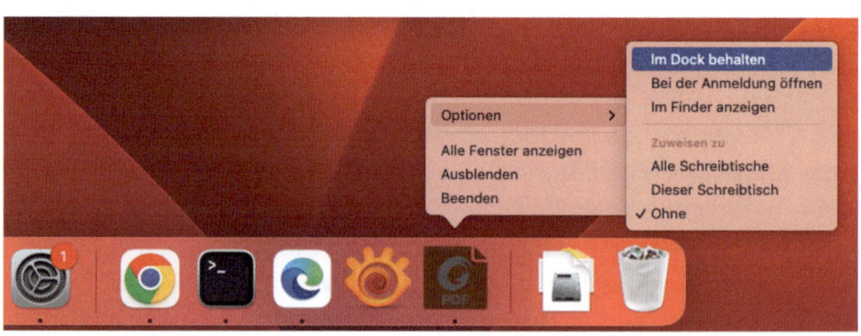

Laufendes Programm im Dock behalten

4.1.3 Vorinstallierte Werbe-Apps deinstallieren

Bei einem neu installierten Windows 11 sind einige Werbe-Apps im Startmenü angeheftet, die teilweise nicht einmal installiert sind, sondern beim ersten Anklicken erst heruntergeladen werden. Dazu zählen unter anderem die Apps *Amazon Prime Video*, *Spotify*, *TikTok* und *XING*. Diese können Sie mit einem Rechtsklick auf das jeweilige Icon auf der Startseite des Startmenüs deinstallieren, auch ohne sie erst herunterladen zu müssen.

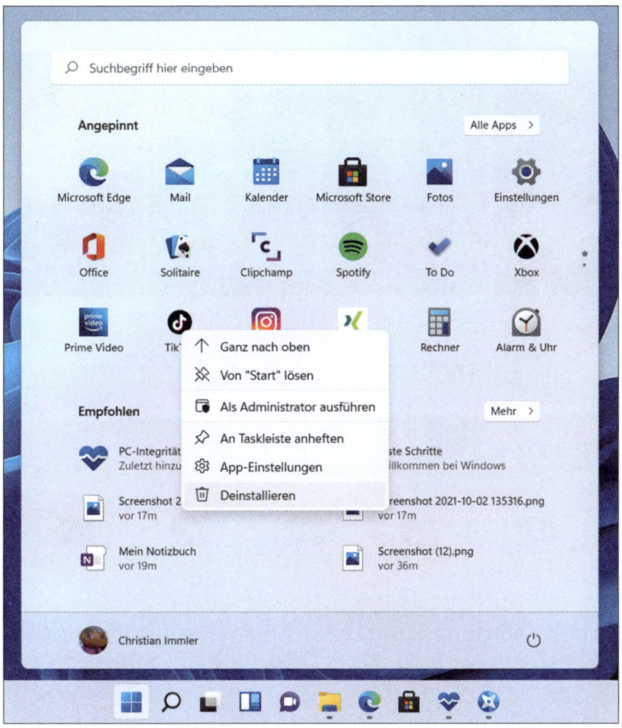

Werbe-Apps aus dem Startmenü deinstallieren

Auf Macs sind deutlich weniger Werbe-Apps vorinstalliert, nur ein paar Apps für Apple-Dienste wie zum Beispiel *Apple TV*. Diese lassen sich im Gegensatz zu selbst installierten Programmen, die Sie aus dem Programmordner einfach auf den Papierkorb ziehen können, nicht deinstallieren.

4.1.4 Programme über Stores installieren

macOS bietet seit langer Zeit schon einen zentralen App Store, aus dem sich Programme leicht installieren lassen. Windows führte mit Windows 8 einen ähnlichen Store ein.

Windows 11 kann neben klassisch zu installierenden Programmen auch sogenannte Apps laufen lassen, die oftmals auch für die Touch-Bedienung geeignet sind und sich ausschließlich über den ***Microsoft Store*** installieren lassen. Windows 11 liefert auch diverse nützliche Apps für alltägliche Aufgaben mit. Diese Apps werden über den Microsoft Store automatisch aktualisiert. Einige der vorinstallierten Apps erhalten mit Windows 11 neue Funktionen oder ein neues Design.

Mit Windows 11 bekam der Microsoft Store nicht nur wieder einmal ein neues Layout, sondern bietet jetzt auch die Möglichkeit, klassische Windows-Anwendungen, die mithilfe von *setup.exe*-Dateien installiert werden, über den Store herunterzuladen und mit Updates zu versorgen. Zur Nutzung des Microsoft Store ist die Anmeldung mit einem Microsoft-Konto erforderlich.

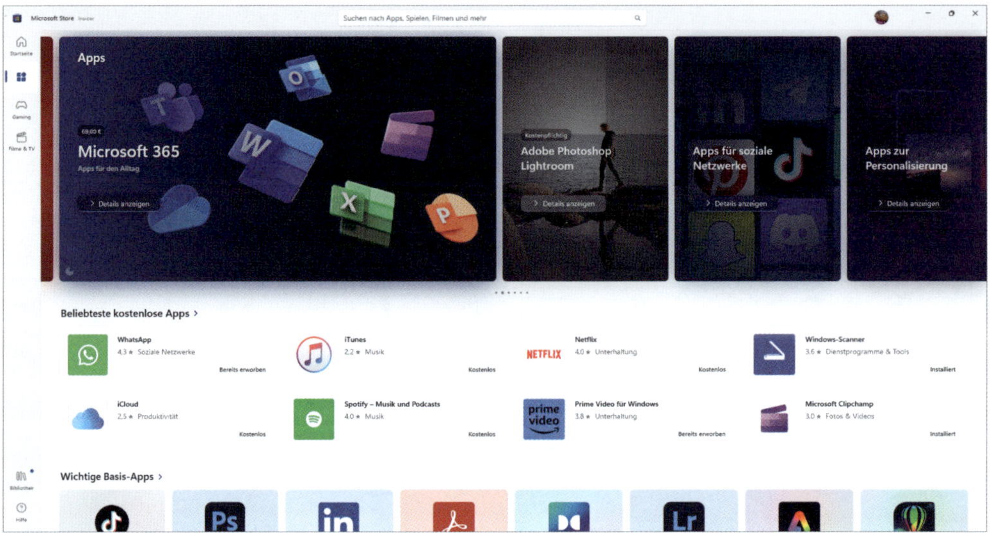

Die Startseite des Microsoft Store in Windows 11

Im Suchfeld oben oder über die diversen Kategorien und Listen finden Sie Apps zu zahlreichen Themen sowie Spiele. Echte Windows-Apps lassen sich mit einem Klick installieren.

Das Symbol *Bibliothek* links unten zeigt alle über den Microsoft Store installierten Apps. Hier können Sie auch Updates herunterladen und automatisch installieren.

Verschwundene Apps

Wer Windows 11 komplett neu installiert, bekommt die Apps *OneNote*, *Skype*, *Paint 3D* und *3D Viewer* nicht mehr automatisch installiert. Diese Apps können bei Bedarf über den Microsoft Store nachinstalliert werden. Bei einer Update-Installation von Windows 10 bleiben sie dagegen erhalten.

In macOS ist die Installation von Programmen über den ***App Store*** weitaus verbreiteter als unter Windows. Auch hier gibt es ein Suchfeld und Kategorien, um bestimmte Apps zu finden und zu installieren.

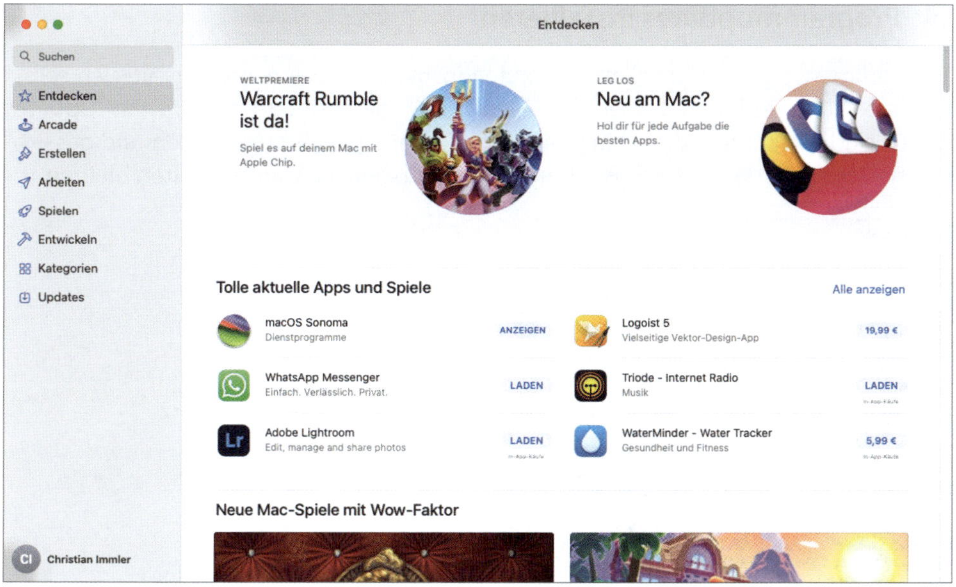

Die Startseite des App Store in macOS

Zur Nutzung des App Store ist die Anmeldung mit einer Apple-ID erforderlich. Die über den Store installierten Apps können automatisch aktualisiert werden. Im Bereich *Updates* des App Store finden Sie ausstehende Updates für Ihre Apps. Ein Klick auf den Benutzernamen ganz unten links zeigt alle über den App Store installierten Apps.

App im Store finden und installieren

4.1.5 Programmupdates installieren

Bei Programmen, die über Installationsdateien installiert werden, müssen Sie sich selbst um Updates kümmern. In den meisten Fällen zeigen die Programme an, wenn Updates verfügbar sind. Sie können dann eine neue Installationsdatei herunterladen und das Programm neu installieren, wobei Einstellungen und persönliche Daten erhalten bleiben.

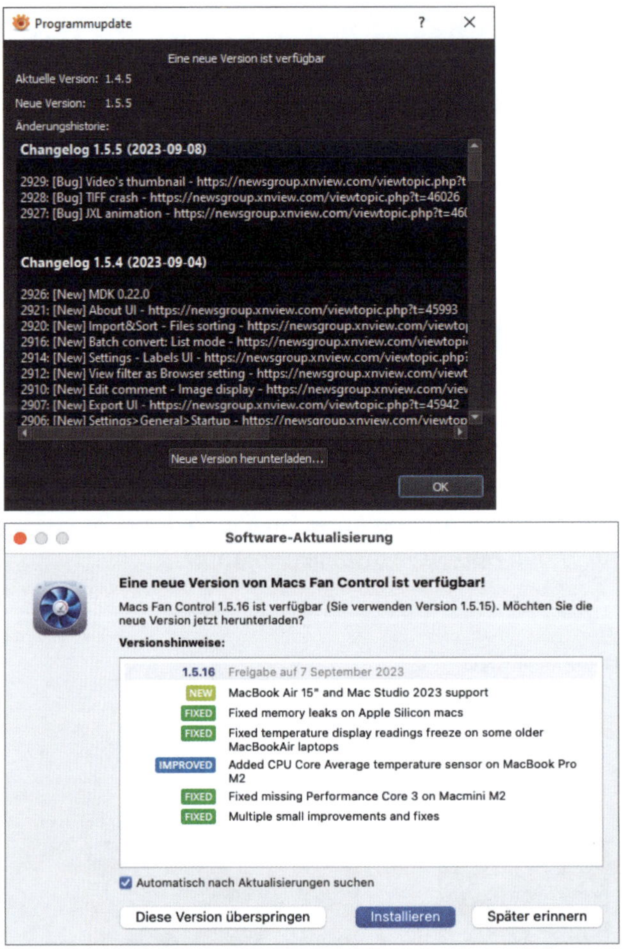

Update-Meldungen verschiedener Programme in Windows und macOS

In macOS werden viele Programme über den im Betriebssystem integrierten App Store installiert, in Windows ist diese Methode noch nicht so verbreitet. Die Stores kümmern sich um die automatischen Updates der installierten Programme. Als Benutzer braucht man kaum etwas zu tun.

Der ***Microsoft Store*** zeigt über das Symbol *Bibliothek* unten links alle Updates, auch bereits installierte, an. Diese können einzeln heruntergeladen und installiert werden, oder Sie schalten in den Einstellungen des Stores, die Sie mit einem

Klick auf das Profilbild ganz oben erreichen, die App-Updates ein. Diese werden dann direkt nach der Veröffentlichung automatisch aktualisiert.

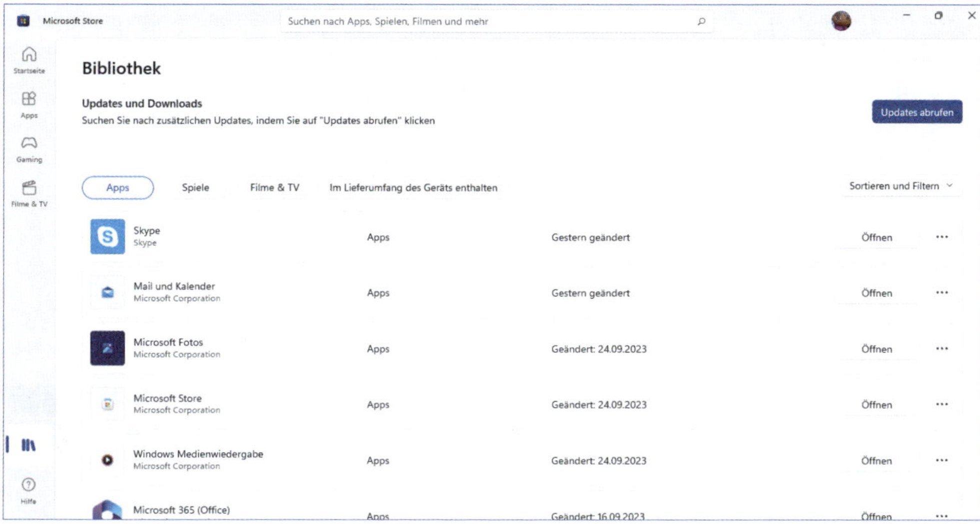

Updates in der Bibliothek des Microsoft Store in Windows 11

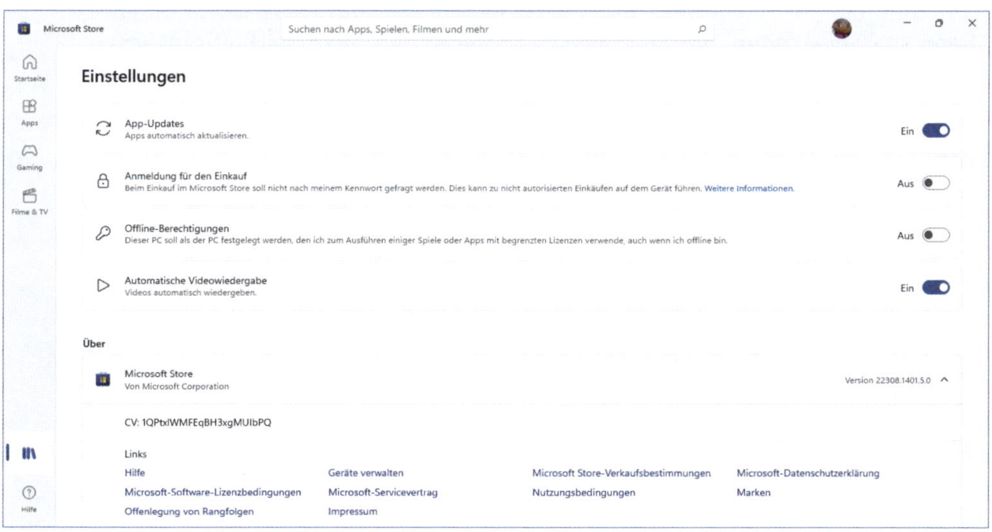

Einstellungen für automatische App-Updates im Microsoft Store

Der ***App Store*** in macOS zeigt nur ausstehende Updates, keine installierten, im Bereich *Updates* ganz unten an. Klicken Sie in den *Einstellungen* unter *Allgemein/ Softwareupdate* auf *Automatische Updates*, können Sie festlegen, dass App-Updates aus dem App Store automatisch installiert werden.

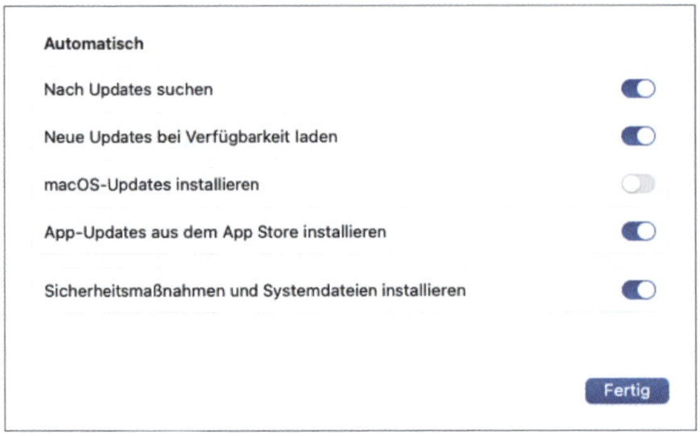

Einstellungen für automatische App-Updates aus dem App Store

4.2 Textverarbeitung

Windows 11 liefert vorinstalliert die einfache Textverarbeitung ***WordPad*** mit, die das DOCX-Format aktueller Office-Versionen ebenso unterstützt wie die freien Formate ODT und RTF. Zusätzlich können Dokumente auch im reinen Textformat TXT gespeichert und geöffnet werden. Das Programm unterstützt aber nicht alle Funktionen der Dokumentenformate, wie zum Beispiel das Arbeiten mit Formatvorlagen, die Indexerstellung oder Bildverknüpfungen, sodass es hier zu Kompatibilitätsproblemen kommen kann. Das klassische DOC-Format älterer Word-Versionen, das auch verschiedene andere Textverarbeitungsprogramme nutzen, wird von WordPad nicht mehr unterstützt.

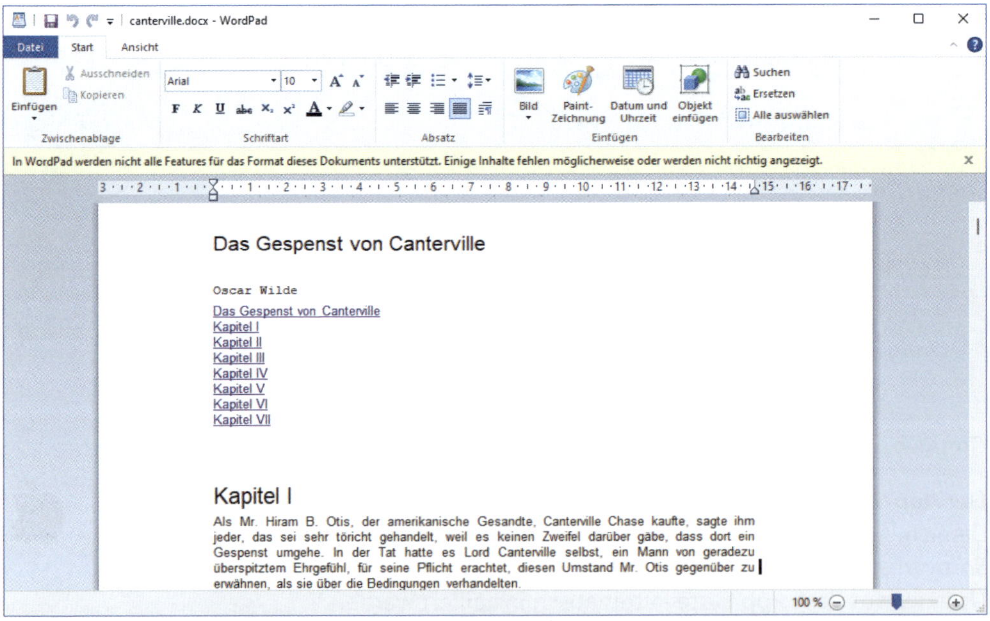

Die vorinstallierte Textverarbeitung WordPad in Windows 11

In macOS ist die Textverarbeitung ***Pages*** vorinstalliert, das den Funktionsumfang von WordPad deutlich übersteigt. In Pages gibt es eine eingebaute Tabellenkalkulation mit Grafikfunktionen, Kommentare und Inhaltsverzeichnisse, zudem ist der Export einer Datei als PDF oder als E-Book im EPUB-Format möglich. Neben dem eigenen *pages*-Format werden auch die Formate DOCX und RTF sowie reines Textformat unterstützt.

Die vorinstallierte Textverarbeitung Pages in macOS

4.2.1 Microsoft Office

Microsoft hat mit seiner kostenpflichtigen Textverarbeitung ***Word***, die seit vielen Jahren Bestandteil des Softwarepakets ***Microsoft Office*** – heute ***Microsoft 365*** – ist, einen Quasi-Standard gesetzt, obwohl es sich dabei um die teuerste Textverarbeitung für den allgemeinen Markt handelt. Nur Speziallösungen für bestimmte Branchen sind kostspieliger.

Nachdem das Word-Dateiformat DOC mittlerweile von fast allen konkurrierenden Textverarbeitungen genutzt wurde, führte Microsoft ein neues Format DOCX ein, das inzwischen aber auch von allen bekannteren Textverarbeitungen unterstützt wird. Im DOCX-Format sind die Dateinamen verknüpfter Bilder und anderer Dateien schwerer zu sehen und zu bearbeiten. Die Benutzeroberfläche von Word wird mit nahezu jeder neuen Version verändert, nennenswerte neue Funktionen gibt es schon länger nicht mehr.

Microsoft 365 enthält neben Word noch die Tabellenkalkulation **Excel**, das Präsentationsprogramm **PowerPoint** sowie geringfügig erweiterte Angebote in sonst kostenlosen Microsoft-Apps.

Microsoft bietet Microsoft 365 auch für macOS an, ebenfalls kostenpflichtig.

4.2.2 Kostenlose Alternative LibreOffice/OpenOffice

LibreOffice (de.libreoffice.org) ist wie sein Vorgänger ***OpenOffice*** (de.openoffice.org), der zwar noch angeboten, aber seit Jahren nicht mehr aktiv aktualisiert wird, ein freies Office-Paket für Windows, macOS und Linux.

LibreOffice enthält Programme zur Textverarbeitung, Tabellenkalkulation und Präsentation, die kompatibel mit den Dateiformaten von Microsoft sind. Zusätzlich enthält es ein Zeichenprogramm für Vektorgrafiken, eine Datenbank und einen komplexen Formeleditor, was Microsoft Office fehlt. Bei de.libreoffice.org/discover/templates-and-extensions finden Sie eine Vielzahl an Vorlagen und Erweiterungen, die eine zusätzliche Funktionalität bieten.

Laden Sie LibreOffice herunter und installieren Sie es. Dies funktioniert auf Windows und macOS gleichermaßen. Die Programmoberflächen sind auf beiden Betriebssystemen ebenfalls weitgehend gleich. Nur systemtypische Dialogfelder wie die Dateiauswahl sehen unterschiedlich aus.

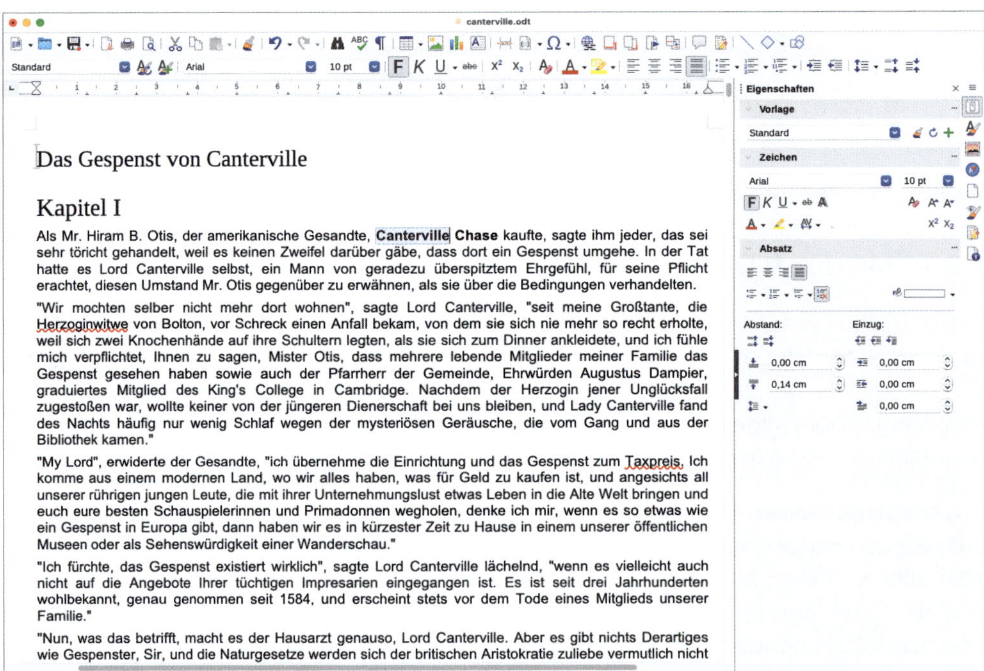

Die Textverarbeitung LibreOffice Writer auf macOS

Die Textverarbeitung in LibreOffice unterstützt alle gängigen Dokumentenformate wie DOC, DOCX sowie RTF, das Standardformat von LibreOffice ist das quelloffene ODT. Die Dokumente können gleichermaßen in Windows und macOS verwendet werden.

Legen Sie verknüpfte Bilder immer in demselben Ordner wie das Dokument ab. Dann kommt es nicht zu Problemen durch unterschiedliche Verzeichnisstrukturen der Betriebssysteme. LibreOffice schreibt die Dateipfade verknüpfter Dateien immer im Unix-Format *file:///.../...*, was beim Datenaustausch zwischen LibreOffice Writer und Microsoft Word, das das Windows-Format für Pfade \\...\... verwendet, immer wieder zu Problemen führt.

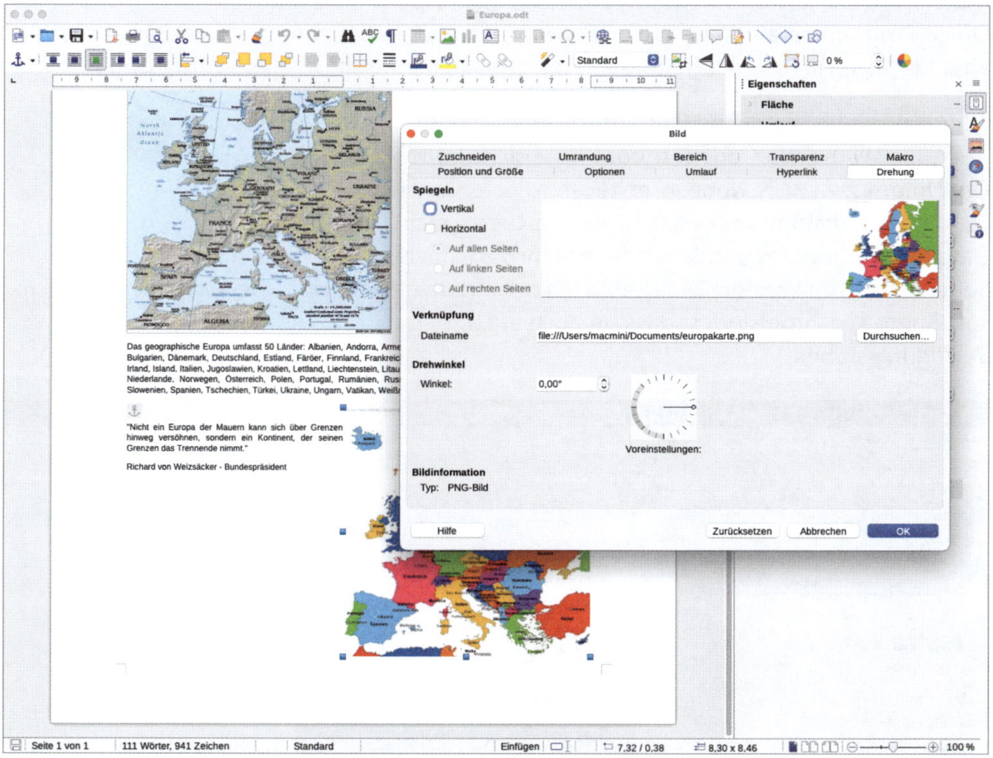

Dokument mit verknüpften Bildern in LibreOffice

Google Dokumente und Tabellen

Auch Google bietet eine Textverarbeitung und Tabellenkalkulation kostenlos an, die direkt im Browser und damit betriebssystemunabhängig laufen. Nähere Informationen dazu finden Sie in Kapitel 6 im Abschnitt 6.4.3 »Google Docs und Google Tabellen«.

4.3 Notizen

Für kurze Notizen braucht man keine Textverarbeitung. Hier kommt es eher darauf an, die Notizen leicht wiederzufinden.

4.3.1 Microsoft OneNote

OneNote, der Notizblock aus Microsoft Office, ist im Gegensatz zu Windows 10 in Windows 11 nicht mehr in einer App-Version standardmäßig vorinstalliert, sondern wird über die Office-App wie die anderen Office-Programme als Web-App im Browser unter onenote.com gestartet. OneNote wird aber weiterhin im Microsoft Store als App zum kostenlosen Download angeboten.

Microsoft bietet auch eine OneNote-App für macOS im App Store an. Auch die Webversion onenote.com lässt sich auf macOS nutzen. Mit OneNote lassen sich Notizen erstellen, die Texte wie auch grafische Elemente enthalten können. OneNote arbeitet nicht mit klassischen Dateien und Ordnern, sondern sehr intuitiv mit Notizbüchern, die mehrere Abschnitte und Seiten enthalten können. Die Notizbücher werden automatisch über OneDrive im Microsoft-Konto synchronisiert, sodass sie auch auf anderen Computern und Smartphones zur Verfügung stehen.

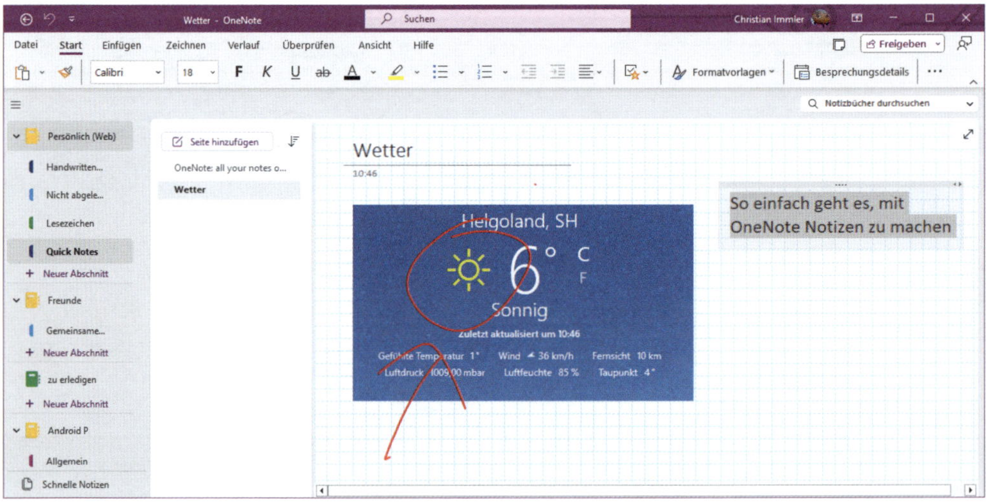

Notiz in OneNote für Windows

- Über die Symbole links unten legen Sie eine neue Seite im aktuellen Notizbuch oder einen neuen Notizbuchabschnitt an. Über die Liste links wechseln Sie zwischen Notizbüchern innerhalb des Microsoft-Kontos.
- Geben Sie jeder Seite einen eindeutigen Namen, um sie schnell wiederzufinden. Das Datum und die Uhrzeit, wann die Seite angelegt wurde, werden automatisch eingetra-

gen. Seiten und Abschnitte von Notizbüchern lassen sich einfach per Drag-and-drop verschieben.

- In der Symbolleiste des Menüs *Start* finden Sie Funktionen zur Textformatierung.
- Über das Menü *Einfügen* können Sie eine Tabelle oder eine Datei als Anhang, ein Bild oder einen Link auf eine Webseite einfügen. Nach dem Einfügen eines Bildes erscheinen Griffe an dessen Ecken und Kanten, mit deren Hilfe Sie das Bild vergrößern oder verkleinern können. Klicken Sie mitten in das Bild, können Sie es auf dem Bildschirm verschieben. Bilder und viele andere Dateiformate können auch per Drag-and-drop in eine Notiz eingefügt werden.
- Zum Malen oder handschriftlichen Schreiben auf dem Notizblock stehen in der Symbolleiste des Menüs *Zeichnen* verschiedene Stifte, Textmarker und Radierer zur Verfügung.
- Mit dem Auswahltool können Sie ein eingefügtes Bild später noch anklicken, um es zu skalieren oder zu verschieben. Gezeichnete Objekte lassen sich ebenfalls auf diese Weise anklicken und bewegen, oder Sie umfahren mit dem Auswahltool eine ganze Gruppe von Objekten, um sie auf einmal zu verschieben.
- Textbereiche können Sie direkt verschieben oder vergrößern. Ein Text innerhalb eines Textbereichs lässt sich jederzeit nachträglich bearbeiten. Mit den Werkzeugen des Menüs *Start* kann ein markierter Text formatiert werden.

Über *Einfügen/Datei* fügen Sie eine PDF-Datei auf einer Notizbuchseite ein. Anschließend können Sie Anmerkungen vornehmen und die so kommentierte Notiz speichern und weitergeben.

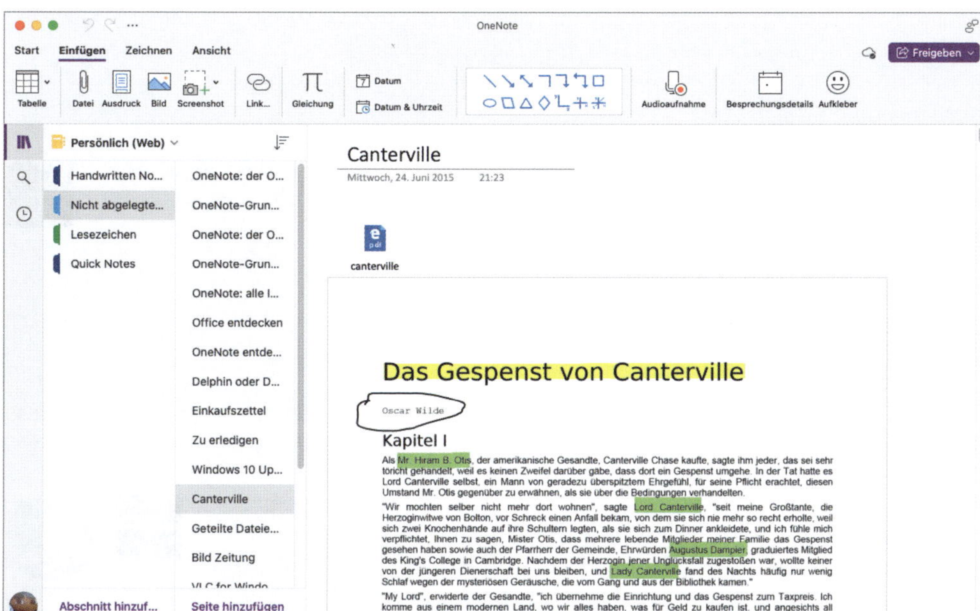

Anmerkungen in einem PDF-Dokument in OneNote für macOS

Das PDF-Dokument wird nicht als Textbereich in der Notiz angelegt, sondern als Hintergrund, der nicht verändert werden kann. Auch die Radierfunktion löscht nur die eigenen Anmerkungen, nicht aber das gedruckte Dokument. Allerdings werden die Anmerkungen nicht wie in bekannten Freeware-PDF-Betrachtern im PDF-Dokument, sondern nur in OneNote gespeichert.

4.3.2 Notizen in macOS

macOS liefert die App *Notizen* mit, mit der sich, ähnlich wie in OneNote Notizbücher und Notizen erstellen lassen. Diese werden über iCloud zwischen verschiedenen Macs, iPads und iPhones synchronisiert.

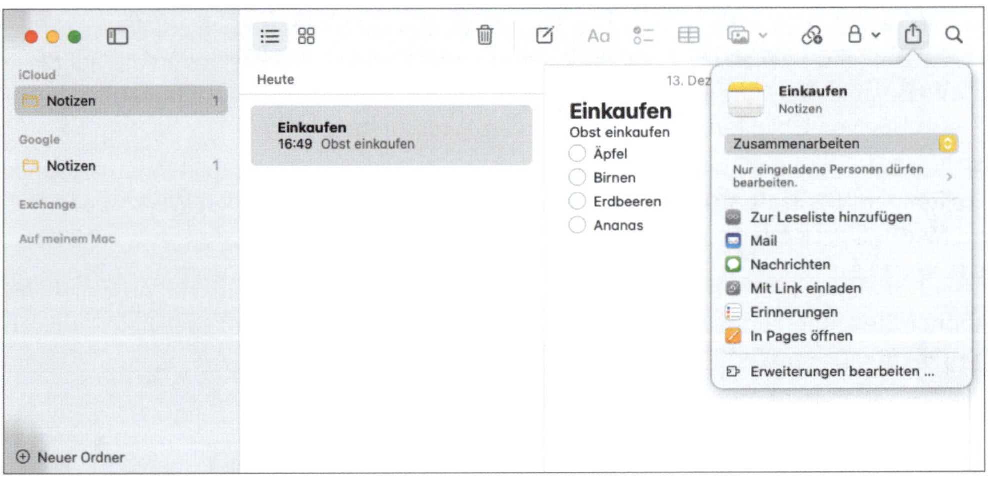

Die Notizen-App auf dem Mac

Möchten Sie unter Windows auf die Notizen zugreifen, nutzen Sie das iCloud-Portal unter www.icloud.com im Browser. Hier können Sie die Notizen bearbeiten und auch neue anlegen.

4.4 PDF-Betrachter

Das PDF hat sich als allgemeiner Standard für Dokumente so weit durchgesetzt, dass Windows 11 wie auch macOS Betrachter dafür bereits mitliefern.

Mit dem Edge-Browser lieferte Windows 10 erstmals einen eigenen Betrachter für PDF-Dateien mit. Nicht nur PDF-Dateien aus dem Internet, sondern auch lokal gespeicherte Dokumente im PDF-Format werden per Doppelklick aus dem Explorer im Edge-Browser angezeigt.

Der Edge-Browser war zwar seit der ersten Version als Standard-PDF-Betrachter eingetragen, viele Nutzer installierten aber trotzdem einen anderen PDF-Reader, da Edge wesentliche Funktionen fehlten. Die aktuelle Version in Windows 11 bringt Edge auf den technischen Stand der typischen Freeware-PDF-Betrachter. Zwei Seiten können nebeneinander angezeigt werden, falsch ausgerichtete Dokumente lassen sich drehen, und ein Inhaltsverzeichnis kann – sofern vorhanden – zur Navigation verwendet werden.

Außerdem können endlich Formularfelder ausgefüllt und Notizen im Dokument angebracht werden. Für die meisten Anwendungsfälle ist in Windows 11 kein zusätzlicher PDF-Betrachter mehr nötig.

Über die Symbolleiste am oberen Bildschirmrand kann die Darstellung auf zwei Seiten umgeschaltet, das Dokument gezoomt, gedreht und ausgedruckt werden. Oben links springen Sie zu einer bestimmten Seite oder suchen ein Wort im Dokument.

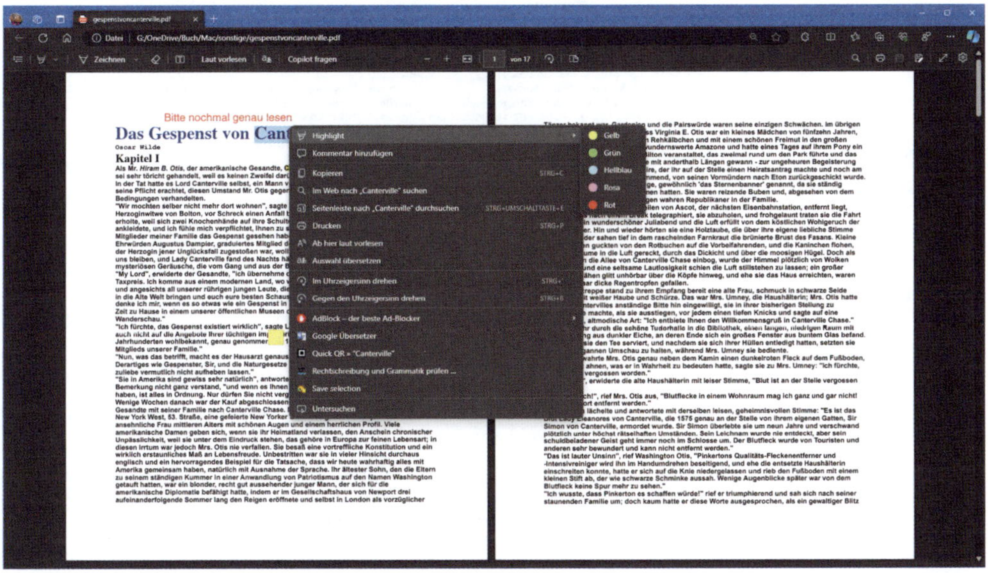

Der PDF-Betrachter im Edge-Browser

Markieren Sie einen Textabschnitt und klicken Sie mit der rechten Maustaste darauf, um diesen zu kopieren, hervorzuheben oder einen Kommentar einzufügen.

Sollten Sie auf macOS den Edge-Browser installiert haben, können Sie diesen auch als PDF-Betrachter nutzen. macOS liefert aber standardmäßig die App *Vorschau* mit, die beim Doppelklick auf verschiedene Dokumenttypen geöffnet wird.

Bei PDF-Dokumenten bietet diese App vielfältige Kommentier- und Bearbeitungsfunktionen an. Neben den typischen Hervorhebungen in verschiedenen Farben können Sie auch Notizen, Textfelder und freie Formen einfügen, die mit dem PDF-Dokument gespeichert und auch von anderen Betrachtern angezeigt werden.

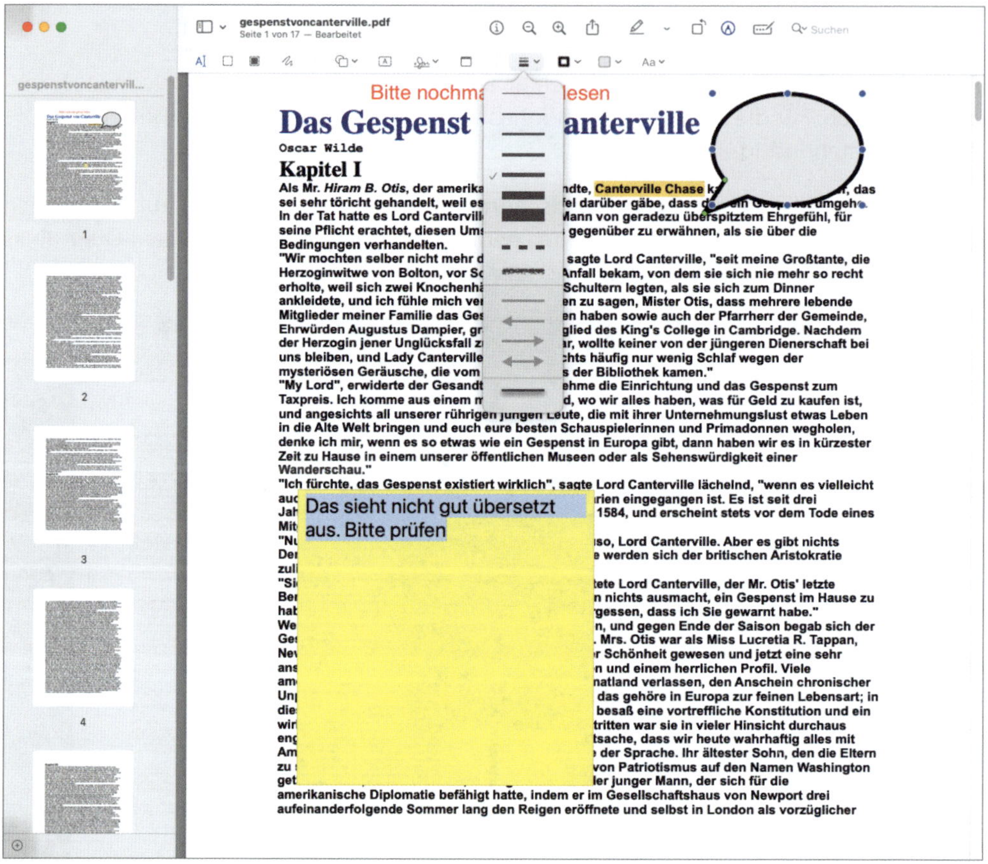

PDF-Dokument in der Vorschau-App von macOS

Der Freeware-PDF-Betrachter ***Foxit PDF Reader*** wird mit gleicher Funktionalität für Windows und macOS unter www.foxit.com/de/pdf-reader zum Download angeboten.

Dieser Betrachter bietet noch mehr Funktionen zum Kommentieren und Signieren von Dokumenten sowie verschiedene Ansichts- und Suchoptionen, um in umfangreichen Dokumenten wie etwa Büchern passende Stellen leichter zu finden und zu markieren.

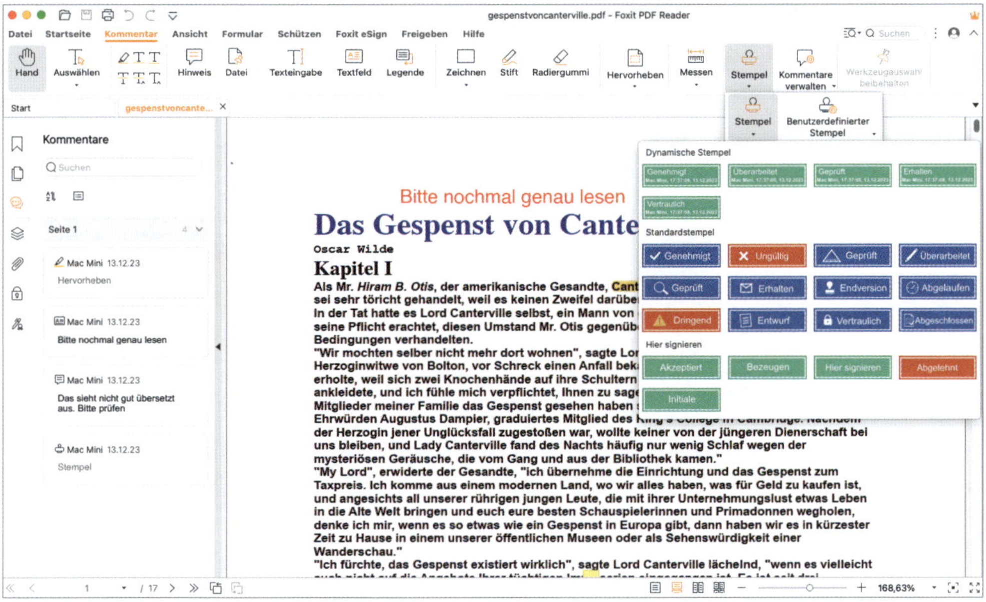

Foxit Reader für macOS

4.5 Bildbetrachter

Windows und auch macOS haben Bildbetrachter vorinstalliert, um auf dem Computer oder auch in synchronisierten Cloud-Speicher-Ordnern gespeicherte Bilder zu betrachten.

4.5.1 Windows-Fotoanzeige

Die ***Windows-Fotoanzeige*** in Windows 11 bietet eine Übersicht über alle auf dem PC gespeicherten Fotos sowie auf Fotos auf ***OneDrive*** und ***iCloud***, wenn die Software ***iCloud für Windows*** installiert ist.

Fotos in allen gängigen und auch exotischen Dateiformaten lassen sich in der App sortieren, filtern und auch teilen.

Beim Doppelklick auf ein Foto öffnet es sich in Großansicht. Hier können Sie das Bild zuschneiden, drehen, Anmerkungen einfügen oder Farbfilter über das Bild legen, um es zu verschönern oder bestimmte Effekte zu erzielen.

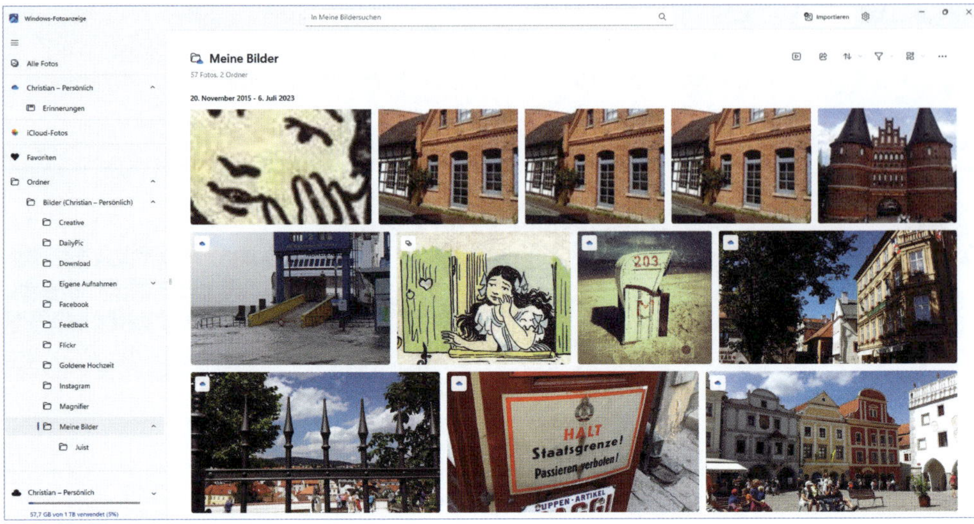

Bilderübersicht in der Windows-Fotoanzeige

Foto in der Windows-Fotoanzeige betrachten und bearbeiten

In den *Einstellungen* unter *Apps/Standard-Apps/Windows-Fotoanzeige* legen Sie fest, welche der unterstützten Dateitypen mit der Windows-Fotoanzeige standardmäßig geöffnet werden und welche bei einem Doppelklick von anderen installierten Programmen geöffnet werden.

4.5.2 Die Fotos-App von macOS

Die auf macOS vorinstallierte Fotos-App zeigt die auf dem Mac und auf iCloud gespeicherten Fotos. Die Fotos werden nicht nach Ordnern sortiert, die Fotos-App bietet aber die Möglichkeit, Alben anzulegen, unabhängig von der tatsächlichen Ordnerstruktur.

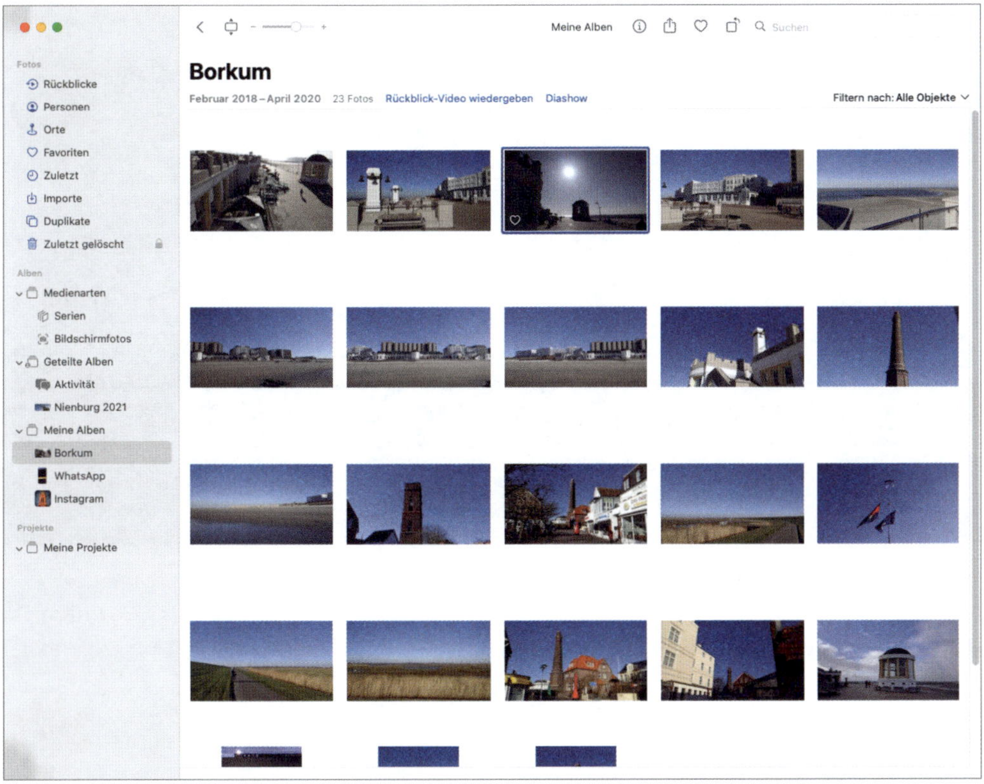

Bilderübersicht in der Fotos-App von macOS

Beim Doppelklick auf ein Foto in der Fotos-App öffnet es sich auch hier in der Großansicht. Hier können Sie das Bild zuschneiden, retuschieren, mit der Farbkorrektur optimieren oder diverse Filter über das Foto legen. Die Fotos-App bietet deutlich mehr Möglichkeiten, die Fotos zu optimieren, als die vorinstallierte App auf Windows 11.

Ein Doppelklick auf ein Foto im ***Finder*** öffnet dieses in der App *Vorschau*. Hier haben Sie nur einfache Kommentarfunktionen, aber keine Möglichkeiten zur Bearbeitung des Fotos.

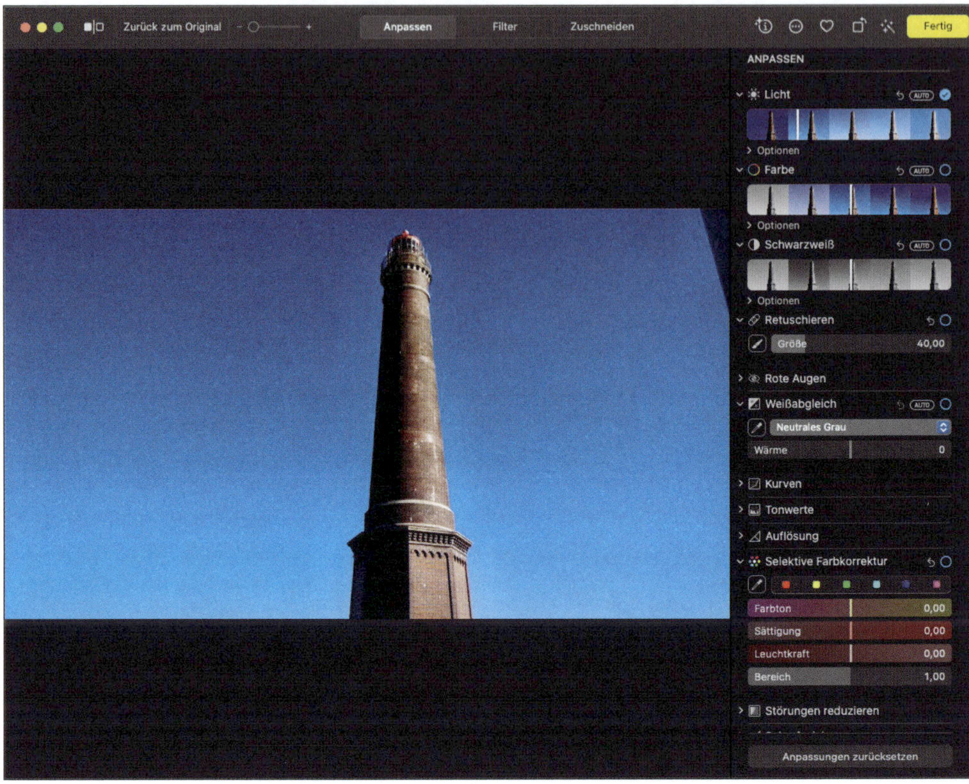

Foto in der Fotos-App von macOS betrachten und bearbeiten

4.5.3 Kostenlose Alternative XnView MP

XnView MP (www.xnview.com) ist ein kostenloser Bildbetrachter und eine Bilderverwaltung für Windows und macOS. Auf beiden Betriebssystemen sieht die Benutzeroberfläche nahezu gleich aus.

Das Programm bietet vielfältige Möglichkeiten zur Bilderverwaltung mit Favoritenordnern, Stichwörtern, Kategorien und Bewertungssternen. Fotos können in großer Anzahl auf einmal konvertiert oder umbenannt werden. ***XnView MP*** zeigt EXIF-Daten zu den Bildern und Geokoordinaten. Sind diese fehlerhaft, was besonders bei Smartphone-Fotos immer wieder vorkommt, lassen sie sich auch direkt ändern.

Beim Doppelklick auf ein Foto öffnet es sich in einem neuen Tab in der Großansicht. Hier bietet das Menü vielfältige Möglichkeiten zur Bearbeitung wie Zuschneiden, Farbkorrekturen und Effektfilter.

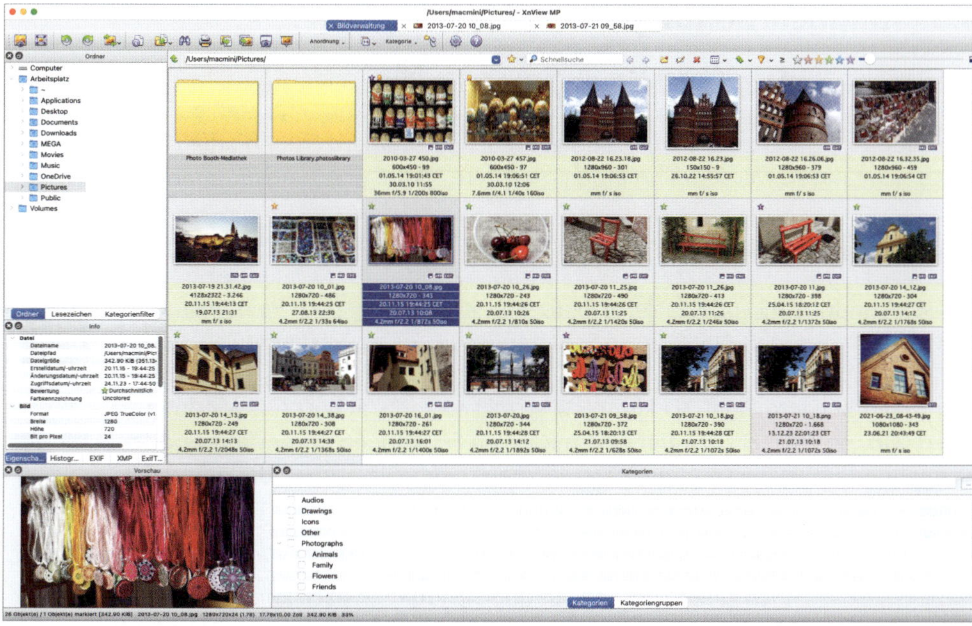

Die Bilderverwaltung XnView MP auf macOS

Farbkorrekturen in der Großansicht eines Fotos in XnView MP

4.6 Bildbearbeitung

Bilder wollen auf dem PC oder Mac nicht nur betrachtet, sondern auch bearbeitet werden. Die meisten Bildbetrachter bieten Funktionen zur Farbkorrektur und zum Zuschneiden von Bildern. Geht es aber darum, Bildelemente zusammenzufügen oder direkt selbst gestalterisch tätig zu werden, sind umfangreichere Bildbearbeitungsprogramme nötig.

4.6.1 Paint in Windows 11

Das seit Windows 95 vorinstallierte Bildbearbeitungsprogramm ***Paint*** fristet bei den meisten Windows-Nutzern ein Schattendasein, da es sich lange Zeit nur für einfachste Aufgaben eignete. Zeitweilig sollte es sogar durch das gleichermaßen wenig beliebte Paint 3D komplett ersetzt werden. Schon seit Windows 8 liefert Microsoft mit ***Fresh Paint*** eine mit vielen Funktionen ausgestattete, aber weitgehend unbekannte Alternative. Jetzt auf einmal lässt man das alte ***Paint*** aufleben und bereichert es mit neuen KI-Funktionen.

Der *Cocreator* generiert aus einzelnen Begriffen oder ganzen Sätzen selbstständig Bilder. Wählen Sie dazu noch einen Kunststil aus und Sie erhalten nach kurzer Zeit drei Vorschläge. Auch hier arbeitet im Hintergrund, wie zu erwarten, die KI DALL-E von OpenAI, deren Name aus dem Roboter Wall-E und dem spanischen Maler Salvador Dalí kombiniert wurde.

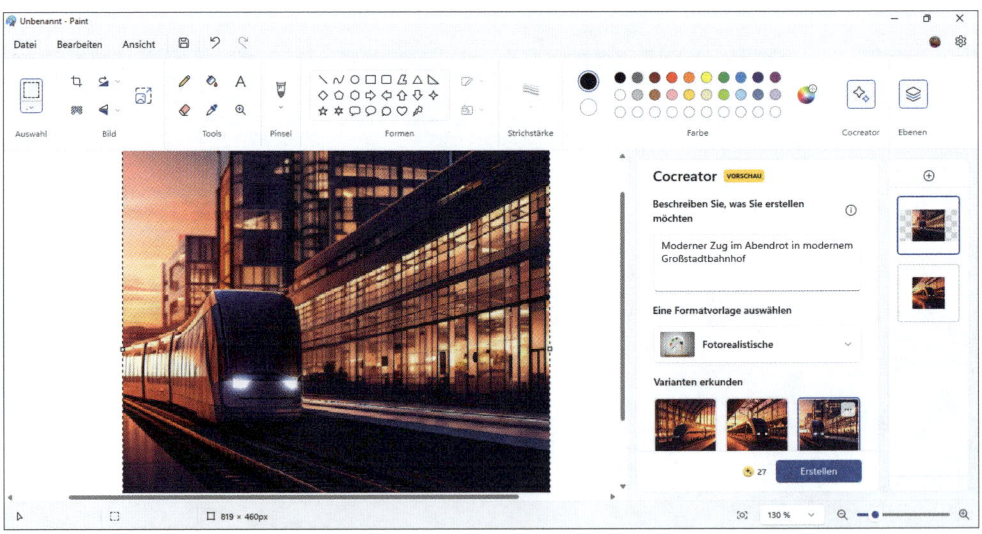

Das neue Paint mit KI-Cocreator in Windows 11

Zusätzlich enthält das neue Paint erweiterte Malwerkzeuge, eine neue Farbpalette für die Zeichenstifte sowie die Möglichkeit, mit Ebenen zu arbeiten, was sonst nur Profiprogramme für die Bildbearbeitung bieten.

Obwohl Macs immer gern im Zusammenhang mit Bildbearbeitung genannt werden, hat macOS kein Programm zur Bildbearbeitung vorinstalliert. Viele Mac-Anwender nutzen die kostenpflichtigen Programme von Adobe wie Photoshop und Lightroom. Es gibt aber auch kostenlose Software, die teilweise sogar in zwei Varianten, für Windows und für macOS, angeboten wird.

4.6.2 GIMP

Das **G**NU **I**mage **M**anipulation **P**rogram *GIMP* ist eines der besten Bildbearbeitungsprogramme auf dem Open-Source-Markt mit zahlreichen Funktionen und einer Plug-in-Schnittstelle für zusätzliche Effekte. Das Programm ist bei www.gimp.org für Windows und für macOS verfügbar und kann in Windows 11 auch über den Microsoft Store installiert werden.

Die Oberfläche von GIMP wurde gegenüber früheren Versionen deutlich überarbeitet und ähnelt jetzt eher den bekannten Bildbearbeitungsprogrammen aus der Windows-Welt. Die Windows- und die macOS-Version verwenden bis auf Kleinigkeiten wie den Druckdialog und Ähnliches genau die gleiche Benutzeroberfläche, sodass der Wechsel zwischen den Betriebssystemen leichtfällt.

Die Bildbearbeitung GIMP auf macOS

Über das Menü *Datei* können Sie eine Bilddatei öffnen, einscannen oder einen Screenshot machen. Das Bild öffnet sich im Hauptfenster. Über die Vorschaubilder ganz oben wechseln Sie zwischen allen geöffneten Bildern.

Große Bilder in der Originalauflösung der Kamera lassen sich meist nicht komplett im Fenster auf dem Bildschirm anzeigen. In diesem Fall wird das Bild verkleinert dargestellt. Im Listenfeld unten links kann ein anderer Zoom-Maßstab festgelegt werden.

Ein Klick auf das Pfeilsymbol unten rechts in der Ecke zwischen den Bildlaufleisten blendet ein Übersichtsfenster ein, in dem der aktuell dargestellte Ausschnitt verschoben werden kann.

GIMP verwendet ein eigenes natives Bildformat, das eine Layer-Technik mit transparenten, übereinander angeordneten Bildebenen unterstützt. Möchten Sie ein Bild also später mit allen Layern weiterbearbeiten, sollten Sie es im GIMP-XCF-Format speichern. Zum Import und zum Speichern fertiger Bilder unterstützt GIMP alle gängigen Bildformate wie GIF, JPEG, PNG, TIF und viele andere. Auch die Spezialformate PSD (Adobe Photoshop) und PSP (Paint Shop Pro) können bearbeitet werden. Verwenden Sie dazu den Menüpunkt *Datei/Exportieren als ...*

Alle Funktionen des Programms GIMP vorzustellen, würde ein ganzes Buch füllen. Wir geben Ihnen in diesem Kapitel deshalb nur einen kurzen Überblick.

Werkzeuge

Die wichtigen Funktionen finden Sie in der Haupt-Werkzeugpalette am linken Fensterrand. Hier ist immer ein Werkzeugsymbol aktiv. Dieses kann mit der Maus direkt im Bild angewendet werden. Der untere Teil der Palette zeigt detaillierte Einstellungen zum gerade aktiven Werkzeug. Der Inhalt dieser Palette ändert sich, wenn ein anderes Werkzeug gewählt wird.

Auswahlwerkzeuge

Mit den Auswahlwerkzeugen wählen Sie unterschiedlich geformte Bildbereiche aus. Weitere Aktionen gelten dann nur für den ausgewählten Bereich. Bei den meisten Auswahlwerkzeugen kann die Auswahl mit der Taste [⇧] um weitere Bereiche ergänzt werden. Mit [Strg] (Windows) bzw. [command] (macOS) lassen sich Bereiche aus der Auswahl entfernen. Die Taste [Esc] entfernt die Auswahl.

Malwerkzeuge

In GIMP stehen verschiedene Pinsel, Stifte und Sprühdosen zur Verfügung, mit denen Sie das Bild bearbeiten können. Die Pinselpalette am rechten Fensterrand bietet die Möglichkeit, die aktuelle Pinselform zu verändern. Der Pinsel malt immer mit der aktuellen Farbe oder dem aktuellen Füllmuster.

Die beiden großen Farbfelder in der Werkzeugpalette bezeichnen die Vordergrund- und die Hintergrundfarbe. Ein Klick darauf öffnet ein Dialogfeld, in dem diese Farben eingestellt werden können. Hier stehen verschiedene Verfahren zur Farbauswahl zur Verfügung.

Das Menü

Viele Funktionen von GIMP sind über die Menüleiste erreichbar, die meisten Effekte und Funktionen finden Sie auch in einem Kontextmenü, das mit einem Rechtsklick auf das Bild eingeblendet wird. Dieses Menü enthält alle Funktionen zur Steuerung von GIMP,

Farbmodifikationen und jede Menge Effekte und Filter, die auf das Bild oder die aktuelle Auswahl angewendet werden können.

Durch weitere Plug-ins und Skripte kann die Funktionsvielfalt von GIMP noch erweitert werden. Mit dem Zusatztool **Script-Fu** kann jeder eigene GIMP-Funktionen mit der Programmiersprache Scheme, einer Abart von Lisp, schreiben.

4.6.3 Krita

Krita ist ein weiteres Open-Source-Grafikprogramm mit professionellem Anspruch, das sowohl für Windows als auch für macOS angeboten wird. Trotz der vielfältigen Möglichkeiten bleibt die Benutzeroberfläche, die sich an typische Malprogramme anlehnt, übersichtlich und auf beiden Betriebssystemen fast gleich.

Die Funktionen sind in andockbaren Dialogfeldern angeordnet, die beliebig ein- und ausgeschaltet und auch frei angeordnet werden können. Krita bietet für wichtige Aufgaben vorgefertigte Bildschirm-Layouts an, sogenannte Arbeitsbereiche. Zudem kann man eigene Oberflächen speichern.

Praktisch und hilfreich sind die verschiedenen Ansichtsfenster, die Teile des gleichen Bildes zeigen, was für die Detailarbeit am Bild sehr wichtig ist.

Verschiedene Ansichten eines Bildes in Krita auf Windows

In professionellen Malprogrammen sind Bilder aus mehreren Ebenen aufgebaut, die unterschiedliche Bildelemente vor- oder hintereinander legen oder auch überblenden. Da diese Ebenen wie auch Auswahlmasken und andere nicht sichtbare Elemente im

JPEG-Format verloren gehen, speichern Sie bearbeitete Bilder in einem eigenen KRA-Format und exportieren am Ende eine Kopie als JPEG. Zusätzlich werden auch alle bekannten Bildformate zum Import und Export unterstützt, auch neuere wie HEIF oder WebP.

Die automatischen Korrekturen bringen nicht immer das gewünschte Ergebnis. Das Menü *Filter* bietet Profi-Funktionen zur manuellen Feinjustierung von Fotos. Hier finden Sie die aus anderen Bildbearbeitungen bekannten Regler für Helligkeit, Kontrast, Farbtemperatur, Tönung und Ähnliche. Über die Farbanpassungskurven justieren Sie Farbverfälschungen der Kamera oder korrigieren auch schlechtes Wetter. Zum Malen eigener Bilder oder auch nur für Markierungen in Fotos liefert Krita eine Vielzahl an Malpinseln.

Die wichtigsten Werkzeuge lassen sich auf einer intuitiv bedienbaren Palette per Rechtsklick im Bild einblenden.

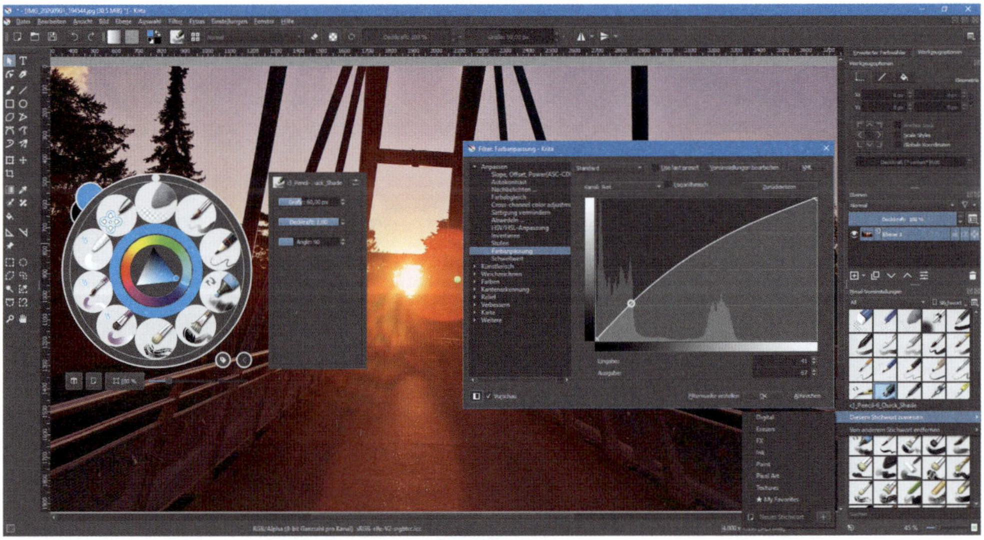

Farbanpassungen in Krita auf Windows

Vektoren für Logos und technische Dokumentation

Bei Logos, technischen Schemagrafiken sowie grafischen Elementen für Apps oder Benutzeroberflächen werden Vektorgrafiken genutzt, die sich im Gegensatz zu Rastergrafiken verlustfrei skalieren und auch in Einzelelemente zerlegen lassen. Vektorelemente können verschoben, gedreht, ausgerichtet und nach vorne oder hinten verschoben werden, um sich gegenseitig zu verdecken.

Krita enthält Werkzeugpaletten zur Bearbeitung von Vektoren, die auf speziellen Vektorebenen oder im SVG-Format abgelegt werden.

In KRA-Dateien können Vektor- und Rastergrafikebenen kombiniert werden. Einzelne Vektorebenen lassen sich wieder als SVG exportieren, beim Speichern des ganzen Bildes werden die Vektoren zu Rasterbildern gerendert.

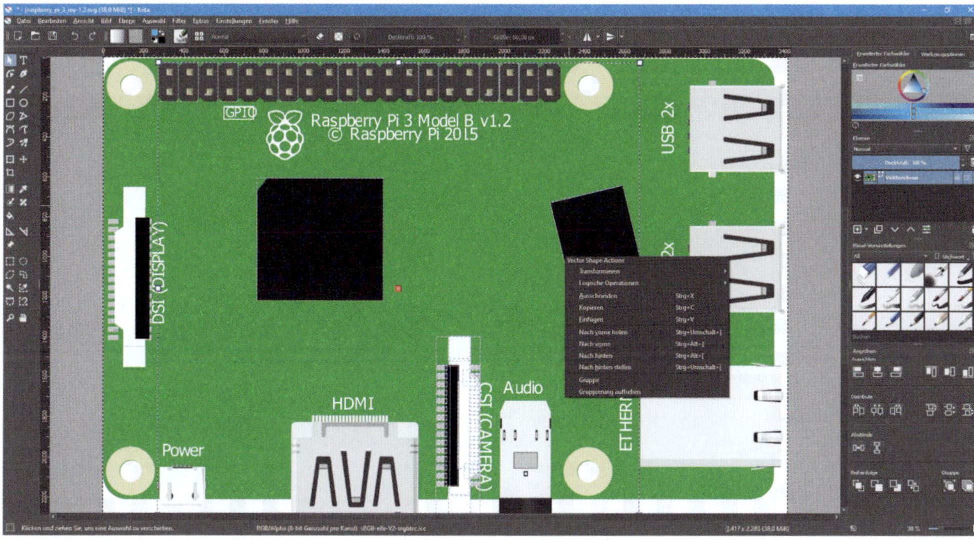

Vektorgrafik in Krita auf Windows

4.7 Video und Musik

Windows wie auch macOS haben vorinstallierte Player für Videos und Musik in unterschiedlichen Formaten.

4.7.1 Windows-Medienwiedergabe

Die neue *Medienwiedergabe* in Windows 11 ersetzt den ehemaligen Windows Media Player, der versteckt immer noch mitgeliefert wird, und den Groove-Musik-Player, mit dem Microsoft seinerzeit einen eigenen Musikshop bewerben wollte.

Die Bedienungsoberfläche ist verglichen mit anderen Mediaplayern simpel, das Programm unterstützt alle aktuellen Musik- und Videoformate, auch das ältere AVI-Format von Windows und das MOV-Format, das auf macOS weitverbreitet ist.

4.7.2 Windows Media Player Legacy

Der klassische Windows Media Player früherer Windows-Versionen wird in Windows 11 unter dem Namen ***Windows Media Player Legacy*** weiterhin mitgeliefert. Sie finden ihn jetzt unter den Windows-Tools im Startmenü.

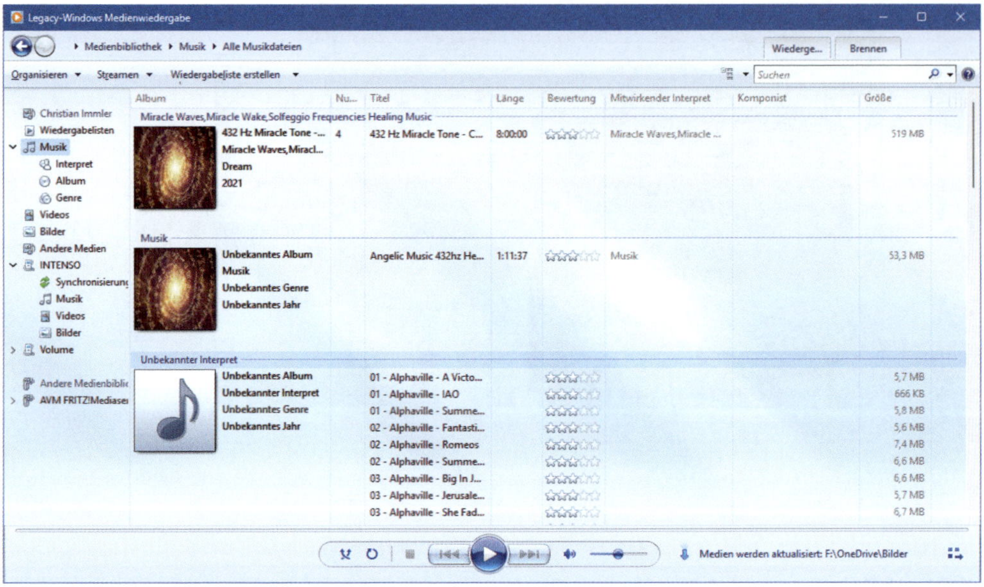

Musik im klassischen Windows Media Player Legacy auch auf Windows 11

Auf einigen Windows-11-Installationen ist der Windows Media Player Legacy nicht verfügbar. So können Sie ihn nachinstallieren:

1. Klicken Sie in den *Einstellungen* unter *System/Optionale Features* ganz oben auf *Features anzeigen*.
2. Suchen Sie im nächsten Fenster den *Windows Media Player Legacy* in der Liste, setzen Sie das Häkchen, klicken Sie auf *Weiter* und danach auf *Installieren*.

4.7.3 QuickTime Player

Auf macOS ist der ***QuickTime Player*** als Videoplayer vorinstalliert. Dieser unterstützt alle gängigen Videoformate – schon lange nicht mehr nur das von QuickTime ursprünglich erfundene MOV-Format.

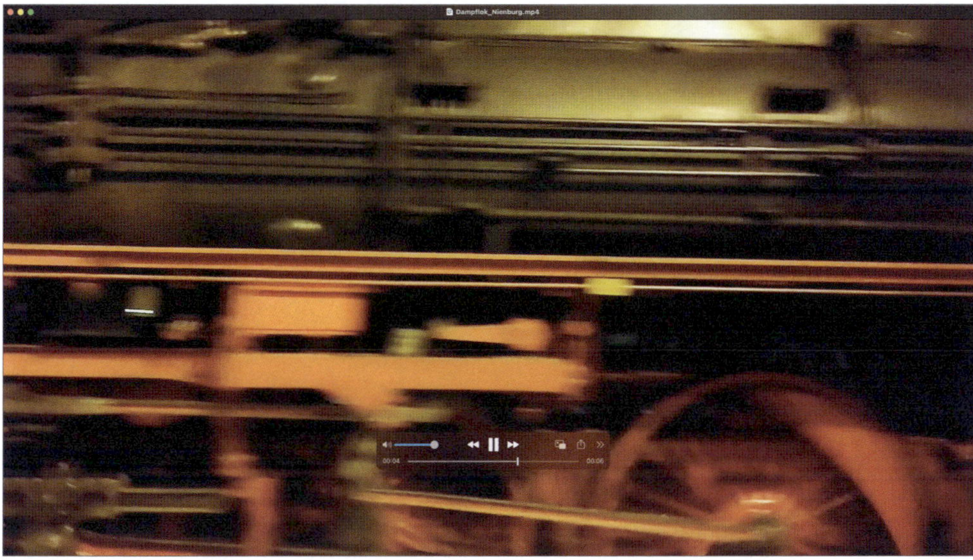

QuickTime Player auf macOS

> **QuickTime Player für Windows**
> Bis zum Jahr 2016 wurde der QuickTime Player auch für Windows angeboten. Nachdem die Abteilung für Computersicherheit (US-CERT) des US-Heimatschutzministeriums Nutzern geraten hatte, QuickTime für Windows wegen gravierender Sicherheitslücken möglichst rasch von ihrem Computer zu deinstallieren, stellte Apple kurz darauf das Programm ein.

4.7.4 Apple Music

Zum Abspielen von Musik auf dem Mac verwendet macOS die App *Apple Music*, die eng an den gleichnamigen kostenpflichtigen Musikdienst von Apple gebunden ist und immer wieder Werbung für dessen Angebote zeigt. Lokal gespeicherte Musik kann ohne Einschränkungen kostenlos angehört werden.

Das Programm bietet neben den kostenpflichtigen Streaming-Angeboten und dem iTunes Store auch kostenlos nutzbare öffentliche Webradiosender. Damit können Sie auf dem Mac neben der Arbeit Radio hören.

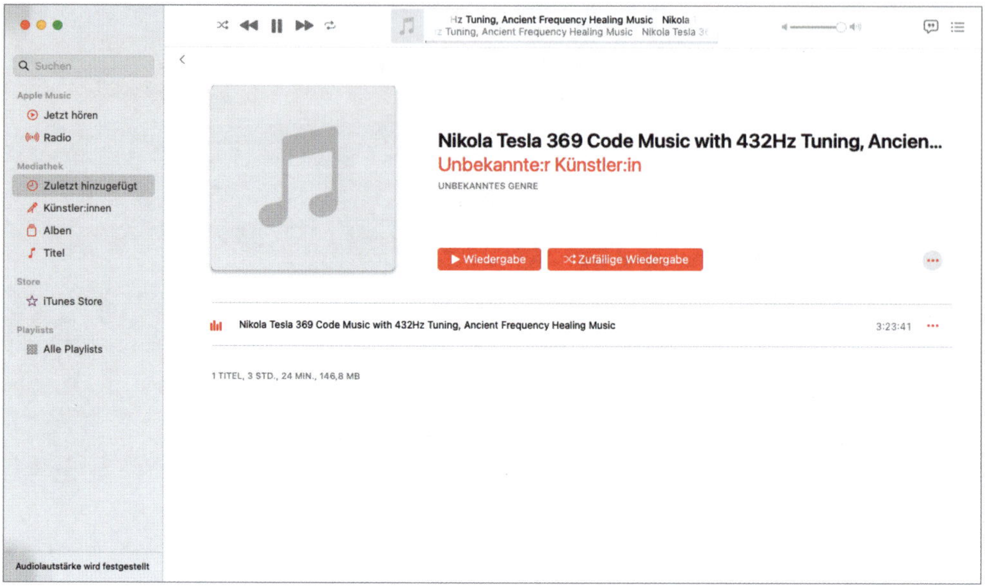

Apple Music spielt lokal gespeicherte Musik auf dem Mac

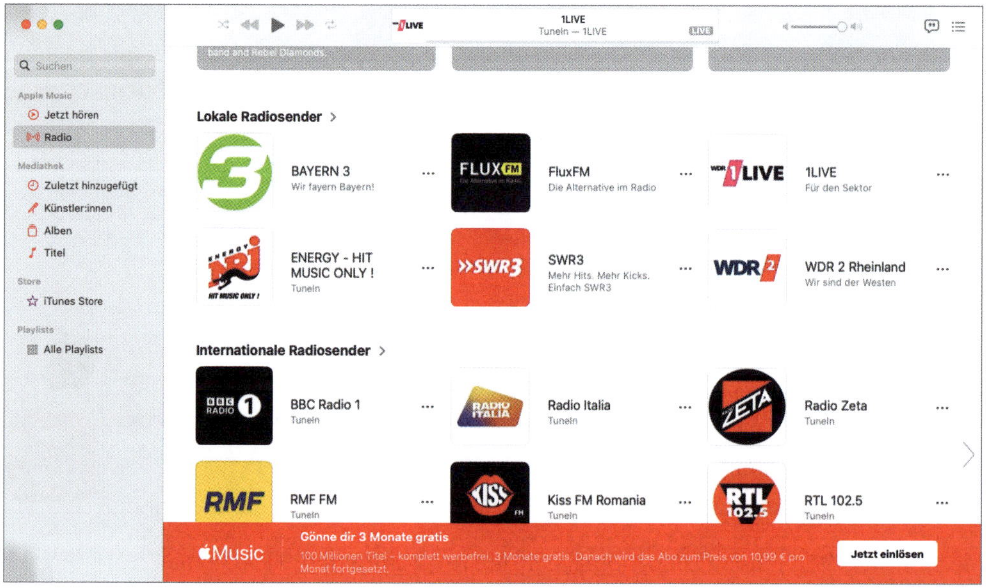

Radiosender in Apple Music

4.7.5 Kostenlose Alternative VLC media player

Die Freeware ***VLC media player*** war schon in früheren Windows-Versionen dafür bekannt, nahezu jedes Video- oder Audioformat abspielen zu können, unabhängig von installierten Codes. Das Programm wird unter www.videolan.org kostenlos zum Download für Windows und macOS angeboten.

Der ***VLC media player*** kann nicht nur lokale Videos abspielen, sondern auch Videos von DLNA-Servern im lokalen Netzwerk streamen, Videos aufzeichnen, mit Untertiteln versehen oder in andere Formate konvertieren.

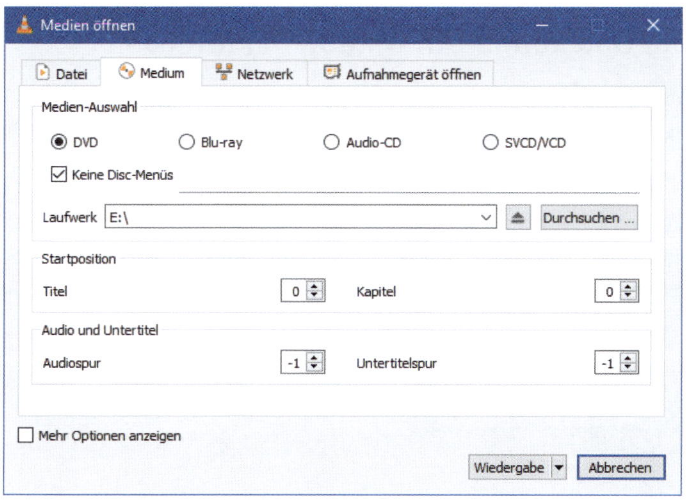

Der VLC media player auf Windows

DVDs unter Windows 11 abspielen

Windows 11 bietet von sich aus keine Möglichkeit, DVDs, SVCDs oder andere Videodatenträger abzuspielen. Da auch das früher hierfür verwendete Windows Media Center nicht mehr nachinstalliert werden kann, wird ein externes Programm benötigt. Manche PC-Hersteller liefern die sonst kostenpflichtige App *Windows DVD Player* oder ein Programm eines Drittherstellers wie zum Beispiel PowerDVD mit.

Ist der ***VLC media player*** installiert, erscheint er automatisch im Auswahlfeld *Automatische Wiedergabe* beim Einlegen einer DVD. Diese kann dann mit dem VLC media player abgespielt werden. Alternativ können Sie auch über den Menüpunkt *Medien/Medium öffnen* die DVD auswählen und abspielen.

Der ***VLC media player*** ist für Windows 11 als App im Microsoft Store verfügbar – verwenden Sie diese App jedoch nicht! Zum Abspielen von DVDs kann nur die klassische Version des VLC media player von www.videolan.org genutzt werden.

4.8 Standard-Apps festlegen

Windows und auch macOS bieten grundsätzlich zwei Möglichkeiten, eine Datei zu öffnen. Entweder starten Sie ein Programm und öffnen dann über das Menü *Datei/Öffnen* oder einen entsprechenden Button die Datei, oder aber Sie klicken doppelt auf die Datei im ***Explorer*** bzw. ***Finder***. Daraufhin wird die Datei mit einem passenden Programm geöffnet.

Diese sogenannte Standard-App ist vom System festgelegt, kann aber vom Benutzer geändert werden, wenn Sie einen Dateityp lieber mit einem anderen Programm öffnen möchten.

4.8.1 Standard-Apps für Dateiformate in Windows 11 festlegen

In den *Einstellungen* unter *Apps/Standard-Apps* legen Sie fest, welche Dateitypen beim Doppelklick im ***Explorer*** standardmäßig mit welchem Programm geöffnet werden.

Geben Sie oben im Suchfeld eine Dateiendung ein, werden passende Dateitypen gesucht. Mit einem Klick darauf erscheint ein Dialogfeld, in dem Sie aus einer Liste möglicher Apps die Standard-App für diesen Dateityp bestimmen können.

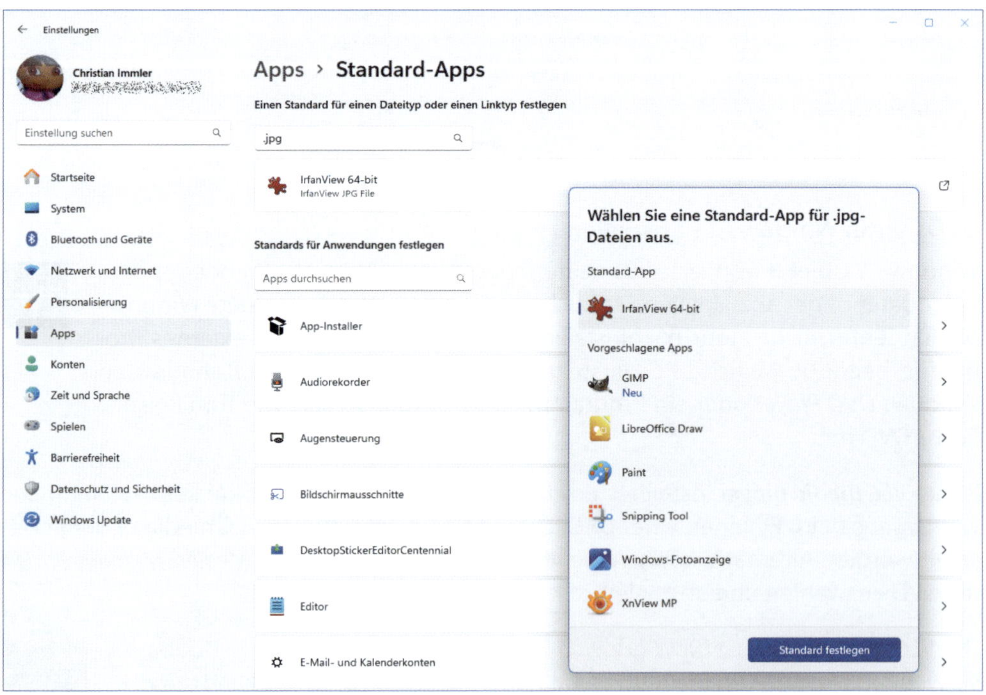

Standard-App für einen Dateityp in Windows 11 festlegen

Umgekehrt klicken Sie in der Liste der installierten Programme weiter unten auf dem Bildschirm auf eine App. Jetzt werden alle Dateitypen angezeigt, die mit dieser App geöffnet werden können. Hier können Sie für jeden Dateityp eine beliebige andere App auswählen.

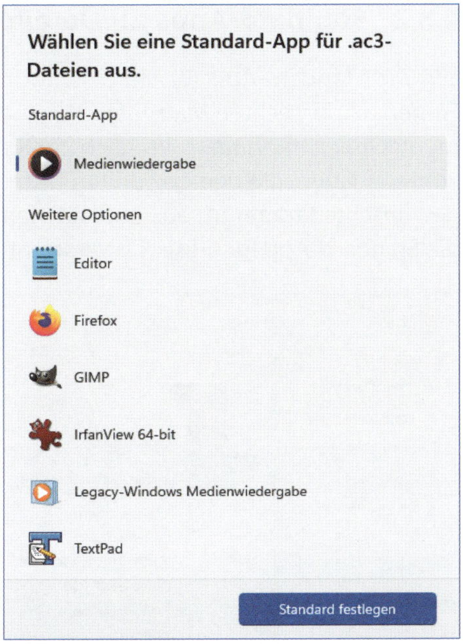

Für einen Dateityp die gewünschte Standard-App auswählen

Alternativ können Sie auch im ***Explorer*** mit der rechten Maustaste auf eine Datei klicken und im Kontextmenü *Öffnen mit/Andere App auswählen* wählen. Klicken Sie auf *Immer*, wird die Standard-App für dieses Dateiformat neu festgelegt. Beim Klick auf *Nur einmal* wird die Datei nur dieses eine Mal mit dem anderen Programm geöffnet. Die Standard-App bleibt unverändert.

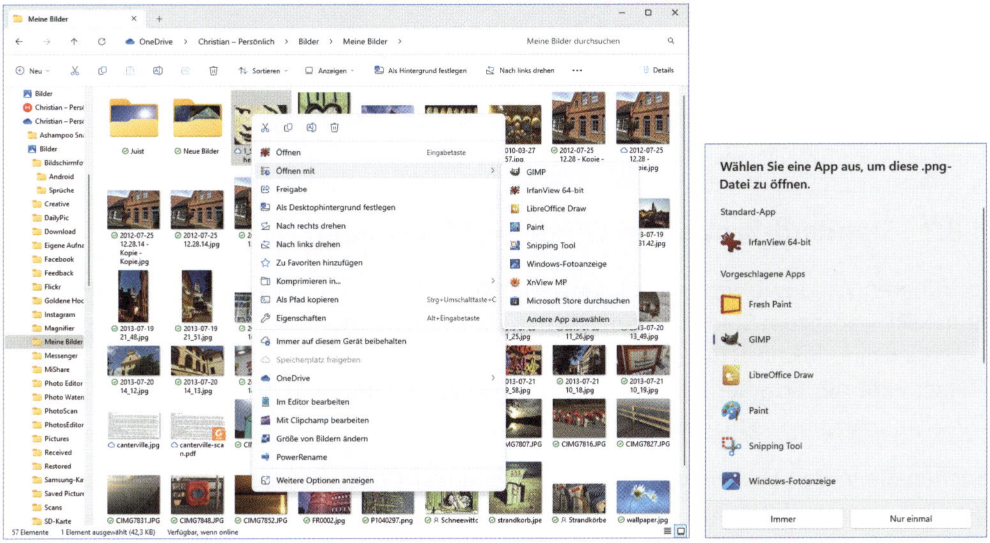

Standard-App über das Kontextmenü »Öffnen mit« festlegen

4.8.2 Standard-Apps für Dateiformate in macOS festlegen

Um die Standard-App für ein Dateiformat festzulegen, klicken Sie im *Finder* mit der rechten Maustaste auf eine Datei und wählen im Kontextmenü *Öffnen mit/Andere*. Im nächsten Fenster werden nur Programme vorgeschlagen, die den gewählten Dateityp auch wirklich öffnen können. Wählen Sie das gewünschte Programm aus und aktivieren Sie den Schalter *Immer öffnen mit*. Damit wird die Standard-App für dieses Dateiformat neu festgelegt.

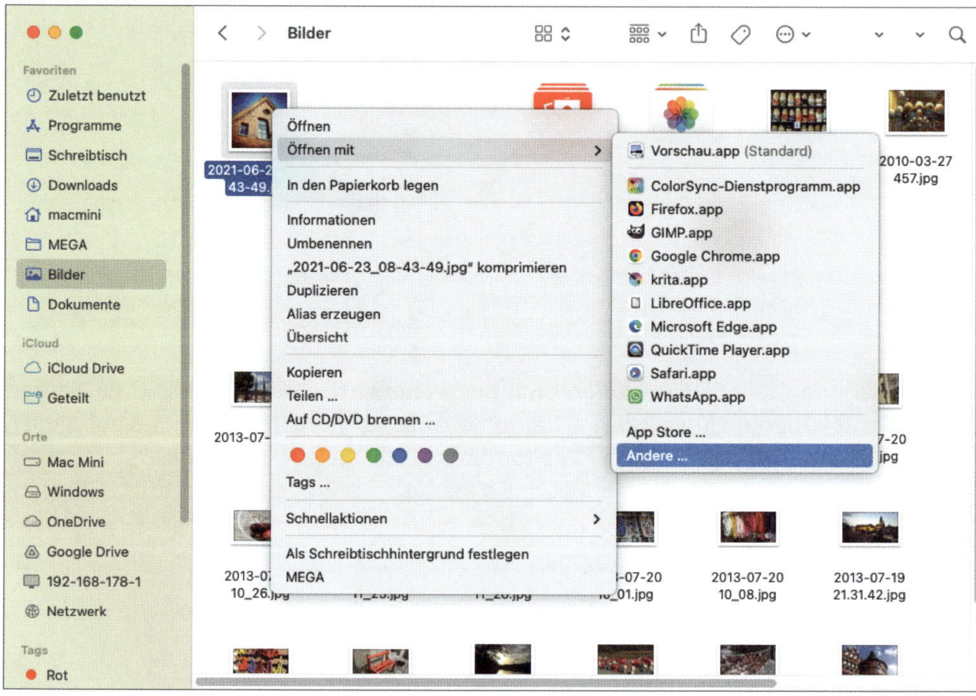

Standard-App für ein Dateiformat in macOS festlegen

4.8.3 Standard-Browser in Windows 11 festlegen

In früheren Windows-Versionen konnte sich jeder installierte Browser mit einem Klick selbst zum Standard-Browser machen, der beim Klick auf einen Weblink oder eine lokale HTML-Datei gestartet wurde. Seit Windows 10 müssen Nutzer externer Browser wie Firefox oder Google Chrome den Weg über die *Einstellungen* gehen, um dort mit einem Klick den Standard-Browser zu ändern.

Suchen Sie in den *Einstellungen* unter *Apps/Standard-Apps* den gewünschten Browser, der zum Standard-Browser erklärt werden soll, und klicken Sie ganz oben auf *Als Standard festlegen*.

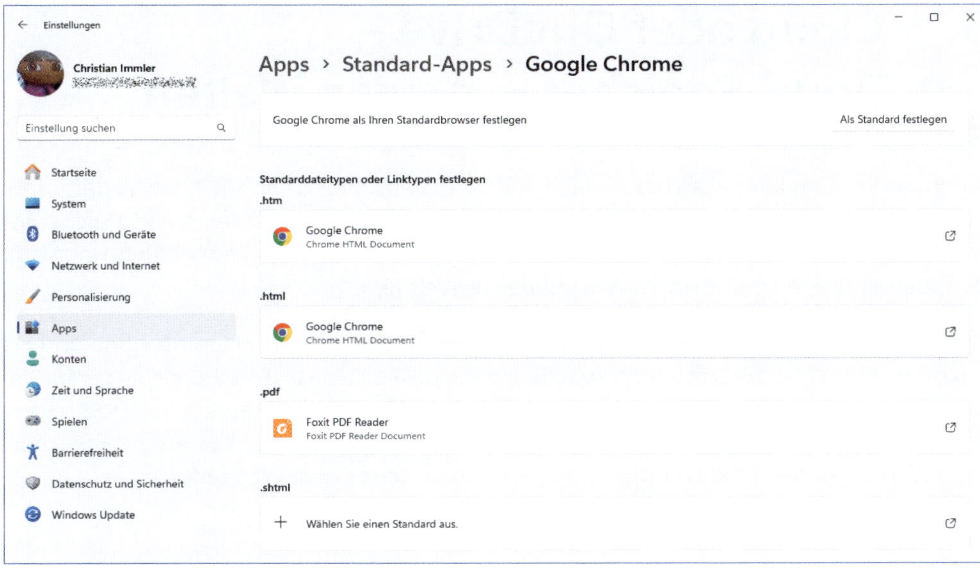

Standard-Browser in Windows 11 festlegen

4.8.4 Standard-Browser in macOS festlegen

In macOS legen Sie den Standard-Browser in den *Einstellungen* unter *Schreibtisch & Dock* im Bereich *Standard-Webbrowser* fest.

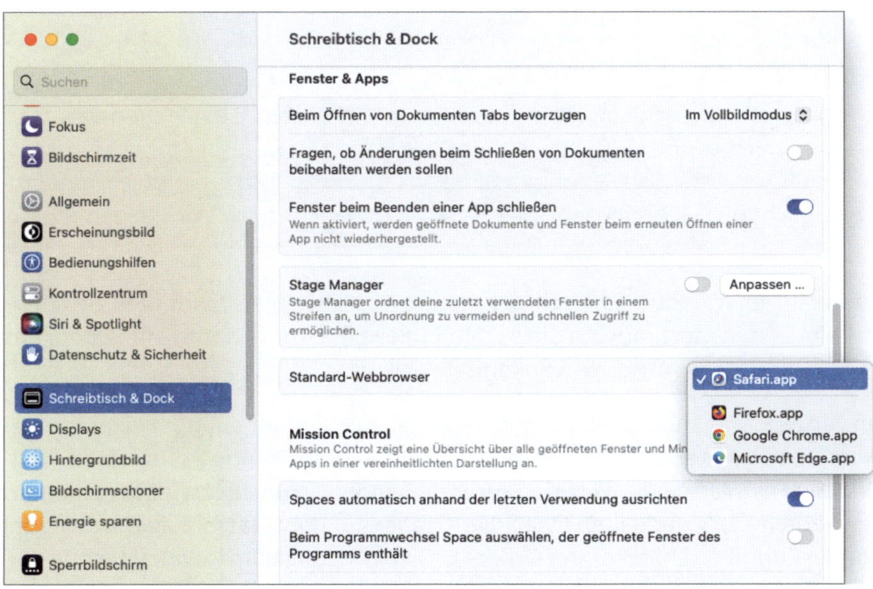

Standard-Browser in macOS festlegen

5. iCloud oder OneDrive – Cloud-Speicher in beiden Welten

Möchten Sie Dateien zwischen mehreren PCs austauschen oder auch synchronisieren, bieten Cloud-Speicherdienste eine komfortable Lösung. Dabei müssen die PCs nicht einmal gleichzeitig online sind und müssen sich auch nicht im gleichen lokalen Netzwerk befinden, sondern können irgendwo auf der Welt stehen.

Weiterhin sind Cloud-Speicher sehr praktisch, um Dateien zwischen Smartphone und PC auszutauschen oder mit Freunden zu teilen, ohne dass zu Hause ein eigener Server für die Dateifreigabe ständig laufen muss. Microsoft wie auch Apple bieten eigene Cloud-Speicherdienste an, die mit kostenlosen Angeboten locken. Reicht der kostenlose Speicherplatz nicht aus, kann er kostenpflichtig in Form von Abos erweitert werden.

5.1 Microsoft OneDrive

OneDrive (onedrive.com), der Cloud-Speicher von Microsoft, hat, seit der Dienst in Windows 10 und auch Windows 11 fest integriert ist, deutlich an Beliebtheit gewonnen. Windows 8.1 und 7 werden nur noch mit erheblichen Einschränkungen unterstützt.

Kostenloser Speicherplatz

OneDrive bietet neuen Nutzern 5 GB kostenlosen Speicherplatz an und liegt damit im unteren Bereich, verglichen mit anderen Cloud-Speicherdiensten. Über Freundschaftswerbung und verschiedene Aktionen können Sie mehr Speicherplatz bekommen. Microsoft-Konten, die OneDrive schon seit Windows 7 oder noch länger nutzen, haben teilweise erheblich mehr kostenlosen Speicherplatz, der auch nicht verloren geht.

OneDrive erscheint in Windows 11 nach der ersten Aktivierung als Symbol in der Taskleistenecke. Beim ersten Start müssen Sie sich mit Ihrem Microsoft-Konto anmelden, das auch für die Anmeldung bei Windows verwendet wird.

Im nächsten Fenster wird angezeigt, wo sich der OneDrive-Ordner auf der Festplatte befindet, standardmäßig unter *C:\Users*. Wenn Sie – was Sie unter Windows immer tun sollten – eine eigene Festplatte oder Partition für Ihre eigenen Dateien verwenden, können Sie den *Speicherort ändern* und einen OneDrive-Ordner auf dem Datenlaufwerk anlegen. Zum schnelleren Zugriff erscheint dieser Ordner im Explorer direkt im Navigationsbereich. Hier sehen Sie alle Dateien Ihres OneDrive-Cloud-Speichers.

Wenn Sie Daten oder andere Ordner in den OneDrive-Ordner auf der Festplatte ziehen, werden diese automatisch auf OneDrive hochgeladen und bleiben auch als Kopie auf der Festplatte. Umgekehrt werden aber Dateien, die von anderen Computern in Ihren persönlichen OneDrive-Ordner hochgeladen wurden, zwar im Explorer angezeigt, aber erst bei Bedarf automatisch auf die lokale Festplatte dieses Computers in den OneDrive-Ordner kopiert, sodass sie danach offline zur Verfügung stehen und mit jeder beliebigen Anwendung bearbeitet werden können. Kurz nach dem lokalen Speichern sind die bearbeiteten Dateien auch wieder online verfügbar.

OneDrive anmelden und Speicherort für OneDrive-Ordner festlegen

OneDrive bietet die Möglichkeit, Bilder oder auch Dokumente automatisch auf OneDrive zu speichern. Die Ordner *Bilder* und *Dokumente* aus dem lokalen Benutzerprofil werden dann automatisch mit OneDrive synchronisiert.

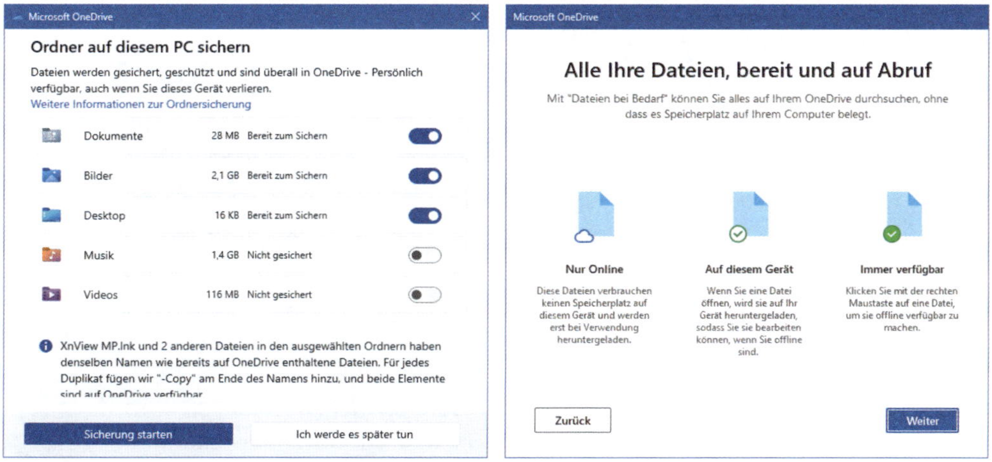

Automatische Ordnersicherung für Dokumente, Bilder und andere Standardordner, rechts: Symbole erklären den Offline-Status einer Datei

Was ursprünglich als Option eingeführt wurde, ist mittlerweile Standard: *Dateien bei Bedarf.* Dateien werden nur dann auf die Festplatte heruntergeladen, wenn sie benötigt werden. Dateien, die Sie lokal in den OneDrive-Ordner kopieren oder dort bearbeiten, werden automatisch auf den OneDrive-Cloud-Speicher zurück kopiert, damit sie auch auf anderen Geräten genutzt werden können. Wenn Sie öfter zum Beispiel mit einem Laptop offline arbeiten, können Sie einzelne Dateien oder auch ganze Ordner immer offline auf der Festplatte behalten, um jederzeit darauf zugreifen zu können.

Zusätzliche Symbole an jeder Datei und jedem Unterordner im OneDrive-Ordner im ***Explorer*** ermöglichen es, jede Datei oder jeden Ordner nach Bedarf offline verfügbar zu machen oder nicht, um einen deutlich flexibleren Umgang mit dem Cloud-Speicher zu bieten. Auf diese Weise werden auch Dateien, die nicht auf dem Gerät gesichert sind, im OneDrive-Ordner angezeigt und können einfach heruntergeladen werden, indem man sie wie jede lokale Datei öffnet.

5.1.1 Automatische Dateidownloads

Bestimmte Programme können Dateien von OneDrive, die als *Nur online verfügbar* eingestuft sind, automatisch herunterladen, um sie anzuzeigen oder zu bearbeiten. Standardmäßig ist dies jedem Programm erlaubt. Nur wenige Windows-Programme – besonders ältere – können mit nur online verfügbaren Dateien in OneDrive-Ordnern nicht umgehen.

Wird eine Datei automatisch heruntergeladen, erscheint eine Benachrichtigung, in der Sie den Download auf Wunsch auch abbrechen können. Beim Abbrechen können Sie entweder nur den jeweiligen Download aus der Benachrichtigung abbrechen oder das Programm, das den Download verursacht hat, komplett blockieren.

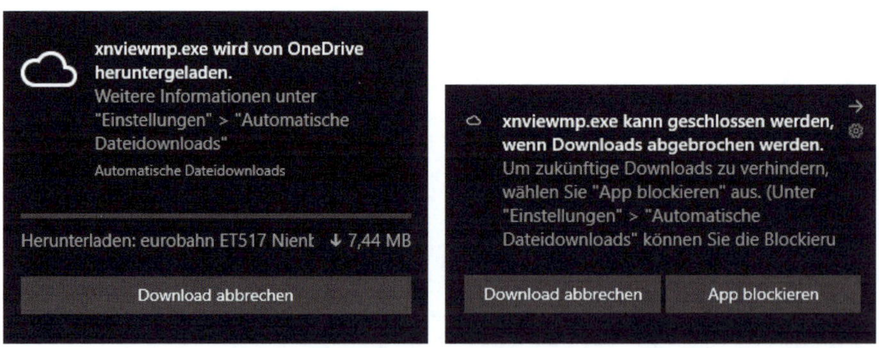

Automatische Dateidownloads aus OneDrive abbrechen

Haben Sie eine App blockiert, kann diese keine Dateien mehr automatisch von OneDrive herunterladen. Diese Sperre kann in den Windows-Einstellungen unter *Datenschutz und Sicherheit/Automatische Dateidownloads* wieder aufgehoben werden.

Ob Benachrichtigungen bei automatischen Dateidownloads erscheinen sollen und wie sie sich verhalten, legen Sie in den Windows-Einstellungen unter *System/Benachrichtigungen* fest. Klicken Sie hier auf *Automatische Dateidownloads* und schalten Sie Benachrichtigungsbanner und/oder Benachrichtigungen im Info-Center ein. Legen Sie außerdem Priorität und Anzahl sichtbarer Benachrichtigungen fest.

5.1.2 Dateien per OneDrive an Freunde freigeben

Standardmäßig sind alle auf OneDrive hochgeladenen Dateien nur für Sie selbst zugänglich und für niemanden sonst freigegeben, es sei denn, Sie kopieren eine Datei in einen Ordner, der auf OneDrive bereits freigegeben ist. So geben Sie eine Datei oder einen Ordner auf OneDrive für Freunde frei:

1. Klicken Sie mit der rechten Maustaste auf die gewünschte Datei in einem OneDrive-Ordner im Explorer.
2. Wählen Sie im Kontextmenü *Freigabe*.

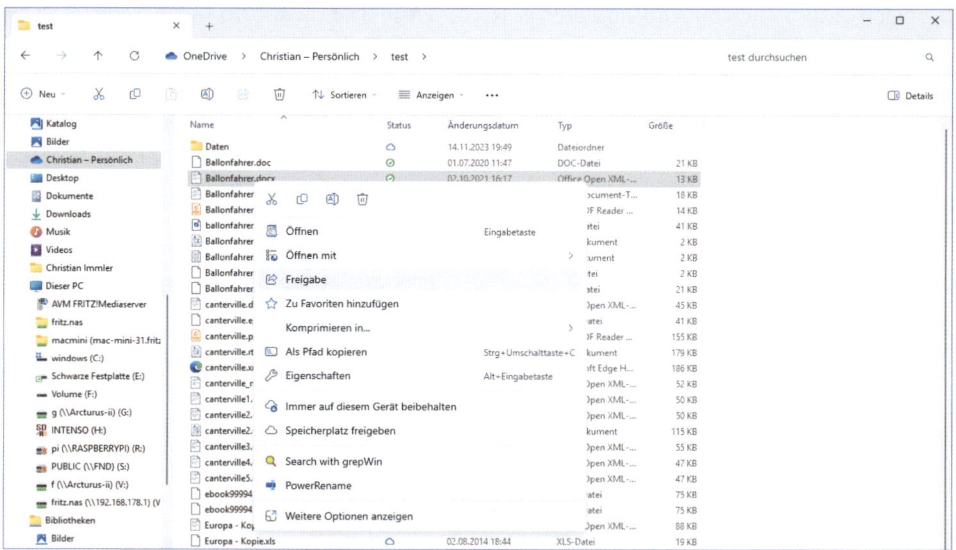

Das Kontextmenü im OneDrive-Ordner

3. Dabei können Sie als Absender noch einstellen, ob der Empfänger des Links sich die Datei nur ansehen oder herunterladen oder auch direkt auf OneDrive verändern kann. Die Optionen zum Festlegen eines Ablaufdatums oder Kennworts sind nur in kostenpflichtigen OneDrive-Tarifen verfügbar.
4. Geben Sie eine E-Mail-Adresse und einen kurzen Text ein, wird direkt eine E-Mail mit dem Link erzeugt, ohne ein Mail-Programm öffnen zu müssen. Absender der E-Mail ist in diesem Fall das eigene Microsoft-Konto. Auf diese Weise lassen sich auch große Dateien per E-Mail sehr einfach teilen. Da die E-Mail keine Anhänge braucht, bleibt sie sehr klein und so auch auf dem Smartphone lesbar.

Link auf eine Datei erstellen und teilen

5. Nach einem Klick auf *Link kopieren* wird der Freigabelink automatisch in die Zwischenablage kopiert und kann anschließend mit der Tastenkombination Strg+V in jeder App zum Beispiel in eine E-Mail oder in ein Dokument eingefügt werden.
6. Wurde eine Datei bereits freigegeben, sehen Sie ganz unten im Dialogfeld *Link senden* alle Personen, die Zugriff auf diese Datei haben. Klicken Sie darauf, können Sie den Zugriff auf die Datei verwalten, indem Sie früher erzeugte Links auf diese Datei wieder ungültig machen. Wer den Link früher einmal erhalten hatte, hat damit dann keinen Zugriff mehr auf die Datei.

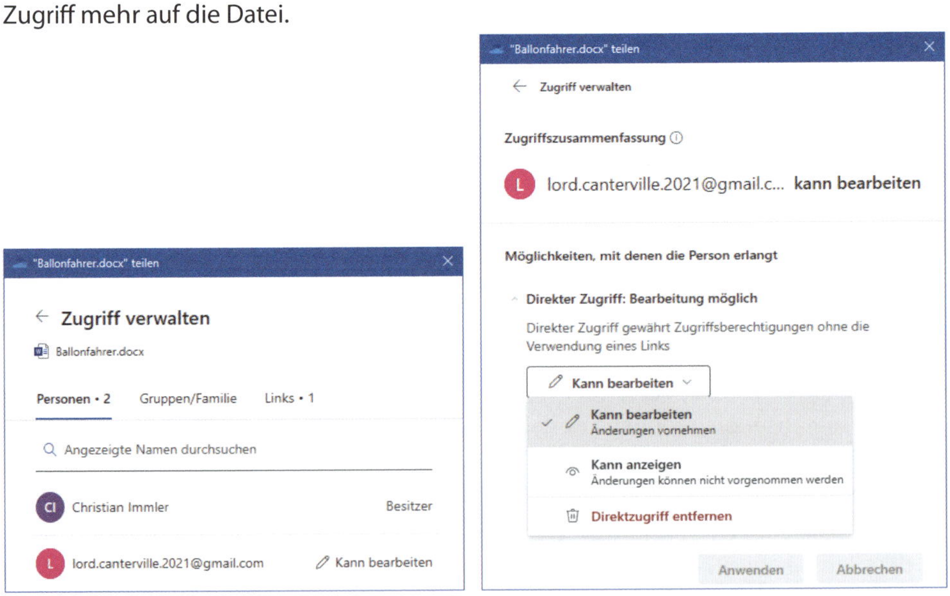

Zugriffslinks auf eine Datei verwalten

5.1.3 Versionsverlauf einer Datei auf OneDrive

OneDrive speichert automatisch die letzten Versionsstände einer Datei. Damit können Sie versehentliche Änderungen leicht rückgängig machen, ähnlich wie es mit dem Dateiversionsverlauf von Windows möglich ist.

Klicken Sie im ***Explorer*** mit der rechten Maustaste auf eine Datei auf OneDrive und wählen Sie im Kontextmenü *Versionsverlauf*. Jetzt sehen Sie alle auf OneDrive gespeicherten Versionsstände dieser Datei.

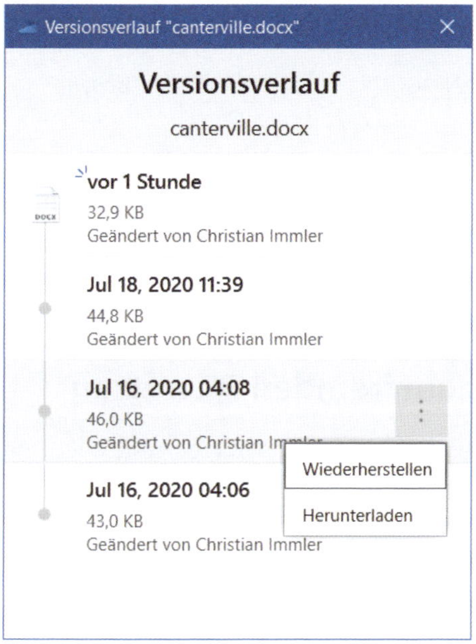

Klicken Sie auf das Menü mit den drei Punkten neben einer Version, um diese Version als aktuelle Datei auf OneDrive wiederherzustellen oder sie als eigene Datei unabhängig von der aktuellen OneDrive-Datei auf den PC herunterzuladen.

Versionsverlauf einer Datei auf OneDrive

5.1.4 Der Papierkorb in OneDrive

Löschen Sie eine Datei auf OneDrive oder in einem synchronisierten Ordner auf einem PC, verschwindet sie automatisch auch auf den anderen synchronisierten Geräten. OneDrive verwendet einen eigenen Papierkorb, in dem diese Dateien noch 30 Tage aufbewahrt werden, um sie im Notfall wiederherstellen zu können.

1. Beim Löschen einer Datei in einem OneDrive-Ordner auf dem PC erscheint eine Meldung. Wenn diese Sie stört, setzen Sie das Häkchen bei *Diese Erinnerung nicht mehr anzeigen*, um die Meldung in Zukunft nicht mehr bestätigen zu müssen. Löschen Sie viele Dateien auf einmal aus OneDrive, zeigt Windows weiterhin eine Systembenachrichtigung an, die aber nicht bestätigt werden muss.
2. Direkt aus dieser Meldung heraus können Sie den OneDrive-Papierkorb öffnen. Er wird nicht synchronisiert, er steht nur im Browser online zur Verfügung. Sie finden den Papierkorb über den Seitenbalken links auf onedrive.com. Der Papierkorb kann wie jeder

Ordner nach verschiedenen Kriterien sortiert werden, auch nach dem Löschzeitpunkt, um gerade gelöschte Dateien schnell zu finden.

Meldung beim Löschen einer Datei

3. Über die Symbolleiste oben im Fenster leeren Sie den Papierkorb oder stellen alle gelöschten Elemente wieder her. Um eine einzelne Datei aus dem Papierkorb wiederherzustellen, markieren Sie diese mit einem Klick und gehen dann oben in der Symbolleiste auf *Wiederherstellen*.

5.2 OneDrive im Browser auf einem fremden PC nutzen

Auch ohne OneDrive-Synchronisation haben Sie von jedem PC der Welt und auch mit jeder Windows-Version Zugriff auf Ihre bei OneDrive abgelegten Daten. Gehen Sie dazu mit dem Browser auf onedrive.com und melden Sie sich dort mit Ihrem Microsoft-Konto an. Auf diese Weise können Sie auch vom Mac auf OneDrive zugreifen.

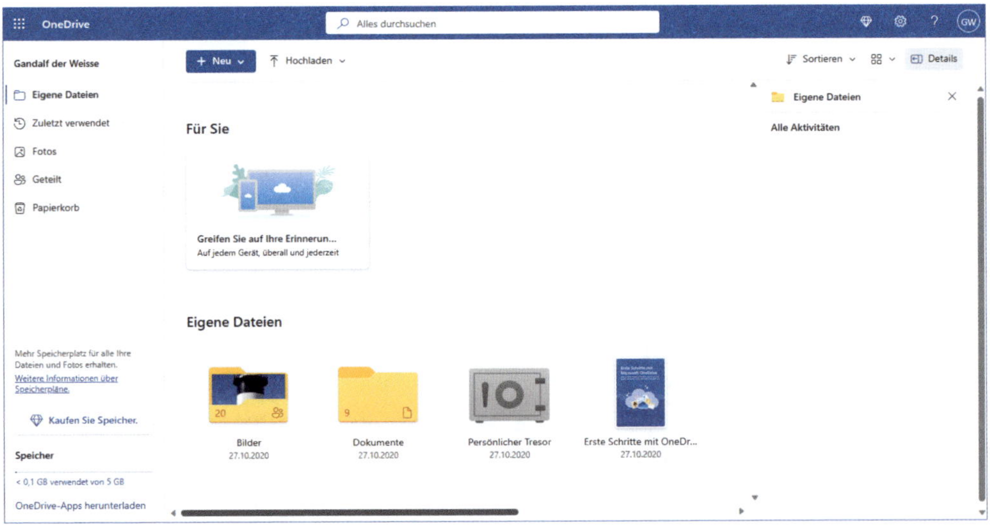

Der persönliche OneDrive-Ordner im Browser

Sie finden Ihr persönliches OneDrive nach der Anmeldung mit dem Microsoft-Konto auch auf allen Seiten von Microsoft Office oder Outlook.com über das Menüsymbol links oben.

Auch über das OneDrive-Symbol im Infobereich der Taskleiste können Sie Ihr OneDrive im Browser öffnen. Klicken Sie dazu auf das Symbol *Online anzeigen* ganz unten.

5.2.1 Dateien aus dem Webbrowser hochladen

OneDrive bietet auch im Browser die Möglichkeit, Fotos oder andere Dateien vom eigenen PC hochzuladen. Wechseln Sie dazu in den gewünschten Ordner und klicken Sie oben in der Symbolleiste auf *Hochladen*. Jetzt können Sie eine oder mehrere lokale Dateien auswählen, die anschließend in den entsprechenden OneDrive-Ordner hochgeladen werden. Im Menü *Neu* oben links haben Sie die Möglichkeit, einen neuen Ordner auf OneDrive anzulegen.

Symbolleiste in einem OneDrive-Ordner im Browser

5.2.2 Daten per OneDrive im Browser an Freunde freigeben

Auch im Browser kann OneDrive sehr komfortabel zum Veröffentlichen von Dateien für Freunde, Geschäftspartner oder für die ganze Welt im Internet verwendet werden. Bei allen OneDrive-Ordnern können Sie einstellen, ob die Dateien nur für Sie selbst oder öffentlich sichtbar sein sollen. Zusätzlich haben Sie die Möglichkeit, bestimmten Personen zu erlauben, die Dateien zu sehen oder sogar selbst Dateien einem Ordner hinzuzufügen.

1. Mit dem Symbol *Details* ganz oben rechts blenden Sie einen Seitenbalken mit Detailinformationen zum aktuell angezeigten Ordner ein. Im Bereich *Hat Zugriff* werden bei jedem Ordner die Zugriffsberechtigungen angezeigt. Mit einem Klick auf *Zugriff verwalten* können Sie eine Zugriffsberechtigung auch ganz leicht wieder entfernen.
2. Klicken Sie auf das blaue, runde Personensymbol, können Sie eine E-Mail an Personen schicken, die die Dateien im Ordner sehen dürfen. Dabei werden spezielle Links mit Zugangsschlüsseln generiert, über die man an die Ordner kommt, die öffentlich nicht zu finden sind. Beim Generieren dieser Links können Sie festlegen, ob die Empfänger die Elemente im OneDrive-Ordner bearbeiten und neue dazu hochladen dürfen. Links mit Ablaufdatum oder Kennwort sind nur in den kostenpflichtigen Optionen von OneDrive enthalten.

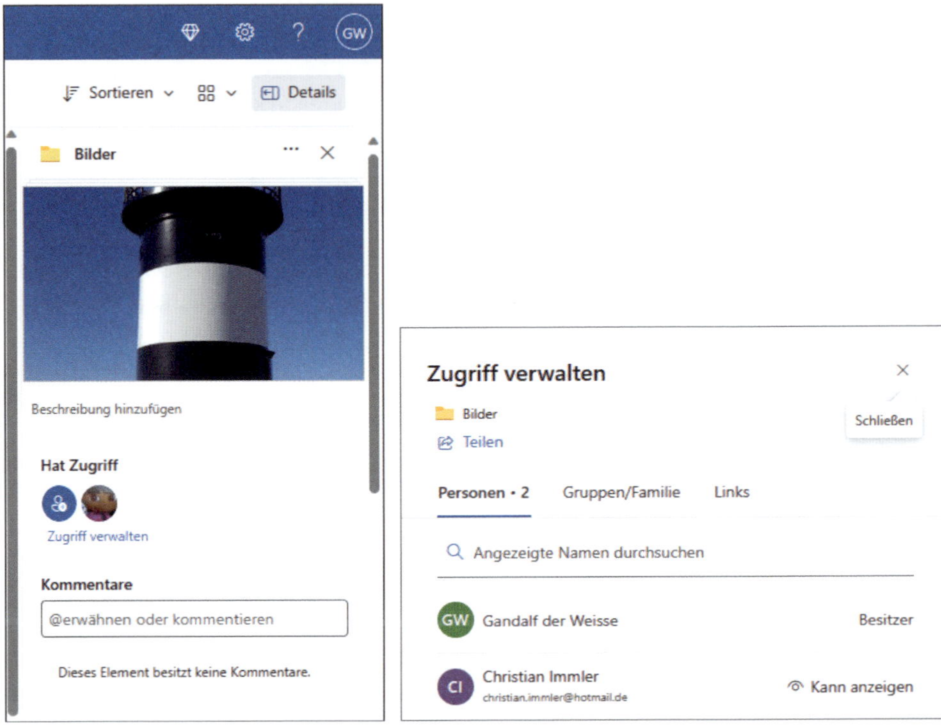

Zugriff auf eine freigegebene Datei verwalten

3. Unter *Link kopieren* generieren Sie verschiedene Links entweder zum Anzeigen oder zum Anzeigen und Bearbeiten eines OneDrive-Ordners. Genauso einfach wie per E-Mail können Sie diese Links auch über Facebook, Twitter oder andere soziale Netzwerke veröffentlichen.

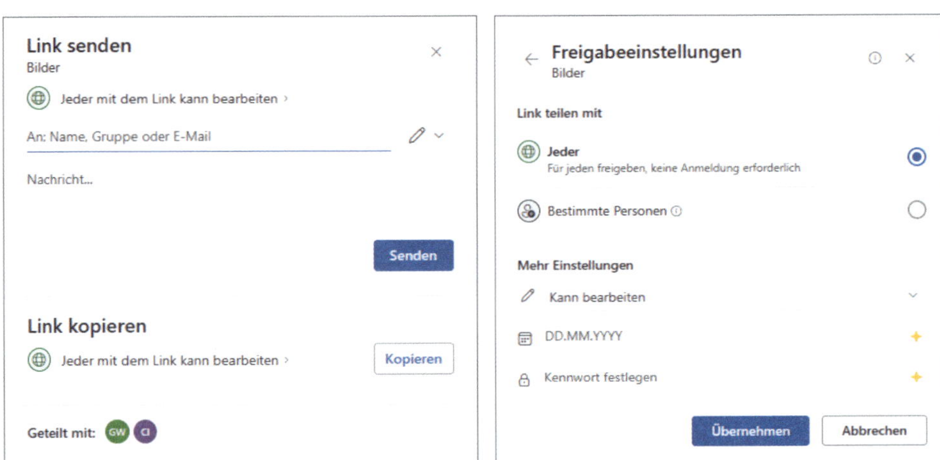

Link senden und Freigabeeinstellungen für Links festlegen

5.3 OneDrive auf dem Mac

OneDrive eignet sich gut zur automatischen Synchronisation von Daten zwischen Windows-PC und Mac. Microsoft bietet die kostenlose Synchronisationssoftware nicht nur für Windows an, sondern auch für macOS.

1. Installieren Sie die OneDrive-App aus dem App Store. Starten Sie das Programm nach der Installation und melden Sie sich mit Ihrem Microsoft-Konto an, das Sie auch auf den Windows-PCs nutzen.
2. Legen Sie den Speicherort für den OneDrive-Ordner fest, in dem die synchronisierten Daten abgelegt werden. Standardmäßig legt OneDrive einen eigenen Ordner im persönlichen Benutzerordner von macOS an.

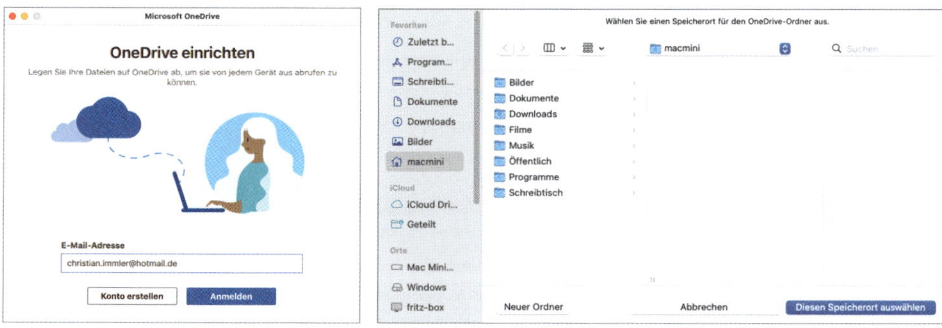

OneDrive-Synchronisation auf macOS einrichten

3. Nach ein paar erklärenden Texten müssen Sie einmalig der Synchronisation zustimmen. Dann öffnet sich der OneDrive-Ordner in einem neuen Finder-Fenster.

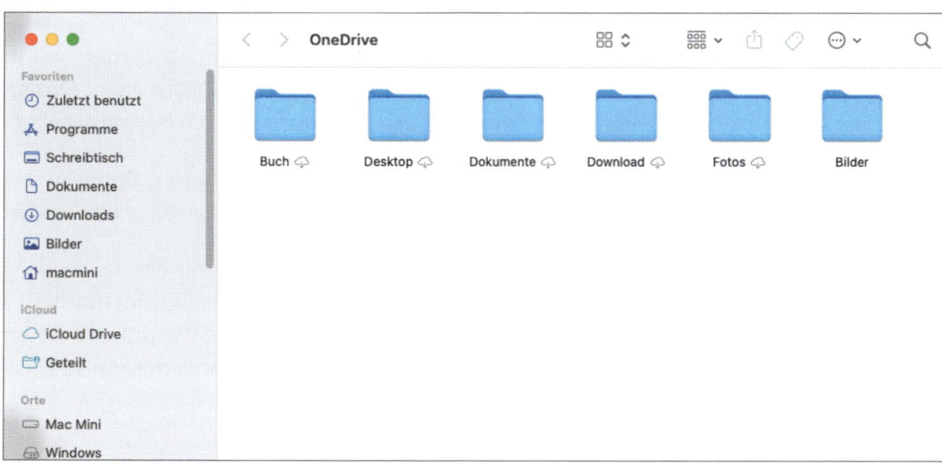

Der OneDrive-Ordner im Finder auf macOS

Bei den Symbolen in der oberen rechten Bildschirmecke erscheint ein OneDrive-Symbol, das den Synchronisationsstatus anzeigt. Klicken Sie darauf, sehen Sie die letzten synchronisierten Dateien.

Das *Einstellungen*-Symbol oben rechts führt zu den Einstellungen von OneDrive.

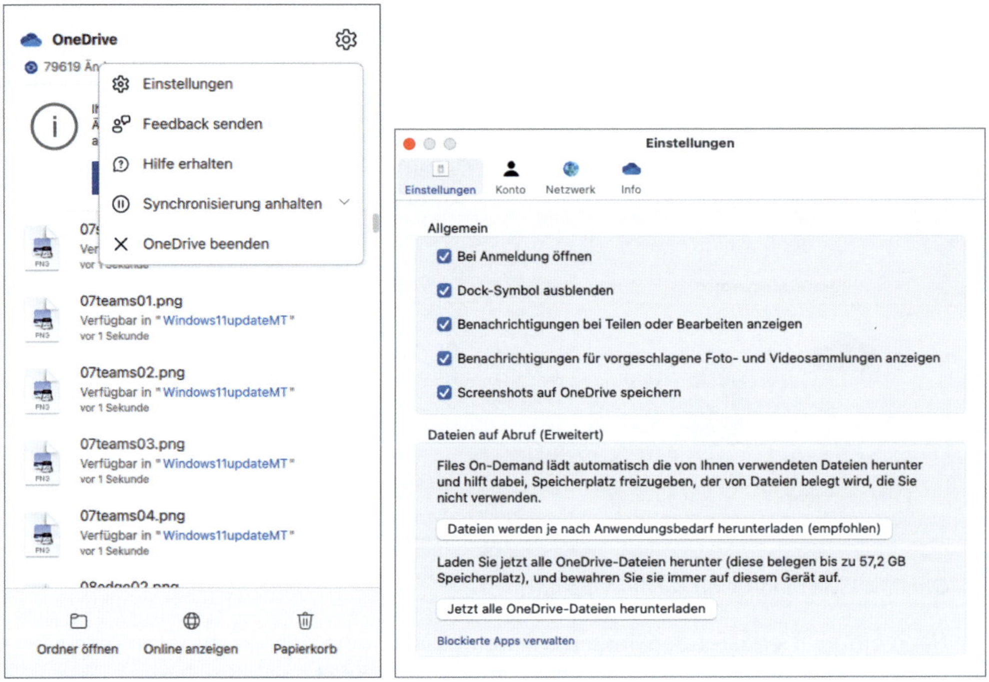

OneDrive-Statusanzeige und Einstellungen

Auch auf macOS werden Dateien nur dann auf die Festplatte heruntergeladen, wenn sie benötigt werden. Solange sie nur online verfügbar sind, werden die Dateien im ***Finder*** mit einem Cloud-Symbol angezeigt. Beim Öffnen werden sie automatisch heruntergeladen.

In den *Einstellungen* können Sie alle Dateien auf einmal herunterladen. Dateien, die Sie offline auf einem MacBook benötigen, können Sie auch über das Kontextmenü im ***Finder*** immer auf dem Gerät behalten.

Im Bereich *Konto* der *Einstellungen* wählen Sie aus, welche OneDrive-Ordner mit dem Mac synchronisiert werden sollen. Hier können Sie zum Beispiel typische Windows-Ordner, die auf dem Mac nicht sinnvoll nutzbar sind, etwa den Desktop, von der Synchronisation ausschließen.

> **Screenshots auf OneDrive**
> In den Einstellungen des OneDrive-Synchronisationsprogramms können Sie unter Windows ebenso wie unter macOS festlegen, dass Screenshots automatisch im OneDrive-Ordner *Bilder\Screenshots* abgelegt werden. Wenn Sie Dokumentationen auf beiden Plattformen erstellen – wie zum Beispiel dieses Buch – haben Sie die Screenshots jederzeit in einem gemeinsamen Ordner auf dem Windows-PC und Mac zur Verfügung.

5.3.1 Daten per OneDrive an Freunde freigeben

Auch auf macOS können Sie eine Datei oder einen Ordner auf OneDrive für Freunde freigeben:

1. Klicken Sie mit gehaltener control-Taste oder mit der rechten Maustaste auf die gewünschte Datei in einem OneDrive-Ordner im ***Finder***.
2. Wählen Sie im OneDrive-Bereich im unteren Teil des Kontextmenüs die Option *Teilen*.

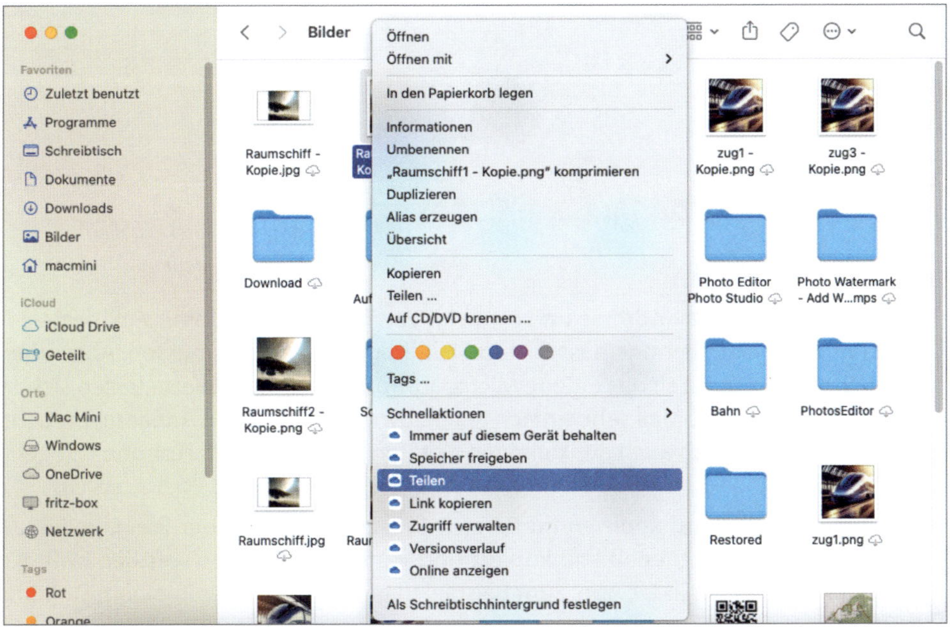

Das Kontextmenü im OneDrive-Ordner im Finder von macOS

3. Als Absender können Sie noch einstellen, ob der Empfänger des Links die Datei nur ansehen oder herunterladen kann oder ob er sie auch direkt auf OneDrive verändern kann.

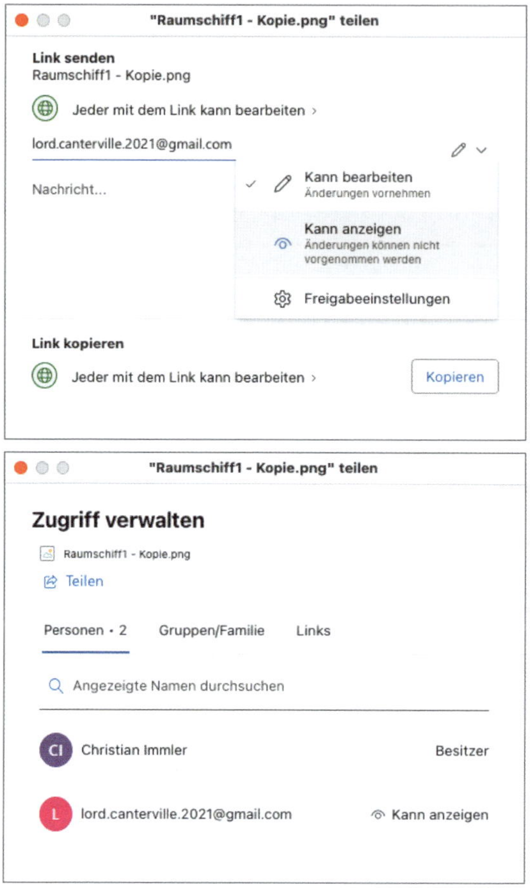

Link auf eine Datei erstellen und Zugriff verwalten

4. Geben Sie eine E-Mail-Adresse und einen kurzen Text ein, wird unmittelbar eine E-Mail mit dem Link erstellt, ohne dass Sie ein Mail-Programm öffnen müssen. Absender der E-Mail ist in diesem Fall das eigene Microsoft-Konto. Auf diese Weise lassen sich auch große Dateien per E-Mail sehr einfach teilen. Da die E-Mail keine Anhänge braucht, ist sie klein und kann so auch auf kleineren Geräten wie einem Smartphone gut gelesen werden.
5. Nach einem Klick auf *Kopieren* im Bereich *Link kopieren* wird der Freigabelink automatisch in die Zwischenablage kopiert und kann anschließend mit der Tastenkombination Strg+V in jeder App, zum Beispiel in einer E-Mail oder in einem Dokument, eingefügt werden.
6. Wurde eine Datei bereits freigegeben, sehen Sie im Dialogfeld *Zugriff verwalten* alle Personen, die Zugriff auf diese Datei haben. Klicken Sie auf eine, können Sie den Zugriff auf die Datei verwalten, indem Sie früher erzeugte Links auf diese Datei wieder ungültig machen. Wer den Link früher einmal erhalten hatte, hat dann keinen Zugriff mehr auf die Datei.

5.4 iCloud – die Cloud von Apple

iCloud, die Cloud von Apple, ist auf allen Macs wie auch auf iPads und iPhones vorinstalliert und in macOS gut integriert. Mit einer neuen Apple-ID erhalten Sie 5 GB Speicherplatz in der iCloud. Wie bei allen Cloud-Anbietern gibt es auch kostenpflichtige Angebote mit mehr Speicherplatz.

iCloud bietet verschiedene Bereiche, in denen Daten synchronisiert werden können, wie *App-Einstellungen*, *Mail*, *Notizen*, *Termine*, *Kontakte*. iCloud Drive ist ein klassischer Cloud-Speicher, auf dem beliebige Dateien automatisch vom Mac gesichert werden können und so auf mehreren Geräten nutzbar sind. Auch das Teilen von Links ist wie bei anderen Cloud-Speicherdiensten möglich.

Um iCloud nutzen zu können, müssen Sie mit einer Apple-ID angemeldet sein. Wenn Sie nicht angemeldet sind, melden Sie sich in den *Einstellungen* ganz oben mit einer Apple-ID an.

Im Bereich *iCloud* sehen Sie, wie viel Speicher in Ihrer persönlichen iCloud belegt ist und welche Apps auf diesem Mac iCloud nutzen. Sollte der Speicherplatz knapp werden, können Sie einzelne Apps auf diesem Mac deaktivieren oder über den Button *Verwalten* auch pauschal für alle synchronisierten Geräte deaktivieren.

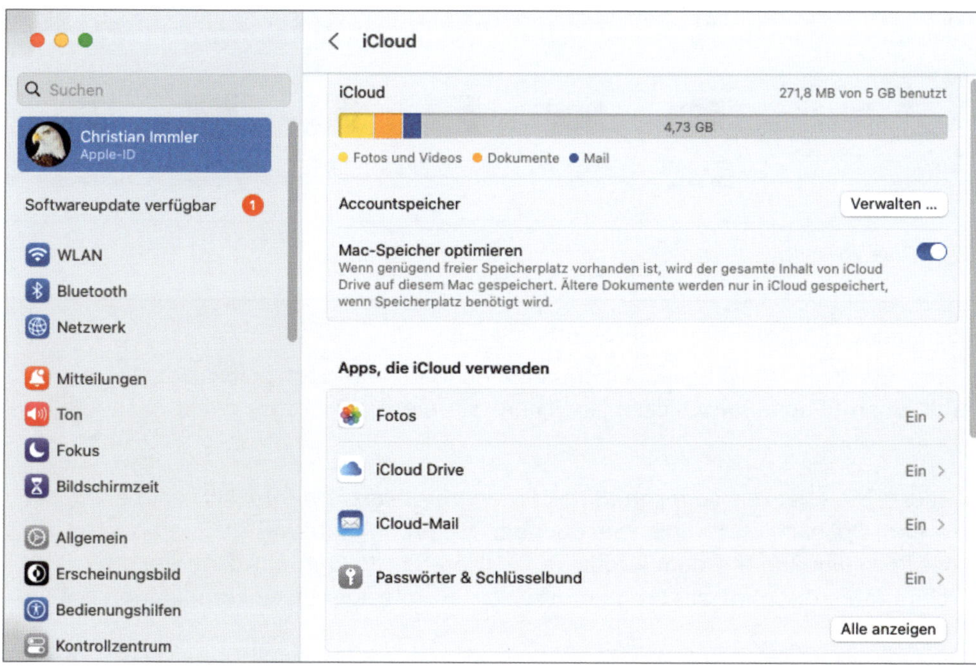

iCloud in den Einstellungen

In der Zeile *iCloud Drive* in den *Einstellungen* können Sie die Synchronisation dieses Macs ein- oder ausschalten. Lassen Sie hier die Ordner *Schreibtisch* und *Dokumente* synchronisieren, um auf mehreren Macs die gleiche Arbeitsumgebung vorzufinden.

iCloud Drive wird im ***Finder*** im Navigationsbereich unter *iCloud* angezeigt. Alle Dateien, die Sie hierhin ziehen, werden automatisch mit der iCloud synchronisiert. Ein Klick auf das kleine Häkchen zeigt den Synchronisationsstatus.

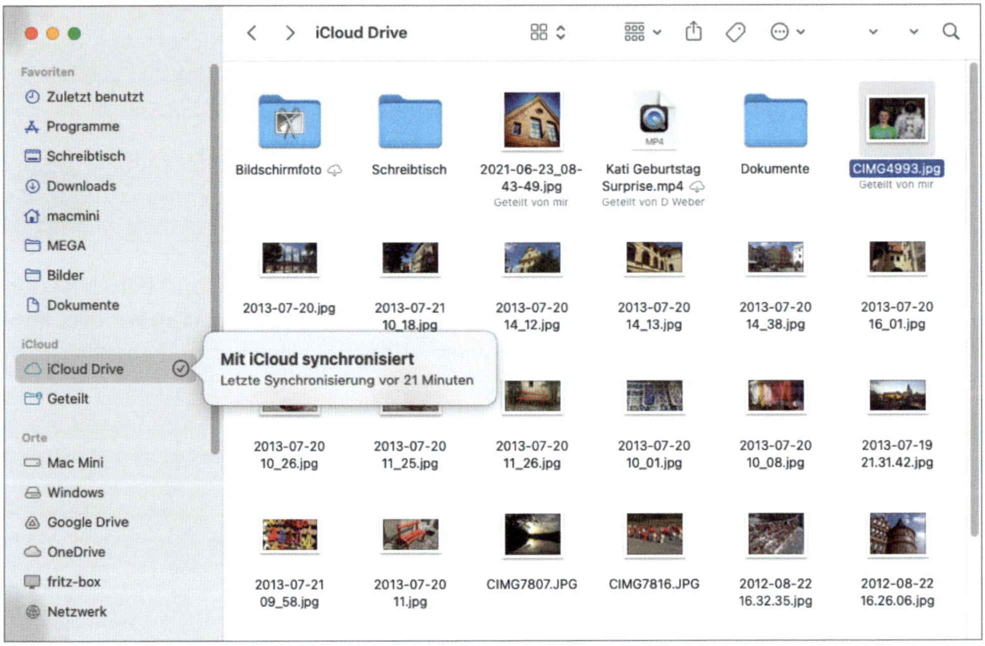

iCloud Drive im Finder

Screenshots automatisch auf iCloud ablegen

Möchten Sie Screenshots auf einem anderen Mac weiterverarbeiten oder mit einem iPhone verschicken, speichern Sie diese am besten direkt in Ihrer iCloud.

Starten Sie über das ***Launchpad*** das Programm ***Bildschirmfoto***, klicken Sie auf das Symbol *Optionen* und wählen Sie über den Menüpunkt *Anderer Speicherort* den Ordner *Bildschirmfoto* auf dem iCloud Drive. Diese Einstellung gilt dann auch für Bildschirmfotos, die, ohne das Programm zu starten, mit einer Tastenkombination erstellt werden.

5.4.1 Dateien per iCloud an Freunde freigeben

Mit dem *Teilen*-Symbol oben in der Symbolleiste des ***Finder*** können Sie jede Datei aus jedem Ordner als Kopie per E-Mail oder über andere Apps verschicken.

Das Interessante bei Dateien auf iCloud Drive ist die Möglichkeit, Links zu verschicken, die kein großes Datenvolumen enthalten und außerdem immer auf die aktuellste Version der Datei zeigen, wenn diese von mehreren Personen bearbeitet wird.

1. Markieren Sie die gewünschte Datei im iCloud-Drive-Ordner im ***Finder***. Klicken Sie auf das Symbol *Teilen* und schalten Sie im Listenfeld oben von *Kopie senden* auf *Zusammenarbeiten* um.

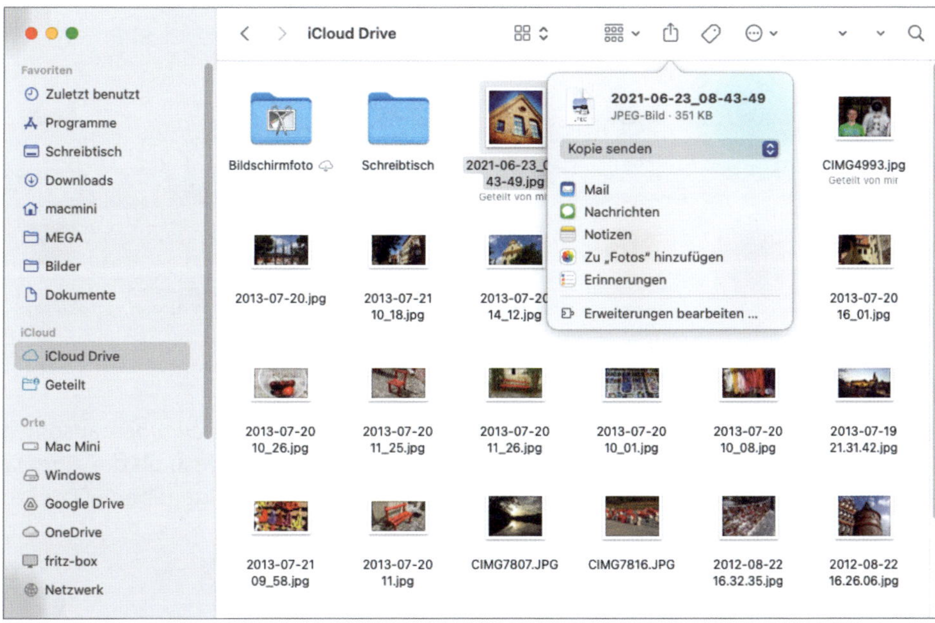

Datei als Kopie senden oder über einen iCloud-Link zusammenarbeiten

2. In der Grundeinstellung dürfen nur eingeladene Personen die freigegebene Datei bearbeiten, was bedeutet, der Empfänger des Links muss sich mit seiner Apple-ID anmelden, bevor er auf die Datei zugreifen kann.
3. Klicken Sie auf den Text *Nur eingeladene Personen dürfen bearbeiten*, können Sie die Zugriffsrechte auf die Datei ändern. Die Option *Nur eingeladene Personen* erfordert eine Anmeldung mit der Apple-ID. Diese muss der Apple-ID in der Einladungsmail entsprechen. Bei der anderen Option *Jede:r mit diesem Link* kann jeder die Datei öffnen, der den Link hat. Es ist dann keine Anmeldung erforderlich.

4. Im Auswahlfeld darunter legen Sie fest, ob die eingeladene Person die freigegebene Datei bearbeiten oder nur ansehen darf. Beim Ansehen ist natürlich auch ein Herunterladen und Offline-Bearbeiten möglich. Nur kann die veränderte Datei nicht wieder auf iCloud gespeichert werden.

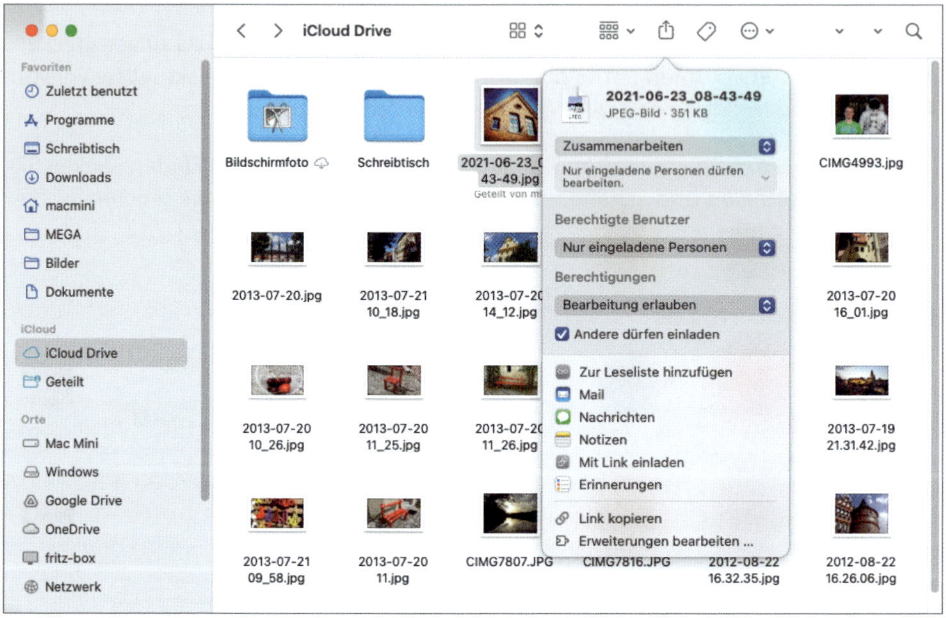

Freigegebene Datei bearbeiten oder nur ansehen

5. Sind die Optionen *Nur eingeladene Personen* und *Bearbeitung erlauben* ausgewählt, erscheint die Checkbox *Andere dürfen einladen*. Hier legen Sie fest, ob die eingeladenen Personen weitere einladen dürfen, um ebenfalls auf die freigegebene Datei zuzugreifen.

6. Nachdem Sie die Einstellungen vorgenommen haben, können Sie über den Menüpunkt *Mail* eine automatische E-Mail schreiben, die einen Link auf die freigegebene Datei enthält. Der Menüpunkt *Mit Link einladen* erstellt nur einen Link auf die Datei, der auf anderem Weg weitergegeben werden kann.

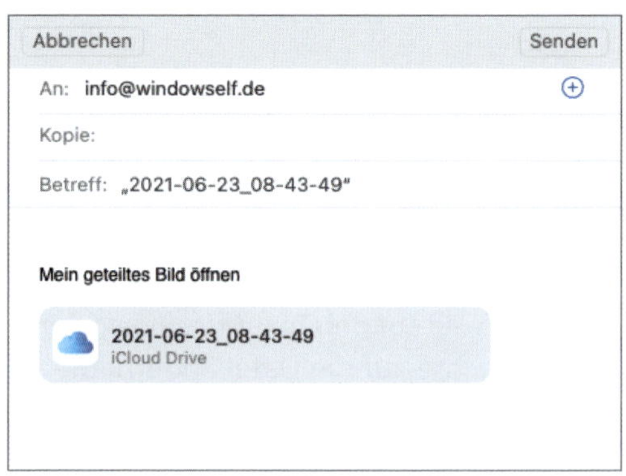

E-Mail mit Freigabelink erstellen

Der Empfänger klickt auf den Link in der E-Mail. Daraufhin öffnet sich ein Browserfenster. Ist die Datei nur zur Ansicht für alle Personen mit diesem Link freigegeben, braucht sich der Empfänger nicht anzumelden. Er kann direkt eine Kopie der Datei herunterladen oder aber sich mit einer Apple-ID anmelden und eine Kopie der Datei in seiner eigenen iCloud speichern. Auch in diesem Fall handelt es sich um eine Kopie. Es besteht kein Zugriff auf die Originaldatei.

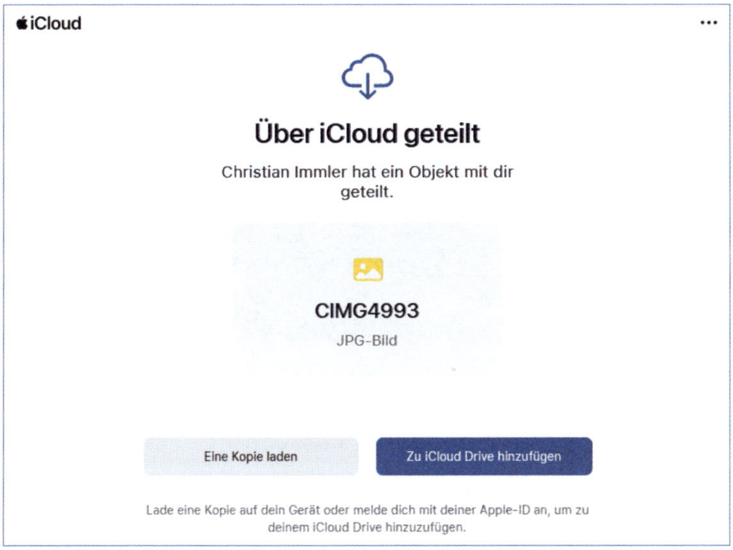

Über iCloud freigegebene Datei zur Ansicht herunterladen

Ist die Datei zur Bearbeitung für eingeladene Personen freigegeben, muss sich der Empfänger der E-Mail im Browser mit seiner Apple-ID anmelden. Danach bekommt er die Datei in seiner iCloud im Browser zu sehen, kann sie betrachten, bearbeiten oder sich eine Kopie herunterladen.

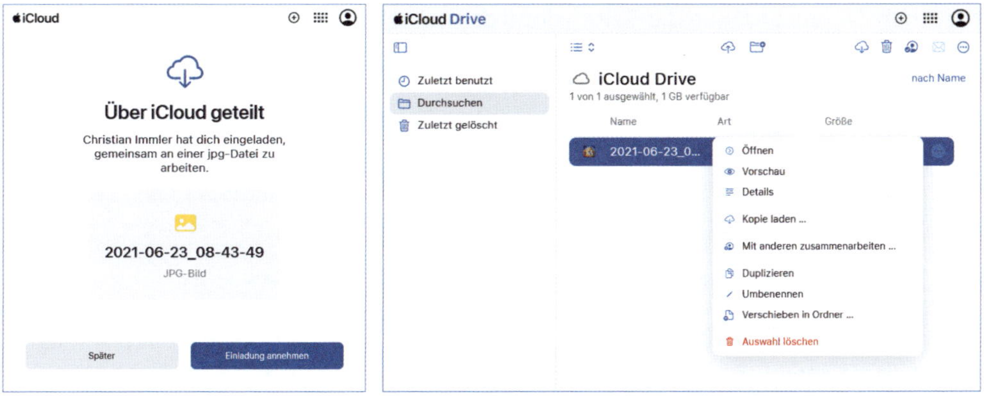

Über iCloud zur Bearbeitung freigegebene Datei in der iCloud des Empfängers

5.4.2 Das iCloud-Portal im Browser

Von jedem PC oder Mac können Sie im Browser auf Ihre iCloud zugreifen. Hier ist nur eine Anmeldung mit Ihrer persönlichen Apple-ID nötig. Melden Sie sich auf einem Gerät zum ersten Mal an, müssen Sie zusätzlich eine Zwei-Faktor-Autorisierung bestätigen, indem Sie einen Code eingeben, der an ein iPhone oder per SMS zugestellt wird.

Das iCloud-Portal im Browser

Besuchen Sie im Browser die Seite icloud.com und melden Sie sich an. Das funktioniert in allen unterstützten Browsern bei macOS und auch bei Windows oder Linux. Das iCloud-Portal bietet Zugriff auf Fotos, Mails, Notizen, Kalender, Kontakte und weitere Daten, die in der iCloud gespeichert werden. Klicken Sie auf das Feld *Drive*, um Zugriff auf Ihr ***iCloud Drive*** zu bekommen.

Fotos und Drive getrennt

iCloud sichert die Fotos unabhängig von den Dateien auf iCloud Drive. Im Dateimanager im Browser sehen Sie die Fotos nicht. Diese erscheinen nur im Bereich *Fotos* des iCloud-Portals. Die Sicherung bei Google Drive und Google Fotos verhält sich ähnlich. Dagegen sichern andere Cloud-Speicherdienste wie OneDrive und MEGA Fotos in Ordnern, die bei den anderen gesicherten Dateien zu finden sind.

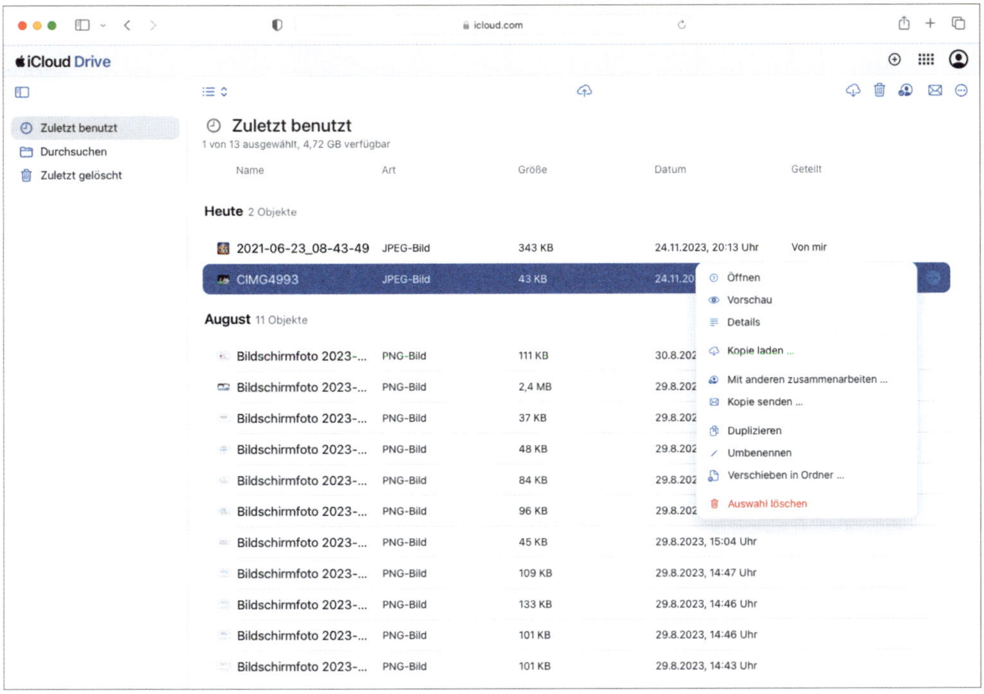

iCloud Drive im Browser

Im Stil eines einfachen Dateimanagers sehen Sie Ihre Dateien, können sie in andere Ordner verschieben, Kopien herunterladen und versenden sowie auch Freigabelinks verschicken, um andere einzuladen, eine Datei anzusehen oder daran zu arbeiten. Auch hier können Sie beim Erstellen des Freigabelinks wählen, ob nur eingeladene Personen oder jeder, der diesen Link erhält, die Datei nutzen darf und ob sie nur zum Ansehen oder zum Bearbeiten freigegeben werden soll.

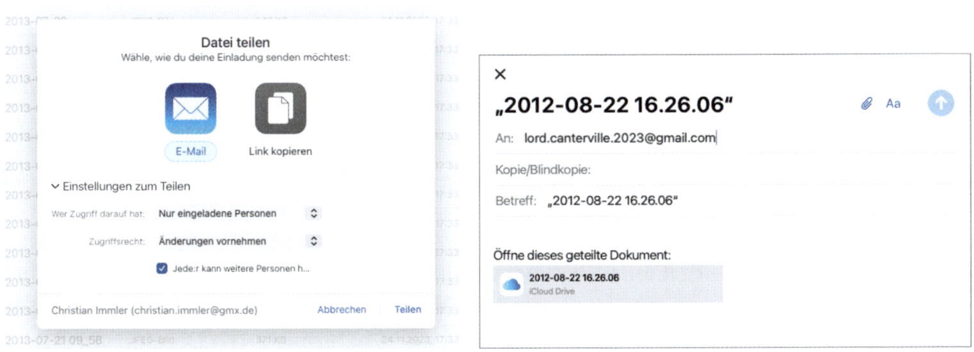

Datei über iCloud im Browser freigeben

5.4.3 iCloud auf dem Windows-PC

Apple stellt die Synchronisationssoftware ***iCloud für Windows*** zur Verfügung, mit der Sie vom Windows-PC auf Ihre auf iCloud gespeicherten Daten zugreifen können. Das Programm synchronisiert neben dem iCloud Drive auch Fotos und Lesezeichen aus der iCloud mit dem Windows-PC.

Melden Sie sich auf einem Windows-PC auf icloud.com an, erscheint automatisch ein Link zu dieser App. Sie finden die App auch unter Windows im Microsoft Store zum kostenlosen Download.

Laden Sie das Programm herunter und installieren Sie es. Nach der Installation melden Sie sich mit Ihrer Apple-ID an. Auch hier ist eine Zwei-Faktor-Autorisierung erforderlich. Der Code wird auf alle angemeldeten Apple-Geräte oder per SMS zugestellt.

Anmeldung mit der Apple-ID bei iCloud für Windows

Nach der Anmeldung zeigt *iCloud für Windows* eine Übersicht über den belegten Speicherplatz und eine Auswahl, welche Daten mit dem PC synchronisiert werden sollen. Legen Sie hier ein Laufwerk und einen Ordner fest, in dem die synchronisierten Dateien von iCloud Drive auf dem PC liegen sollen. Sinnvollerweise legen Sie diesen Ordner auf ein Datenlaufwerk und nicht, wie standardmäßig vorgegeben, auf *C:*.

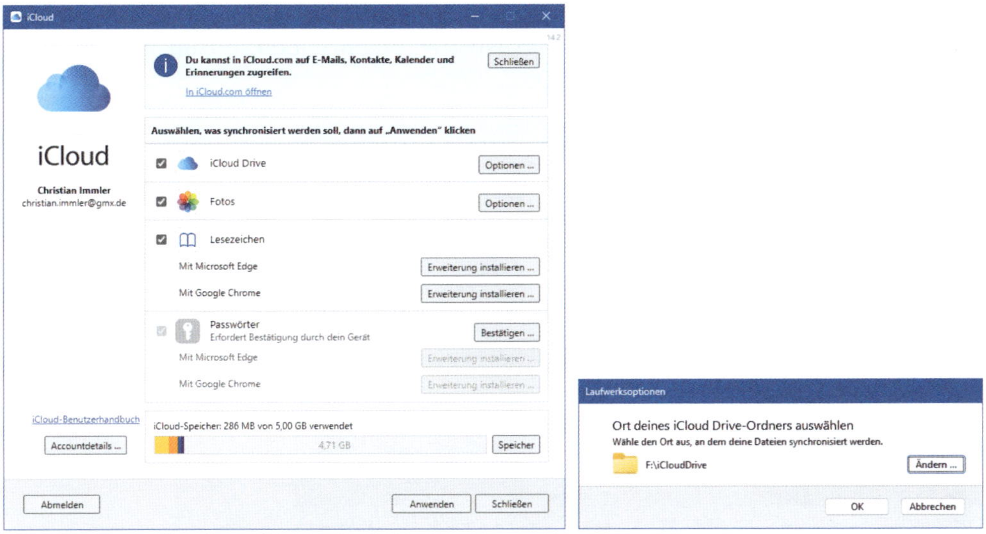

Einstellungen von iCloud für Windows

iCloud Drive und *iCloud-Fotos* erscheinen in getrennten Ordnern im ***Explorer*** auf dem PC. Symbole an den Dateien zeigen an, welche Dateien offline verfügbar sind und welche erst beim ersten Öffnen automatisch heruntergeladen werden. Dateien, die Sie auf dem PC in diese Ordner verschieben, werden automatisch mit iCloud synchronisiert.

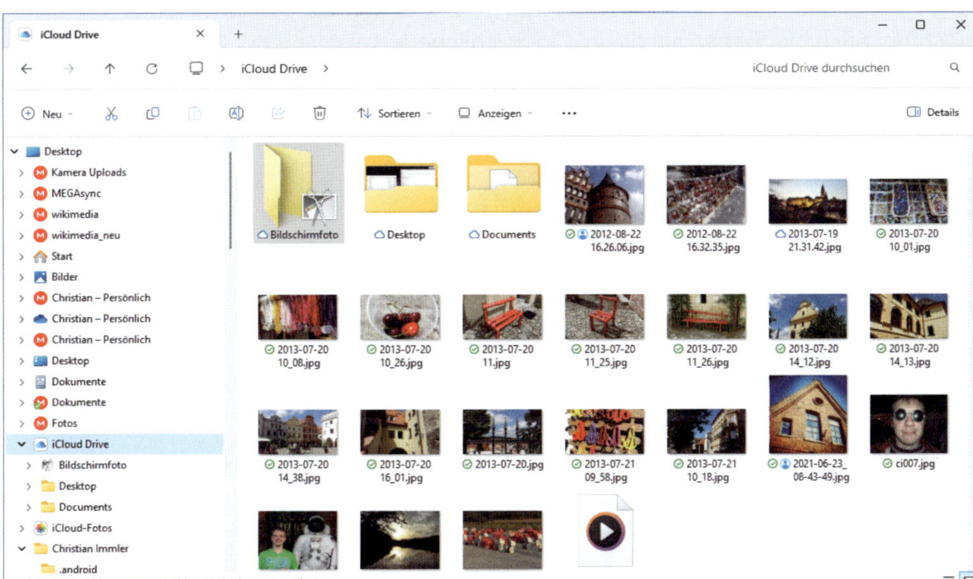

iCloud Drive und iCloud-Fotos im Explorer von Windows 11

iCloud für Windows zeigt ein Symbol in der Taskleistenecke an. Klicken Sie darauf, können Sie direkt *iCloud-Fotos* oder *iCloud Drive* im Explorer öffnen, iCloud.com im Browser anzeigen oder auf die Einstellungen von *iCloud für Windows* zugreifen.

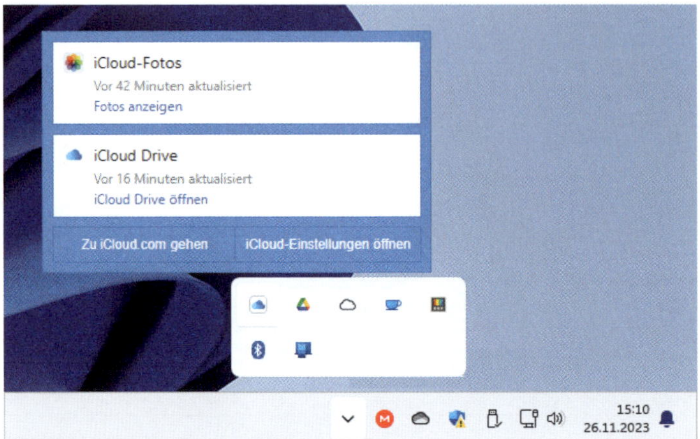

Das iCloud-Symbol in der Taskleistenecke

5.4.4 Dateien per iCloud für Windows an Freunde freigeben

Klicken Sie mit der rechten Maustaste im ***Explorer*** auf eine Datei im iCloud-Drive-Ordner und wählen Sie im Kontextmenü *Mit iCloud Drive teilen/Datei teilen*. Jetzt können Sie Personen hinzufügen, mit denen Sie die Datei teilen möchten. Auch hier haben Sie die in iCloud übliche Auswahl, ob der Freigabelink nur für die eingeladene Person oder für alle, die diesen Link haben, gelten soll. Auch können Sie festlegen, ob die eingeladenen Personen die Datei bearbeiten oder nur ansehen dürfen.

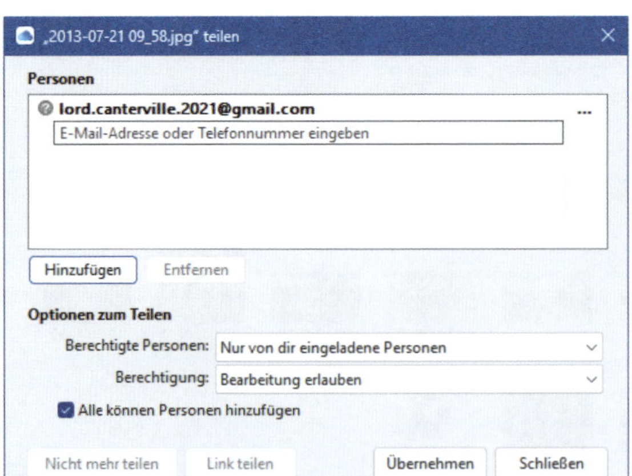

Datei über iCloud an Freunde freigeben

Dateien, die bereits einmal freigegeben wurden, sind mit einem zusätzlichen Symbol im ***Explorer*** gekennzeichnet. Hier ändern sich auch die Kontextmenüpunkte unter *Mit iCloud Drive teilen*.

- *Link kopieren* kopiert den bestehenden Freigabelink, um ihn in eine E-Mail einzufügen oder anderweitig weiterzugeben.
- *Geteilte Datei verwalten* zeigt alle Personen, mit denen der Link geteilt wurde. Hier können Sie die Freigabe aufheben oder die Berechtigungen des Freigabelinks verändern. Klicken Sie auf die drei Punkte neben einer Person, können Sie die Berechtigungen dieser Person für die Datei einzeln ändern, ohne den Freigabelink im Ganzen für alle zu ändern.

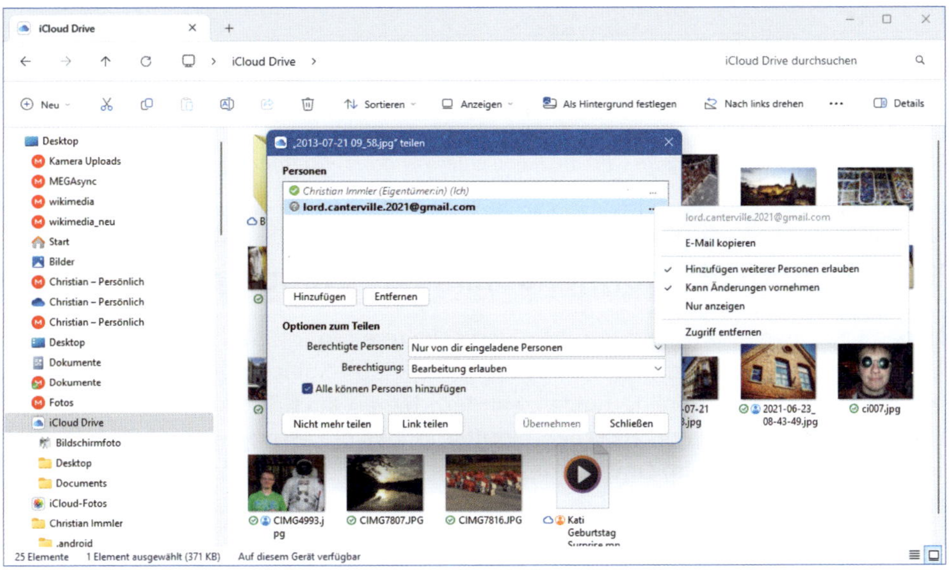

Berechtigungen einer Person für eine freigegebene Datei ändern

5.4.5 iCloud-Daten in Windows-Anwendungen nutzen

Sie können auf iCloud gespeicherte Dateien direkt in Windows-Programmen öffnen. Dazu finden Sie *iCloud Drive* und *iCloud-Fotos* in den *Datei öffnen*-Dialogen unter *Desktop*.

Windows lädt Dateien, die nicht offline verfügbar sind, automatisch von iCloud herunter. Sollte dies nicht funktionieren, wurde der automatische Dateidownload versehentlich oder durch eine falsch konfigurierte Sicherheitssoftware abgeschaltet. Lassen Sie in solchen Fällen die automatischen Dateidownloads in den *Einstellungen* unter *Datenschutz und Sicherheit/Automatische Dateidownloads* wieder zu.

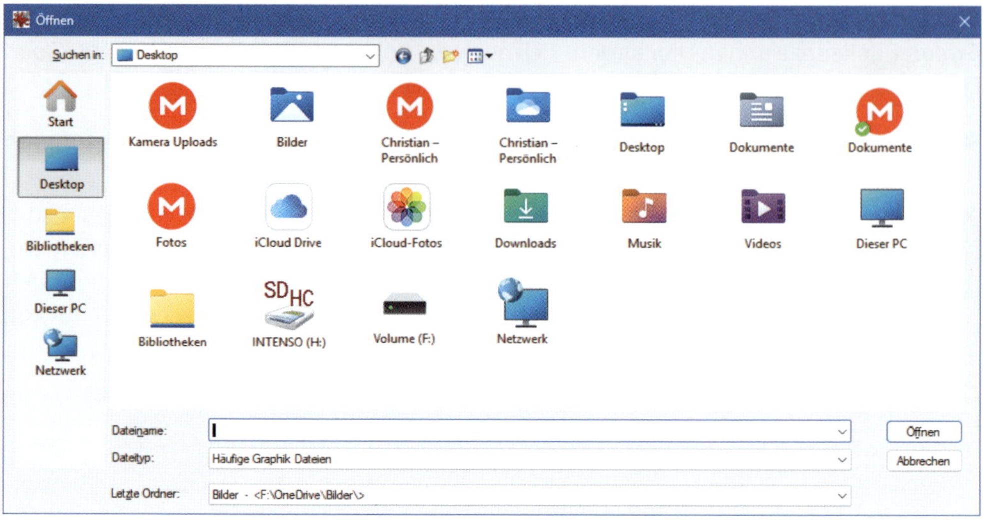

iCloud Drive und iCloud-Fotos im Öffnen-Dialog eines Windows-Programms

5.5 Andere plattformunabhängige Cloud-Speicherdienste

Neben OneDrive und iCloud gibt es diverse weitere Cloud-Speicherdienste mit kostenlosem Speicherplatzkontingent. Die wichtigsten Cloud-Speicherdienste lassen sich nicht nur über den Browser online nutzen, sondern bieten auch Tools für eine automatische Synchronisation der Daten zwischen Cloud und lokaler Festplatte an. Sowohl beim Nutzerkomfort als auch beim Umfang des verfügbaren Speicherplatzes in kostenlosen Nutzerkonten gibt es deutliche Unterschiede.

5.5.1 Google Drive

Google Drive (drive.google.com), der Cloud-Speicher von Google, steht jedem Nutzer eines Google-Kontos zur Verfügung. Seit Android zum Quasi-Standard für Smartphones geworden ist, hat nahezu jeder auch ein Google-Konto, das zur Anmeldung bei Google Drive verwendet wird. Man braucht es nur zu nutzen.

Kostenloser Speicherplatz

Google Drive bietet neuen Nutzern 15 GB kostenlosen Speicherplatz an und liegt damit deutlich vor dem in Windows vorinstallierten OneDrive. Allerdings wird dieser Speicherplatz seit einiger Zeit unter dem Namen ***Google One*** gemeinsam mit dem Speicherplatz für Gmail und Google Fotos gezählt. Seit auch automatische Cloud-Backups von Smartphones auf das Speicherkontingent angerechnet werden, bleibt vielen Nutzern nur noch deutlich weniger übrig.

Google Drive im Browser nutzen

Sie können Google Drive im Browser über drive.google.com unabhängig vom Betriebssystem auf PC oder Mac nutzen. Melden Sie sich dort mit Ihrem Google-Konto an. Google Drive zeigt im Browser viel Werbung für kostenpflichtige Tarife. Die kostenlosen Optionen funktionieren aber auch alle.

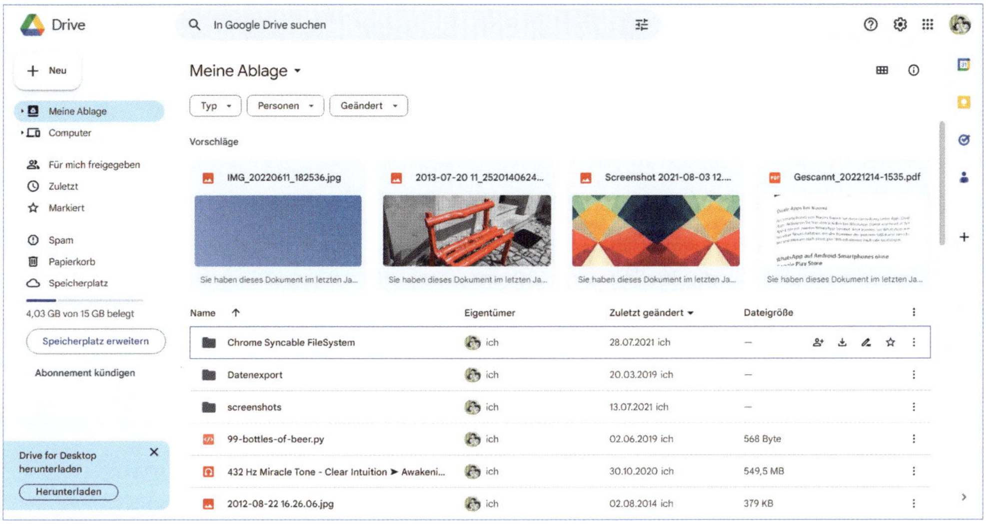

Google Drive im Browser

Dateien der meisten gängigen Dateiformate lassen sich direkt in der Google-Drive-Ansicht im Browser anzeigen.

Mit dem Button *Neu* oben links legen Sie neue Ordner in Google Drive an oder laden einzelne Dateien oder ganze Ordner vom eigenen PC auf Google Drive hoch.

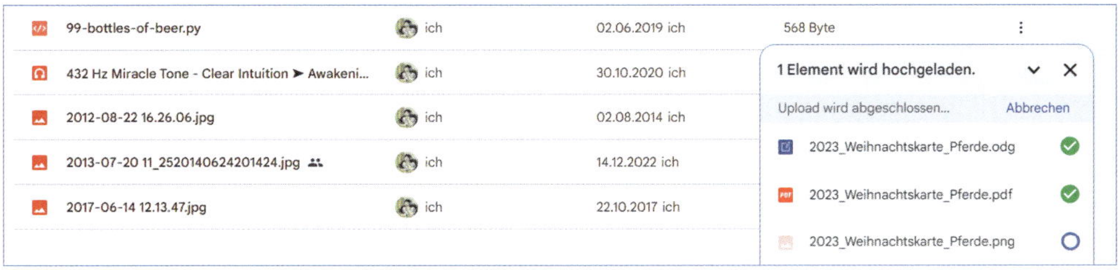

Dateien auf Google Drive hochladen

Die Liste rechts unten zeigt den aktuellen Stand des Hochladens an. Je nach der Größe der Dateien und der Geschwindigkeit der Internetverbindung kann das Hochladen einige Zeit dauern.

Noch einfacher laden Sie Dateien direkt per Drag-and-drop aus dem Explorer auf Google Drive hoch. Ziehen Sie die im Explorer markierten Dateien einfach in den unteren Bereich der Google-Drive-Seite, nachdem Sie dort vorher in den gewünschten Ordner gewechselt haben.

> **Google Fotos**
> Google speichert ähnlich wie iCloud die automatisch gesicherten Fotos getrennt von Google Drive. Diese sind im Browser bei Google Drive nicht zu sehen. Sie finden die Fotos unter photos.google.com.

Dateien aus Google Drive im Browser für Freunde freigeben

Dateien auf Google Drive lassen sich wie bei anderen Cloud-Speicherdiensten für andere Personen einfach freigeben und versenden. So spart man sich große E-Mail-Anhänge und die Datei kann leicht aktualisiert werden. Der Empfänger sieht über den freigegebenen Link immer die aktuellste Version.

1. Markieren Sie eine Datei in der Übersicht der eigenen Dateien auf Google Drive und klicken Sie auf das Symbol *Freigeben*.
2. Im nächsten Dialogfeld wählen Sie Personen aus, die einen Link zur Freigabe der Datei bekommen sollen. Häufig kontaktierte Personen aus den Google-Kontakten werden automatisch vorgeschlagen.

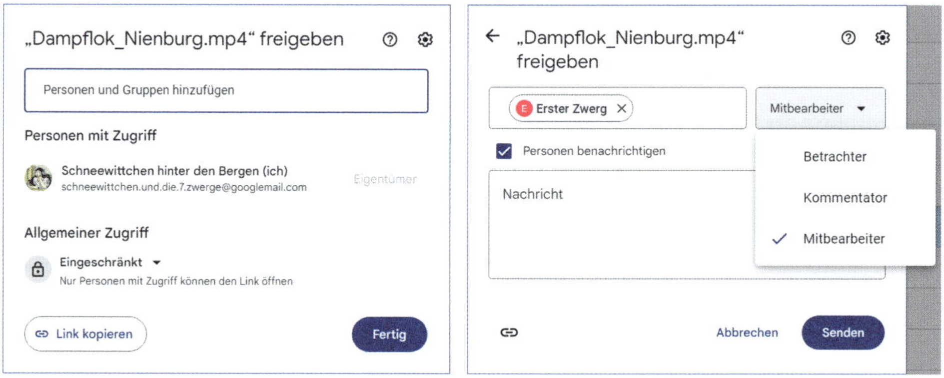

Datei für andere Personen freigeben

3. Im nächsten Schritt können Sie festlegen, ob diese die Datei bearbeiten, kommentieren oder nur betrachten dürfen. Wählen Sie dazu neben den Namen eine Rolle aus, etwa *Mitbearbeiter*, *Kommentator* oder *Betrachter*.
4. Mit einem Klick auf das *Einstellungen*-Symbol oben rechts legen Sie fest, ob Bearbeiter die Datei weiter an andere freigeben dürfen und die Berechtigungen ändern können. Betrachter und Kommentatoren können standardmäßig die Datei herunterladen, drucken und kopieren. Diese Berechtigungen können auf Wunsch entzogen werden.

Spezielle Berechtigungen einer Freigabe ändern

5. Geben Sie jetzt noch einen kurzen Text für die Benachrichtigungs-E-Mail ein, damit der Empfänger weiß, worum es sich bei der Datei handelt, und klicken Sie auf *Senden*.
6. Alternativ können Sie auch über das Symbol *Link kopieren* einen Link generieren, der über beliebige Wege weitergegeben werden kann. Der Link bietet dann den Zugriff auf die Datei. Bei diesen Links wird zwischen öffentlichen Links, die jeder, der über den Link verfügt, nutzen kann, und eingeschränkten Links unterschieden. Diese können nur von Personen genutzt werden, die vorher hinzugefügt wurden.

Google Drive für Windows

Google Drive bietet das Windows-Desktop-Programm ***Drive for Desktop*** an, das ähnlich wie OneDrive auf einfache Weise Daten der lokalen Festplatte automatisch im Hintergrund mit Google Drive synchronisiert.

1. Melden Sie sich bei drive.google.com mit Ihrem Google-Konto an und klicken Sie rechts oben auf das *Einstellungen*-Symbol. Wählen Sie *Drive for Desktop herunterladen*, laden Sie das Programm herunter und installieren Sie es.

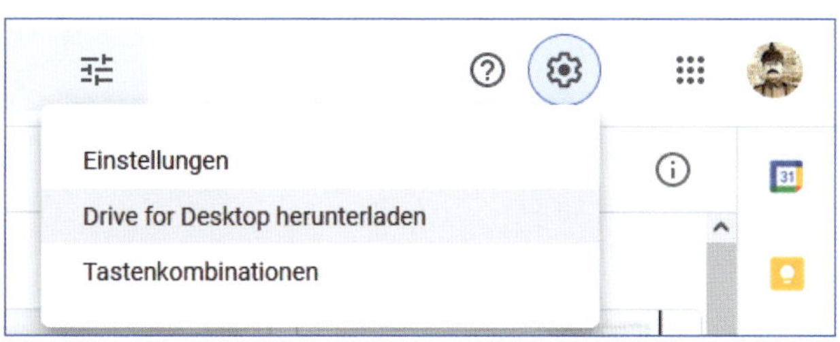

Drive for Desktop herunterladen

2. Nach der Installation müssen Sie sich mit Ihrem Google-Konto anmelden. Dazu wird ein Browserfenster geöffnet.
3. Google Drive fragt, ob die Standardordner *Desktop*, *Dokumente* und *Download* automatisch auf Google Drive gesichert werden sollen. Damit können sie ähnlich wie bei OneDrive automatisch auf mehreren PCs genutzt werden. *Dokumente* lassen sich so auch auf Macs nutzen, bei den Ordnern *Download* und *Desktop* ergibt das wegen der Systemunterschiede keinen Sinn. Sie können hier auch noch weitere Ordner zur automatischen Synchronisierung hinzufügen.

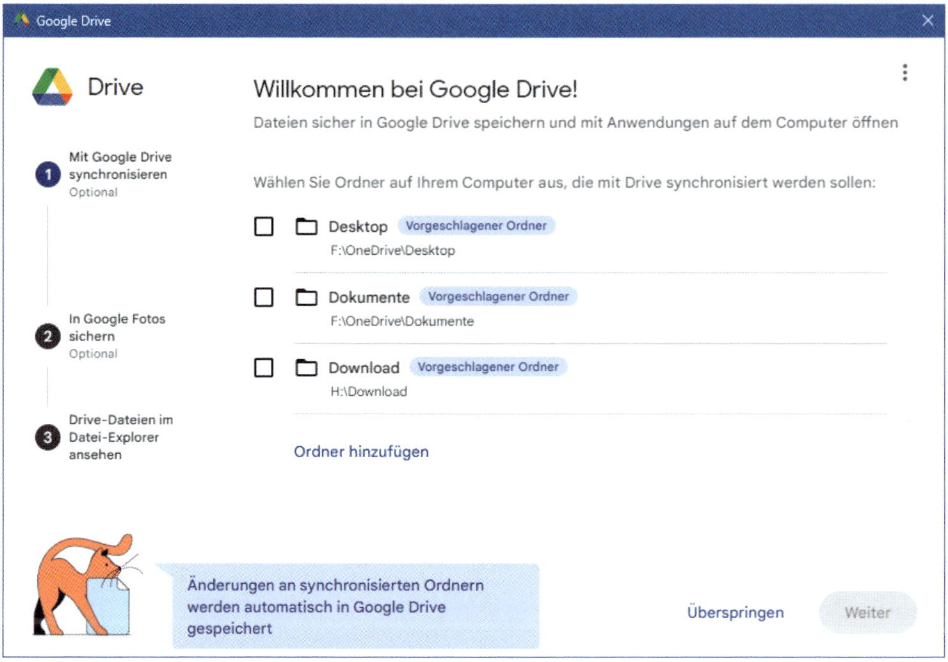

Ordner für automatische Sicherung auswählen

4. Im nächsten Schritt können Sie für Bilderordner entscheiden, ob alle Daten auf Google Drive gespeichert werden sollen oder ob Fotos und Videos auf Google Fotos gesichert werden, wo Sie die komfortablen Funktionen für Alben und die Bildbearbeitung nutzen können. Dateien, die keine Fotos oder Videos sind, werden auf Google Fotos nicht gesichert.

Fotos auf Google Drive oder Google Fotos

5. Google Drive zeigt noch Hinweise, wie Sie Ihre Dateien als eigenes Laufwerk im Explorer finden und wie Sie Dateien offline verfügbar machen – ähnlich wie bei OneDrive.

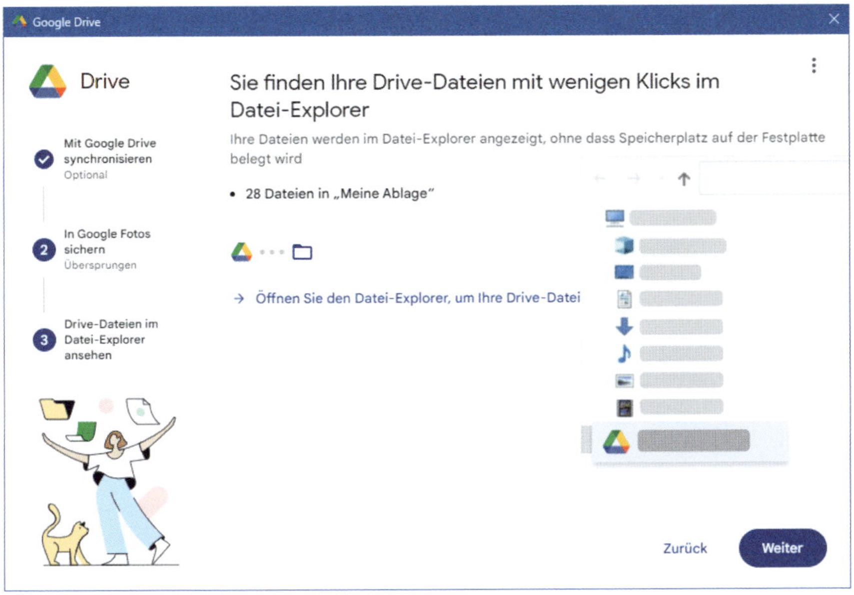

Erklärungen für nützliche Funktionen in Google Drive

6. Anschließend erscheint Google Drive als Symbol in der Taskleistenecke. Klicken Sie darauf, erscheint ein kleines Fenster, das Aktivitäten und Benachrichtigungen von Google Drive zeigt. Klicken Sie hier oben rechts auf das *Einstellungen*-Symbol, können Sie auch später noch Einstellungen vornehmen.

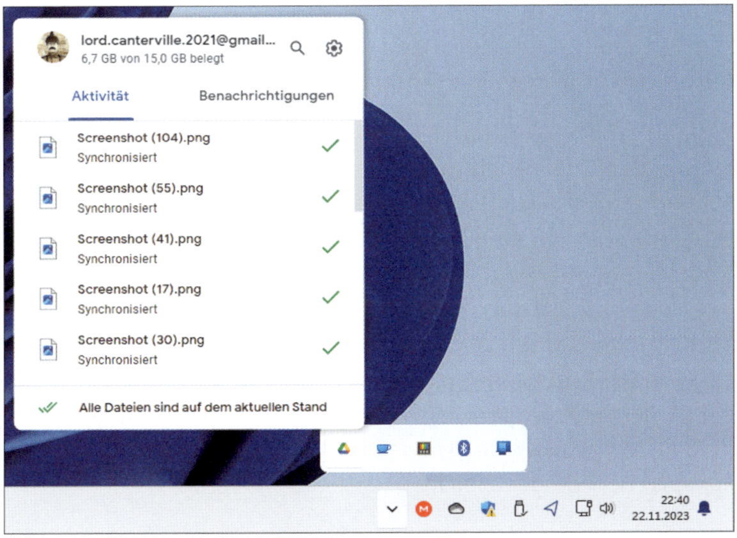

Statusanzeige von Google Drive

Dateien an Freunde oder Teamkollegen freigeben

Das Freigeben von Dateien für Freunde funktioniert aus ***Drive for Desktop*** heraus ganz ähnlich wie im Browser. Sie brauchen keinen Browser zu öffnen und müssen die Datei auch nicht von Google Drive herunterladen.

1. Klicken Sie mit der rechten Maustaste im ***Explorer*** auf eine Datei im Google-Drive-Laufwerk und wählen Sie im Kontextmenü *Weitere Optionen anzeigen/In Google Drive freigeben*.

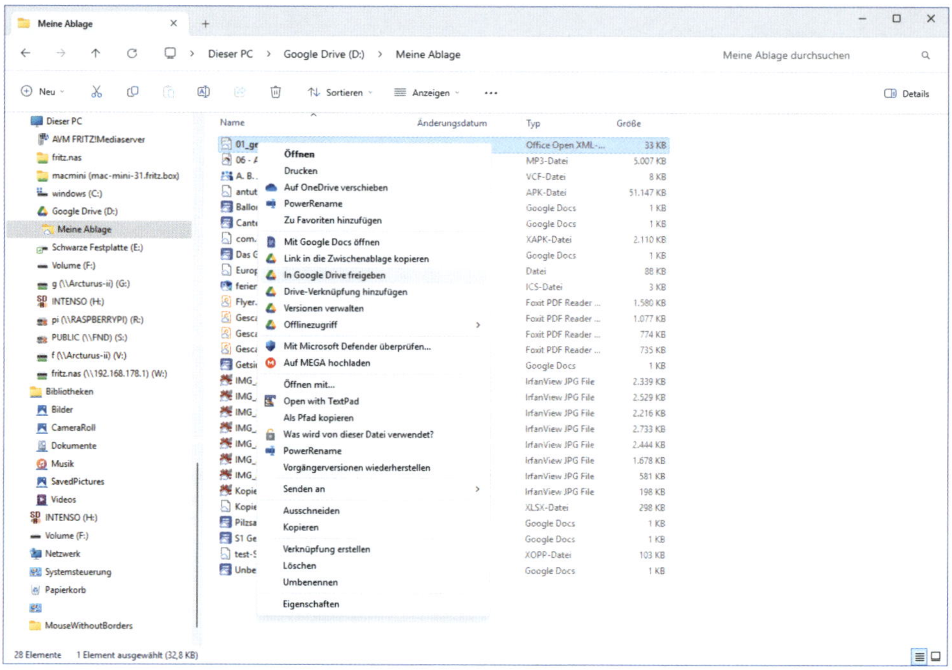

Kontextmenüpunkte für Dateien auf Google Drive im Explorer

2. Im nächsten Dialogfeld wählen Sie wie bei Google Drive im Browser Personen aus, die eine E-Mail zur Freigabe der Datei bekommen sollen. Häufig kontaktierte Personen aus den Google-Kontakten werden automatisch vorgeschlagen.
3. Im nächsten Schritt bestimmen Sie, ob die Personen, die den Link bekommen, die Datei auch bearbeiten und kommentieren oder nur betrachten dürfen. Wählen Sie dazu neben den Namen die Rolle *Mitbearbeiter*, *Kommentator* oder *Betrachter* aus. Dieser und die folgenden Schritte funktionieren gleich wie bei Google Drive online im Browser.
4. Sie können auch hier einen Link erstellen, über den andere auch ohne persönliche Einladung Zugriff auf die Datei erhalten. Für solche Links brauchen Sie nicht unbedingt das Dialogfeld *In Google Drive freigeben* aufzurufen. Der Menüpunkt *Link in die Zwischenablage kopieren* bewirkt das Gleiche.

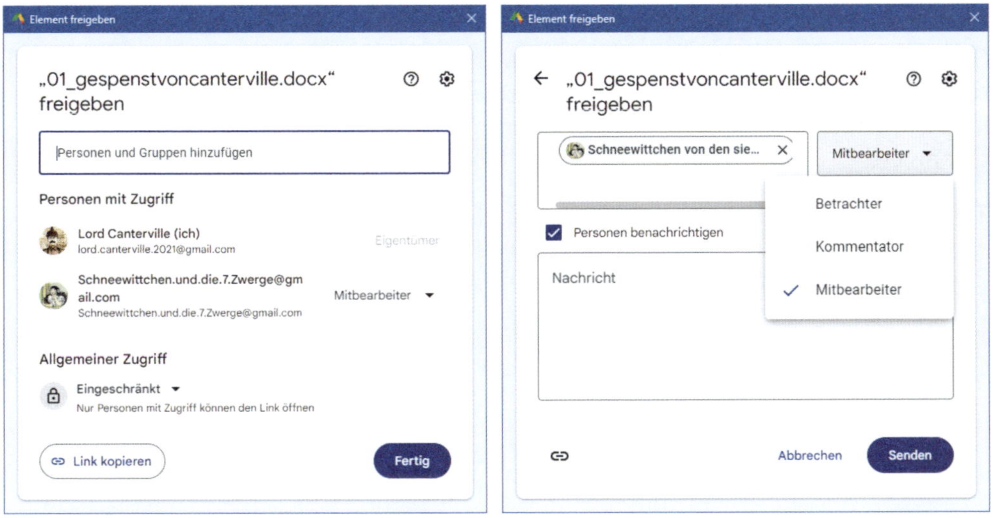

Datei für andere Personen freigeben

Dokumente ohne installierte Textverarbeitung bearbeiten

Google bietet eine Textverarbeitung und Tabellenkalkulation, die im Browser ohne lokale Installation von Programmen genutzt werden können. Im Kontextmenü kompatibler Dokumente finden Sie dazu den Menüpunkt *In Google Docs öffnen*. Diese Möglichkeit funktioniert sowohl bei Windows als auch bei macOS, ohne dass eine Textverarbeitung installiert sein muss.

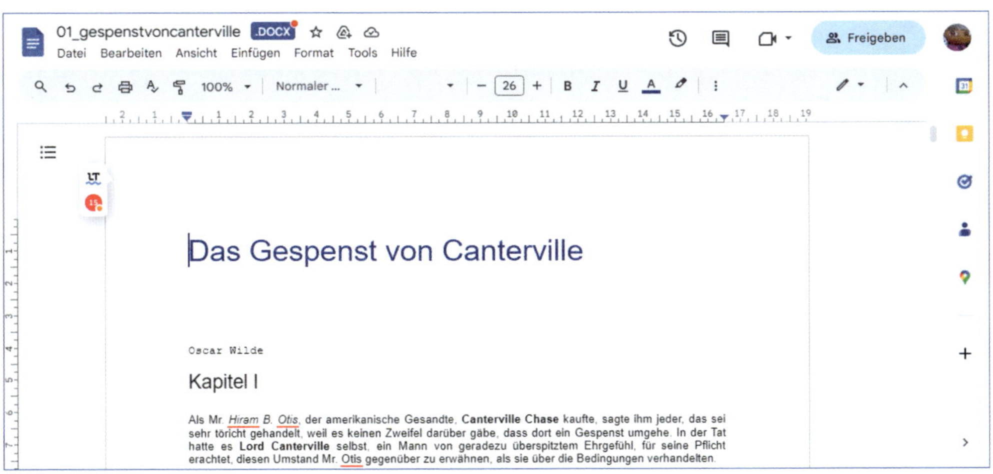

Auf Google Drive gespeichertes Dokument im Browser bearbeiten

Google Drive für macOS

Google Drive bietet ähnlich wie für Windows auch für macOS ein Desktop-Programm ***Drive for Desktop*** an, das auf einfache Weise Daten der lokalen Festplatte automatisch im Hintergrund mit Google Drive synchronisiert.

1. Melden Sie sich bei drive.google.com mit Ihrem Google-Konto an und klicken Sie rechts oben auf das *Einstellungen*-Symbol. Nach der Auswahl der Option *Drive for Desktop herunterladen* laden Sie das Programm herunter und installieren es. Sicherheitshalber muss zur Installation einmal das Benutzerpasswort des Macs eingegeben werden.

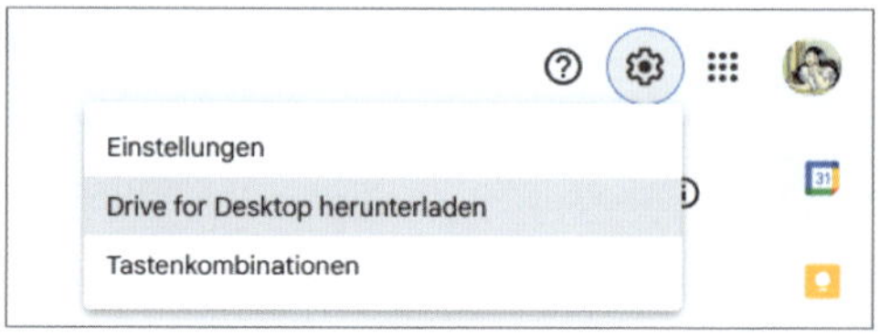

Drive for Desktop herunterladen

2. Nach der Installation müssen Sie sich mit Ihrem Google-Konto anmelden. Dazu wird ein Browserfenster geöffnet.
3. Google Drive fragt, ob die Standardordner *Desktop*, *Documents* und *Downloads* automatisch auf Google Drive gesichert werden sollen. Damit können sie auf mehreren PCs genutzt werden. Dokumente lassen sich so auch auf dem Mac nutzen. Bei den Ordnern *Downloads* sowie *Desktop* ergibt das wegen der Systemunterschiede keinen Sinn. Hier können Sie auch noch weitere Ordner zur automatischen Synchronisierung hinzufügen.

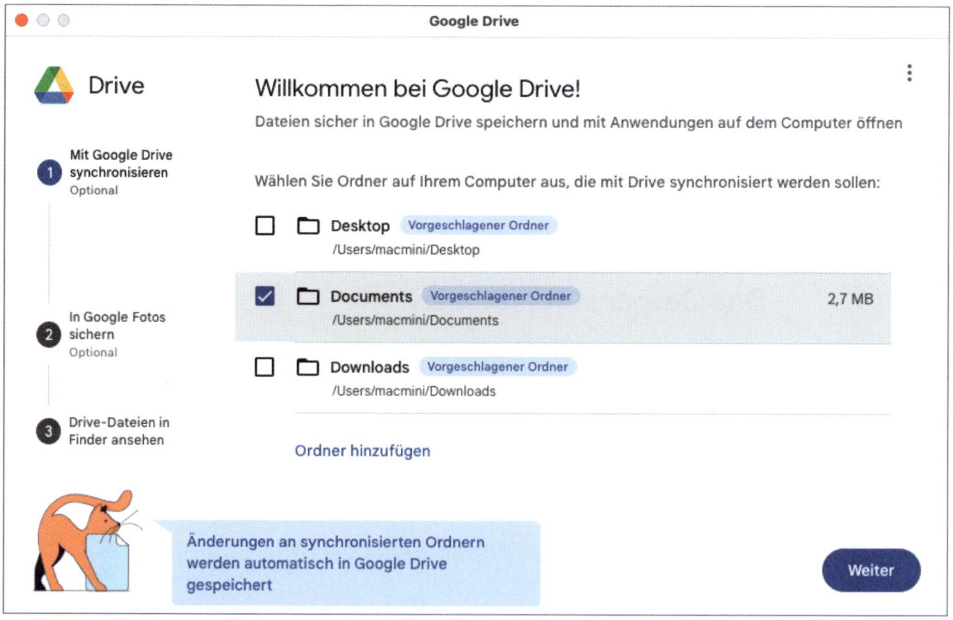

Ordner für automatische Sicherung auswählen

4. Im nächsten Schritt können Sie für die Bilderordner festlegen, ob alle Daten auf Google Drive gesichert werden sollen oder ob Fotos und Videos auf Google Fotos gesichert werden, wo Sie die komfortablen Funktionen für Alben und die Möglichkeiten der Bildbearbeitung nutzen können. Dateien, die keine Fotos oder Videos sind, werden auf Google Fotos nicht gesichert.
5. Google Drive zeigt auch auf macOS noch Hinweise, wie Sie Ihre Dateien als eigenes Laufwerk im Explorer finden und wie Sie Dateien offline verfügbar machen – ähnlich wie bei OneDrive.

Erklärungen für nützliche Funktionen in Google Drive

6. Anschließend erscheint Google Drive als Symbol in der Symbolleiste oben rechts. Klicken Sie darauf, erscheint ein kleines Fenster, das Aktivitäten und Benachrichtigungen von Google Drive zeigt. Klicken Sie hier oben rechts auf das *Einstellungen*-Symbol, können Sie auch später noch Einstellungen vornehmen.

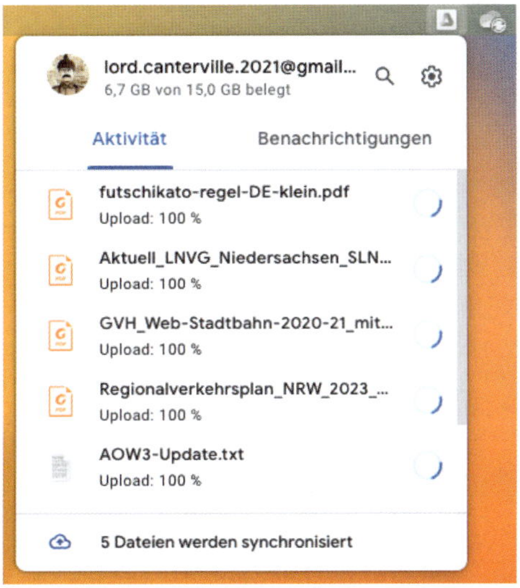

Statusanzeige von Google Drive

Dateien an Freunde oder Teamkollegen freigeben

Das Freigeben von Dateien für Freunde funktioniert aus ***Drive for Desktop*** auf macOS gleichermaßen wie auf Windows. Sie brauchen keinen Browser zu öffnen und müssen die Datei auch nicht von Google Drive herunterladen.

1. Klicken Sie mit gehaltener control-Taste oder mit der rechten Maustaste auf eine Datei auf Google Drive im ***Finder*** und wählen Sie im Kontextmenü *In Google Drive freigeben*.

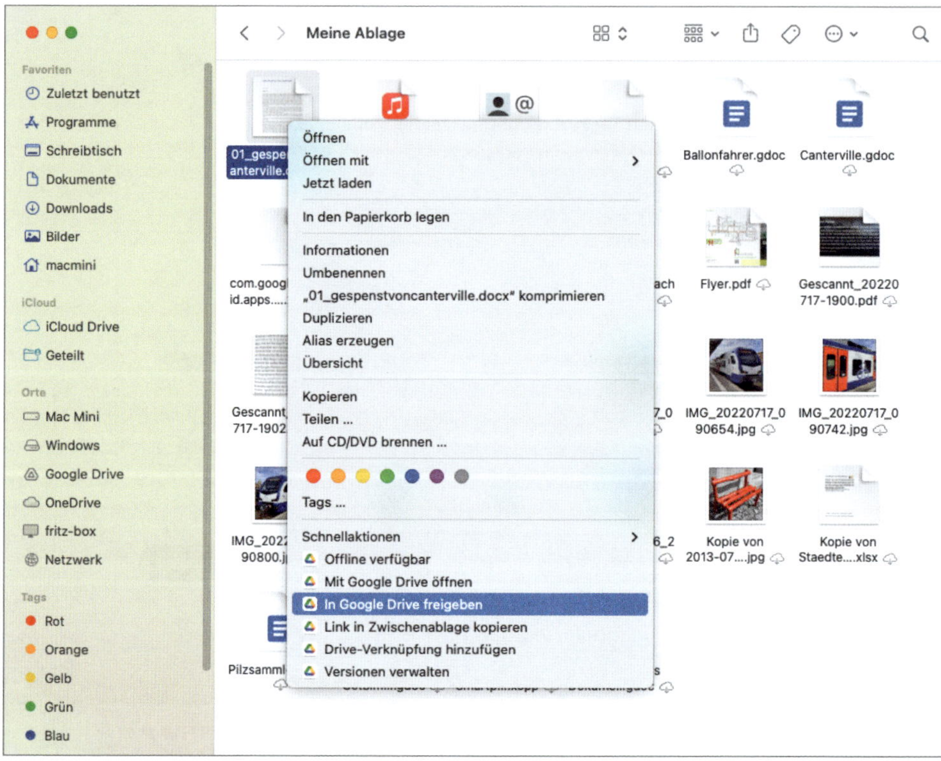

Kontextmenüpunkte für Dateien auf Google Drive im Finder von macOS

2. Im nächsten Dialogfeld wählen Sie wie bei Google Drive im Browser Personen aus, die eine E-Mail zur Freigabe der Datei bekommen sollen. Häufig kontaktierte Personen aus den Google-Kontakten werden automatisch vorgeschlagen.
3. Im nächsten Schritt können Sie festlegen, ob diese die Datei bearbeiten, kommentieren oder nur betrachten dürfen. Wählen Sie dazu neben den Namen die Rolle *Mitbearbeiter*, *Kommentator* oder *Betrachter* aus. Dieser und die folgenden Schritte funktionieren genauso wie bei Google Drive online im Browser.
4. Sie können auch hier einen Link erstellen, über den andere auch ohne persönliche Einladung Zugriff auf die Datei erhalten. Für solche Links brauchen Sie nicht unbedingt das Dialogfeld *In Google Drive freigeben* aufzurufen. Der Menüpunkt *Link in Zwischenablage kopieren* bewirkt das Gleiche.

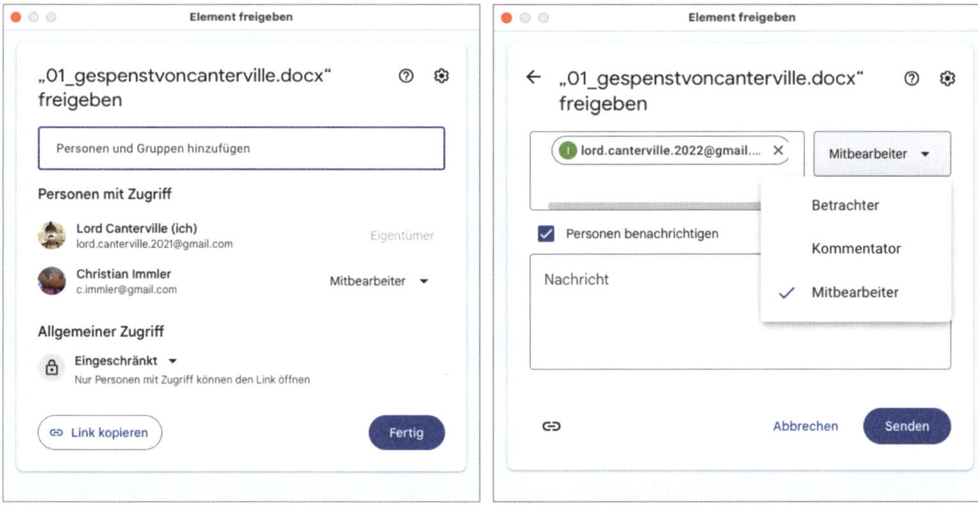

Datei für andere Personen freigeben

5.5.2 MEGA

MEGA (mega.io) gilt zwar als einer der unbekannteren Anbieter von Cloud-Speicher, zählt aber, was die technischen Möglichkeiten angeht, zu den besten, da im Gegensatz zu allen anderen vergleichbaren Diensten die Daten auf den Geräten der Anwender verschlüsselt und entschlüsselt werden. Sie liegen also immer in verschlüsselter Form auf den Cloud-Servern. Deshalb dürfen Sie nie das Passwort vergessen, da dies zur Entschlüsselung benötigt wird.

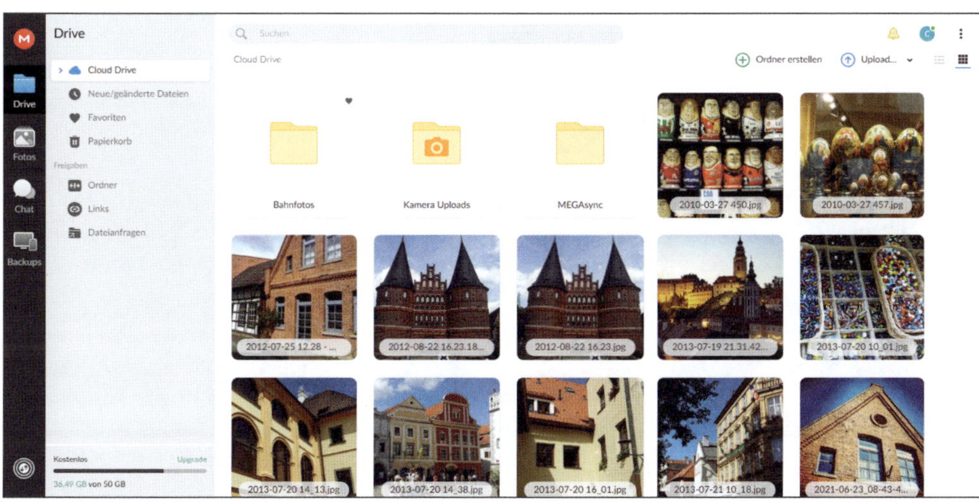

Der MEGA-Cloud-Speicher im Browser

Sicherheitshalber bietet MEGA einen Rettungsschlüssel an, der allerdings vorher irgendwo sicher gespeichert werden muss, um ihn im Notfall nutzen zu können, wenn Sie das Passwort doch einmal vergessen sollten.

> **Kostenloser Speicherplatz**
> MEGA bietet neuen Nutzern zurzeit nur noch 20 GB kostenlosen Speicherplatz bei begrenztem Transfervolumen an, liegt damit aber immer noch im oberen Bereich, verglichen mit anderen Cloud-Speicherdiensten. Über verschiedene Aktionen können Sie mehr Speicherplatz bekommen. Nutzer, die MEGA schon seit einiger Zeit nutzen, haben bis zu 50 GB freien Speicherplatz, der auch nicht verloren geht.

Im Browser sehen Sie bei mega.io nach der Anmeldung Ihren gesamten Cloud-Speicher. Hier können Sie Dateien hoch- und herunterladen, wobei MEGA im Gegensatz zu anderen Anbietern nicht nur den freien Speicherplatz, sondern auch das maximale monatliche Transfervolumen begrenzt. Zum Hochladen ziehen Sie die Dateien einfach auf MEGA im Browser.

Dateien aus MEGA im Browser für Freunde freigeben

Mit einem Klick auf das Symbol mit den drei Punkten an einem Ordner geben Sie diesen Ordner für Freunde frei.

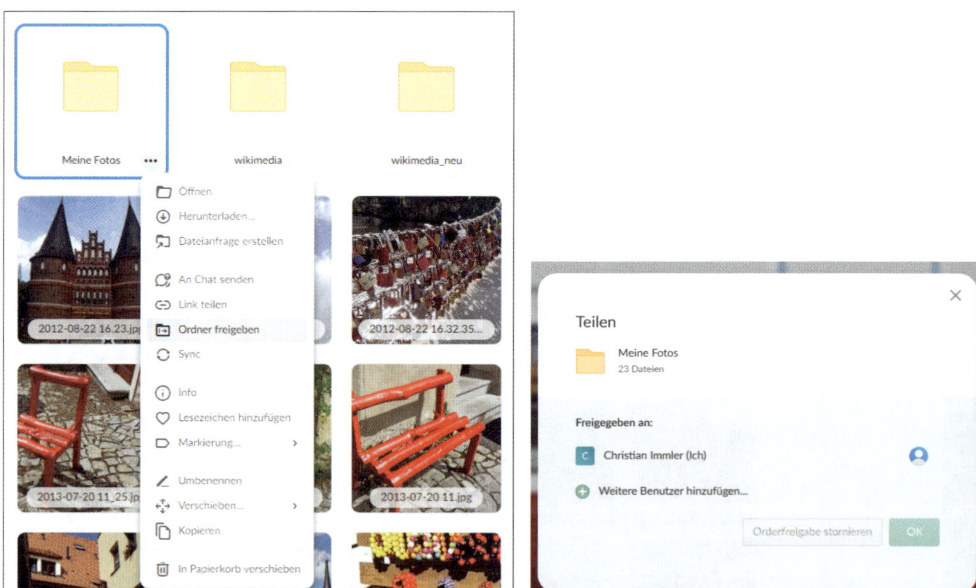

Ordner aus MEGA im Browser freigeben

Klicken Sie auf *Weitere Benutzer hinzufügen* und legen Sie fest, ob der Eingeladene die Dateien im Ordner nur ansehen oder auch selbst Dateien hochladen darf.

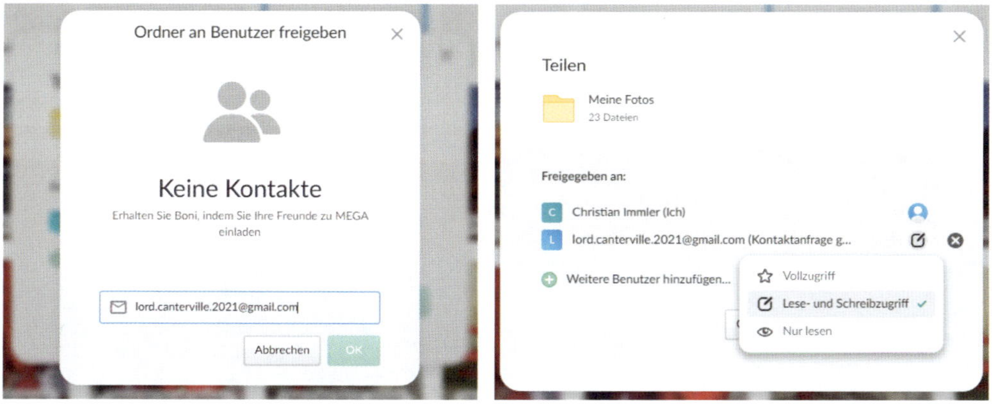

Freunde einladen und Zugriffsberechtigungen festlegen

MEGA für Windows

MEGA bietet eine Desktop-App an, mit der sich Ordner beliebiger lokaler Festplatten mit dem Cloud-Speicher MEGA automatisch im Hintergrund synchronisieren lassen.

Zwei verschiedene Optionen zum Sync

MEGA ist beim Synchronisieren wesentlich besser personalisierbar als andere Cloud-Speicher, bei denen oft nur die Möglichkeit besteht, einzelne Ordner von der Synchronisation auszunehmen.

Die *Vollsynchronisierung* synchronisiert den kompletten Cloud-Speicher mit einem Ordner auf dem PC, vergleichbar mit OneDrive, Dropbox und anderen.

Ordnersync synchronisiert beliebige Ordner auf dem Cloud-Speicher mit beliebigen Ordnern auf lokalen Laufwerken. Dabei können die lokalen Ordner auch auf unterschiedlichen Laufwerken liegen. Sie müssen nicht Unterordner eines MEGA-Ordners sein, wie bei anderen Cloud-Speicheranbietern.

1. Laden Sie sich bei mega.io/desktop die *MEGA-Desktop-App* herunter und installieren Sie sie.
2. Nach der Installation melden Sie sich mit Ihrem MEGA-Konto an, oder Sie erstellen in der Desktop-App ein neues Konto.
3. MEGA bietet zwei verschiedene Optionen zur Synchronisation des Cloud-Speichers mit dem lokalen PC, *Vollsynchronisierung* sowie *Ordnersync*. Wählen Sie eine der beiden aus. In den meisten Fällen ist *Ordnersync* die interessantere Variante, besonders wenn Sie mehrere PCs oder Macs mit dem gleichen MEGA-Cloud-Speicher synchronisieren.

4. Beim *Ordnersync* legen Sie anschließend gleich das erste Synchronisationspaar an, indem Sie den vorinstallierten Ordner *MEGAsync* auf dem Cloud-Speicher mit einem frei wählbaren Ordner auf dem PC synchronisieren.

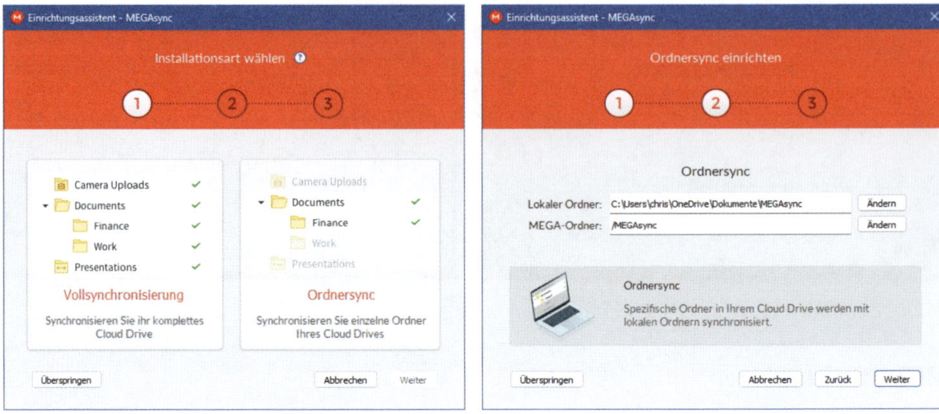

Installationsoptionen in der MEGA-Desktop-App

Bei der Vollsynchronisierung legt MEGA automatisch einen Ordner im eigenen Benutzerprofil an, der mit dem Cloud-Speicher MEGA synchronisiert wird. Dieser Ordner wird im Navigationsbereich des ***Explorers*** direkt angezeigt, ohne erst durch die Ordnerstruktur des Benutzerprofils springen zu müssen.

Beim *Ordnersync* können Sie beliebige Ordner auf beliebigen lokalen Laufwerken mit Ordnern auf dem Cloud-Speicher synchronisieren. Da diese Ordner im ***Explorer*** sonst schwer zu finden sind, wird für jeden dieser lokalen Ordner – bei MEGA als *Sync* bezeichnet – eine Verknüpfung im Navigationsbereich des Explorers angelegt.

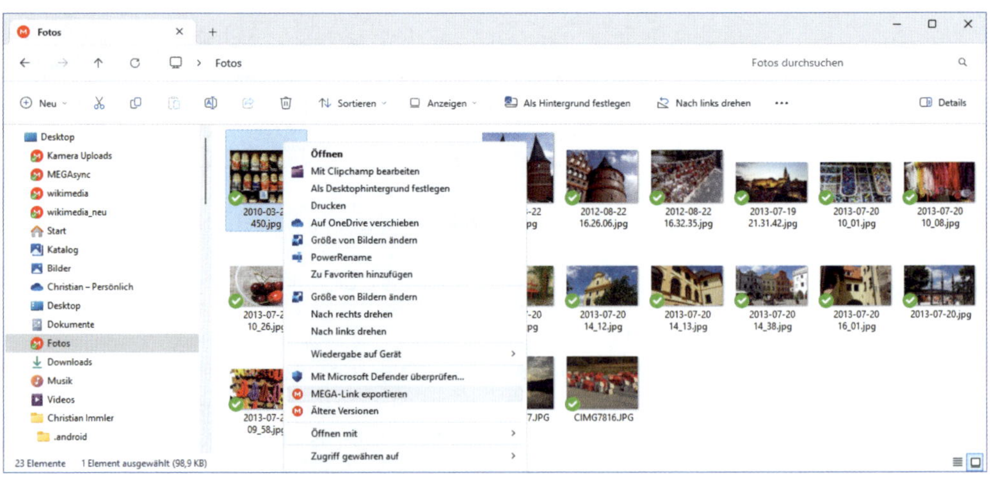

Mehrere MEGA-Sync-Ordner im Explorer

So legen Sie neue Syncs an:

1. Beim Klick auf das MEGA-Symbol in der Taskleistenecke erscheint das Statusfenster von MEGA, das die letzten Dateitransfers anzeigt. Ziehen Sie eine Datei direkt auf dieses Fenster, um sie auf den Cloud-Speicher hochzuladen.
2. Beim Klick auf das Ordnersymbol oben rechts werden alle bereits eingerichteten Syncs angezeigt. Hier können Sie schnell einen der Ordner im ***Explorer*** öffnen.
3. Klicken Sie auf *Sync hinzufügen* und wählen Sie einen Ordner auf einem lokalen Laufwerk und einen Ordner auf MEGA aus, die miteinander synchronisiert werden sollen. Im Auswahldialog können Sie auf MEGA auch einen neuen Ordner für den Sync anlegen.
4. Alle Syncs erscheinen automatisch in der Liste im Statusfenster und als Verknüpfung im Navigationsbereich des ***Explorers***.

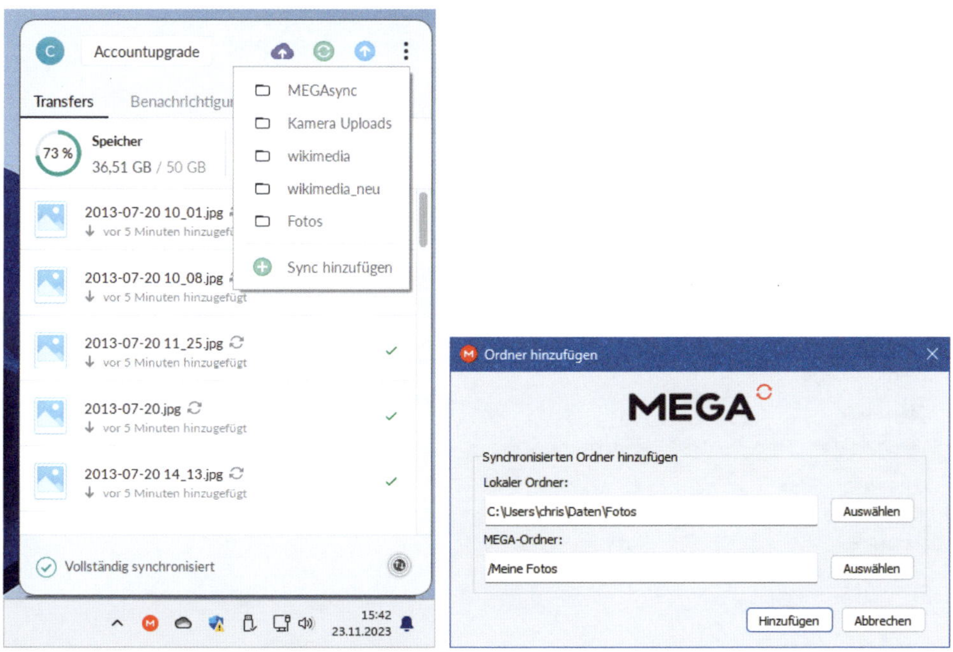

Syncs anzeigen und neuen Sync anlegen

Beim Kopieren von Daten oder anderen Ordnern in einen Sync-Ordner auf der Festplatte werden diese automatisch auf MEGA hochgeladen und bleiben auch als Kopie auf der Festplatte bestehen. Umgekehrt werden Dateien, die von anderen Computern in einen synchronisierten Ordner auf MEGA hochgeladen wurden, automatisch auf die lokale Festplatte dieses Computers in den entsprechenden synchronisierten Ordner kopiert, sodass sie danach offline zur Verfügung stehen und mit jeder beliebigen Anwendung bearbeitet werden können. Kurz nach dem lokalen Speichern sind die bearbeiteten Dateien auch wieder online und auf allen synchronisierten PCs verfügbar.

In den Einstellungen von MEGA können Sie im Bereich *Ordner* auswählen, ob alle Dateien und Unterordner in einem Sync-Ordner mit der lokalen Festplatte synchronisiert werden sollen. Sie können über Namensmuster Temporärdateien, *desktop.ini*, *Thumbs.db* oder besonders kleine Dateien wie Icons oder auch besonders große Dateien automatisch von der Synchronisation ausnehmen. An dieser Stelle können Sie auch den Standardordner von MEGA aus dem eigenen Benutzerprofil an eine andere Stelle, zum Beispiel auf ein anderes Laufwerk, verschieben. Die selbst angelegten Sync-Ordner können auf beliebigen Laufwerken liegen.

Die Einstellungen von MEGA erreichen Sie mit einem Rechtsklick auf das MEGA-Symbol in der Taskleistenecke oder über den Menüpunkt *Einstellungen* im Statusfenster von MEGA.

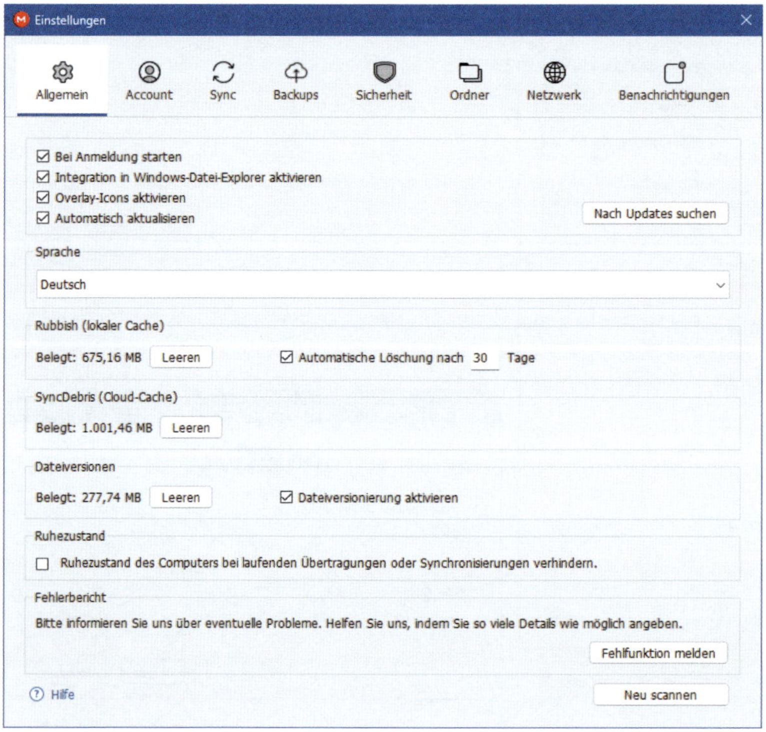

Die Einstellungen von MEGA

Achten Sie darauf, dass in den *Einstellungen* unter *Allgemein* der Schalter *Bei Anmeldung starten* aktiviert ist, damit Ihre MEGA-Ordner immer auf dem aktuellen Stand sind. Andernfalls müssten Sie MEGA bei jedem Neustart von Windows manuell starten.

Zusätzliche Symbole an jeder Datei und jedem Unterordner in den Sync-Ordnern im ***Explorer*** zeigen an, ob die lokale Datei mit der Version auf MEGA synchron ist. Dazu muss in den *Einstellungen* unter *Allgemein* die Option *Symbole für Synchronisierungsstatus aktivieren* eingeschaltet sein.

MEGA für macOS

MEGA bietet auch für macOS eine Desktop-App an, mit der sich Ordner beliebiger lokaler Festplatten mit dem Cloud-Speicher MEGA automatisch im Hintergrund synchronisieren lassen.

1. Laden Sie bei mega.io/desktop die *MEGA-Desktop-App* herunter. Jetzt brauchen Sie nur noch das MEGA-Symbol in den *Programme*-Ordner zu ziehen und das Programm zu starten.
2. Nach der Installation melden Sie sich mit Ihrem MEGA-Konto an, oder Sie erstellen in der Desktop-App ein neues Konto.
3. MEGA bietet auch auf macOS zwei verschiedene Optionen zur Synchronisation des Cloud-Speichers mit der lokalen Festplatte. Wählen Sie eine davon aus. In den meisten Fällen ist *Ordnersync* die interessantere Variante, besonders wenn Sie mehrere PCs oder Macs mit dem gleichen MEGA-Cloud-Speicher synchronisieren.
4. Beim *Ordnersync* legen Sie anschließend gleich das erste Synchronisationspaar an, indem Sie den vorinstallierten Ordner *MEGAsync* auf dem Cloud-Speicher mit einem frei wählbaren Ordner auf dem Mac synchronisieren.
5. MEGA erscheint als Symbol in der Leiste oben rechts. Klicken Sie darauf, sehen Sie die aktuellen Transfers, können neue Syncs anlegen und die Einstellungen verändern. Alles funktioniert wie in der Windows-Version von MEGA.

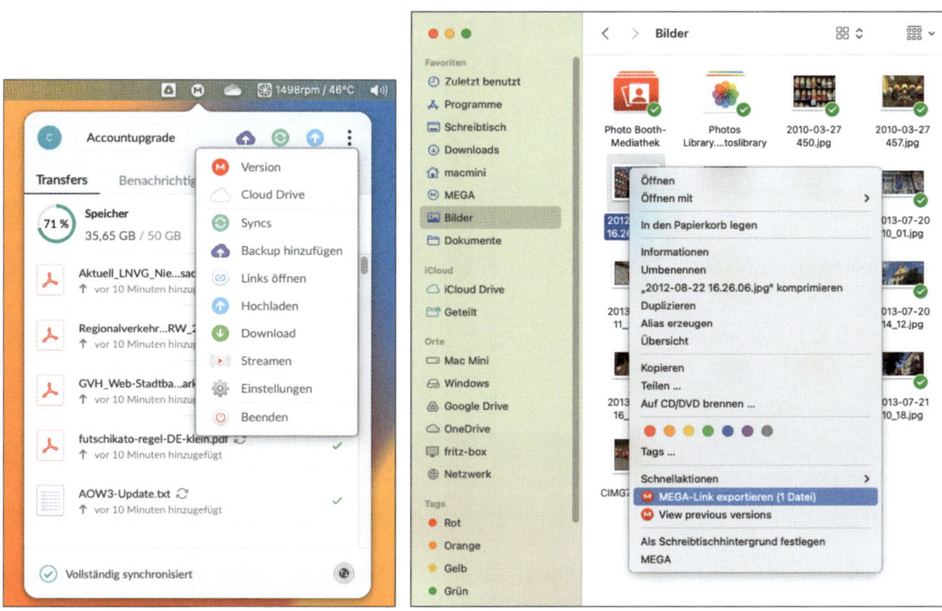

Links: Statusanzeige von MEGA in macOS, rechts: synchronisierter Ordner im Finder

Die synchronisierten Ordner werden nicht automatisch an prominenter Position im ***Finder*** angezeigt. Innerhalb der Ordner sehen Sie aber grüne Häkchen, die kennzeichnen, dass die Dateien mit MEGA synchronisiert werden. Im Kontextmenü der synchronisierten Dateien finden Sie Menüpunkte, um einen Link zur Freigabe in die Zwischenablage zu kopieren oder frühere Dateiversionen einer Datei anzuzeigen.

Dokumente und Bilder automatisch auf MEGA speichern

Wechseln Sie regelmäßig zwischen mehreren PCs und möchten dabei sehr einfach auf die gleichen Daten zugreifen? Dann können Sie festlegen, dass die Standardordner für Bilder und Dokumente, die im Schnellzugriffsbereich des ***Explorers*** angezeigt werden, auf MEGA synchronisiert werden, statt nur auf der lokalen Festplatte gespeichert zu werden. Verwenden Sie Windows-PCs und Macs gleichzeitig, können Sie auch die Bilderordner trotz unterschiedlicher Verzeichnisstrukturen über MEGA miteinander synchronisieren.

Dank der sehr flexiblen Ordnerstruktur von MEGA brauchen Sie die Standardordner nicht an einen anderen Ort zu verschieben, wie das zum Beispiel bei der Synchronisation mit OneDrive der Fall ist. Legen Sie einfach zwei neue Syncs an, die die bestehenden Ordner *Dokumente* und *Bilder* mit zwei neu angelegten Ordnern auf MEGA synchronisieren. Direkt beim Anlegen eines Syncs können Sie auf dem Cloud-Speicher auch neue Ordner anlegen.

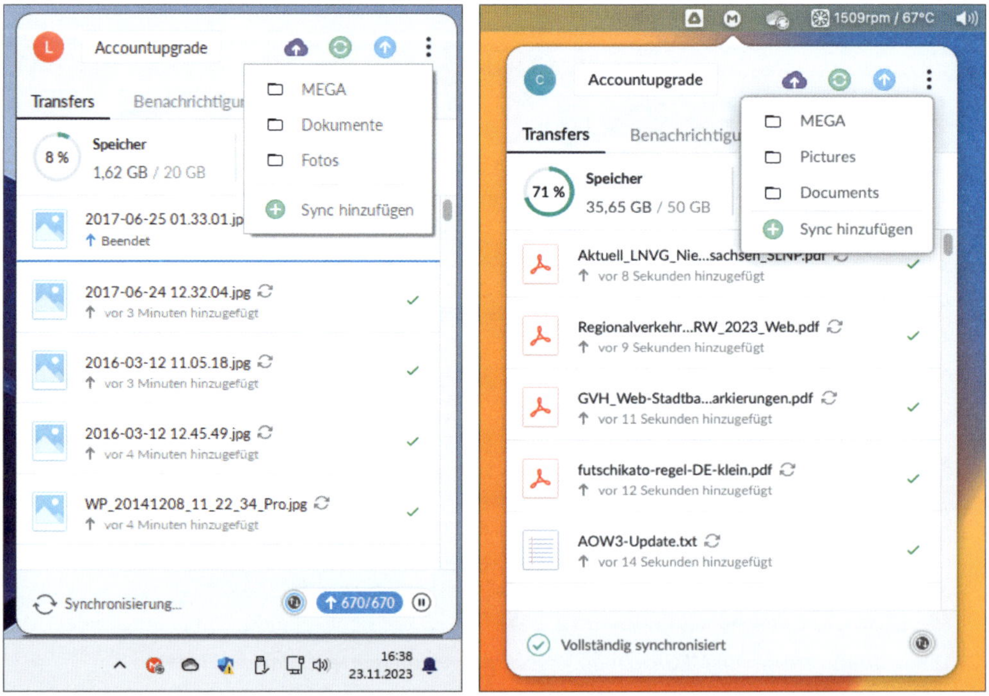

Persönliche Standardordner von Windows und macOS mit MEGA synchronisieren

Den persönlichen Dokumente-Ordner finden Sie in macOS unter */Users/[Benutzername]/Documents*, den Bilderordner unter */Users/[Benutzername]/Pictures*.

Daten an Freunde oder Teamkollegen freigeben

Jede auf MEGA hochgeladene oder synchronisierte Datei ist, wie bei den meisten Cloud-Speichern, zunächst standardmäßig nur für Sie selbst und für niemand anderen sichtbar und nutzbar. Dabei gibt es eine Ausnahme: Kopieren Sie eine Datei in einen Ordner, der bereits für andere Personen freigegeben ist, wird die neue Datei automatisch für die gleichen Personen freigegeben. Sie übernimmt die Freigabe-Einstellungen des Ordners.

1. Die Datei oder der Ordner muss in einem synchronisierten Ordner auf der lokalen Festplatte liegen. Dann wird sie automatisch mit MEGA synchronisiert.
2. Klicken Sie mit der rechten Maustaste auf die gewünschte Datei im ***Explorer*** und wählen Sie im Kontextmenü *Weitere Optionen anzeigen/MEGA-Link exportieren*.
3. MEGA kopiert den Link in die Zwischenablage, von wo Sie ihn in eine E-Mail, einen Chat oder ein beliebiges Dokument einfügen und zur Verfügung stellen können.

Der Empfänger kann den Link direkt im Browser öffnen und sich die Datei herunterladen. Noch komfortabler funktioniert es mit der *MEGA-Desktop-App*:

1. Klicken Sie mit der rechten Maustaste auf das MEGA-Symbol in der Taskleistenecke und wählen Sie *Links öffnen*. Den gleichen Menüpunkt finden Sie auch im Menü der *MEGA-Desktop-App*.

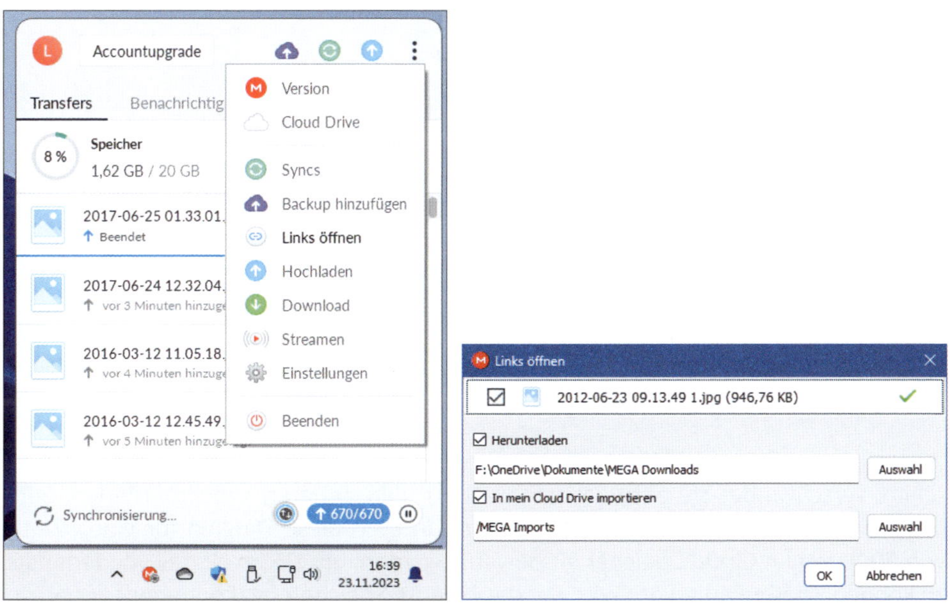

Freigegebenen MEGA-Link öffnen und Datei speichern

2. Fügen Sie den Link aus der Zwischenablage im Fenster ein und klicken Sie auf *Absenden*.
3. Jetzt können Sie festlegen, wohin Sie die Datei herunterladen möchten. Zudem können Sie sie auch in Ihrem eigenen MEGA-Cloud-Speicher ablegen.

MEGA-Speicherplatz voll – was tun?

Obwohl der kostenlose Speicherplatz auf MEGA recht großzügig bemessen ist, neigt er dennoch dazu, knapp zu werden. Aus diesem Grund ist es besonders wichtig, regelmäßig aufzuräumen und unnötige Dateien zu löschen. Wenn der Speicherplatz zur Neige geht, werden auffällige Benachrichtigungen auf dem Taskleistensymbol, im Übersichtsfenster sowie im Browser angezeigt. Wie zu erwarten, enthalten diese Meldungen auch Werbung für kostenpflichtige Tarife mit erweitertem Speicherplatz.

In der Browseransicht wird unten links die Belegung des MEGA-Speichers angezeigt. Die *MEGA-Desktop-App* zeigt in zwei Kreisgrafiken den verbrauchten Speicherplatz und das verbrauchte Transfervolumen, das bei den kostenlosen MEGA-Konten zwar ebenfalls begrenzt, aber sehr großzügig bemessen ist. Klicken Sie auf die Speicheranzeige, um zu sehen, wie viel Speicherplatz tatsächlich von Dateien belegt wird und wie viel Speicherplatz durch den Papierkorb und gespeicherte ältere Dateiversionen belegt wird.

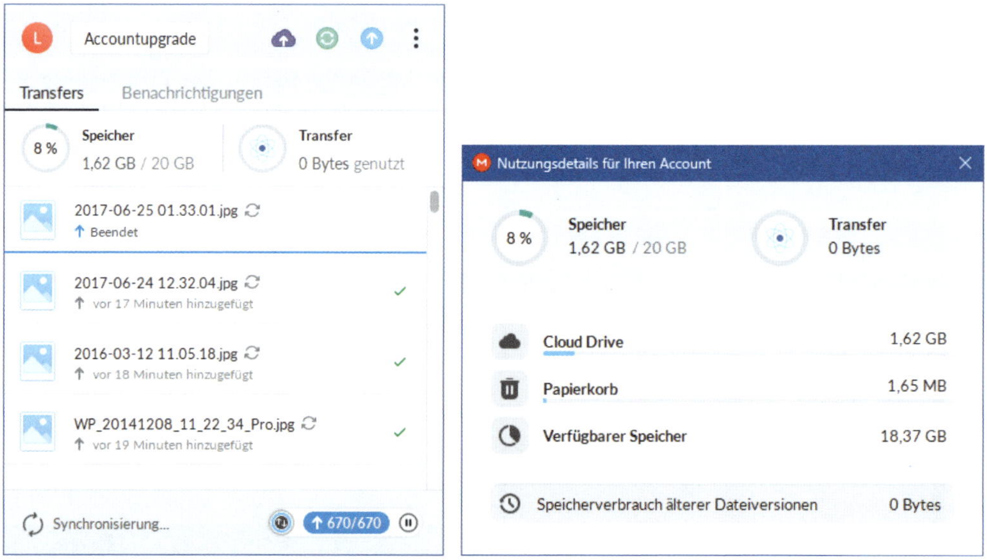

Übersicht über das Speicherplatzkontingent auf MEGA

Wenn Sie eine Datei auf MEGA oder in einem synchronisierten Ordner auf einem PC löschen, verschwindet sie automatisch auch auf den anderen synchronisierten Geräten. MEGA verwendet einen eigenen Papierkorb, in dem diese Dateien für einen Zeitraum von 30 Tagen im Cloud-Speicher aufbewahrt werden, um sie im Notfall wiederherstellen zu können. Dieser Papierkorb wird auf das belegte Speicherplatzkontingent angerechnet. Um Speicherplatz freizugeben, empfiehlt es sich, den Papierkorb von Zeit zu Zeit zu leeren.

Der Papierkorb befindet sich im Seitenmenü von MEGA im Browser. Hier können Sie gelöschte Dateien einzeln oder alle wiederherstellen oder den Papierkorb leeren.

Eine weitere Möglichkeit, Speicherplatz zu gewinnen, ist das Löschen des Cloud-Cache. Dieser wird in den Einstellungen der *MEGA-Desktop-App* im Bereich *Allgemein* angezeigt. Dort können Sie ihn auch leeren.

An der gleichen Stelle können Sie auch den Speicherplatz löschen, der von älteren Dateiversionen belegt wird, die weiterhin online verfügbar sind. Allerdings können Sie dann nicht mehr auf eine ältere gespeicherte Version einer Datei zugreifen, wenn Sie eine fehlerhafte Änderung gespeichert haben.

5.5.3 GMX- und Web.de-Cloud

Die E-Mail-Anbieter ***GMX*** und ***Web.de***, die beide zu 1&1 Mail und Media gehören, bieten auch den Nutzern kostenloser E-Mail-Adressen Cloud-Speicherplatz an. Anfangs bekommt man 2 GB, die durch Aktionen oder auch kostenpflichtig erweitert werden können. Die Möglichkeiten zur Nutzung dieses Speichers über ein Webportal, die E-Mail-App der Anbieter oder die Synchronisation mit dem PC sind bei beiden Diensten gleich.

Im eigenen E-Mail-Portal bei GMX und Web.de finden Sie oben ein Symbol für den Cloud-Speicher. Hier werden alle eigenen Ordner angezeigt. Mit den Symbolen links oben laden Sie Dateien in den Cloud-Speicher hoch oder legen neue Dateien oder Ordner an.

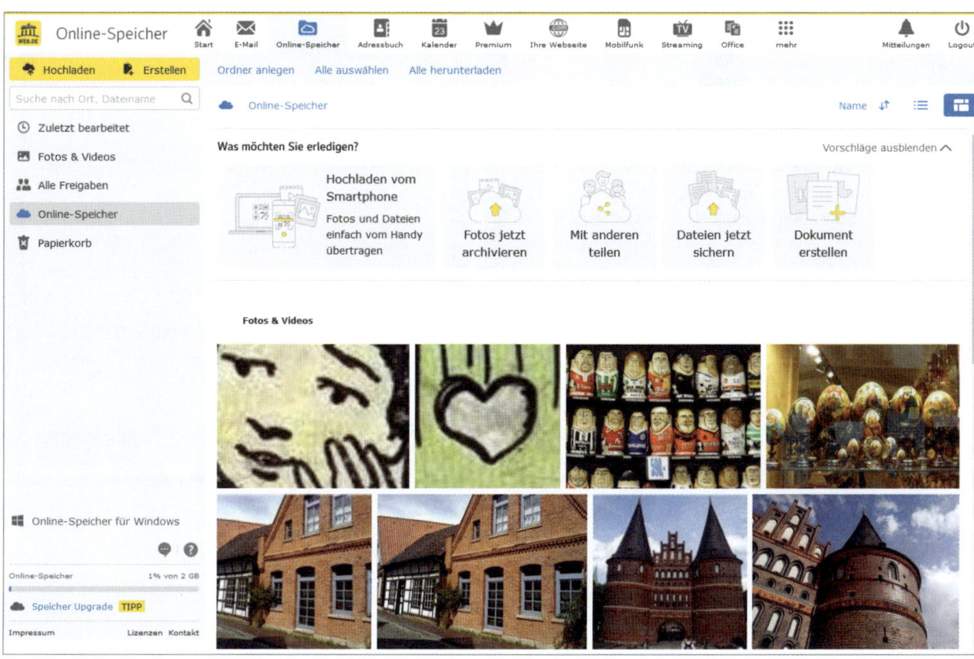

Persönlicher Cloud-Speicher bei Web.de

Daten an Freunde oder Teamkollegen freigeben

In den Ordnern können Sie Dateien markieren. Dann erscheint eine Symbolleiste, um diese in andere Ordner zu verschieben oder herunterzuladen. Jeder Ordner kann für Freunde freigegeben werden. Dabei bieten GMX und Web.de mehr Möglichkeiten als andere kostenlose Cloud-Speicherdienste.

1. Klicken Sie oben in der Symbolleiste des Ordners auf *Freigeben*.
2. Jetzt erscheint ein Link, den Sie in die Zwischenablage kopieren und in jedes Programm übernehmen können, oder Sie senden direkt eine Einladungsmail mit dem Link an Freunde.
3. Klicken Sie auf *Freigabeeinstellungen*, um die Freigabedauer zu ändern. Freigabelinks sind immer zeitlich begrenzt, maximal auf ein Jahr.
4. Weiterhin können Sie festlegen, ob der Ordner nur zur Ansicht freigegeben wird oder eingeladene Nutzer selbst Dateien hinzufügen und löschen dürfen.
5. Zusätzlich können Sie ein Passwort vergeben, was bei vergleichbaren Diensten ebenfalls nicht möglich ist. Dieses Passwort wird mit der Einladungsmail verschickt. Möchten Sie es lieber auf anderem Wege weitergeben, können Sie die Einladungsmail vor dem Versenden noch bearbeiten und statt des Passworts zum Beispiel einen Text einfügen: *Sage ich dir am Telefon*.

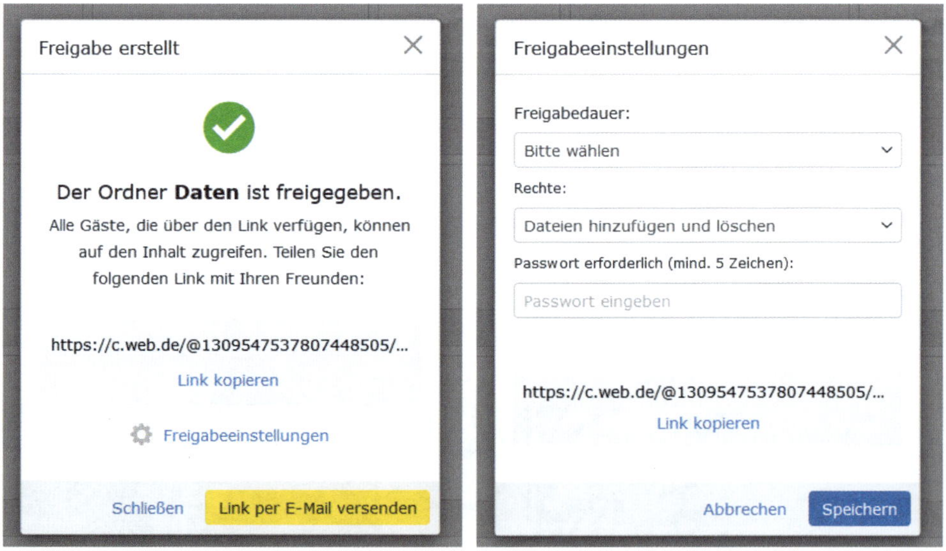

Ordner bei Web.de für Freunde freigeben

GMX- und Web.de-Cloud für Windows-Desktop

GMX und Web.de liefern bei www.gmx.net/cloud/windows oder web.de/online-speicher/windows Synchronisationstools für Windows, die ausgewählte oder alle Ordner des Cloud-Speichers mit einem Ordner auf der Festplatte des PCs synchronisieren.

Nach der Installation melden Sie sich in einem sich automatisch öffnenden Browserfenster mit Ihrem Benutzerkonto bei GMX oder Web.de an. Der Cloud-Speicher wird als eigener Laufwerkbuchstabe im ***Explorer*** angezeigt. Die Ordner und Dateien sind standardmäßig nur online verfügbar, können aber über das Kontextmenü auch auf die Festplatte synchronisiert werden und liegen dann dort zur Offlinenutzung bereit. Dateien, die lokal in diese Ordner verschoben werden, werden automatisch auf den Onlinespeicher hochgeladen.

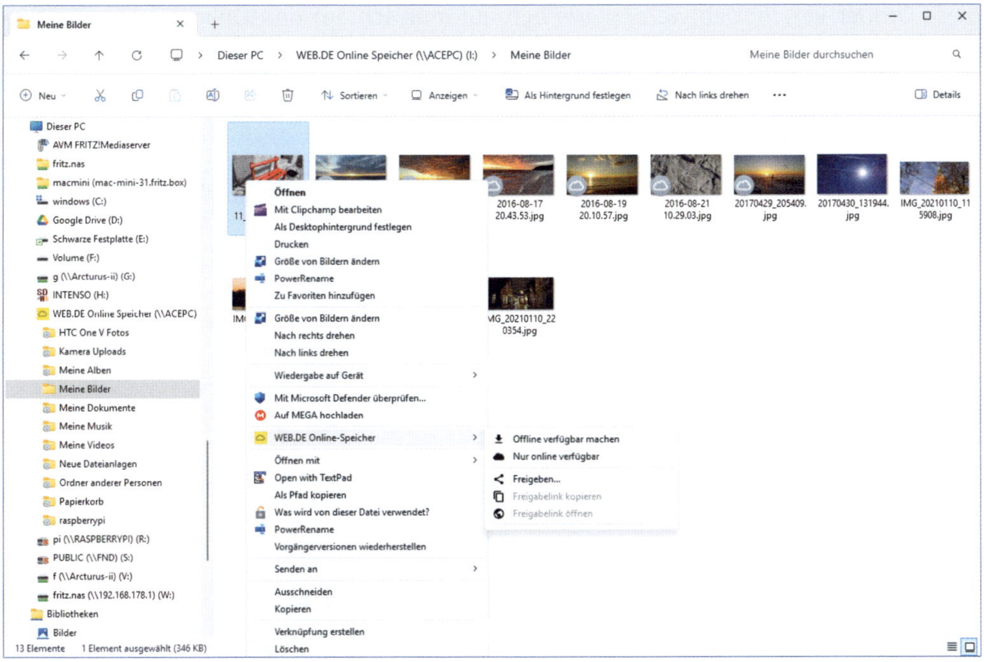

Der Web.de-Online-Speicher im Explorer

Möchten Sie Dateien oder Ordner für Freunde freigeben, erstellen Sie zuerst mit dem Kontextmenüpunkt *GMX/WEB.DE Online-Speicher/Freigeben* einen Freigabelink. Anschließend können Sie diesen über das Kontextmenü in die Zwischenablage kopieren und auf beliebigem Weg weitergeben. Der Empfänger öffnet diesen Link im Browser und kann sich die gewünschte Datei herunterladen.

GMX- und Web.de-Cloud für macOS

GMX und Web.de liefern unter www.gmx.net/cloud/macos oder web.de/online-speicher/macos auch vergleichbare Synchronisationstools für macOS an, die ausgewählte oder alle Ordner des Cloud-Speichers mit einem Ordner auf der Festplatte des Macs synchronisieren.

Auch auf macOS müssen Sie sich einmalig in einem Browserfenster anmelden. Danach müssen noch die Finder-Erweiterungen manuell mit wenigen Klicks aktiviert werden, was die Synchronisationstools der anderen Cloud-Speicher automatisch erledigen.

Auch auf macOS wird der Cloud-Speicher als eigenes Laufwerk im ***Finder*** angezeigt. Die Ordner und Dateien sind standardmäßig nur online verfügbar, können aber über das Kontextmenü auch auf die Festplatte synchronisiert werden und liegen dann dort zur Offlinenutzung bereit. Dateien, die lokal in diese Ordner verschoben werden, werden automatisch auf den Onlinespeicher hochgeladen.

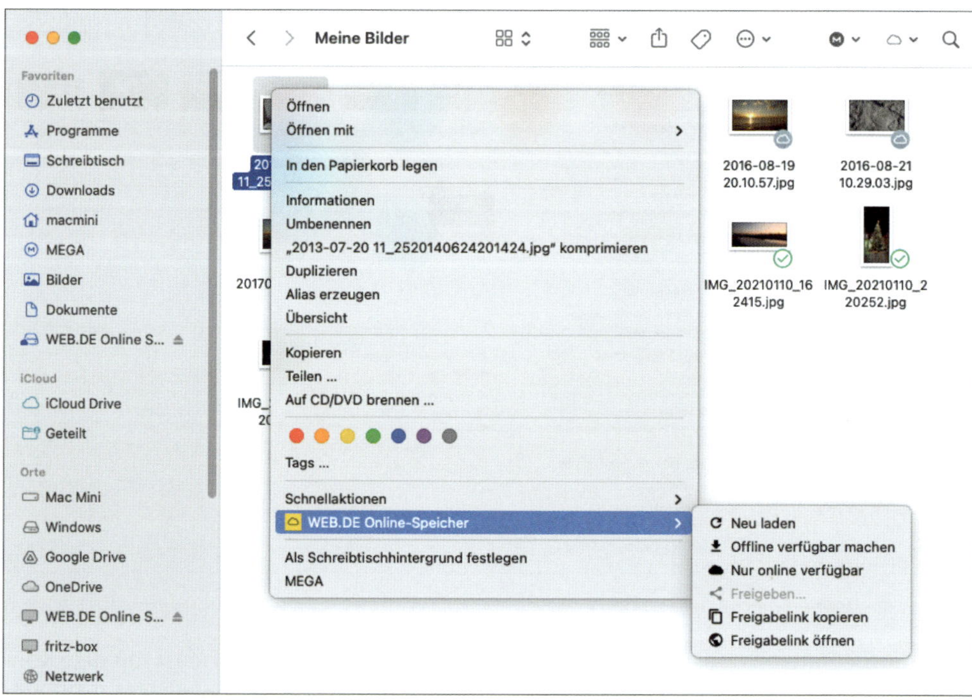

Der Web.de-Online-Speicher im Finder von macOS

5.6 Die eigene Cloud auf der FRITZ!Box

Neben den verschiedenen öffentlich zugänglichen Cloud-Diensten können Sie auch selbst eine eigene Cloud im Haus oder in der Firma einrichten, auf die Sie im LAN, aber auch von außerhalb des lokalen Netzwerks von jedem PC oder Mac zugreifen können.

Die FRITZ!Box bietet mit ***FRITZ!NAS*** Netzwerklaufwerke im lokalen Netzwerk (siehe Kapitel 3.3). Mit ein paar zusätzlichen Einstellungen lässt sich dieser Netzwerkspeicher auch über das Internet nutzen.

Kaum jemand hat zu Hause eine feste IP-Adresse, über die die eigene FRITZ!Box zu erreichen ist; in den meisten Fällen tauschen die Internetprovider die IP-Adresse im Rhythmus weniger Tage, was die Auffindbarkeit für externe Aufrufe deutlich erschwert. DynDNS-Dienste lösen dieses Problem durch Vergabe eines festen Namens, sind aber oft umständlich zu konfigurieren. AVM bietet mit ***MyFRITZ!*** eine komfortable eigene Lösung an.

1. Legen Sie auf der Benutzeroberfläche der FRITZ!Box unter *Internet/MyFRITZ!-Konto* ein MyFRITZ!-Konto an. Der Benutzer muss unter *System/MyFRITZ!-Benutzer* zusätzlich zu den für MyFRITZ! nötigen Berechtigungen auch die Berechtigung zum Zugang aus dem Internet sowie die Zugriffsberechtigung auf die NAS-Inhalte haben.

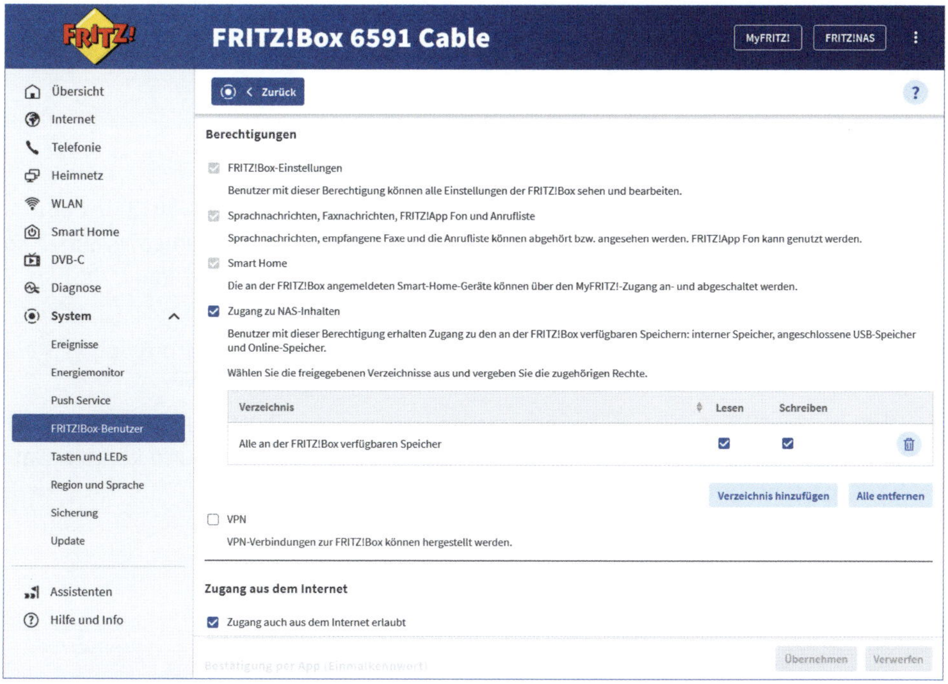

Berechtigungen für My!FRITZ!-Nutzer

2. Melden Sie sich dann mit diesem Konto bei www.myfritz.net an.

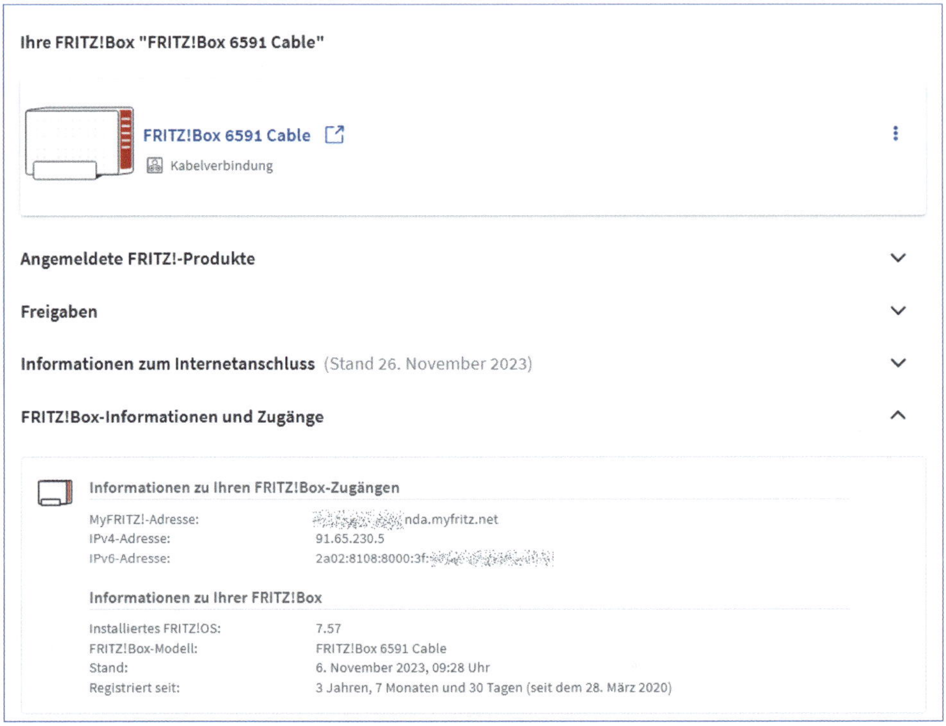

MyFRITZ!Net zeigt die eigenen angemeldeten FRITZ!Boxen

3. Hier finden Sie Ihre persönliche MyFRITZ!-Adresse, die Sie auf der FRITZ!Box eintragen müssen. Außerdem müssen auf der lokalen FRITZ!Box unter *Internet/MyFRITZ!-Konto* die Checkboxen *MyFRITZ! für diese FRITZ!Box aktiv* und *Internetzugriff auf die FRITZ!Box über HTTPS aktiviert* eingeschaltet sein.
4. Speichern Sie Ihre persönliche MyFRITZ!-Adresse als Lesezeichen, um von PCs außerhalb Ihres lokalen Netzwerks auf die FRITZ!Box zugreifen zu können.
5. Über die MyFRITZ!-Adresse können Sie im Browser auf die Oberfläche der FRITZ!Box zugreifen. Hier finden Sie im Bereich *FRITZ!NAS* Ihre NAS-Inhalte und können Dateien hoch- oder herunterladen.

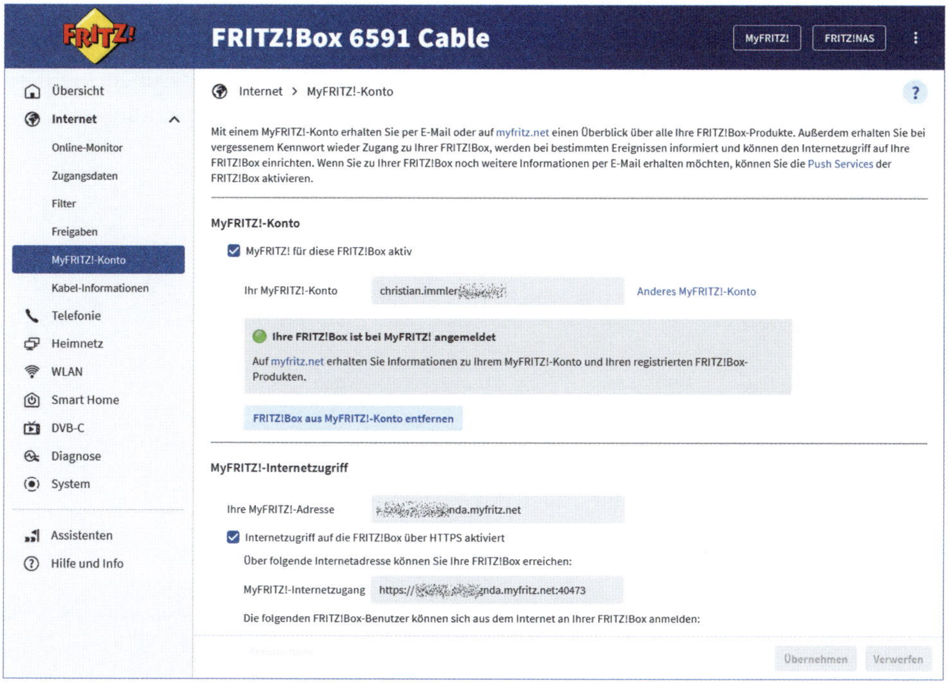

Internetzugriff über MyFRITZ! aktivieren

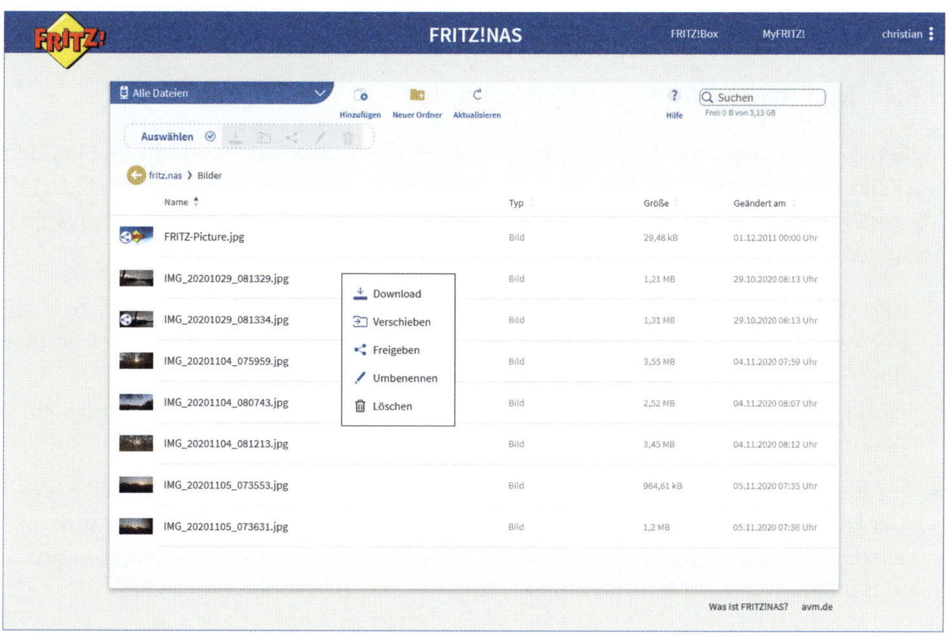

FRITZ!NAS über MyFRITZ! im Browser aufrufen

6. In der Browser-Oberfläche besteht auch die Möglichkeit, Freigabelinks für bestimmte Dateien oder Ordner zu generieren und diese an Freunde zu versenden, die diese Dateien dann ohne Anmeldung herunterladen können. Die Links lassen sich auf einen bestimmten Zeitraum oder eine maximale Anzahl an Zugriffen beschränken.

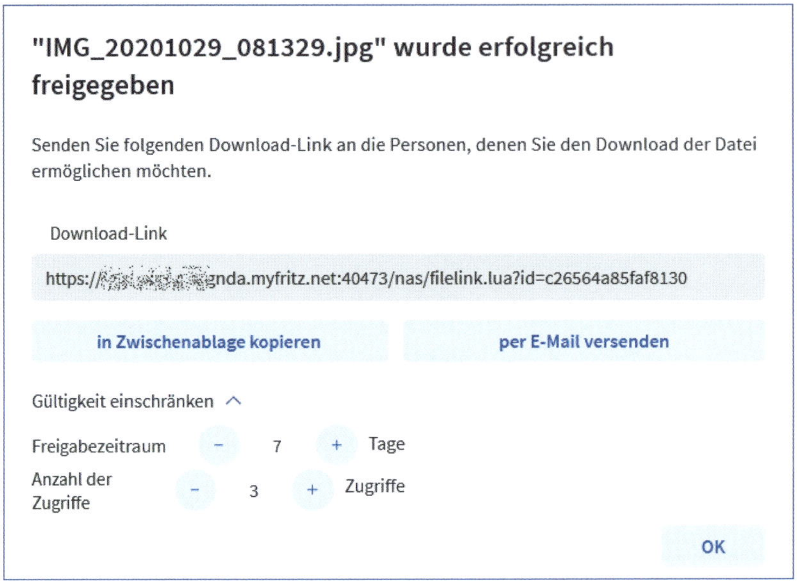

Datei über FRITZ!NAS freigeben

5.6.1 MyFRITZ!-Cloud per FTP nutzen

MyFRITZ! unterstützt das **F**ile **T**ransfer **P**rotokoll (FTP). Darüber kann ein MyFRITZ!-Laufwerk direkt im ***Explorer*** von Windows als Laufwerk genutzt werden. Voraussetzung dafür ist, dass FRITZ!NAS über ein MyFRITZ!-Konto eingeschaltet ist und auch mindestens ein Benutzer angelegt ist, der Zugang zu FRITZ!NAS hat.

1. Aktivieren Sie auf der Benutzeroberfläche der FRITZ!Box unter *Internet/Freigaben* auf der Registerkarte *FRITZ!Box-Dienste* den Schalter *Internetzugriff auf Ihre Speichermedien über FTP/FTPS aktiviert.*
2. Die FRITZ!Box verwendet für den FTP-Server standardmäßig den Port 45093. Sie können diese Einstellung aber auf den bei FTP üblichen Port 21 ändern.
3. Im Bereich *FTP-Adresse* werden drei Adressen angezeigt, über die der FTP-Server auf der FRITZ!Box erreichbar ist. Nur die erste Adresse ftp://xxxxx.myfritz.net funktioniert wirklich immer. Die anderen Adressen basieren auf IPv4- und IPv6-Adressen und können sich bei Neuverbindung der FRITZ!Box mit dem Internet ändern.

4. Wenn die Authentifizierung und Datenübertragung beim Zugriff aus dem Internet immer verschlüsselt werden sollen, aktivieren Sie den Schalter *Nur sichere FTP-Verbindungen zulassen (FTPS)*. In diesem Fall müssen Sie auch ein FTP-Programm mit FTPS-Unterstützung verwenden.
5. Klicken Sie zum Abschluss ganz unten auf *Übernehmen*.

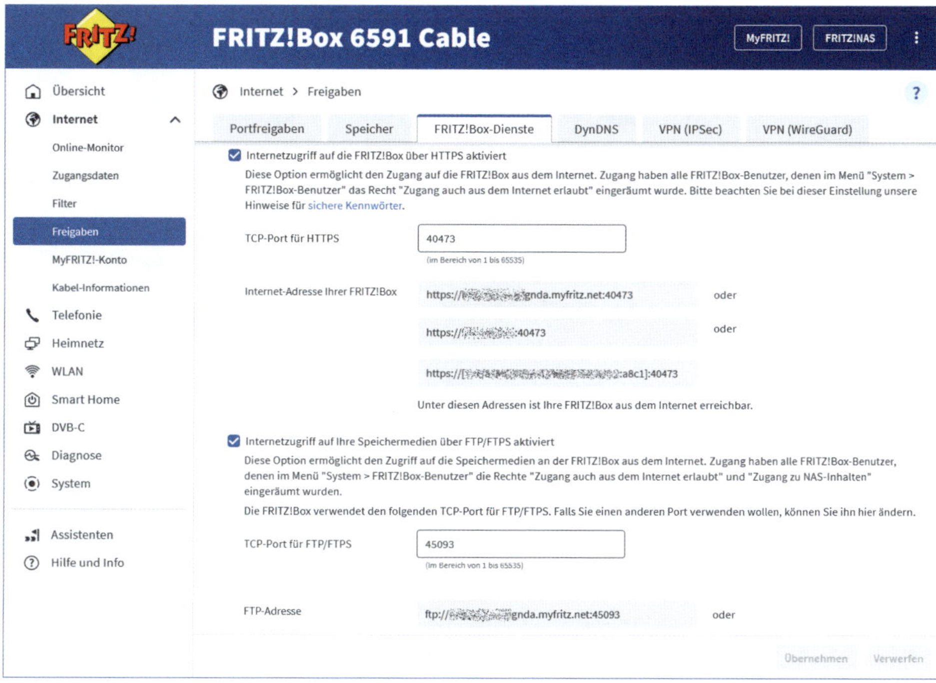

Internetzugriff auf FRITZ!NAS über FTP/FTPS aktivieren

5.6.2 MyFRITZ!-Cloud in Windows einbinden

Ein FRITZ!NAS-Laufwerk mit aktiviertem FTP-Zugriff kann im Windows-Explorer wie ein Laufwerk verwendet werden.

Auf diese Weise können Sie auf Ihr FRITZ!NAS zu Hause oder in der Firma auch vom Laptop unterwegs oder von einem Home-Office-Arbeitsplatz zugreifen.

1. Klicken Sie auf dem Computer, von dem aus Sie über das Internet auf das FRITZ!NAS zugreifen möchten, im ***Explorer*** in der Ansicht *Dieser PC* oben auf das Menüsymbol mit den drei Punkten. Wählen Sie im Menü *Netzwerkadresse hinzufügen*.
2. Wählen Sie im ersten Dialogfeld des Assistenten die einzige Option *Eine benutzerdefinierte Netzwerkadresse auswählen*.

3. Geben Sie im nächsten Schritt die auf der FRITZ!Box-Benutzeroberfläche angezeigte FTP-Adresse ein.

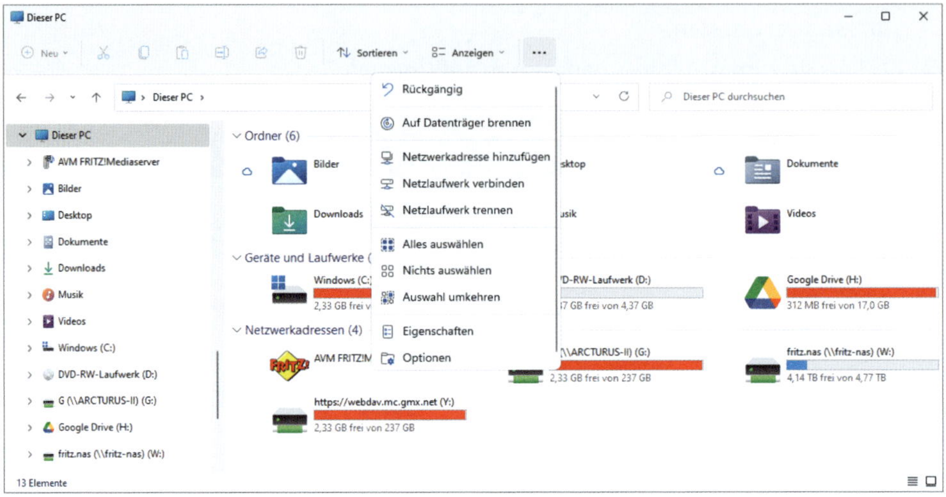

Neue Netzwerkadresse für FRITZ!NAS hinzufügen

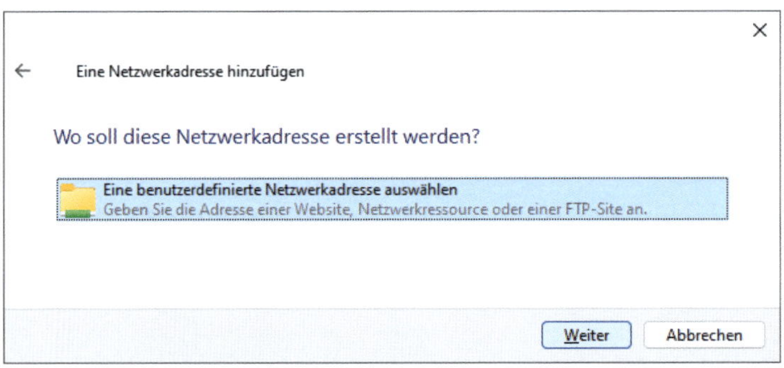

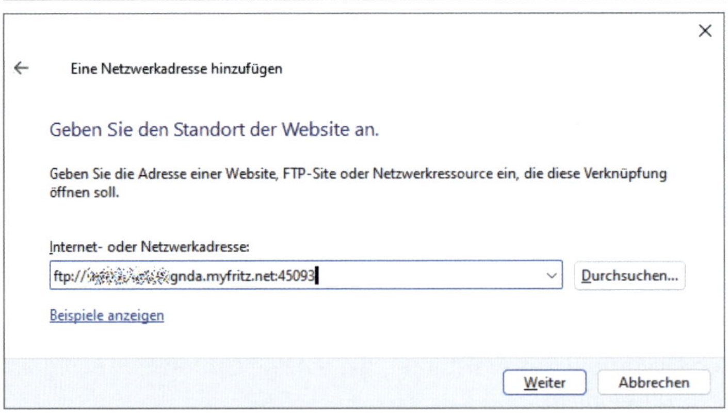

MyFRITZ!-Adresse für FTP-Zugang eintragen

4. Schalten Sie im nächsten Schritt die Checkbox *Anonym anmelden* aus und tragen Sie den Benutzernamen der FRITZ!Box ein, mit dem Sie auf FRITZ!NAS zugreifen möchten.
5. Geben Sie der Netzwerkverbindung noch einen Namen, unter dem sie im ***Explorer*** angezeigt werden soll.

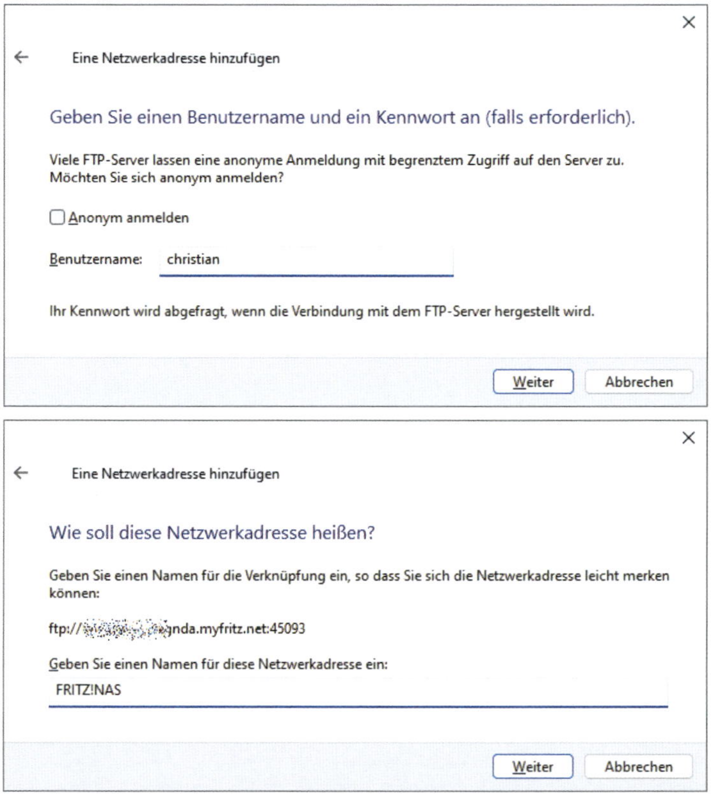

Die nächsten Schritte bei der Einrichtung einer MyFRITZ!-Adresse für FTP-Zugang

6. Bei der ersten Anmeldung müssen Sie das Passwort des FRITZ!Box-Benutzers eingeben. Dieses können Sie hier auch speichern, um es nicht jedes Mal erneut eingeben zu müssen.
7. Jetzt erscheint das FRITZ!NAS bei den Netzwerkadressen im ***Explorer***. An dem Weltkugelsymbol erkennen Sie, dass es sich um eine Netzwerkadresse handelt, die über eine Internetverbindung aufgerufen wird und nicht über das lokale Netzwerk. Sie können Dateien in beiden Richtungen von und zu dieser Adresse kopieren.

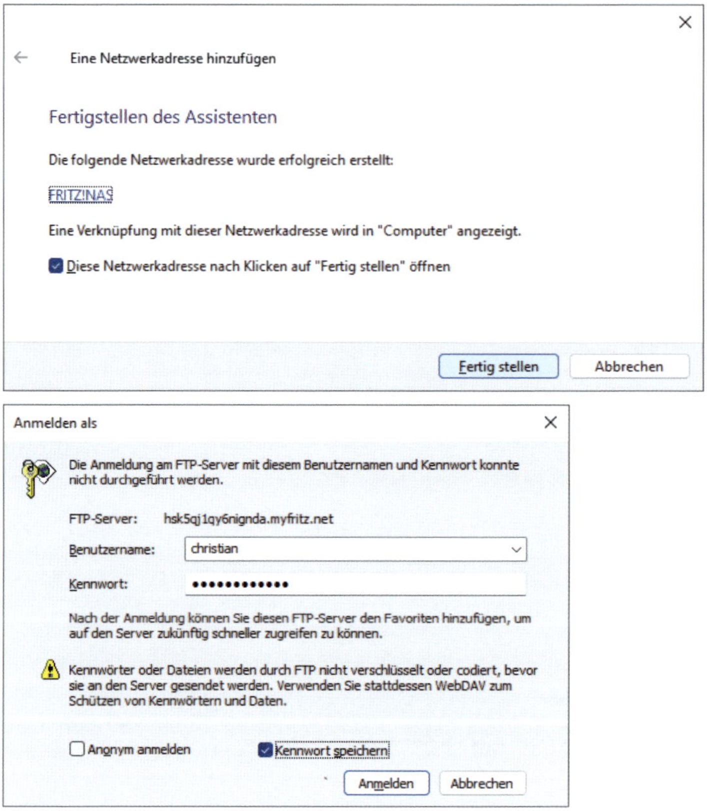

FTP-Benutzer bei einer MyFRITZ!-Adresse anmelden

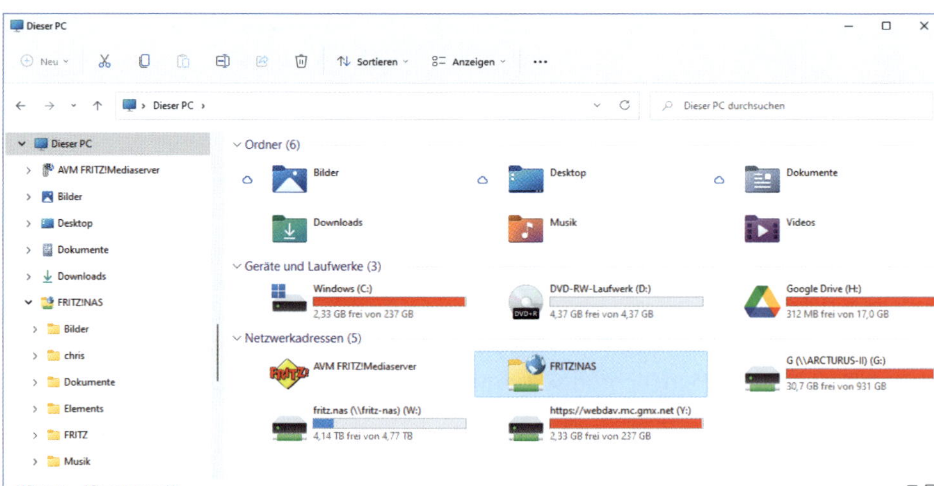

FRITZ!NAS FTP-Verbindung im Explorer von Windows 11

> **Dateien nicht direkt öffnen**
> Öffnen Sie keine Dateien direkt über eine FTP-Verbindung, sondern kopieren Sie sie immer zuerst auf ein lokales Laufwerk.

5.6.3 MyFRITZ!-Cloud in macOS einbinden

Auch auf macOS können Sie sich über das Internet mit einem ***FRITZ!NAS*** verbinden und auf diese Weise Daten zwischen verschiedenen Macs und PCs austauschen.

1. Öffnen Sie ein Finder-Fenster und wählen Sie oben im Menü *Gehe zu/Mit Server verbinden*.

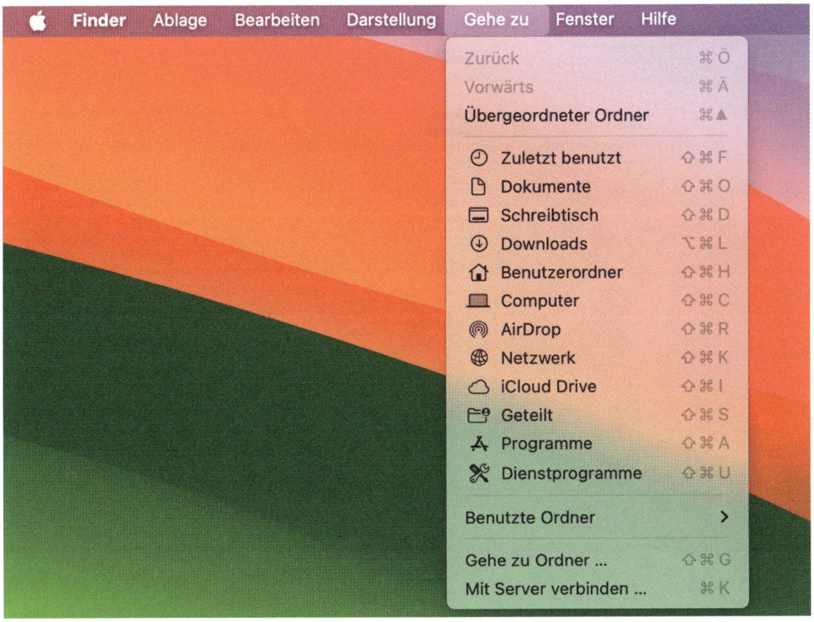

Im Finder mit einem Server verbinden

2. Geben Sie im nächsten Schritt die auf der FRITZ!Box-Benutzeroberfläche angezeigte FTP-Adresse ein und klicken Sie auf *Verbinden*.
3. Wählen Sie im nächsten Fenster die Option *Registrierte:r Benutzer:in* aus und tragen Sie den Benutzernamen der FRITZ!Box und das Passwort ein, mit dem Sie auf FRITZ!NAS zugreifen möchten. Klicken Sie auf *Verbinden*.
4. Jetzt erscheint das FRITZ!NAS bei den Orten im ***Finder***. Auch hier können Sie Dateien in beiden Richtungen von und zu dieser Adresse kopieren.

Am FRITZ!NAS FTP-Server anmelden

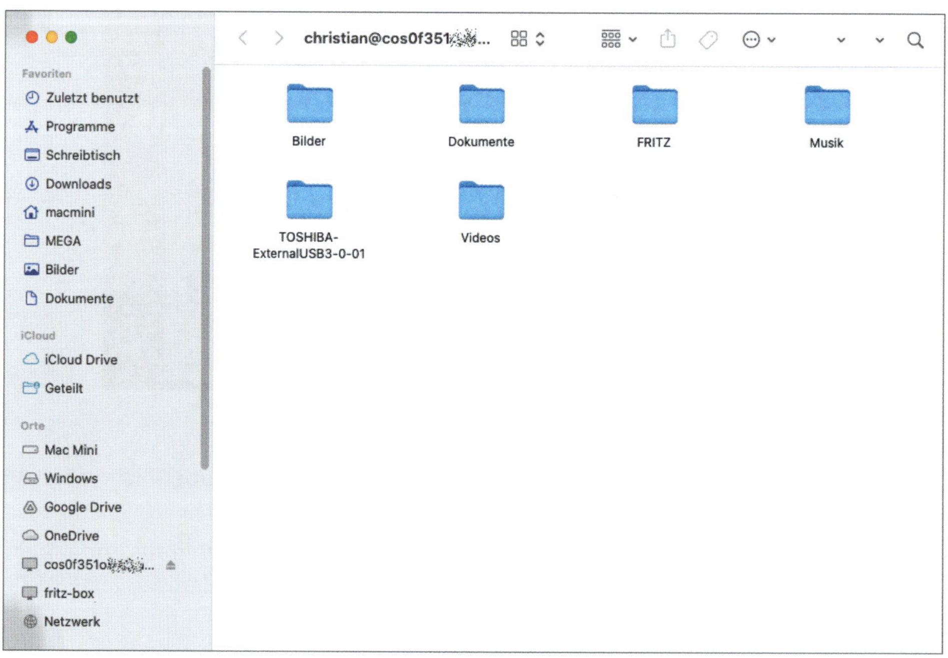

FRITZ!NAS im Finder

5.6.4 Online-Speicher automatisch mit der FRITZ!Box synchronisieren

Besonders bei langsamen Internetverbindungen und großen Datenmengen empfiehlt es sich, Cloud-Datenspeicher automatisch mit einem NAS-Laufwerk zu synchronisieren, um so nicht bei jedem Dateizugriff eine Onlineverbindung zu benötigen.

Außerdem sparen Sie sich die Installation und regelmäßige Aktualisierung der Synchronisationstools für Windows oder macOS auf allen Geräten im LAN, wenn die Daten aus dem Cloud-Speicher automatisch mit dem NAS synchronisiert werden.

FRITZ!Boxen bieten die Möglichkeit, den Speicher ***FRITZ!NAS*** automatisch mit einem Cloud-Speicherdienst zu synchronisieren. Dazu muss ein USB-Stick oder eine externe Festplatte am Router angeschlossen sein. Der Speicherplatz muss mindestens so groß sein wie der gesamte zu synchronisierende Speicherplatz auf dem Cloud-Speicher.

1. Schalten Sie auf der FRITZ!Box unter *Heimnetz/USB/Speicher* die Checkbox *Online-Speicher aktiv* ein und wählen Sie den verwendeten WebDAV-Anbieter aus.
2. Dann brauchen Sie nur noch Ihren Benutzernamen und das Passwort einzutragen. Der Servername wird automatisch eingetragen.

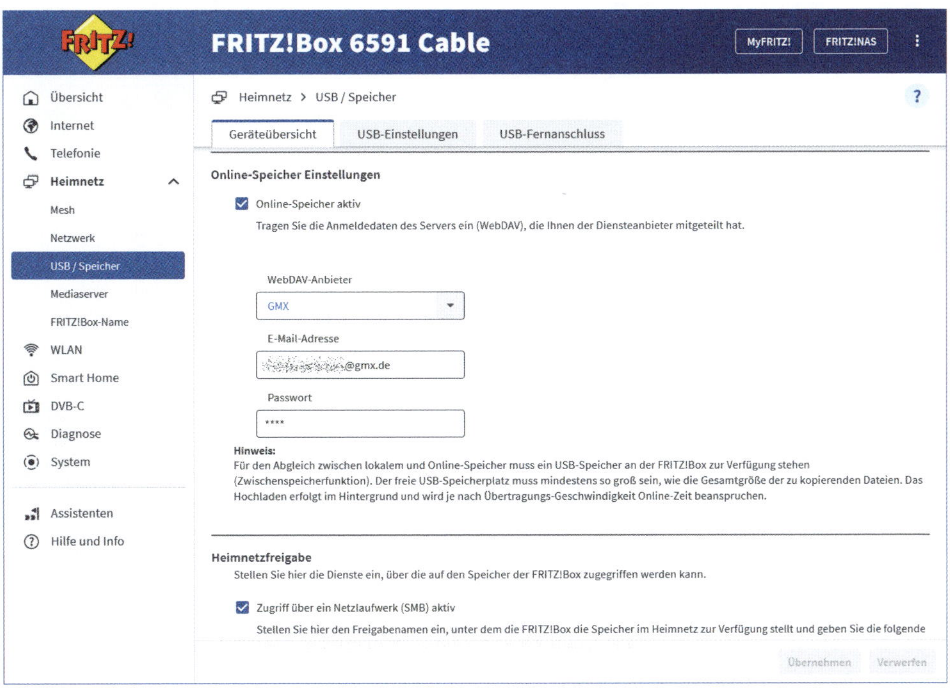

Online-Speicher-Einstellungen auf der FRITZ!Box

3. FRITZ!NAS legt automatisch einen Ordner *Online-Speicher* im Hauptverzeichnis des NAS an, der mit dem Cloud-Speicher synchronisiert wird, einschließlich aller Unterordner.
4. Kopieren Sie Daten in diesen Ordner auf dem FRITZ!NAS-Laufwerk, werden diese automatisch mit dem Cloud-Speicher synchronisiert.

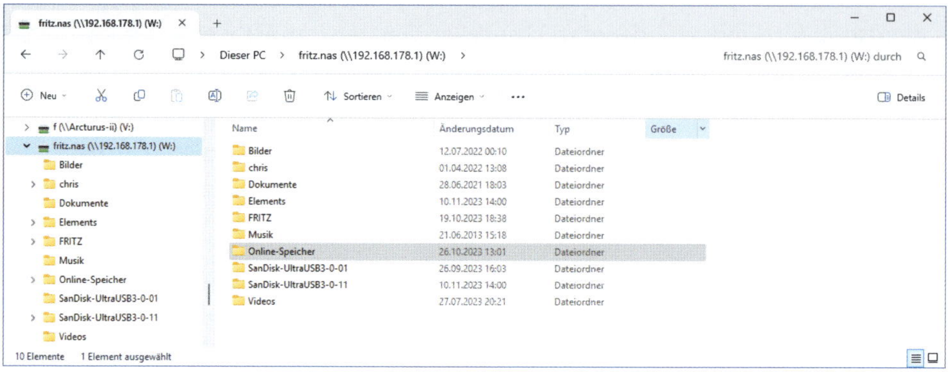

Synchronisierter WebDAV-Speicher auf FRITZ!NAS

6. Onlinedienste nutzen

Immer mehr Aufgaben lassen sich über Onlinedienste erledigen, was dazu führt, dass für immer weniger Aufgaben eigens Programme installiert werden müssen. Dadurch macht man sich weitgehend unabhängig vom Betriebssystem, da Browser auf Windows, macOS und auch Linux weitgehend gleich funktionieren.

6.1 Browserdaten austauschen oder synchronisieren

Wer mit mehreren Geräten – PCs, Smartphones, Tablets – im Internet unterwegs ist, braucht nicht auf jedem Gerät Anmeldedaten für Webseiten neu einzugeben. Außerdem ist es nützlich, Lesezeichen und Verlaufsliste auf allen Geräten synchron zu haben. Derartige Synchronisationseinstellungen gibt es in allen weitverbreiteten Browsern. Allerdings funktionieren sie ohne besondere Tricks nur, solange man den gleichen Browser auf allen Geräten verwendet.

Auf macOS ist der Browser ***Safari*** standardmäßig vorinstalliert und wird auch von den meisten Nutzern verwendet. Apple bietet diesen Browser für Windows seit einiger Zeit nicht mehr an. Windows 11 hat den Browser ***Microsoft Edge*** als Standard-Browser vorinstalliert, der sich unter den Nutzern allerdings nicht so großer Beliebtheit erfreut. Windows-Anwender nutzen oft lieber ***Google Chrome*** oder ***Firefox***.

6.1.1 Google Chrome

Chrome speichert Browserdaten im Google-Konto, wenn die Synchronisierung in den Einstellungen des Browsers aktiviert ist. Im Chrome Browser auf dem PC finden Sie die Synchronisierung im Menü von Chrome bei Ihrem Profilnamen. Schalten Sie hier die Synchronisierung ein.

An dieser Stelle legen Sie auch fest, ob alle Browserdaten synchronisiert werden sollen oder nur bestimmte.

Die Verlaufsliste zeigt alle besuchten Webseiten. Dabei spielt es keine Rolle, auf welchem Gerät diese besucht wurden, es muss nur mit dem gleichen Google-Konto angemeldet sein. In der Liste *Verlauf/Zuletzt geöffnete Tabs* finden Sie nicht nur die auf dem PC zuletzt geöffneten und wieder geschlossenen Tabs wieder, sondern auch Tabs, die auf anderen Geräten mit dem gleichen Google-Konto geöffnet waren. So können Sie unterwegs auf dem Smartphone Informationen wiederfinden, die Sie zu Hause auf dem PC oder Mac gefunden haben, und umgekehrt.

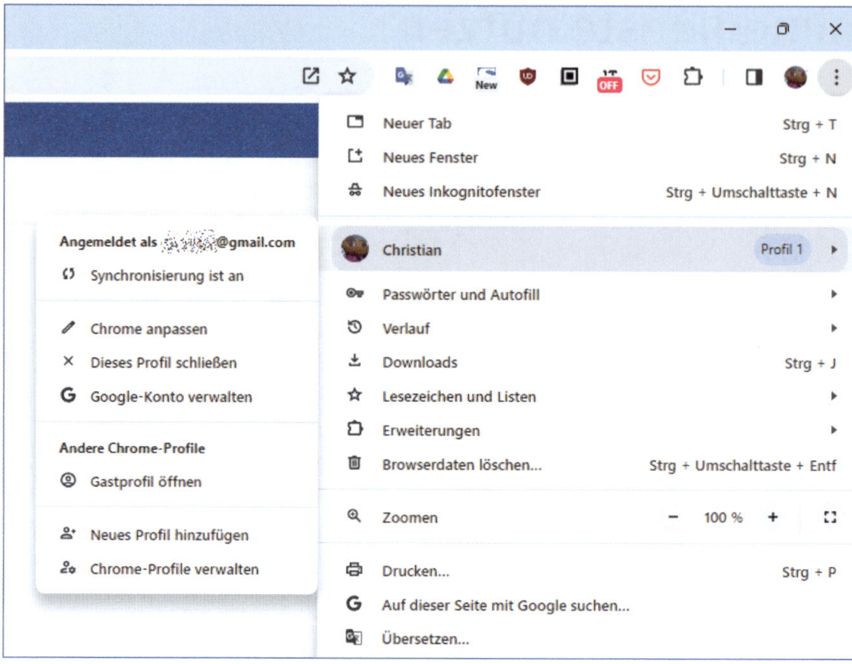

Synchronisierung im Menü von Chrome

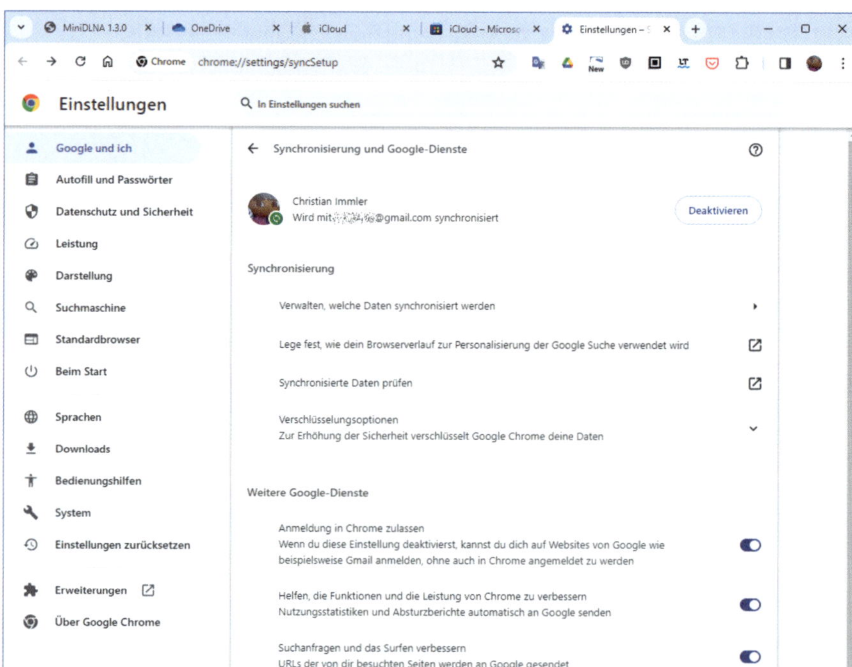

Synchronisierungseinstellungen im Chrome-Browser

Chrome für macOS

Google liefert den Chrome-Browser auch für macOS. Damit lassen sich die Browserdaten mit anderen Chrome-Installationen auf Windows-PCs oder Smartphones synchronisieren.

1. Besuchen Sie mit dem Safari-Browser die Seite chrome.com und laden Sie dort Chrome für macOS herunter.

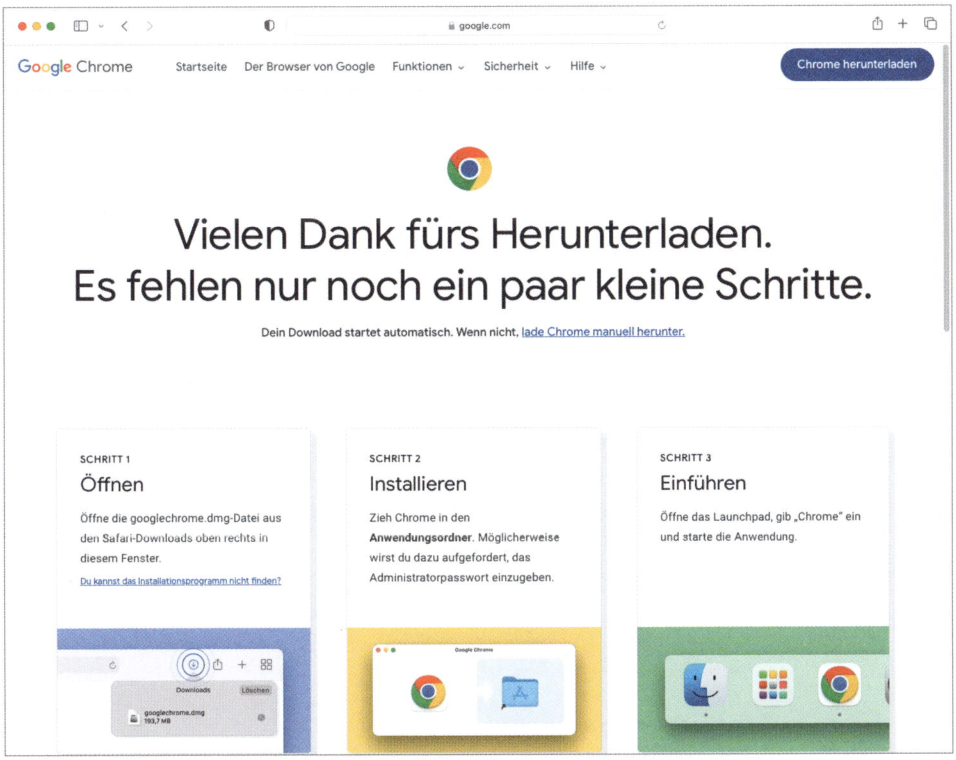

Chrome für macOS herunterladen

2. Öffnen Sie die Datei *googlechrome.dmg* aus den Downloads und ziehen Sie im nächsten Fenster das Chrome-Symbol auf den *Programme*-Ordner. Damit wird Chrome auf dem Mac installiert.
3. Starten Sie den Chrome-Browser aus dem *Programme*-Ordner oder über das Launchpad.
4. Klicken Sie nach dem ersten Start von Chrome auf *Bist du bereits Chrome-Nutzer? Anmelden*, um sich mit einem bestehenden Google-Konto anzumelden und Browserdaten zu synchronisieren.

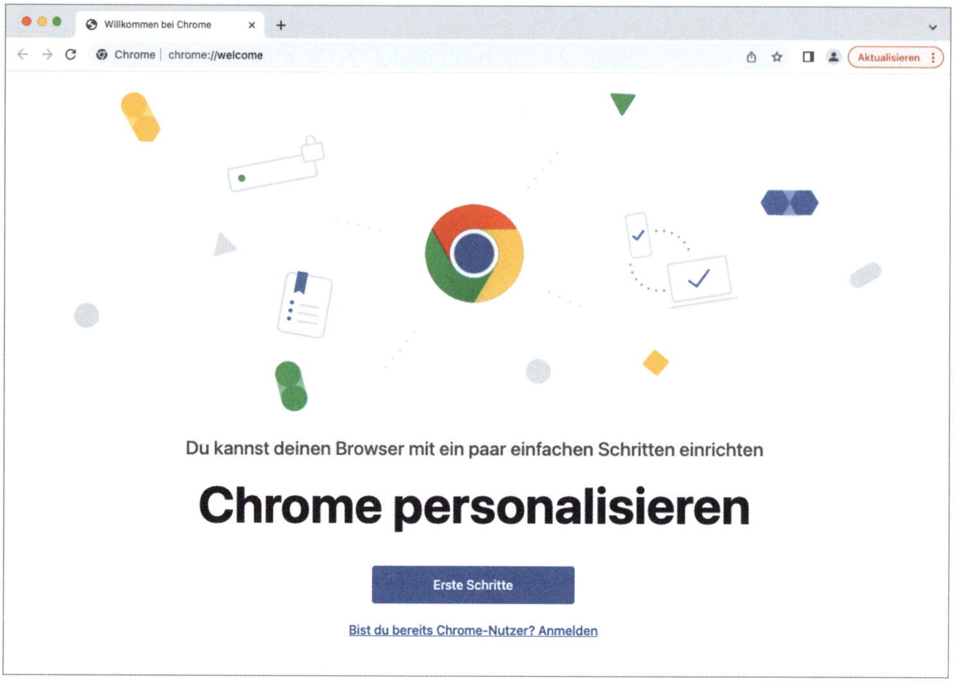

Erster Start von Chrome auf macOS

5. Klicken Sie auf *Ja, bitte*, um alle Browserdaten zu synchronisieren, oder auf *Einstellungen*, um bestimmte Daten auszuwählen.

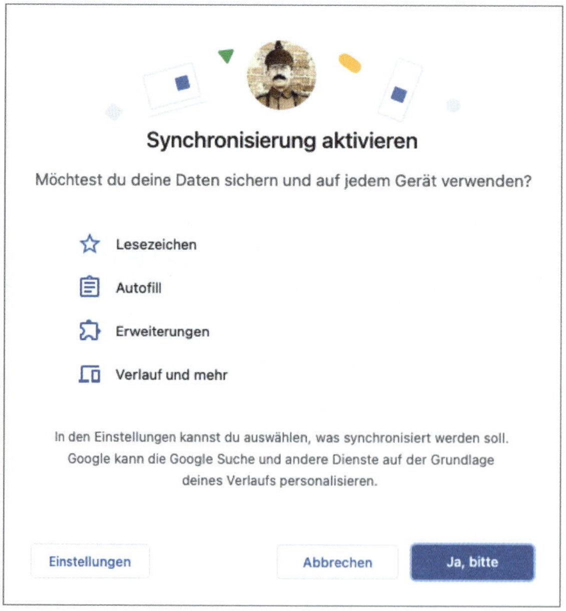

Zu synchronisierende Browserdaten in Chrome auf macOS auswählen

6. Jetzt können Sie die Verlaufsliste, Lesezeichen, Passwörter und andere Browserdaten Ihrer PCs und Smartphones auch auf dem Mac nutzen. Auch die auf dem Mac besuchten Webseiten und erstellten Lesezeichen werden auf die anderen Geräte mit dem gleichen Google-Konto synchronisiert.

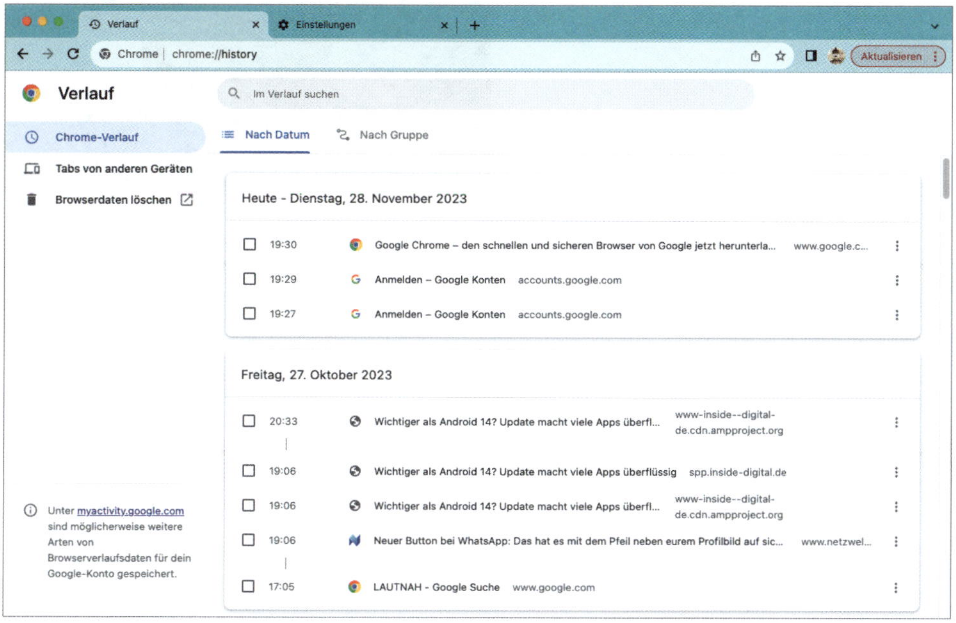

Chrome-Verlauf aller synchronisierten Geräte

6.1.2 Firefox

Der Open-Source-Browser Firefox war lange Zeit beliebtester Browser der Windows-Nutzer, wurde zwar mittlerweile von Google Chrome verdrängt, erfreut sich aber immer noch großer Beliebtheit. Per Firefox Sync lassen sich Lesezeichen, Passwörter und Formulareingaben mit anderen PCs, Macs und Smartphones synchronisieren, sodass man nicht alles auf anderen Geräten neu einzugeben braucht. Sie finden die Lesezeichen sowie die Chronik der zuletzt geöffneten Webseiten automatisch auf allen synchronisierten Geräten.

Firefox für macOS

Firefox wird auch für macOS angeboten und synchronisiert die Browserdaten unabhängig vom verwendeten Betriebssystem.

1. Legen Sie auf dem PC im Menü von Firefox ganz oben unter *Konto* ein Mozilla-Konto an und schalten Sie die Synchronisation ein, falls nicht bereits geschehen. Dabei können Sie festlegen, welche Daten synchronisiert werden sollen.

2. Laden Sie auf dem Mac von www.mozilla.org/de den Firefox-Browser herunter und installieren Sie ihn auf dem Mac.

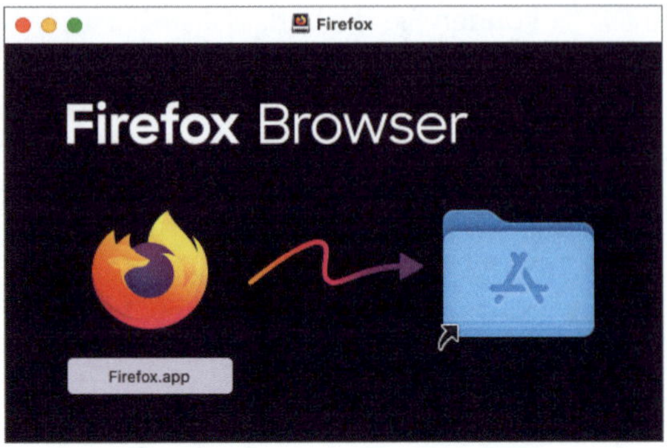

Firefox herunterladen und installieren

3. Melden Sie sich auf dem Mac in Firefox ganz oben im Menü mit dem gleichen Konto an.

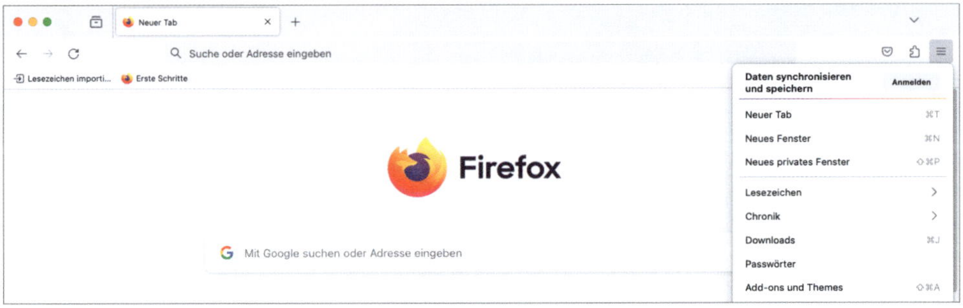

Der erste Start von Firefox auf dem Mac

4. Um die Daten zu synchronisieren, klicken Sie im nächsten Fenster auf *Anderes Gerät verbinden* und dann auf *Synchronisieren Sie Ihr Gerät*.

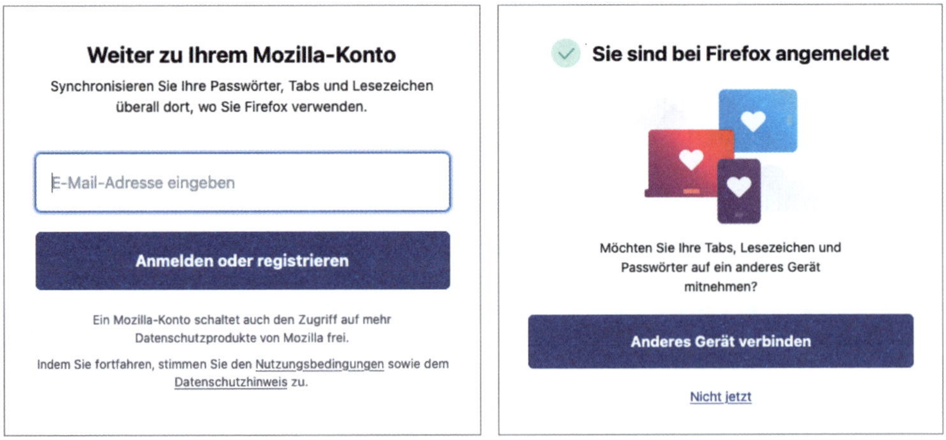

Mozilla-Konto anmelden und Geräte verbinden

5. Mit dem Symbol ganz links neben den offenen Tabs können Sie neben der Chronik und den geöffneten Tabs auch eine Liste synchronisierter Tabs auf allen Geräten anzeigen lassen und diese auf dem Mac öffnen.

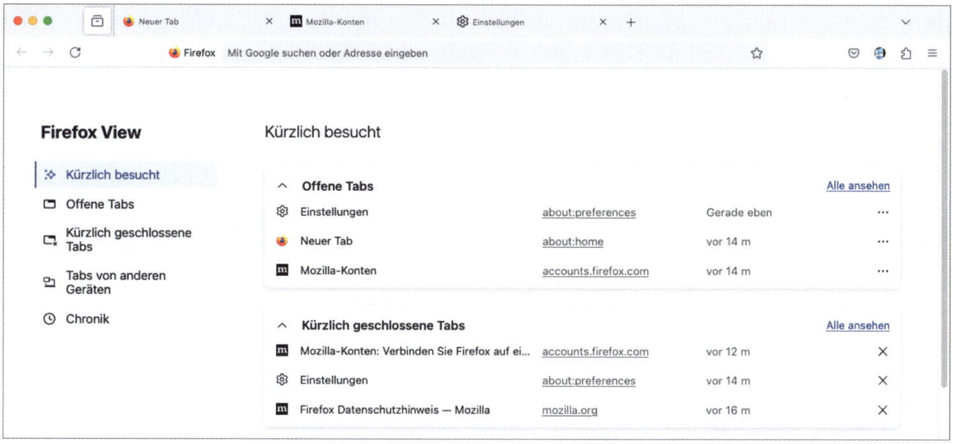

Firefox View zeigt besuchte Seiten und geöffnete Tabs auf allen Geräten

6. Klicken Sie auf Ihr Profilbild oben rechts und dann auf *Synchronisationseinstellungen*, um festzulegen, welche Daten synchronisiert werden sollen.

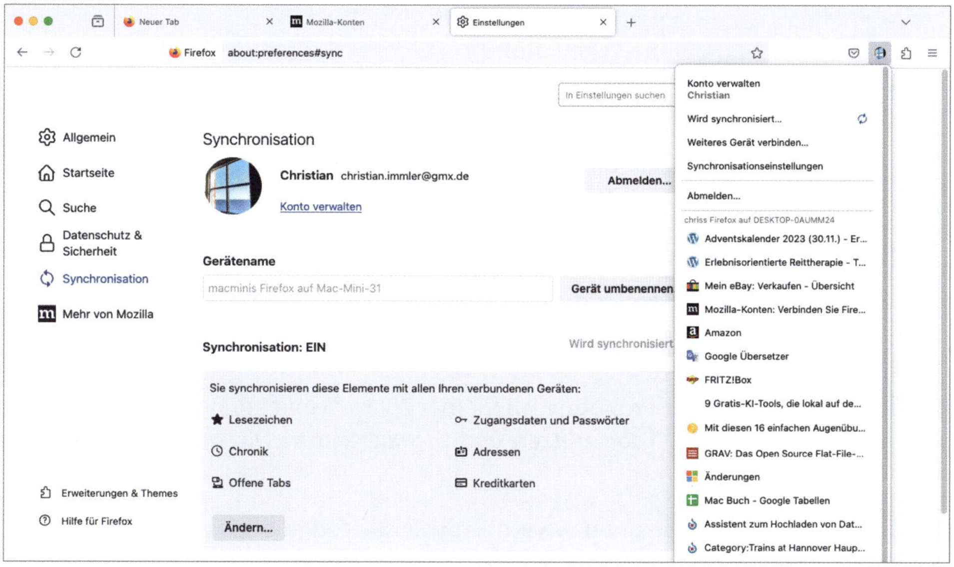

Synchronisationseinstellungen und synchronisierte Tabs

6.1.3 Microsoft Edge

Der in Windows 11 vorinstallierte Browser Microsoft Edge gewinnt durch die Einbindung neuer KI-Tools wie Microsoft Copilot wieder an Beliebtheit, nachdem er jahrelang nur ein Schattendasein auf den meisten PCs gefristet hat. Microsoft Edge synchronisiert persönliche Daten über das Microsoft-Konto. Auf allen Geräten muss im Browser das gleiche Microsoft-Konto angemeldet sein.

In den Einstellungen des Edge-Browsers legen Sie unter *Profile/Synchronisieren* genau fest, welche Daten zwischen den PCs mit dem eigenen Microsoft-Konto synchronisiert werden.

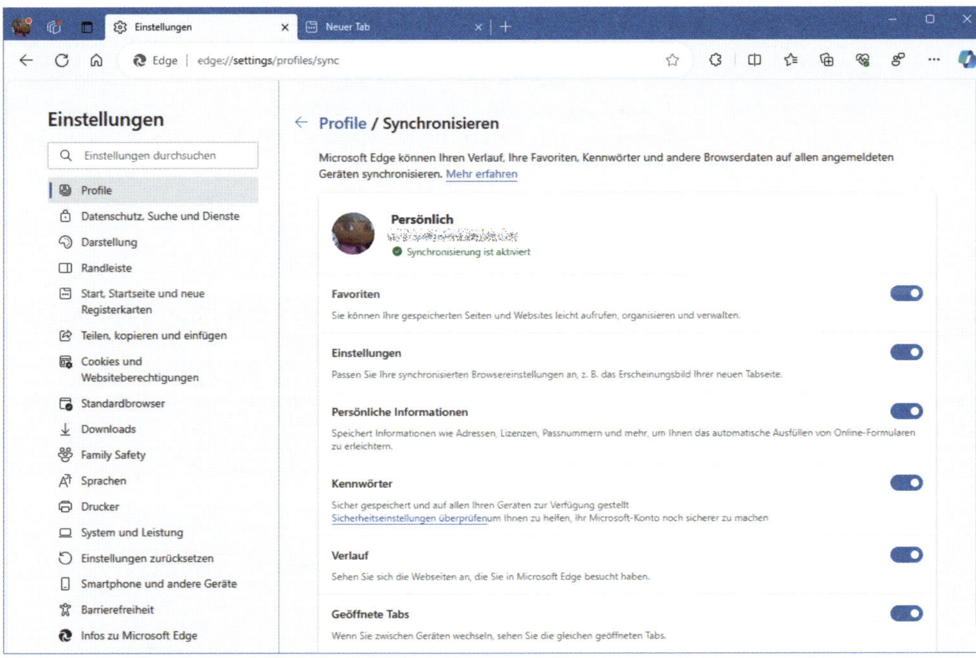

Synchronisierungseinstellungen im Microsoft-Edge-Browser

Edge für macOS

Microsoft bietet den Edge-Browser auch für macOS an. Damit können Sie auch auf dem Mac die KI-Tools nutzen und Browserdaten zwischen PC und Mac synchronisieren.

1. Laden Sie auf dem Mac unter www.microsoft.com/edge den Edge-Browser herunter und installieren Sie ihn auf dem Mac.
2. Melden Sie sich auf dem Mac auf dem Startbildschirm von Edge mit dem gleichen Microsoft-Konto an, das Sie auf dem PC verwenden.

3. Im nächsten Schritt können Sie das Design des Edge-Browsers festlegen. Neben ein paar farblichen Spielereien bestimmen Sie, ob die Registerkarten wie gewohnt horizontal am oberen Fensterrand liegen oder untereinander am linken Fensterrand.

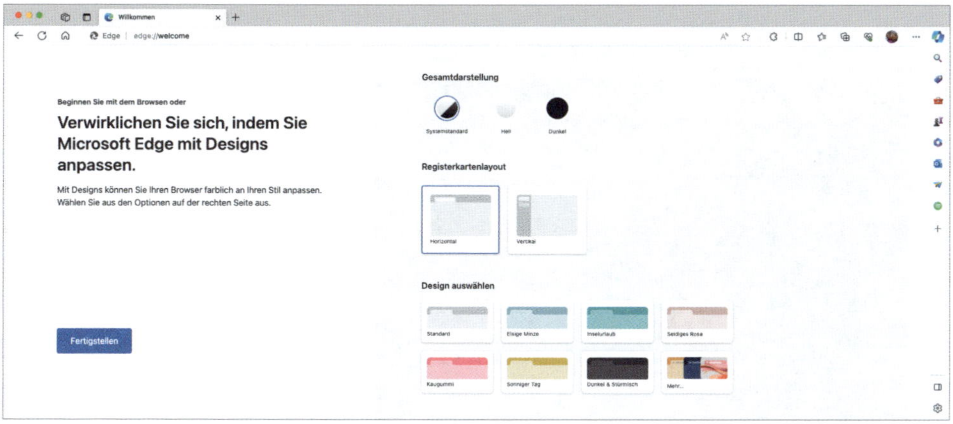

Browserdesign im Edge-Browser festlegen

4. Microsoft Edge startet mit einer Startseite, die diverse Nachrichtenartikel, aber auch viel Werbung enthält.

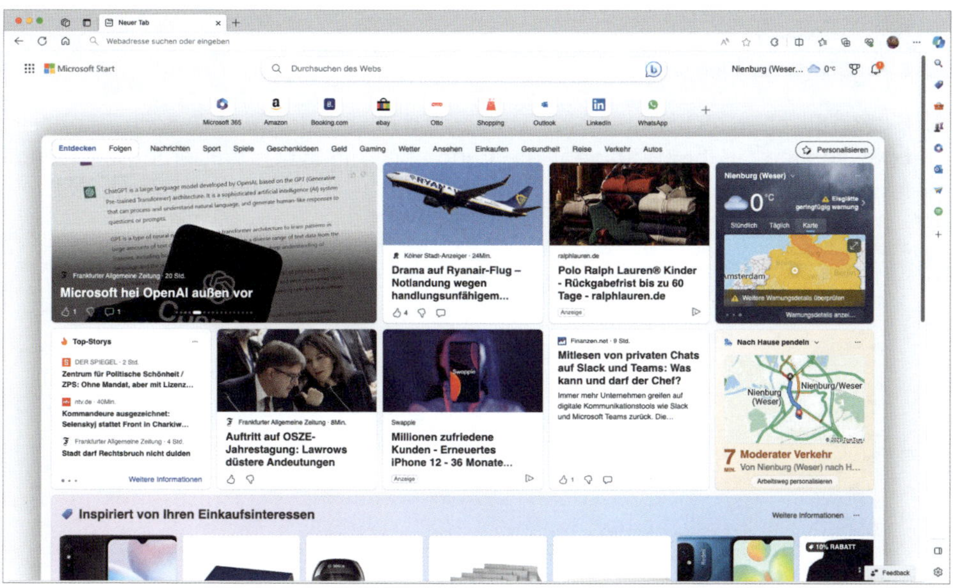

Die Startseite des Edge-Browsers mit Nachrichten und Werbung

5. Wenn Sie diese Startseite stört, klicken Sie oben rechts auf das *Einstellungen*-Symbol und wählen in den Seiteneinstellungen unter *Layout* die Option *Fokussiert*. Damit verschwinden Nachrichten und Werbung von der Startseite. Mit einem Klick auf die Schaltfläche *Geschichten erkunden und mehr* erscheinen sie weiterhin.

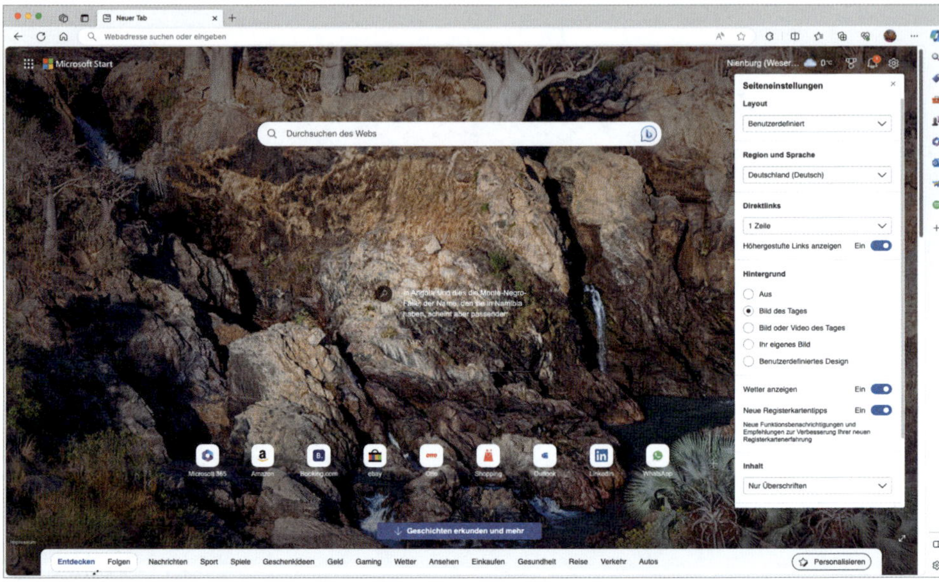

Die Startseite des Edge-Browsers im schlankeren Design

6. Klicken Sie oben rechts auf Ihr Profilbild und dann auf das *Einstellungen*-Symbol in der Ecke, können Sie Ihr Konto verwalten und auch die Synchronisierungseinstellungen festlegen.

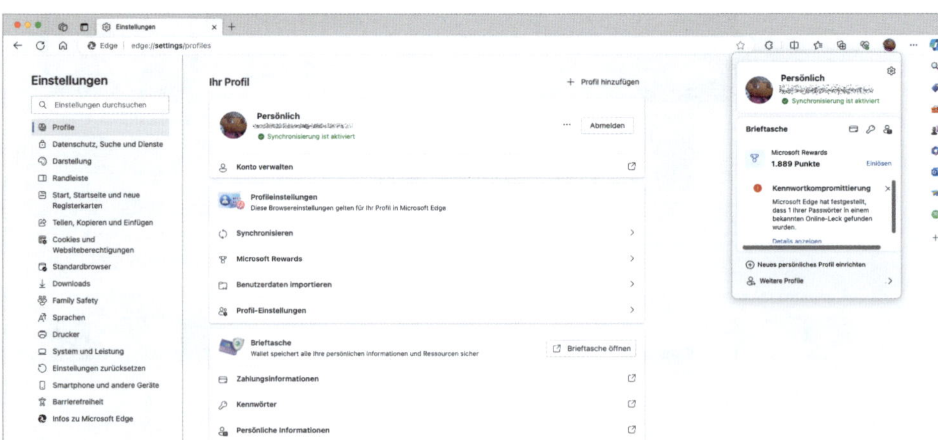

Profil und Synchronisierungseinstellungen im Microsoft-Edge-Browser

6.1.4 Daten beim Browser-Wechsel übernehmen

Der Browser ***Safari*** wird zwar von Apple als Standard vorgegeben, viele Nutzer wechseln aber auch auf macOS zu anderen Browsern, besonders wenn es darum geht, Browserdaten mit Windows-PCs oder Android-Smartphones zu synchronisieren.

Alle wichtigen Browser für macOS bieten die Möglichkeit, Browserdaten wie Lesezeichen, den Verlauf oder Passwörter aus dem Safari-Browser zu importieren. Anschließend können sie über die Nutzerkonten der neuen Browser mit anderen Geräten, PCs oder Smartphones synchronisiert werden.

Browserdaten beim Wechsel zu Google Chrome übernehmen

1. Klicken Sie im Chrome-Browser oben rechts auf das Menü mit den drei Punkten und wählen Sie *Einstellungen*.
2. Klicken Sie im Bereich *Google und ich* auf *Lesezeichen und Einstellungen importieren*.
3. Wählen Sie hier den Safari-Browser aus. Von diesem Browser können nur die Lesezeichen, auch als Favoriten bezeichnet, importiert werden. Klicken Sie auf *Importieren*.

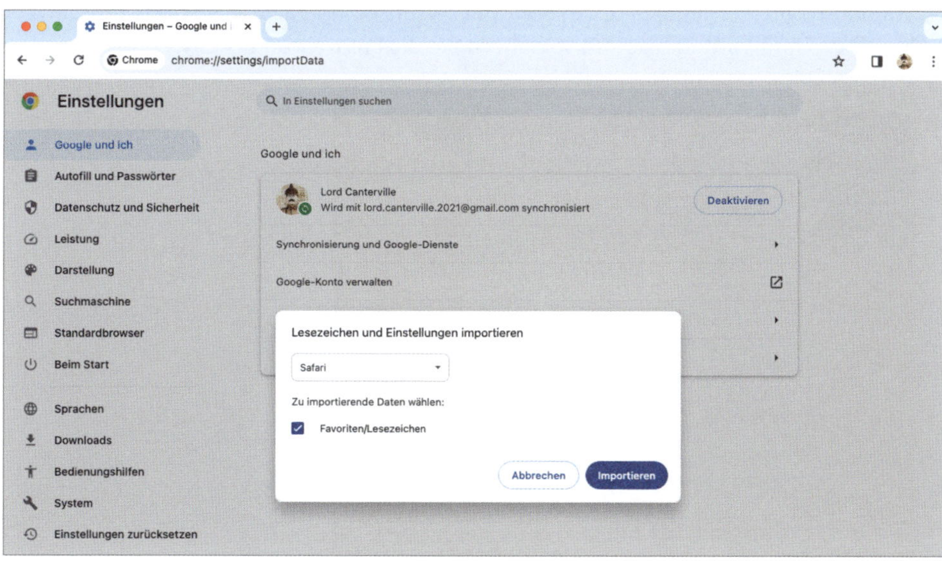

Lesezeichen aus dem Safari-Browser in Chrome importieren

4. Danach können Sie noch festlegen, ob die Lesezeichenleiste in Chrome angezeigt werden soll.

5. Die importierten Lesezeichen erscheinen in der eigenen Kategorie *Von Safari importiert.*

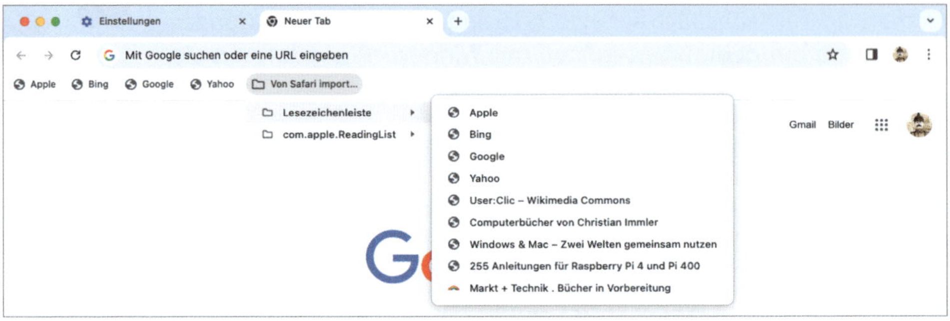

Die importierten Lesezeichen aus dem Safari-Browser in Chrome

Passwörter beim Wechsel zu Google Chrome übernehmen

Gespeicherte Passwörter lassen sich aus dem Safari-Browser nicht direkt übernehmen. Es besteht aber die Möglichkeit, diese in eine Datei zu exportieren und dann im Google-Konto einzulesen, sodass sie in Chrome automatisch verfügbar sind.

1. Wählen Sie in der Menüleiste des Safari-Browsers *Ablage/Exportieren/Passwörter*. Legen Sie einen Dateinamen fest und speichern Sie die Passwörter als CSV-Datei.

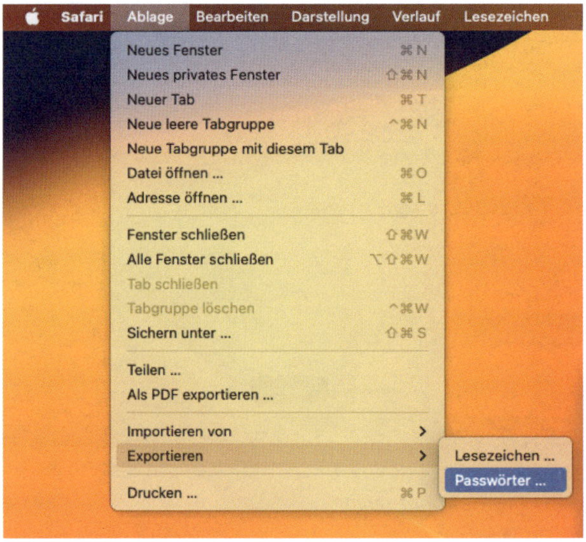

Passwörter im Safari-Browser exportieren

2. Klicken Sie im Chrome-Browser oben rechts auf das Menü mit den drei Punkten und wählen Sie *Einstellungen*.

3. Klicken Sie im Bereich *Autofill und Passwörter* auf *Google Passwortmanager*.
4. Klicken Sie im nächsten Fenster auf das Menüsymbol links oben und wählen Sie *Einstellungen*.

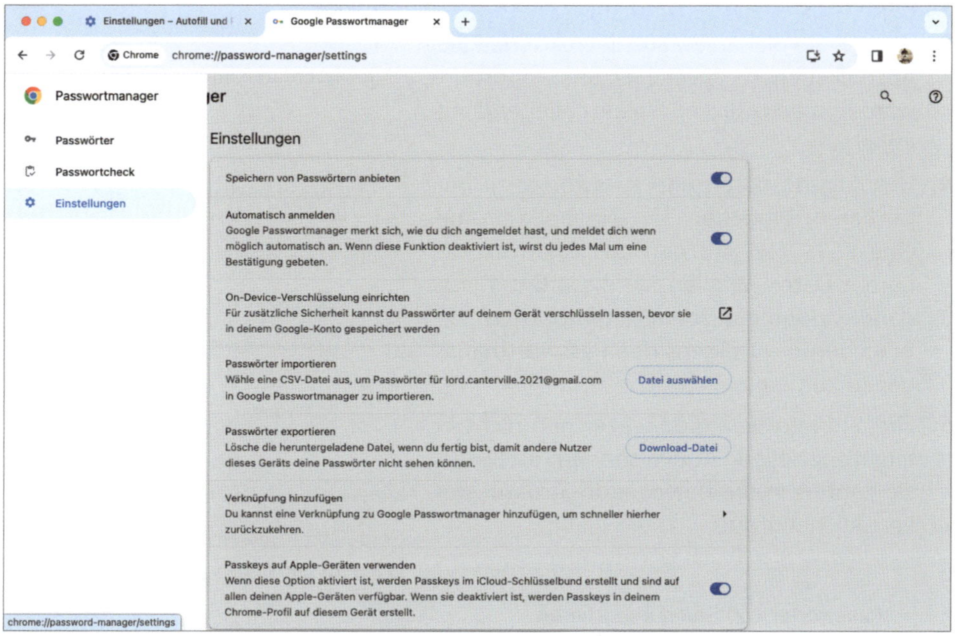

Einstellungen des Google-Passwortmanagers

5. Klicken Sie jetzt im Feld *Passwörter importieren* auf *Datei auswählen* und wählen Sie die CSV-Datei, die Sie im Safari-Browser exportiert haben.
6. Nach dem Importieren können Sie die CSV-Datei mit den unverschlüsselten Passwörtern automatisch löschen, damit kein anderer Nutzer diese Passwörter zu Gesicht bekommt. Die importierten Passwörter werden automatisch über das Google-Konto auf anderen Geräten mit dem Chrome-Browser synchronisiert.

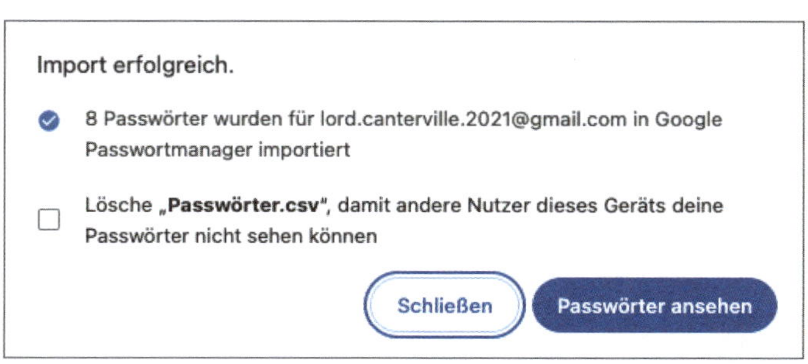

Passwörter aus dem Safari-Browser im Chrome-Browser importiert

Browserdaten beim Wechsel zu Firefox übernehmen

1. Klicken Sie im Firefox-Browser oben rechts auf das Menü mit den drei Strichen und wählen Sie *Einstellungen*.
2. Klicken Sie im Bereich *Allgemein* auf *Daten importieren*.
3. Wählen Sie hier *Safari* aus. Jetzt können Sie noch festlegen, welche Daten importiert werden sollen. Klicken Sie anschließend auf *Importieren*.
4. Um Zugangsdaten und Passwörter zu importieren, brauchen Sie wie bei Chrome eine CSV-Datei mit den aus Safari exportierten Daten. Wählen Sie diese Datei aus, dann werden die Daten mit importiert. Sie brauchen nicht eigens den Passwortmanager aufzurufen.
5. Firefox importiert die Lesezeichen nicht in einen speziellen Ordner, sondern integriert sie nahtlos in die bestehende Struktur der Lesezeichenordner.

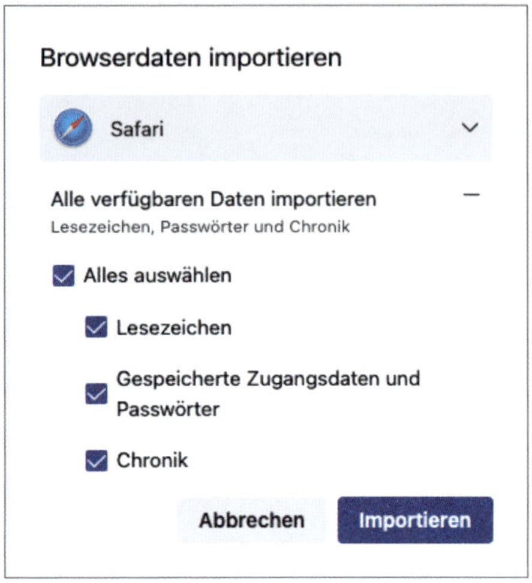

Gespeicherte Daten aus dem Safari-Browser in Firefox zum Importieren auswählen

Passwörter von Safari in Firefox importieren

Browserdaten beim Wechsel zu Microsoft Edge übernehmen

1. Klicken Sie im Edge-Browser oben rechts auf das Menü mit den drei Punkten und wählen Sie *Einstellungen*.
2. Klicken Sie im Bereich *Profile* auf *Benutzerdaten importieren*.

3. Der Safari-Browser wird hier nicht angezeigt. Klicken Sie deshalb auf *Zu importierende Elemente auswählen* im Feld *Importieren aus anderen Browsern*. Wählen Sie im nächsten Fenster oben *Safari* aus. Von diesem Browser können nur die *Favoriten oder Lesezeichen* und der *Browserverlauf* importiert werden. Klicken Sie auf die Schaltfläche *Importieren*.

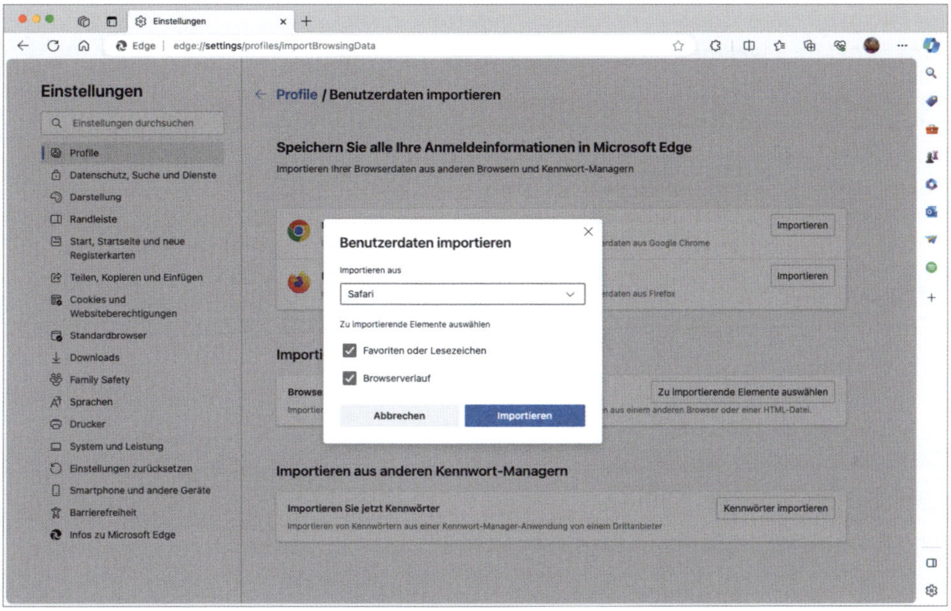

Gespeicherte Daten aus Safari im Edge-Browser zum Importieren auswählen

4. Um auch die Passwörter zu importieren, benötigen Sie wie bei Google Chrome und Firefox eine CSV-Datei, die im Safari-Browser exportiert wurde. Wählen Sie *Zu importierende Elemente auswählen* und dann statt eines Browsers die Option *Kennwörter CSV-Datei*. Wählen Sie die gespeicherte Datei. Die Passwörter werden importiert.

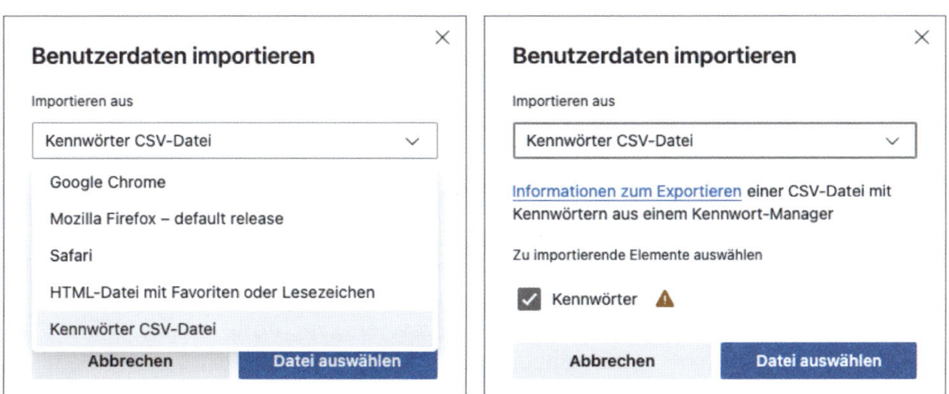

Gespeicherte Passwörter aus dem Safari-Browser in Edge importieren

6.1.5 Lesezeichen und Passwörter über iCloud synchronisieren

iCloud für Windows bietet die Möglichkeit, Lesezeichen aus dem Safari-Browser mit den drei beliebtesten Browsern auf Windows-PCs zu synchronisieren. Installieren Sie dazu direkt aus ***iCloud für Windows*** notwendige Erweiterungen für ***Microsoft Edge***, ***Google Chrome*** oder ***Firefox***. Ein Klick auf einen der drei Buttons öffnet im jeweiligen Browser die Seite zur Installation von Erweiterungen.

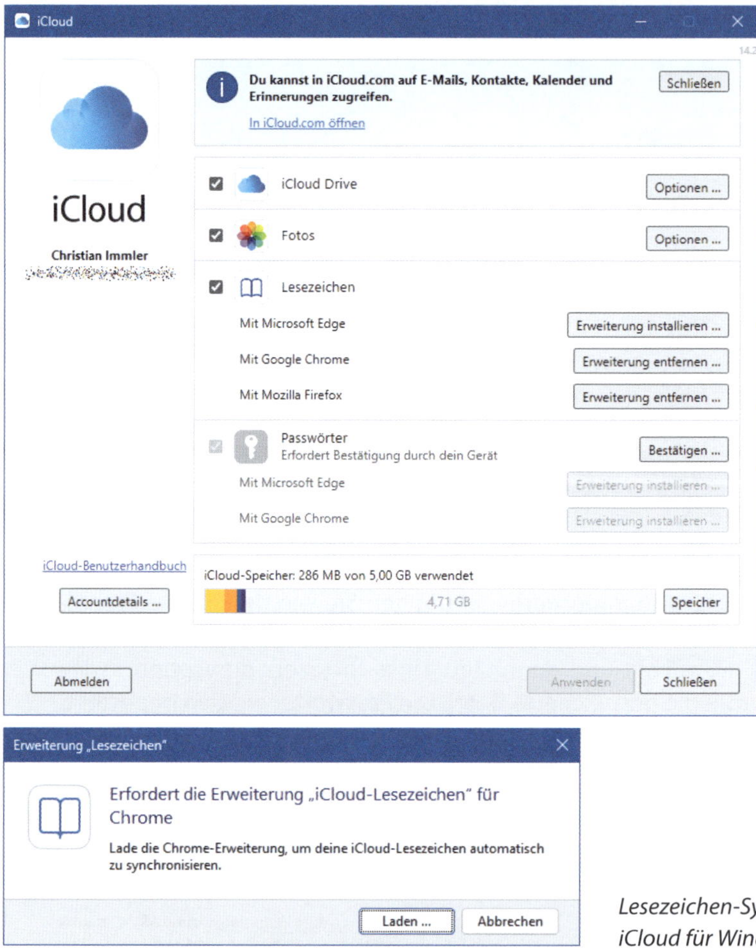

Lesezeichen-Synchronisierung in iCloud für Windows einrichten

Nachdem Sie eine Erweiterung im Browser installiert und die notwendigen Berechtigungen gewährt haben, werden die Lesezeichen dieses Browsers automatisch mit den auf iCloud gespeicherten Lesezeichen des Safari-Browsers synchronisiert. In der Erweiterung selbst brauchen Sie nichts weiter einzustellen.

Diese Methode hat gegenüber dem weiter oben beschriebenen Import der Daten den Vorteil, dass später hinzugefügte Lesezeichen ebenfalls synchronisiert werden.

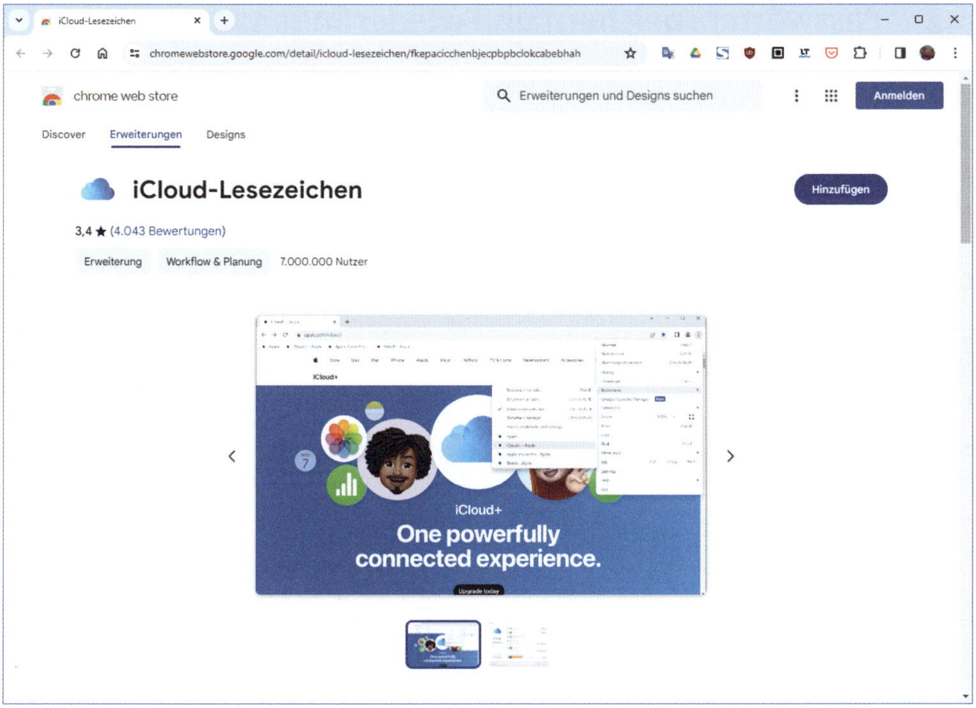

Die Chrome-Erweiterung iCloud-Lesezeichen installieren

Damit die Synchronisation funktioniert, muss der Safari-Browser seine Lesezeichen auf iCloud speichern. Klicken Sie dazu in den *Einstellungen* auf Ihre Apple-ID, danach auf *iCloud* und dann auf den Button *Alle anzeigen* im Bereich *Apps, die iCloud verwenden*. Aktivieren Sie hier den Schalter bei *Safari*.

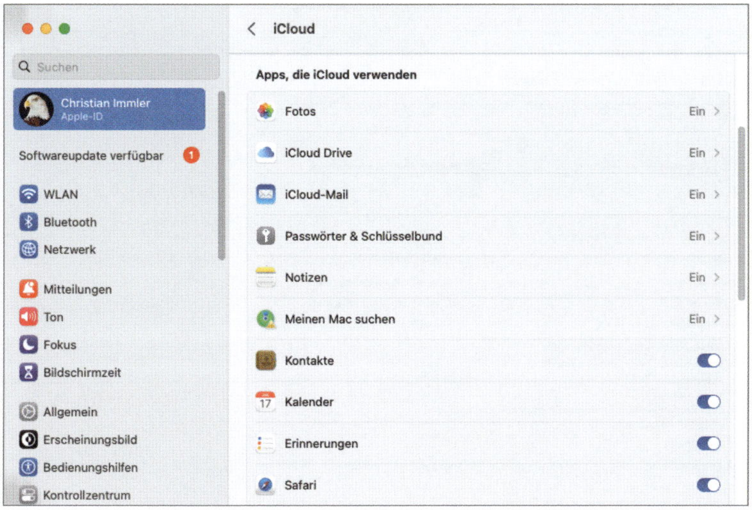

Safari in den iCloud-Einstellungen aktivieren

6.2 Passwörter speichern und wiederfinden

Jeder Browser speichert – wenn es so eingestellt ist – Anmeldedaten und Passwörter für Webseiten. Diese können über die Synchronisationsfunktionen der jeweiligen Browser zwischen verschiedenen Geräten, PCs, Macs und Smartphones ausgetauscht werden oder in andere Browser exportiert werden. Zusätzlich können Betriebssystem und Apps auch noch Anmeldeinformationen an zentraler Stelle speichern.

6.2.1 In Windows gespeicherte Passwörter

Die in Windows gespeicherten Daten können Sie allerdings von einem zum anderen Betriebssystem nur abschreiben. Die Daten können nur verschlüsselt in einem speziellen Format exportiert werden, das sich auf macOS nicht lesen lässt.

1. Starten Sie im Startmenü von Windows 11 die *Windows-Tools* und in diesem Fenster die *Systemsteuerung*.
2. Wählen Sie hier *Benutzerkonten/Anmeldeinformationsverwaltung*.
3. Unter *Webanmeldeinformationen* finden Sie Benutzernamen und Passwörter zum Zugriff auf die Webdienste. Suchen Sie den gewünschten Dienst oder die Webseite und klicken Sie daneben rechts auf den kleinen Pfeil. Jetzt sehen Sie den Benutzernamen und weitere Daten. Um das verschlüsselt dargestellte Kennwort anzuzeigen, klicken Sie daneben auf *Einblenden*. Beim ersten Mal müssen Sie sich mit Ihrem Windows-Benutzerkonto anmelden.
4. Unter *Windows-Anmeldeinformationen* finden Sie Benutzernamen und Passwörter zum Zugriff auf andere Computer im Netzwerk. Weiter unten im Bereich *Generische Anmeldeinformationen* sind Anmeldedaten gespeichert, die von installierten Apps genutzt werden. Hier sind die gespeicherten Passwörter nicht lesbar.

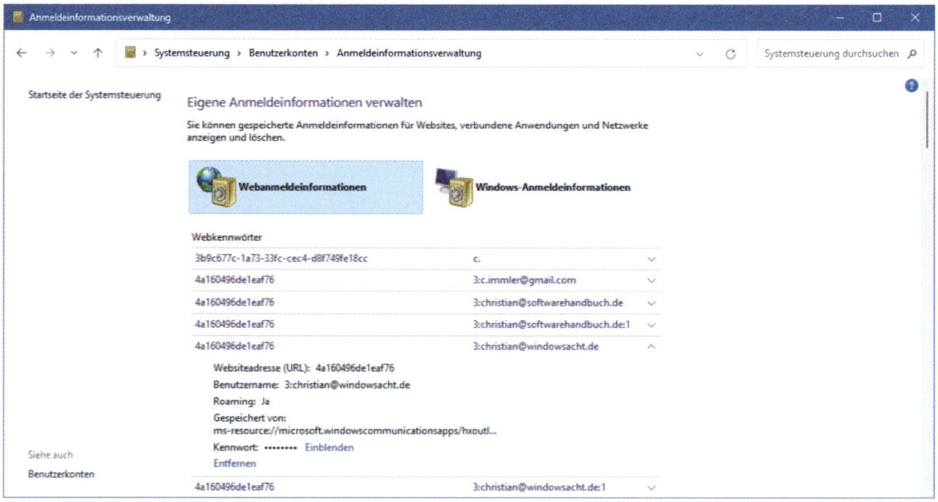

Webanmeldeinformationen in Windows 11 anzeigen

6.2.2 iCloud-Schlüsselbund

macOS speichert die Zugangsdaten und Passwörter aus Apps und auch aus dem Safari-Browser im ***iCloud-Schlüsselbund***.

1. Klicken Sie in den *Einstellungen* auf Ihre Apple-ID, danach auf *iCloud* und dann auf *Passwörter & Schlüsselbund*.
2. Aktivieren Sie den Schalter *Diesen Mac synchronisieren*, um die gespeicherten Passwörter über iCloud mit anderen Macs mit der gleichen Apple-ID zu synchronisieren.
3. Ein Klick auf *Details* im Feld *Passwörter ansehen* zeigt eine Liste gespeicherter Benutzerdaten. Um diese zu sehen, müssen Sie einmal Ihr Mac-Benutzerpasswort eingeben.

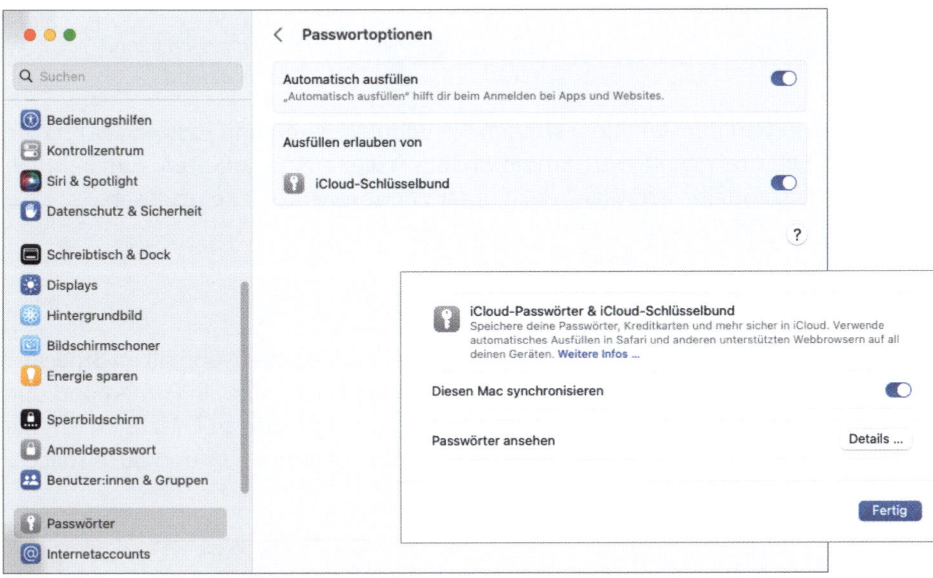

Einstellungen zum iCloud-Schlüsselbund

4. Die *Passwortoptionen* bieten eine Einstellung, um Benutzerdaten und Passwörter im Safari-Browser automatisch auszufüllen, was die Anmeldung erleichtert.
5. Im Suchfeld können Sie Benutzerdaten suchen. Klicken Sie auf einen Eintrag, sehen Sie den Benutzernamen und ein verschlüsselt dargestelltes Passwort. Fahren Sie mit der Maus darüber, wird das Passwort im Klartext angezeigt.
6. Zusätzlich werden Sicherheitsempfehlungen eingeblendet, wenn ein Passwort öfter genutzt wird oder leicht zu erraten ist. Über einen direkten Link haben Sie bei vielen Passwörtern die Möglichkeit, diese direkt auf der jeweiligen Webseite zu ändern.

Passwörter im iCloud-Schlüsselbund

7. Im Menü neben dem Suchfeld können Sie Benutzerdaten und Passwörter im Klartext in eine CSV-Datei exportieren, um sie woanders weiterzuverarbeiten, zum Beispiel, um sie in einem anderen Browser – auch unter Windows – wieder einzulesen.

6.3 E-Mail-Konten einrichten

Viele Anwender bearbeiten ihre privaten E-Mails nur noch über Webmail im Browser, was natürlich unter Windows und macOS gleichermaßen funktioniert. In Firmen und überall, wo man mit mehreren E-Mail-Konten und einer großen Anzahl an E-Mails zu tun hat, ist ein »echtes« E-Mail-Programm deutlich komfortabler. Windows 11 und auch macOS liefern vorinstallierte E-Mail-Programme mit.

Alternative: Thunderbird

Das Open-Source-E-Mail-Programm ***Thunderbird*** bietet deutlich mehr Funktionen als die vorinstallierten E-Mail-Programme der Betriebssysteme. ***Thunderbird*** kann unter www.thunderbird.net für Windows und auch für macOS heruntergeladen werden. Das Programm funktioniert mit allen Arten von E-Mail-Konten und ist auf beiden Betriebssystemen weitgehend gleich.

6.3.1 Das neue Outlook für Windows 11

Windows 11 verwendet das neue ***Outlook*** als zentrales Programm für E-Mails, Kontakte und Termine. Dieses Programm ersetzt das vorinstallierte Mailprogramm, das wegen seiner sehr geringen Funktionalität von Windows-Anwendern kaum genutzt wurde. ***Outlook*** wurde im Herbst

2023 aus dem kostenpflichtigen Microsoft Office herausgelöst und kostenlos über den Microsoft Store angeboten. Seit Anfang 2024 ersetzt ***Outlook*** über ein Update automatisch das alte Mailprogramm, das zukünftig nicht mehr unterstützt wird.

Microsoft-Konto in Outlook

Das zur Anmeldung bei Windows verwendete Microsoft-Konto wird automatisch auch als E-Mail-Konto in Outlook eingetragen. Die E-Mails werden sofort heruntergeladen. Sie brauchen nichts weiter zu tun.

Outlook kategorisiert eingehende E-Mails im Microsoft-Konto im *Posteingang* automatisch in *Relevant* und *Sonstige*. Dieser Automatismus mag bei manchen E-Mails befremdlich reagieren. Sie können aber selbst E-Mails zwischen beiden Posteingängen verschieben.

Klicken Sie dazu mit der rechten Maustaste auf eine E-Mail und wählen Sie im Kontextmenü *Verschieben/Immer in Posteingang "Sonstige" verschieben* oder *Verschieben/Immer in Posteingang "Relevant" verschieben*. E-Mails mit diesem Absender werden dann automatisch wie gewünscht einsortiert.

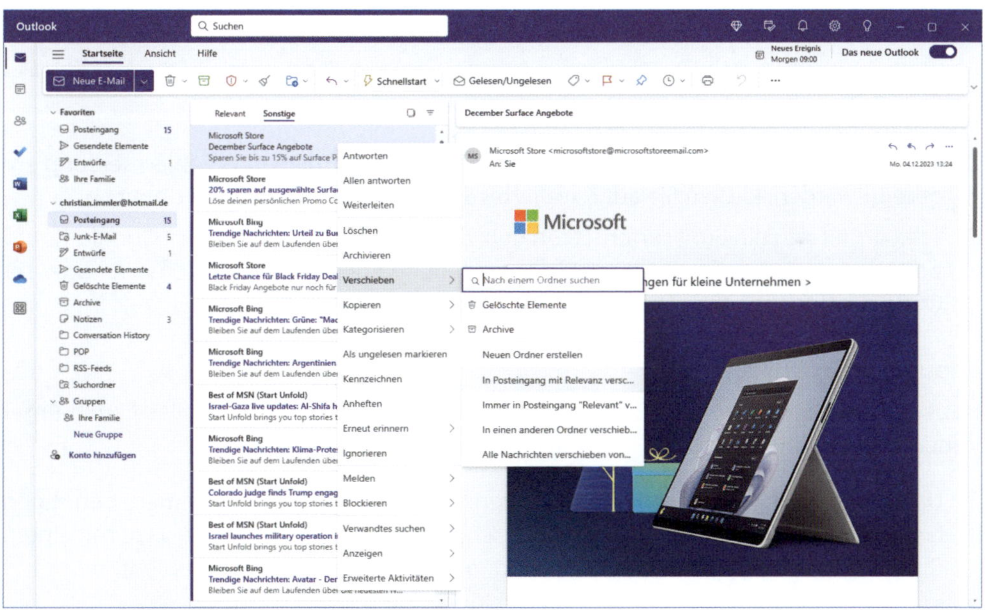

Posteingang mit Relevanz bei einem Microsoft-Konto in Outlook

Gmail in Outlook

Google-Konten benötigen eine besondere Autorisierung. Danach können sie auch in Outlook genutzt werden.

1. Klicken Sie, um ein Google-Konto hinzuzufügen, in Outlook oben rechts auf das *Einstellungen*-Symbol und danach auf *Konto hinzufügen*.

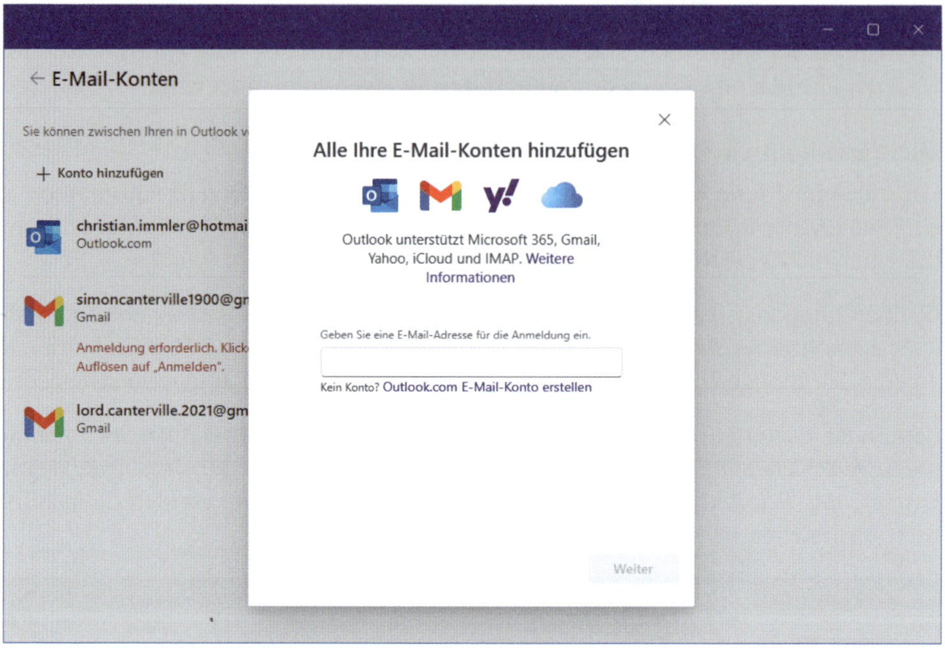

Neues Konto in Outlook hinzufügen

2. Geben Sie die E-Mail-Adresse Ihres Google-Kontos ein. Sollte eine Fehlermeldung angezeigt werden, klicken Sie auf *Erweitertes Setup* und wählen danach *Gmail*.
3. Jetzt öffnet sich ein Browserfenster, in dem Sie die Anmeldung mit dem Google-Konto bestätigen müssen. Beantworten Sie anschließend noch die Anfrage, dass der Browser Outlook öffnen möchte. Dann wird das Konto hinzugefügt.

iCloud-Mail in Outlook

Haben Sie auf dem Mac eine E-Mail-Adresse *@icloud.com*, können Sie diese auch unter Windows in Outlook nutzen.

1. Um *iCloud Mail* in Programmen zu nutzen, die nicht von Apple stammen, benötigen Sie ein sogenanntes anwendungsspezifisches Passwort. Besuchen Sie dazu mit einem Browser die Seite appleid.apple.com und melden Sie sich mit Ihrer Apple-ID an.
2. Klicken Sie auf der Seite *Anmelden und Sicherheit* auf *Anwendungsspezifisch*.
3. Entscheiden Sie sich auf der nächsten Seite für die Option *Ein anwendungsspezifisches Passwort erstellen*. Geben Sie diesem Passwort einen eigenen Namen, über den Sie es später wiedererkennen, sollten Sie mehrere solcher Passwörter erstellt haben. Danach wird das anwendungsspezifische Passwort angezeigt. Lassen Sie das Browserfenster geöffnet, um das Passwort später zu sehen oder zu kopieren.

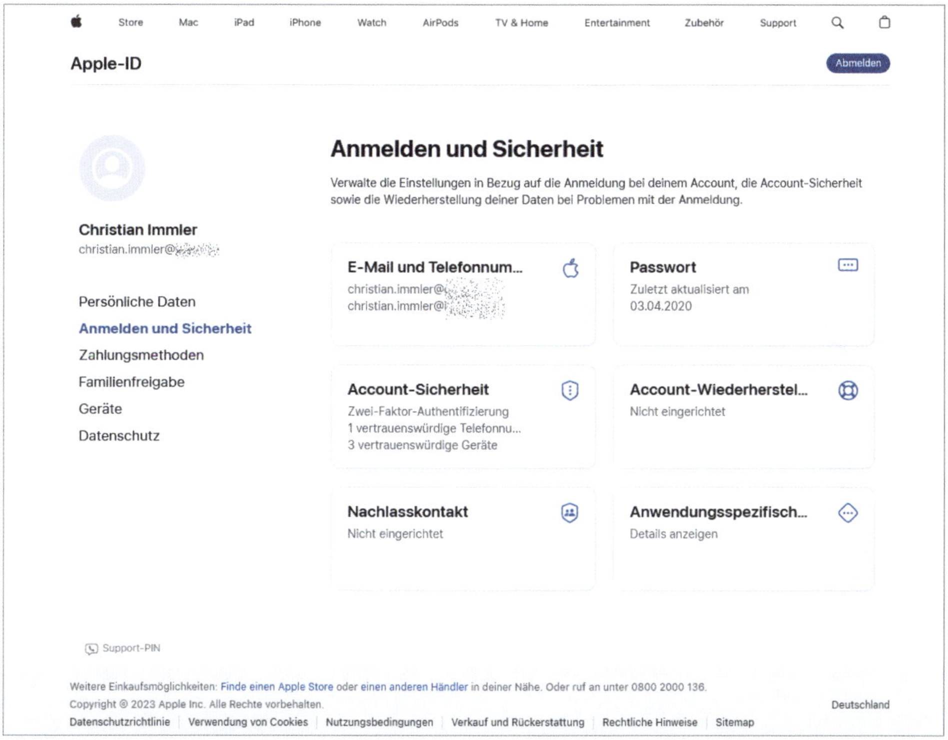

Anmelden mit der Apple-ID

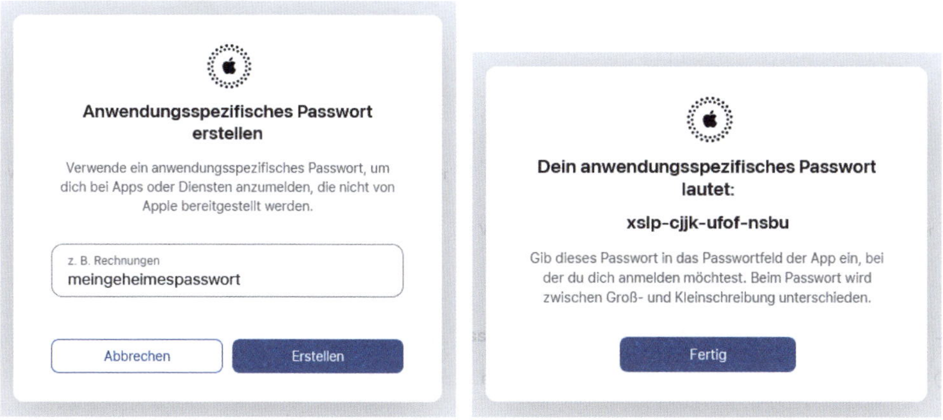

Anwendungsspezifisches Passwort erstellen

4. Klicken Sie in Outlook oben rechts auf das *Einstellungen*-Symbol und danach auf *Konto hinzufügen*.

5. Geben Sie die E-Mail-Adresse Ihres iCloud-Kontos ein, klicken Sie auf *Erweitertes Setup* und wählen Sie *iCloud*.

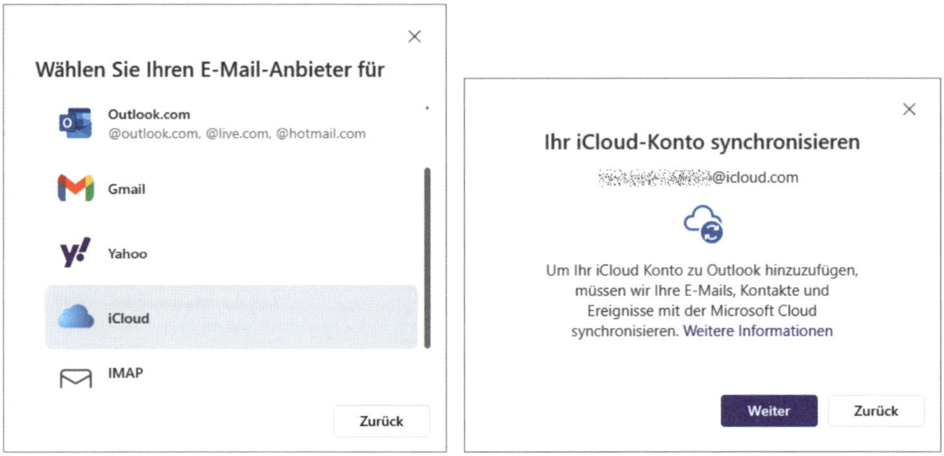

iCloud-Mailkonto in Outlook einrichten

6. Outlook fragt nach dem anwendungsspezifischen Passwort. Kopieren Sie dieses aus dem Browserfenster in das Eingabefeld.

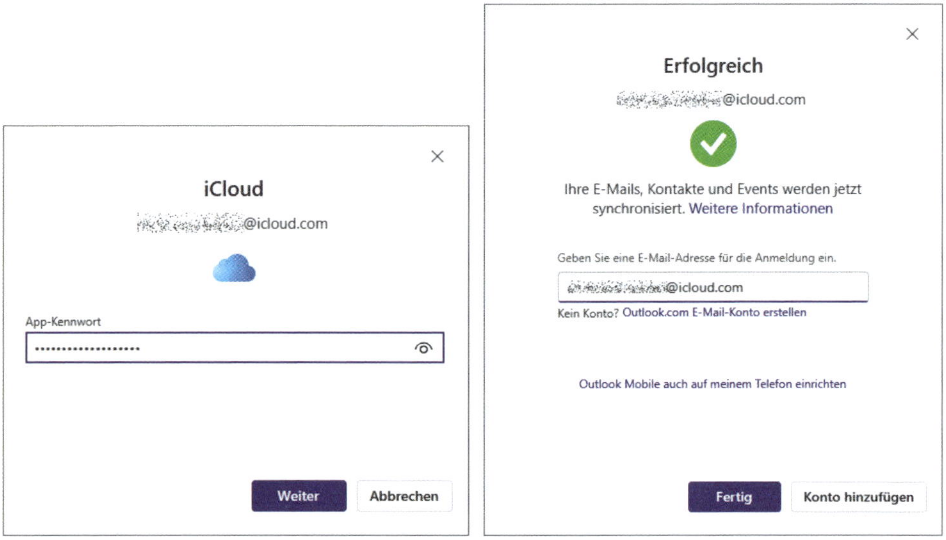

Weitere Schritte beim Einrichten eines iCloud-Mailkontos in Outlook

7. Im nächsten Schritt müssen Sie noch einmal die E-Mail-Adresse des iCloud-Kontos angeben. Danach wird dieses in Outlook angelegt und die E-Mails werden heruntergeladen. Jetzt können Sie E-Mails beantworten und auch neue schreiben. Diese werden mit den anderen Geräten über iCloud synchronisiert.

6.3.2 Die E-Mail-App von macOS

macOS liefert eine E-Mail-App vorinstalliert mit. Hier ist das mit der angemeldeten Apple-ID verknüpfte iCloud-Mailkonto automatisch eingetragen, sodass Sie Ihre E-Mails sofort sehen und sich um nichts weiter zu kümmern brauchen.

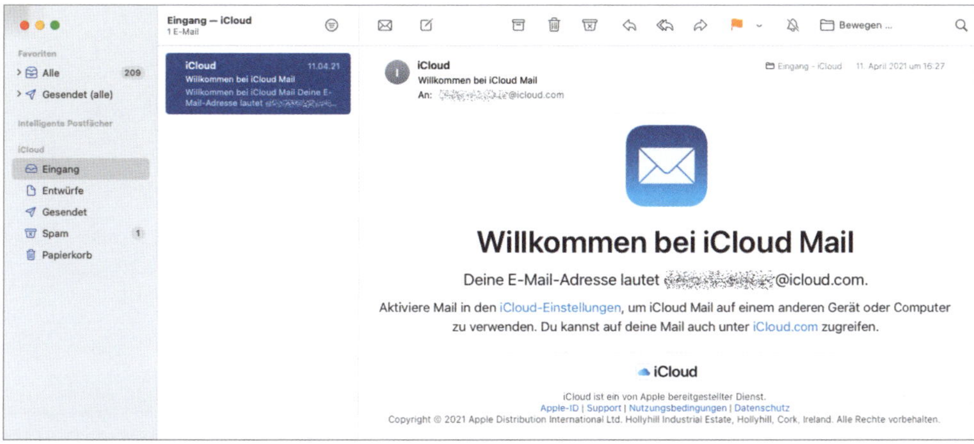

Die E-Mail-App auf macOS

Gmail auf dem Mac

Um Gmail in der E-Mail-App nutzen zu können, müssen Sie auf dem Mac ein Google-Konto hinzufügen.

1. Klicken Sie, um ein Google-Konto hinzuzufügen, in den *Einstellungen* im Bereich *Internetaccounts* auf *Account hinzufügen*.

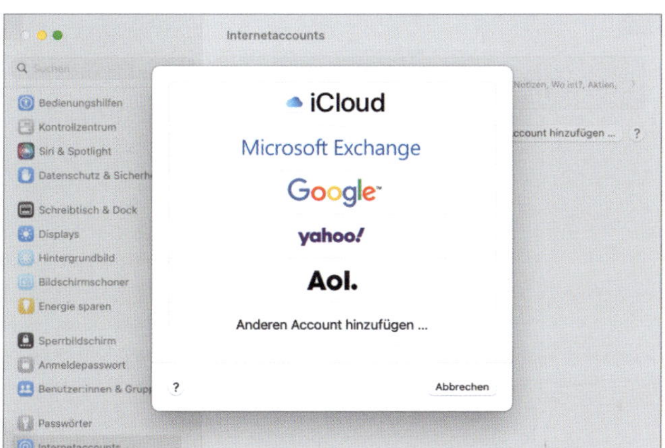

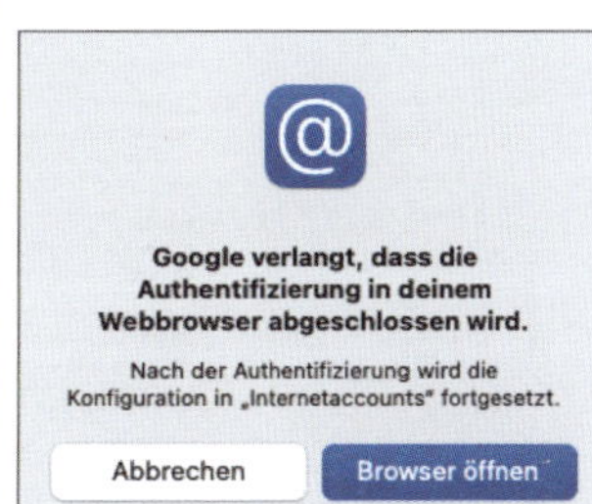

Google-Konto in den Einstellungen hinzufügen

2. Wählen Sie auf dem nächsten Bildschirm *Google*. Daraufhin wird ein Browserfenster geöffnet, in dem Sie sich mit Ihrem Google-Konto anmelden.
3. Anschließend wird das Google-Konto hinzugefügt. Wählen Sie jetzt noch aus, welche Daten – *Mail*, *Kontakte*, *Kalender*, *Notizen* – aus dem Google-Konto in macOS-Apps genutzt werden sollen.

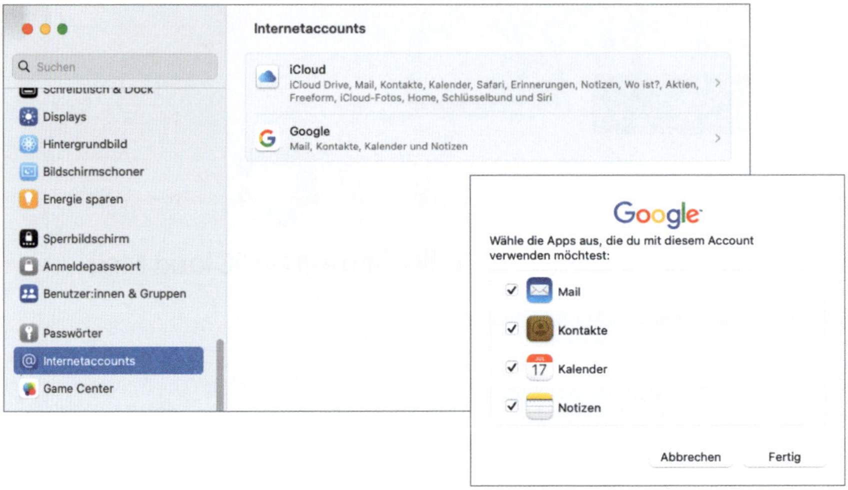

Links: Google-Konto in den Einstellungen, rechts: Wählen, welche Daten aus dem Google-Konto synchronisiert werden

4. Die E-Mails aus dem Google-Konto erscheinen automatisch in der App *Mail* von macOS. Jetzt können Sie E-Mails beantworten und auch neue schreiben.

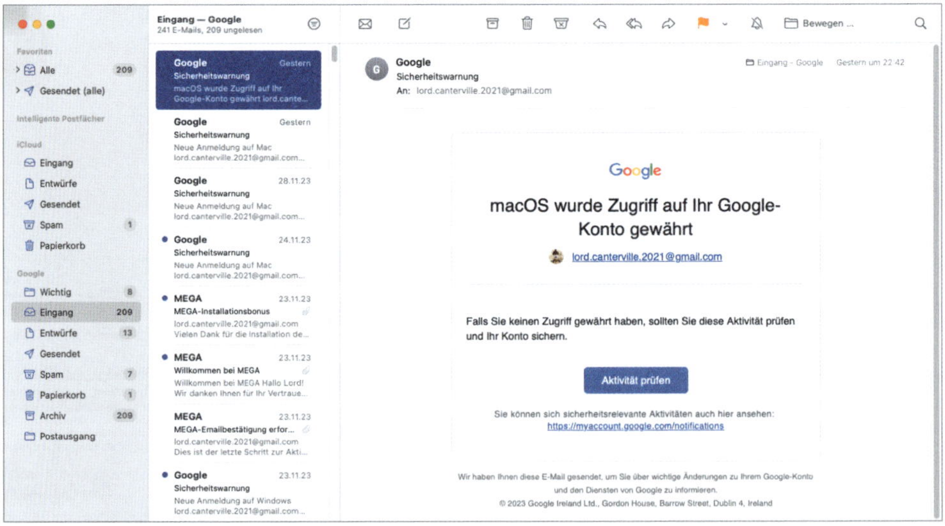

Gmail-Konto in der Mail-App von macOS

Microsoft-Konto auf dem Mac

Um Microsoft-Konten mit den E-Mail-Adressen *@outlook.de*, *@hotmail.de*, *@live.de* oder anderen in der Mail-App nutzen zu können, müssen Sie auf dem Mac ein Microsoft-Konto hinzufügen.

1. Klicken Sie dazu in den *Einstellungen* im Bereich *Internetaccounts* auf *Account hinzufügen*.

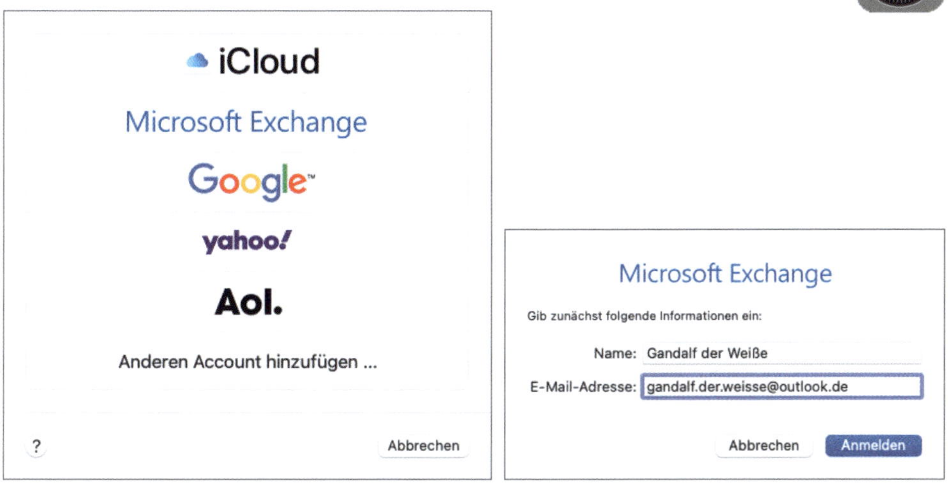

Microsoft-Konto in den Einstellungen hinzufügen

2. Wählen Sie auf dem nächsten Bildschirm die Option *Microsoft Exchange*. Geben Sie jetzt Ihren Namen und die E-Mail-Adresse ein.
3. Danach erscheint ein Anmeldefenster von Microsoft, in dem Sie Ihr Passwort eingeben und den Zugriff auf die Daten bestätigen.

Passwort festlegen

4. Jetzt wird das Microsoft-Konto hinzugefügt. Legen Sie noch fest, welche Daten aus den Bereichen *Mail*, *Kontakte*, *Kalender*, *Erinnerungen* und *Notizen* aus dem Microsoft-Konto in macOS-Apps genutzt werden sollen.

Microsoft Exchange in den Einstellungen

5. Die E-Mails aus dem Microsoft-Konto erscheinen automatisch in der App *Mail* von macOS. Jetzt können Sie E-Mails beantworten und auch neue schreiben.

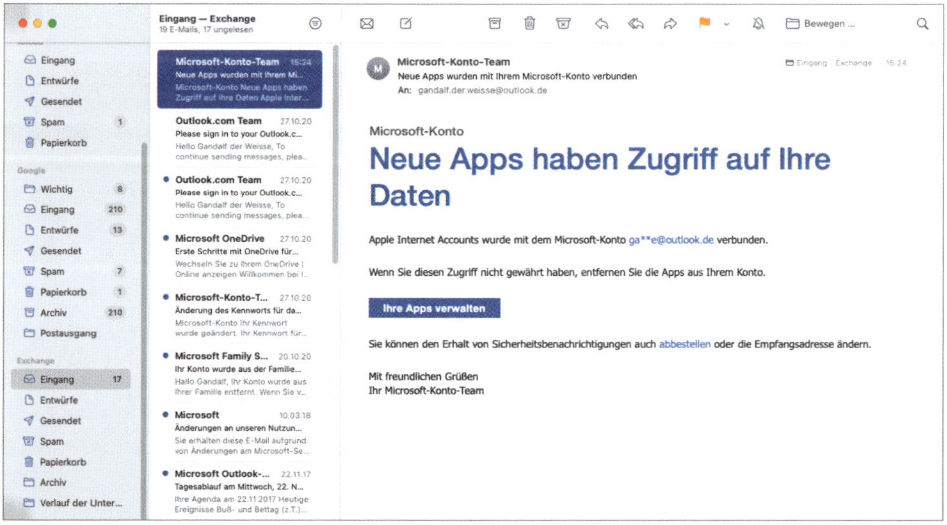

Microsoft-Konto in der Mail-App von macOS

6.4 Google-Onlinedienste in beiden Welten nutzen

Google bietet für alltägliche Aufgaben verschiedene Onlinedienste an, die sich unabhängig vom Betriebssystem nach der Anmeldung mit dem Google-Konto im Browser nutzen lassen. Diese Dienste arbeiten auch mit lokal installierten Programmen zusammen.

6.4.1 Google Kontakte

Google bietet über contacts.google.com eine persönliche Kontaktverwaltung an, die auch von Android-Smartphones genutzt wird.

Damit haben Sie die gleiche Kontaktliste auf dem Smartphone, auf dem PC und auf jedem anderen Gerät, das mit dem Google-Konto synchronisieren kann, zur Verfügung – auch auf dem Mac.

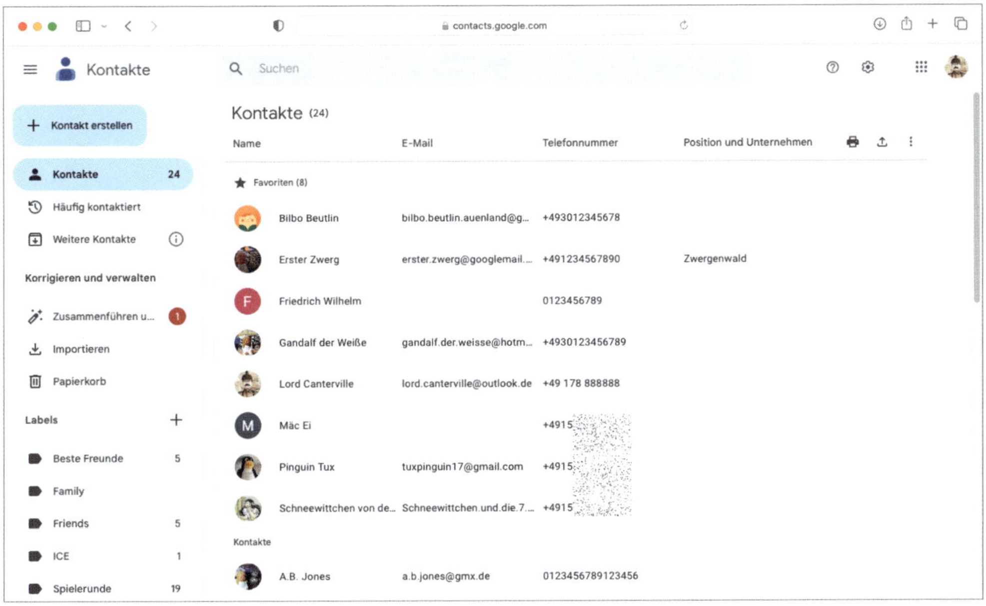

Google Kontakte im Browser

Wenn Sie ein Android-Smartphone nutzen und Ihre Kontakte dort sowieso schon gespeichert haben, nutzen Sie das Google-Konto auch in den entsprechenden Anwendungen für Windows und macOS.

Google Kontakte im neuen Outlook auf Windows 11 nutzen

In ***Outlook*** können die ***Google Kontakte*** genutzt und synchronisiert werden, wenn ein Google-Konto als E-Mail-Konto angemeldet ist.

1. Fügen Sie im neuen Outlook, wie im Abschnitt 6.3.1 beschrieben, ein Google-Konto hinzu.
2. Klicken Sie oben links auf das Personen-Symbol in Outlook und wählen Sie dann in der Liste das Google-Konto. Jetzt werden alle im Google-Konto gespeicherten Kontakte angezeigt. Sie können auch bearbeitet und neue hinzugefügt werden.

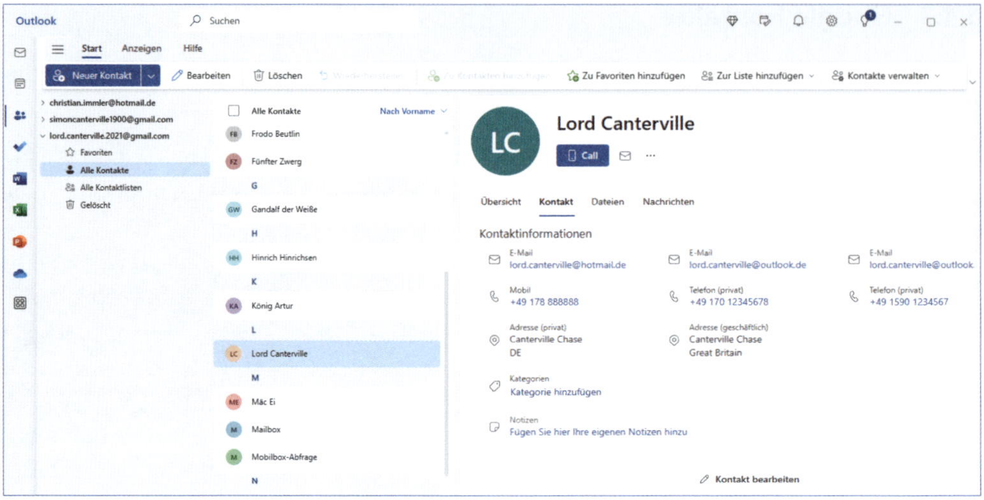

Kontakte aus dem Google-Konto in Outlook nutzen

Google Kontakte in der macOS Kontakte-App nutzen

macOS verwendet eine eigene Kontakte-App, in der die auf ***iCloud*** gespeicherten Kontakte angezeigt und bearbeitet werden können. Hier können auch die ***Google Kontakte*** genutzt und synchronisiert werden.

1. Richten Sie, wie im Abschnitt 6.3.2 beschrieben, ein Google-Konto in macOS ein, wenn Sie dies nicht bereits getan haben.
2. Klicken Sie in der Kontakte-App im Seitenbalken links auf das Google-Konto. Jetzt sehen Sie alle dort gespeicherten Kontakte, können sie nutzen und auch bearbeiten. Bearbeitete Kontakte werden automatisch in das Google-Konto zurück gespeichert.

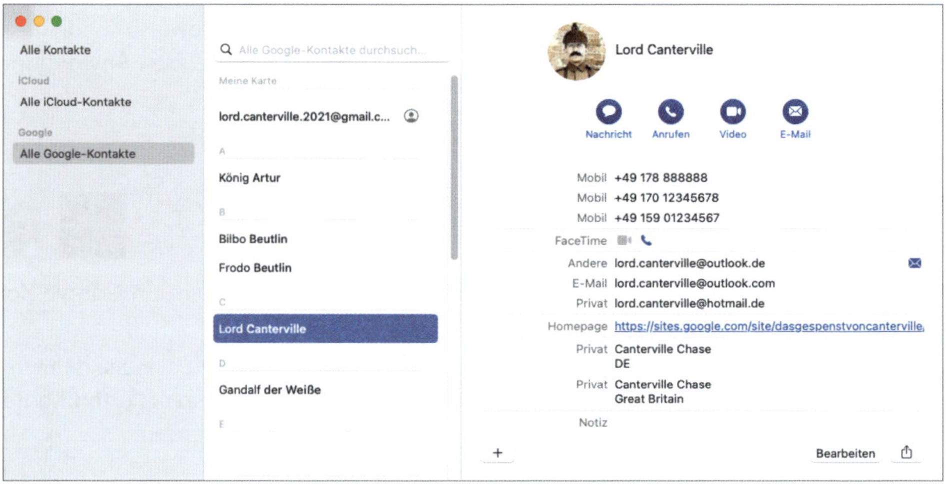

Google-Kontakte in der Kontakte-App von macOS

6.4.2 Google Kalender

Auch der ***Google-Kalender*** kann nicht nur im Browser über calendar.google.com, sondern auch in den Standard-Kalenderanwendungen von Windows und macOS genutzt werden. So haben Sie Ihre Termine immer über alle Geräte und auch Smartphones synchron.

Google Kalender im neuen Outlook auf Windows 11 nutzen

1. Fügen Sie im neuen Outlook ein Google-Konto hinzu, wie das geht, wurde bereits im Abschnitt 6.3.1 beschrieben.
2. Klicken Sie oben links auf das Kalendersymbol, werden Kalender gespeicherter Konten angezeigt. Wählen Sie links im Seitenbalken das Google-Konto aus, können Sie einzelne Kalender aktivieren oder alle Kalender aus diesem Konto anzeigen.

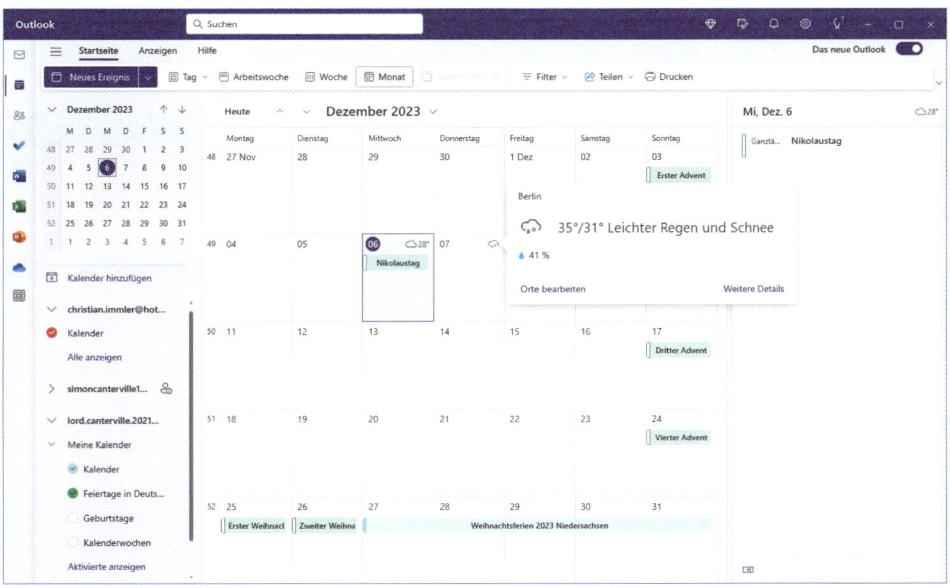

Google Kalender in Outlook

3. Wundern Sie sich nicht, wenn die Wetteranzeige im Winter hochsommerliche Temperaturen anzeigt. Dies kann an einer falschen Temperaturskala liegen. Klicken Sie in einer Wetteranzeige auf *Orte bearbeiten* und schalten Sie auf dem nächsten Bildschirm von *Fahrenheit* auf *Celsius* um.
4. Um einen neuen Termin anzulegen, der über das Google-Konto synchronisiert wird, klicken Sie oben links auf *Neues Ereignis* und geben die Daten des Termins ein. Wählen Sie oben neben dem Symbol *Speichern* das Google-Konto sowie den gewünschten Kalender aus, falls dieses Konto mehrere Kalender enthält. Die Daten des Termins lassen sich später jederzeit ändern, das Konto, in dem der Termin gespeichert ist, aber nicht.

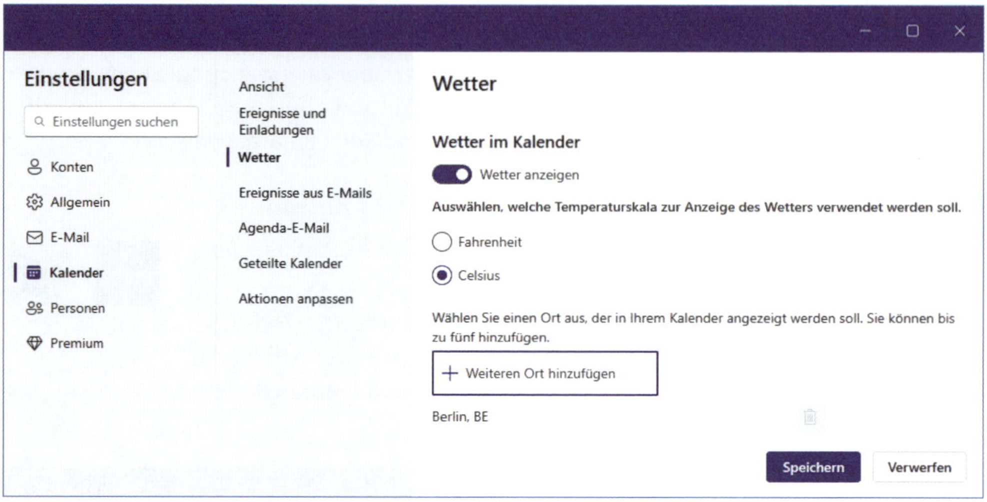

Temperatureinheiten für die Wetteranzeige im Outlook-Kalender einstellen

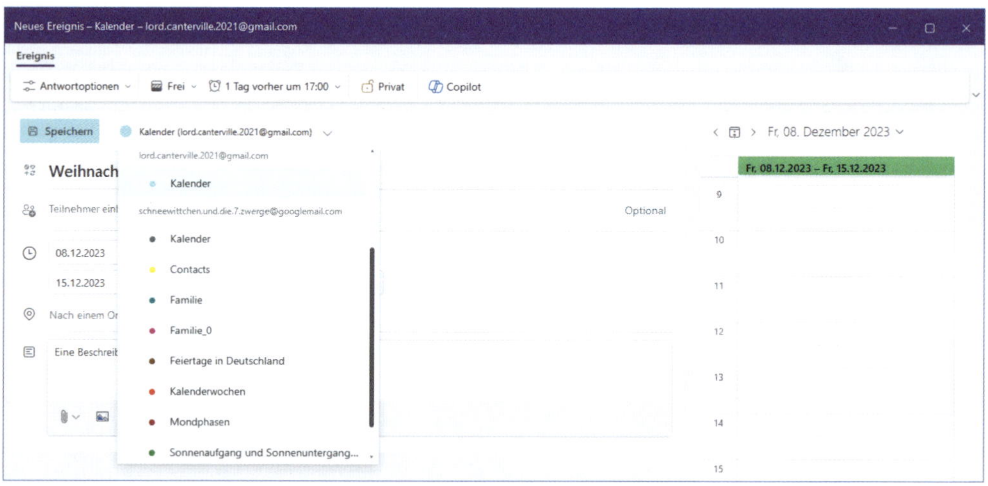

Kalender zum Speichern eines neuen Termins auswählen

Google Kalender in der macOS-Kalender-App nutzen

In der Kalender-App von macOS können Sie Termine aus dem ***Google Kalender*** anzeigen, bearbeiten und auch neue anlegen, die dann wieder mit dem ***Google Kalender*** synchronisiert werden.

1. Fügen Sie in den *Einstellungen* ein Google-Konto hinzu, wie es im Abschnitt 6.3.2 gezeigt wird. Wenn Sie dies bereits erledigt und die Kalender-Synchronisierung aktiviert haben, brauchen Sie nichts weiter zu tun.
2. Im Seitenbalken der Kalender-App wird das Google-Konto angezeigt. Wählen Sie die anzuzeigenden Kalender aus diesem Konto aus.

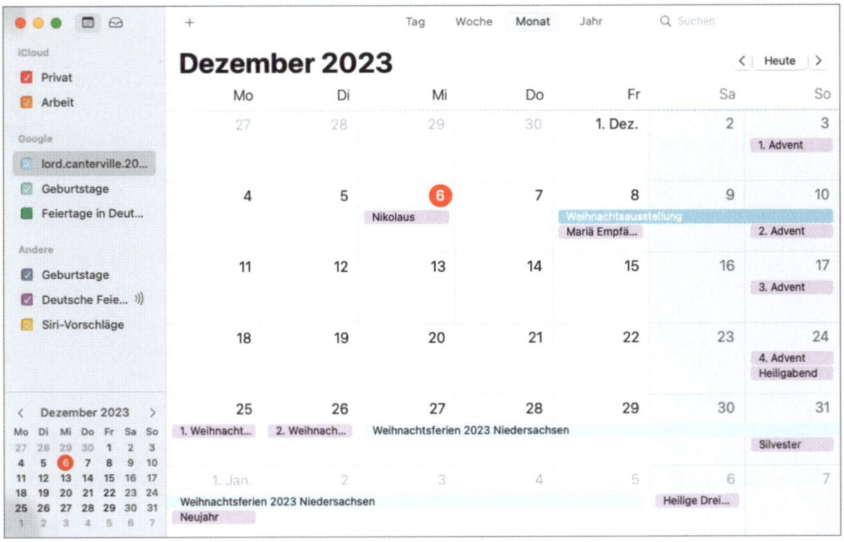

Der Kalender in macOS mit synchronisiertem Google Kalender

3. Um einen neuen Termin anzulegen, der über das Google-Konto synchronisiert wird, klicken Sie mit der rechten Maustaste auf den gewünschten Tag und wählen im Kontextmenü *Neues Ereignis*. Geben Sie die Daten des Termins ein und wählen Sie oben rechts das Google-Konto sowie den gewünschten Kalender aus, falls mehrere Kalender für das Konto angelegt sind. Die Daten des Termins lassen sich später jederzeit ändern. Die Kalender-App von macOS ermöglicht im Gegensatz zu Outlook auch, das Konto, in dem der Termin gespeichert ist, nachträglich zu ändern.

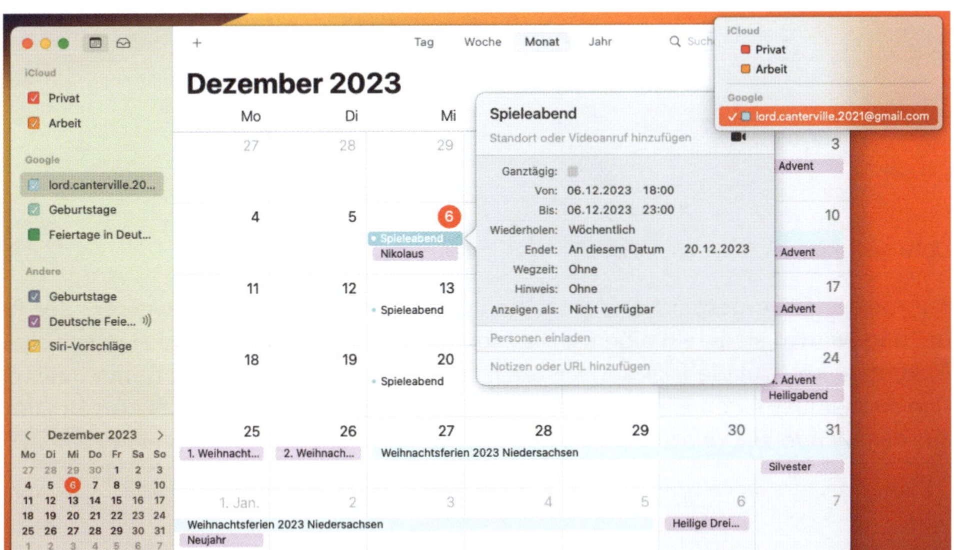

Neuen Termin im Google Kalender anlegen

6.4.3 Google Docs und Google Tabellen

Die Textverarbeitung ***Google Docs*** (docs.google.com) beinhaltet alle wichtigen Funktionen einer Textverarbeitung. Die Dokumente lassen sich auf allen Geräten, unabhängig vom Betriebssystem, die mit dem gleichen Google-Konto angemeldet sind, direkt im Browser bearbeiten, ohne dass Programme installiert oder Dateien lokal ausgetauscht werden müssen. Auf dem Mac wird auch der Safari-Browser unterstützt. Sie brauchen kein Google Chrome.

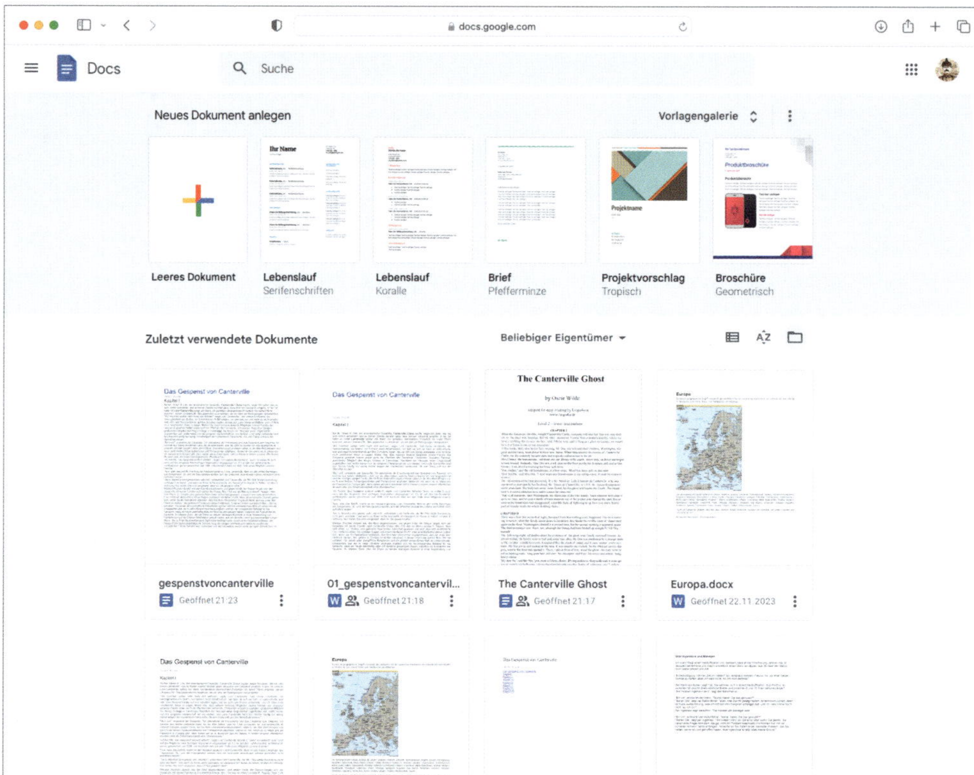

Dokumentenübersicht in Google Docs

Auf Google Drive gespeicherte Dokumente können direkt geöffnet werden. Zur Bearbeitung werden sie in ein eigenes Dateiformat konvertiert. Um ein lokal gespeichertes Dokument hochzuladen, klicken Sie oben rechts auf das Ordnersymbol. Entscheiden Sie sich auf dem nächsten Bildschirm für den Bereich *Upload* und ziehen Sie ein Dokument aus dem ***Windows-Explorer*** oder ***Finder*** von macOS in das Browserfenster.

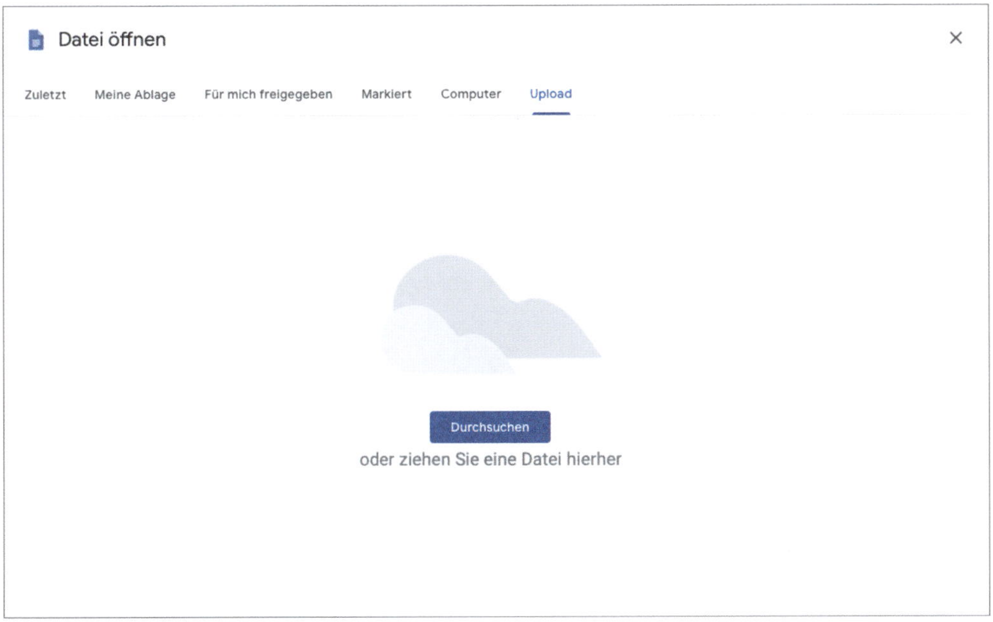

Dokumente auf Google Docs hochladen

Google Docs verarbeitet die Dokumentenformate DOCX und ODT. Wenn Sie Dokumente mit der macOS-Textverarbeitung ***Pages*** erstellt haben, speichern Sie sie dort im ***Word***-Format ab, um sie auf ***Google Docs*** hochzuladen.

Haben Sie eine Datei nur im ***Pages***-Format vorliegen, können Sie diese hochladen, dann aber nicht anzeigen. Hier erscheint ein schwarzer Bildschirm mit Hinweisen auf ein unbekanntes Dateiformat.

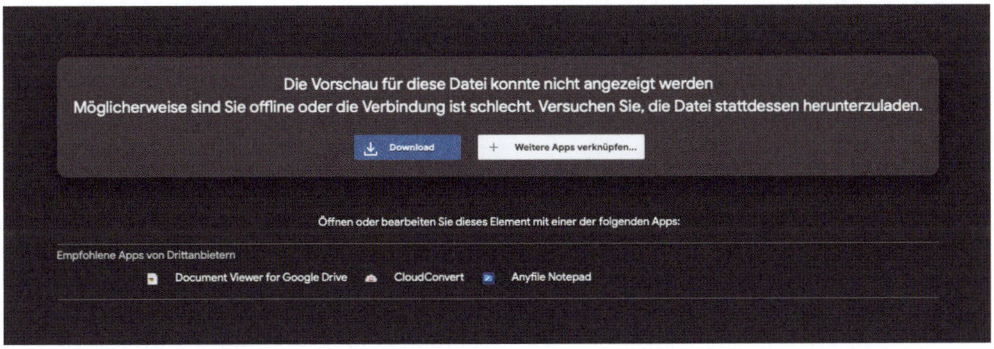

Meldung bei einem unbekannten Dokumentenformat

Mit einem kleinen Umweg können Sie Pages-Dokumente auch mit Google Docs bearbeiten:

1. Klicken Sie auf dem schwarzen Bildschirm unten auf *CloudConvert*. Legen Sie bei diesem Onlinedienst mit Ihrem Google-Konto ein kostenloses Benutzerkonto an.
2. Jetzt erscheint der ***Pages to Word Converter***. Die hochgeladene Pages-Datei ist dort bereits eingetragen.
3. Wählen Sie bei *Convert to* das DOCX-Format und aktivieren Sie den Schalter *Save output files to Google Drive*. Klicken Sie danach auf *Convert*.

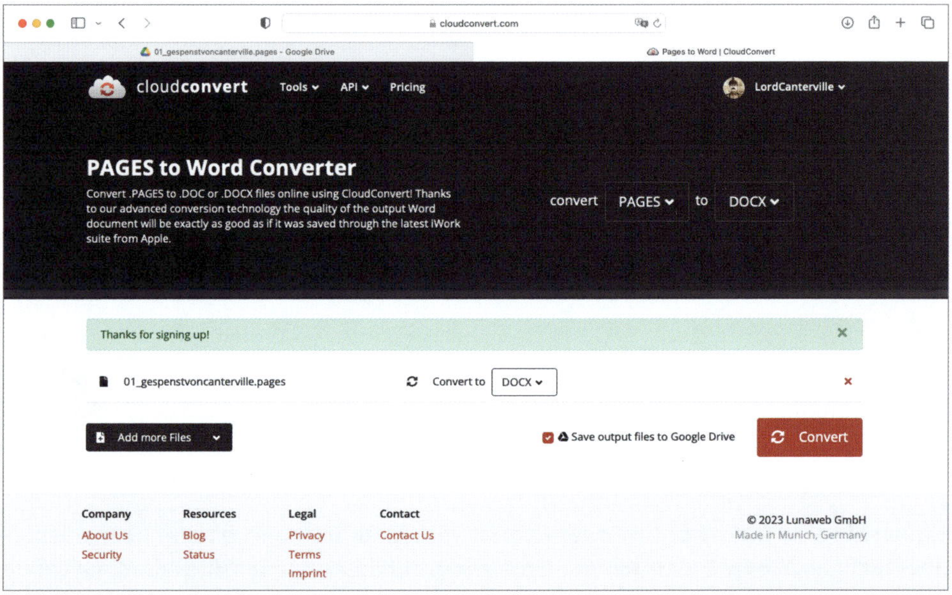

Pages to Word Onlinekonverter

4. Das Dokument wird konvertiert und Sie können es direkt mit Google Docs öffnen. Auch dieser Konverter funktioniert unabhängig vom Betriebssystem. Sie können also ein Pages-Dokument auf einem Mac hochladen und auf einem Windows-PC konvertieren und weiterbearbeiten.

Google Docs bietet alle wichtigen Funktionen einer Textverarbeitung unter einer intuitiven Benutzeroberfläche mit Menüleiste und Kontextmenüs an.

Um ein Dokument lokal zu speichern, exportieren Sie es mit dem Menüpunkt *Herunterladen* in das DOCX-Format, das von allen großen Textverarbeitungen unter Windows, beispielsweise ***Word*** und ***LibreOffice***, und auch von ***Pages*** auf macOS unterstützt wird.

Über den *Freigeben*-Button oben rechts geben Sie ein Dokument zum Lesen oder für Mitbearbeiter frei. Hier werden die gleichen Möglichkeiten wie beim Freigeben anderer Dateien auf Google Drive angeboten.

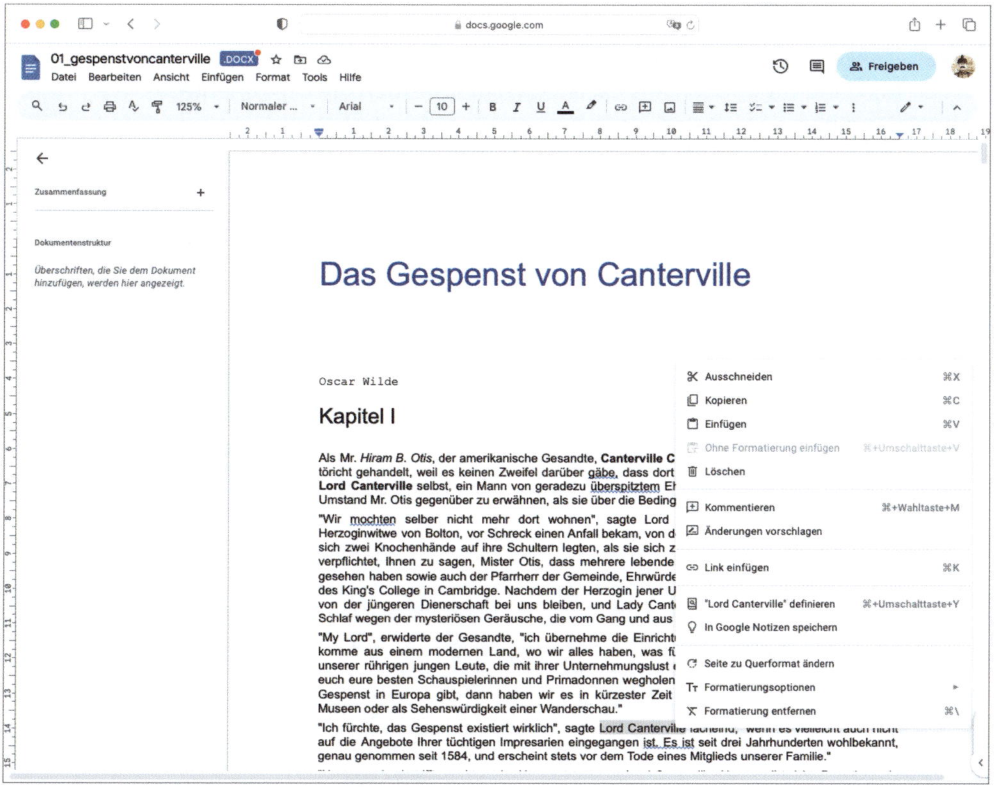

Office-Dokument in Google Docs bearbeiten

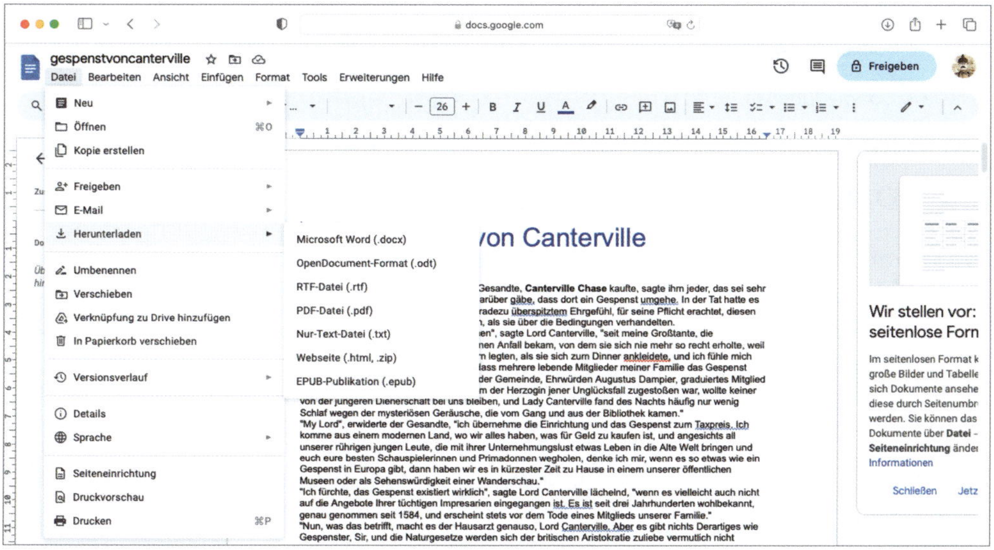

Dokument von Google Docs herunterladen, um es lokal zu bearbeiten

Google Tabellen

Die Tabellenkalkulation ***Google Tabellen*** unterstützt fast alle Formeln sowie auch Sortier- und Filterfunktionen aus Excel. Auch hier werden die Dokumente, die auf Google Drive gespeichert sind, online im Browser dargestellt und bearbeitet und lassen sich in gängigen Office-Formaten exportieren. Sie erreichen ***Google Tabellen*** mit einem Klick auf das Icon oben links in Google Docs, danach im Seitenbalken. Auch hier können Sie lokal gespeicherte Tabellen hochladen und online gesicherte Tabellen in den Formaten XLSX, ODS und CSV herunterladen.

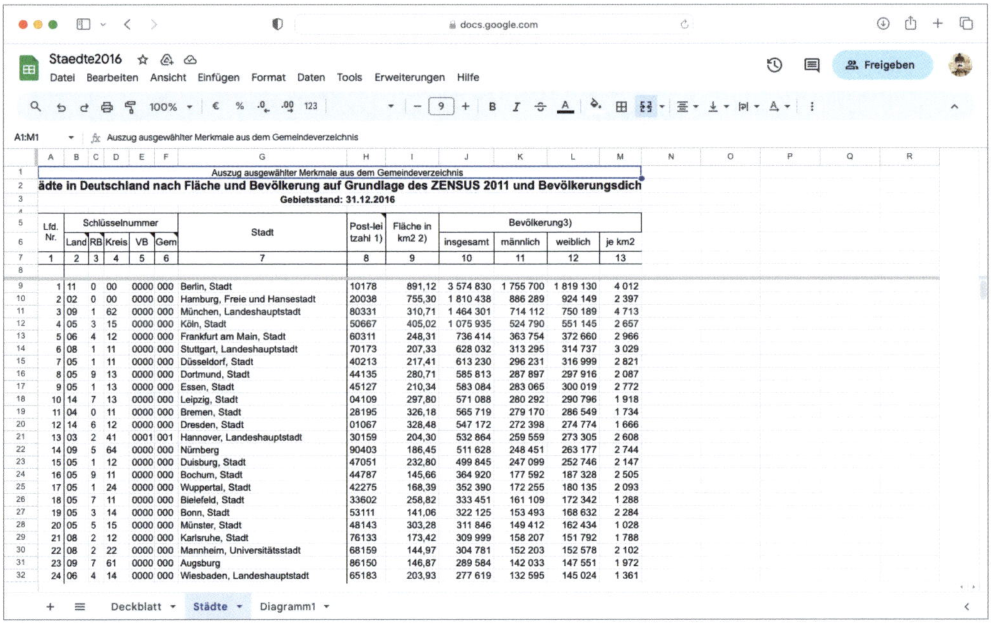

Auszug ausgewählter Merkmale aus dem Gemeindeverzeichnis

ädte in Deutschland nach Fläche und Bevölkerung auf Grundlage des ZENSUS 2011 und Bevölkerungsdich

Gebietsstand: 31.12.2016

Lfd. Nr.	Schlüsselnummer					Stadt	Post-leitzahl 1)	Fläche in km2 2)	Bevölkerung3)			
	Land	RB	Kreis	VB	Gem				insgesamt	männlich	weiblich	je km2
1	2	3	4	5	6	7	8	9	10	11	12	13
1	11	0	00	0000	000	Berlin, Stadt	10178	891,12	3 574 830	1 755 700	1 819 130	4 012
2	02	0	00	0000	000	Hamburg, Freie und Hansestadt	20038	755,30	1 810 438	886 289	924 149	2 397
3	09	1	62	0000	000	München, Landeshauptstadt	80331	310,71	1 464 301	714 112	750 189	4 713
4	05	3	15	0000	000	Köln, Stadt	50667	405,02	1 075 935	524 790	551 145	2 657
5	06	4	12	0000	000	Frankfurt am Main, Stadt	60311	248,31	736 414	363 754	372 660	2 966
6	08	1	11	0000	000	Stuttgart, Landeshauptstadt	70173	207,33	628 032	313 295	314 737	3 029
7	05	1	11	0000	000	Düsseldorf, Stadt	40213	217,41	613 230	296 231	316 999	2 821
8	05	9	13	0000	000	Dortmund, Stadt	44135	280,71	585 813	287 897	297 916	2 087
9	05	1	13	0000	000	Essen, Stadt	45127	210,34	583 084	283 065	300 019	2 772
10	14	7	13	0000	000	Leipzig, Stadt	04109	297,80	571 088	280 292	290 796	1 918
11	04	0	11	0000	000	Bremen, Stadt	28195	326,18	565 719	279 170	286 549	1 734
12	14	6	12	0000	000	Dresden, Stadt	01067	328,48	547 172	272 398	274 774	1 666
13	03	2	41	0001	001	Hannover, Landeshauptstadt	30159	204,30	532 864	259 559	273 305	2 608
14	09	5	64	0000	000	Nürnberg	90403	186,45	511 628	248 451	263 177	2 744
15	05	1	12	0000	000	Duisburg, Stadt	47051	232,80	499 845	247 099	252 746	2 147
16	05	9	11	0000	000	Bochum, Stadt	44787	145,66	364 920	177 592	187 328	2 505
17	05	1	24	0000	000	Wuppertal, Stadt	42275	168,39	352 390	172 255	180 135	2 093
18	05	7	11	0000	000	Bielefeld, Stadt	33602	258,82	333 451	161 109	172 342	1 288
19	05	3	14	0000	000	Bonn, Stadt	53111	141,06	322 125	153 493	168 632	2 284
20	05	5	15	0000	000	Münster, Stadt	48143	303,28	311 846	149 412	162 434	1 028
21	08	2	12	0000	000	Karlsruhe, Stadt	76133	173,42	309 999	158 207	151 792	1 788
22	08	2	22	0000	000	Mannheim, Universitätsstadt	68159	144,97	304 781	152 203	152 578	2 102
23	09	7	61	0000	000	Augsburg	86150	146,87	289 584	142 033	147 551	1 972
24	06	4	14	0000	000	Wiesbaden, Landeshauptstadt	65183	203,93	277 619	132 595	145 024	1 361

Tabelle in Google Tabellen im Browser

6.5 Daten mit dem Migrationsassistenten übertragen

Der ***Migrationsassistent*** von macOS bietet die Möglichkeit, Daten – unter anderem Kalender, Kontakte und E-Mail-Konten – von einem Windows-PC auf einen Mac zu übertragen.

> **Dauert sehr lange**
>
> Die Datenübertragung kann je nach der Menge der zu übertragenden Daten mehrere Stunden dauern. Lassen Sie die Migration am besten über Nacht laufen und sorgen Sie dafür, dass keiner der beiden Computer während dieser Zeit in den Ruhezustand verfällt.

1. Der ***Migrationsassistent*** muss auf beiden Computern laufen. Beide müssen im selben Netzwerk angemeldet sein und auch miteinander kommunizieren können. Verwenden Sie deshalb keinen Gastzugang auf Ihrem Router, sondern den Hauptzugang mit allen Berechtigungen. Schalten Sie auch eventuell installierte Virenscanner und Firewalls ab.
2. Laden Sie auf dem PC unter support.apple.com/kb/DL2080 die Windows-Version des Migrationsassistenten herunter und installieren Sie das Programm. Dazu müssen Sie auf dem PC über Administratorrechte verfügen.
3. Beenden Sie alle laufenden Programme, insbesondere Browser. Starten Sie dann auf beiden Computern den Migrationsassistenten. Auf macOS finden Sie diesen vorinstalliert im ***LaunchPad*** im Ordner *Andere*.
4. Klicken Sie im ersten Schritt auf *Fortfahren*. Dabei müssen Sie auf dem Mac das Passwort des angemeldeten Benutzers eingeben.
5. Wenn Sie auf dem Windows-PC automatische Updates aktiviert haben, was auf den meisten PCs der Fall ist, setzen Sie diese in den *Einstellungen* unter *Windows Update* aus.
6. Wählen Sie auf dem Mac die Option *Von einem Windows-PC*. Der PC beginnt, den Mac im Netzwerk zu suchen.
7. Nachdem sich beide Geräte gefunden haben, wird auf dem Mac ein Symbol für den PC angezeigt. Klicken Sie auf *Fortfahren* und bestätigen Sie anschließend die angezeigten Zahlencodes zur Gerätekopplung.
8. Wählen Sie auf dem Mac die vom PC zu übertragenden Daten aus. Neben Kontakten, Terminen und E-Mail-Konten können Sie auch Unterordner des persönlichen Benutzerordners aus Windows, etwa *Dokumente*, *Bilder* oder *Musik*, übertragen, was je nach Datenmenge die Übertragungszeit deutlich erhöht.

Diese Daten werden übertragen

- Zur **Mail-App:** E-Mails und E-Mail-Einstellungen von Outlook und Windows Mail.
- Zur **Kontakte-App:** Kontakte aus der Kontakte-App, aus Outlook sowie der Kontaktordner in Ihrem Benutzerordner.
- Zur **Kalender-App:** Termine aus dem Kalender und aus Outlook.
- Zur **Erinnerungen-App:** Aufgaben von Outlook.
- Zur **Musik-App**, **Podcasts-App**, **Bücher-App** und **TV-App:** Musik, Podcasts, Hörbücher, Filme undTV-Sendungen.
- Zu **Safari:** Startseite und Lesezeichen von Chrome, Edge, Firefox.
- Zu den **Systemeinstellungen:** Benutzerdefinierte Hintergrundbilder, Spracheinstellungen und Standorteinstellungen, bekannte WLAN-Netzwerke.
- Zum **Benutzerordner:** Dokumente und andere Dateien aus dem Benutzerordner von Windows.

7. Smartphones mit PC und Mac

Moderne Smartphones müssen nur noch in seltenen Fällen über USB-Kabel mit dem PC verbunden werden, um Daten zu synchronisieren. Fast alle Daten lassen sich auch drahtlos über Cloud-Dienste austauschen.

Es gibt aber noch Fälle, in denen eine USB-Verbindung mit einem PC durchaus nützlich sein kann, zum Beispiel um eine größere Musiksammlung vom PC auf das Smartphone zu bringen oder umgekehrt große Mengen von Fotos in Originalauflösung vom Smartphone auf den PC zu übertragen.

Das richtige Kabel

Bei Weitem nicht jedes Kabel eignet sich auch zur Datenübertragung. Viele billige Kabel können zwar Smartphones aufladen, übertragen aber keine Daten. Verwenden Sie das Originalkabel, das mit dem Smartphone geliefert wurde, oder achten Sie beim Kauf eines neuen Kabels darauf, dass es sich um ein Datenkabel und nicht nur um ein Ladekabel handelt.

Das gilt gleichermaßen für Android-Smartphones wie auch für iPhones.

7.1 PC und Android-Smartphone

Schließen Sie das Smartphone über ein USB-Kabel am PC an. Die meisten aktuellen Smartphones werden bei der Verbindung mit einem PC zunächst nur aufgeladen, ohne eine Datenverbindung herzustellen.

Ziehen Sie die Benachrichtigungsleiste herunter und tippen Sie auf die lautlose Benachrichtigung zur USB-Verbindung. Wählen Sie jetzt den Verbindungsmodus *Dateiübertragung*.

Bei der ersten Verbindung mit dem PC werden bei einigen Smartphones spezielle Gerätetreiber installiert. Danach erscheint das Auswahlfenster *Wählen Sie eine Aktion für dieses Gerät aus*. Im Modus *Gerät zum Anzeigen der Dateien öffnen* erscheint das Smartphone als Laufwerk im ***Explorer***, um Dateien zu kopieren.

Das Smartphone wird im ***Explorer*** in der Ansicht *Dieser PC* angezeigt. Klicken Sie darauf, sehen Sie den internen Speicher und – wenn vorhanden – auch die Speicherkarte als Laufwerke und können Dateien hin und her übertragen.

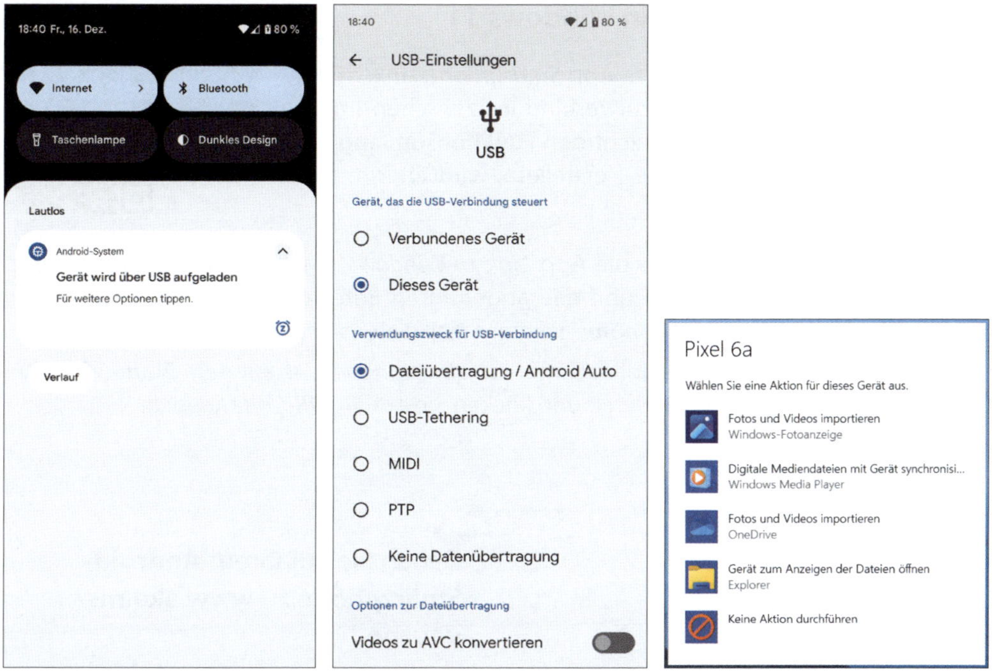

USB-Verbindung zwischen Android-Smartphone und PC, rechts: Auswahl beim Anschluss eines Smartphones an einen Windows-PC

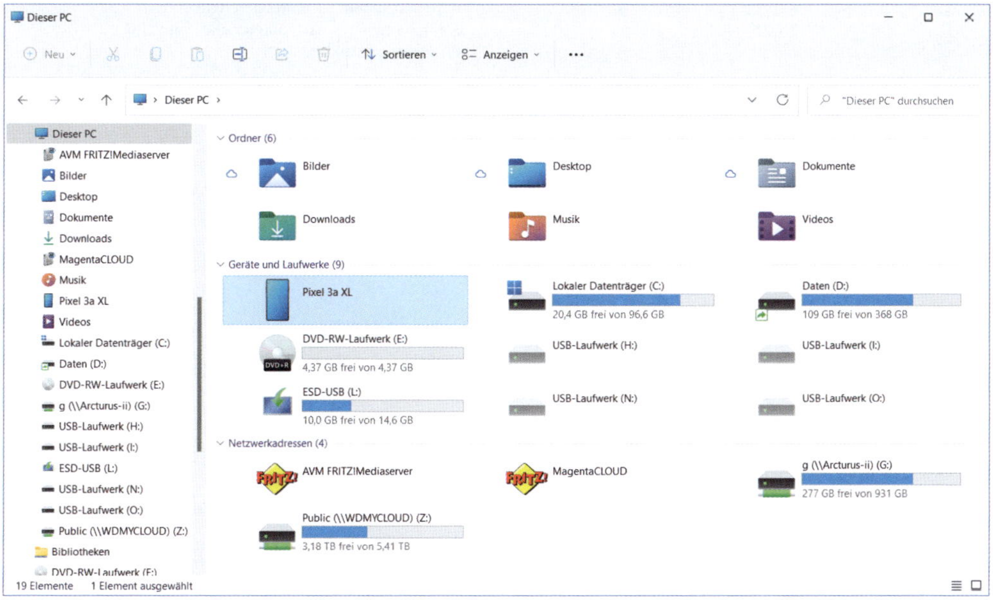

Das Smartphone als Laufwerk im Explorer von Windows 11

7.1.1 Smartphone-Link in Windows 11

Die in Windows 11 vorinstallierte App *Smartphone-Link*, früher als *Ihr Smartphone* bezeichnet, zur Verbindung zwischen Smartphone und PC hat zwar noch nicht den Funktionsumfang der meisten Tools von Smartphone-Herstellern, wird aber mit jedem Update nützlicher.

1. Auf dem Smartphone muss die App *Link zu Windows*, die früher *Begleiter für Smartphone* hieß, installiert sein, und alle angefragten Berechtigungen müssen gewährt werden. Auf einigen Smartphones ist diese App bereits vorinstalliert.
2. Aktivieren Sie auf dem Startbildschirm von *Smartphone-Link* auf dem PC den Schalter *Die App Link zu Windows ist bereit* und klicken Sie auf *Mit QR-Code koppeln*.

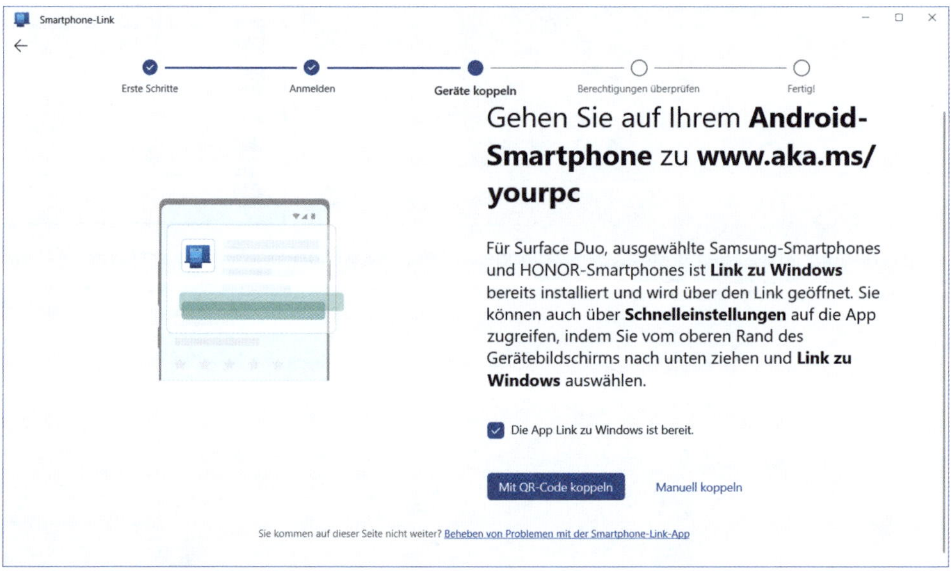

Verbindung zwischen Smartphone und PC herstellen

3. Danach wird auf dem PC ein QR-Code angezeigt. Scannen Sie diesen zum Koppeln mit dem Smartphone. Die Datenübertragung zwischen Smartphone und PC erfolgt per USB-Kabel oder WLAN.
4. Bestätigen Sie auf dem Smartphone, dass *Link zu Windows* im Hintergrund laufen darf, damit die Anzeige auf dem PC ständig aktualisiert wird.
5. Um direkt über das Smartphone vom PC zu telefonieren, ist zusätzlich zur USB- oder WLAN-Verbindung auch eine Bluetooth-Verbindung notwendig.

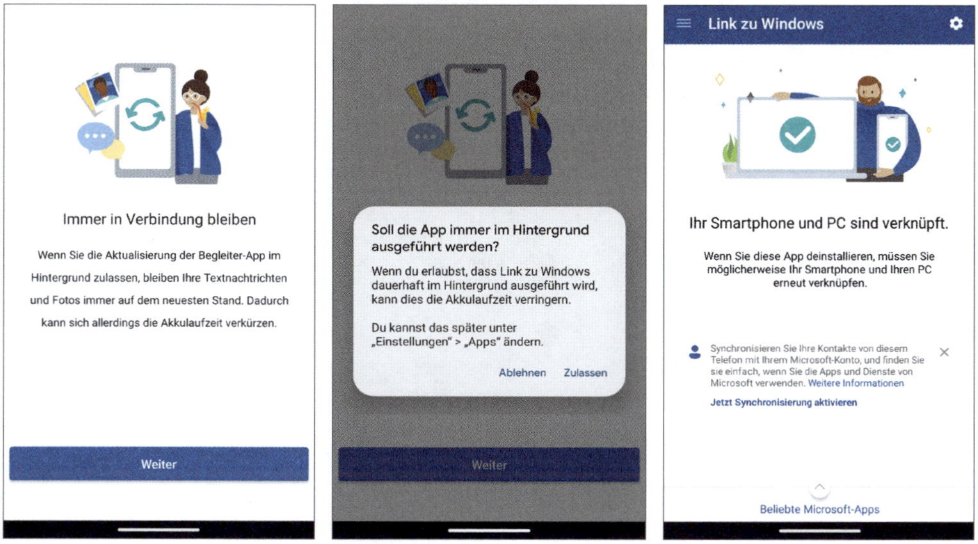

Verbindung zum PC auf dem Smartphone herstellen

Smartphone-Benachrichtigungen auf dem PC sehen

Ohne auf das Smartphone zu sehen, zeigt *Smartphone-Link* eingehende Benachrichtigungen über das Benachrichtigungscenter von Windows an. Dabei lässt sich in den Einstellungen von *Smartphone-Link* auf dem PC festlegen, welche Apps unter Windows benachrichtigen dürfen und welche Inhalte die Benachrichtigungen zeigen.

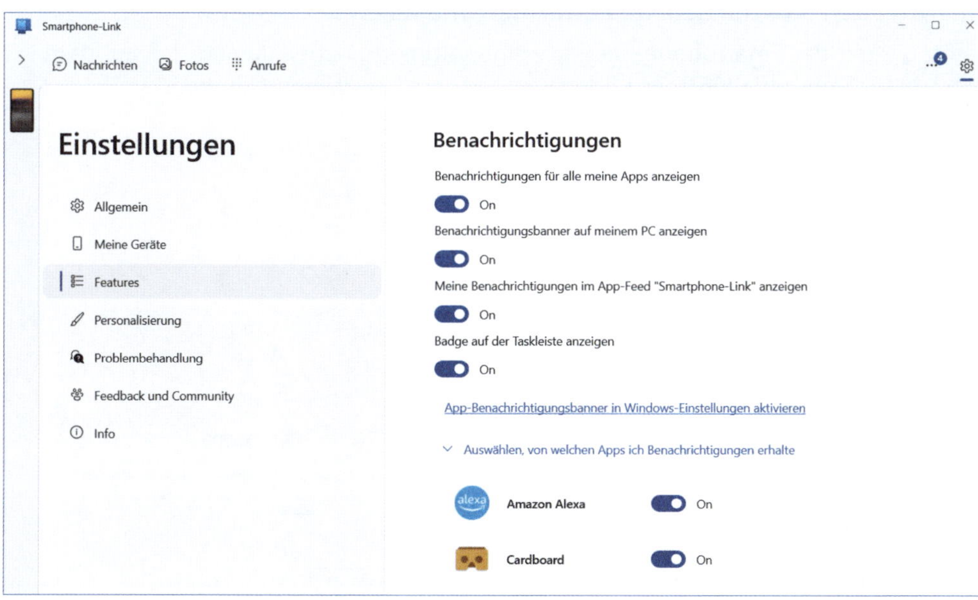

Benachrichtigungen vom Smartphone auf dem PC sehen

SMS auf dem PC

Wer noch SMS schreibt, kann dies in der App *Smartphone-Link* auch vom PC aus machen. Eingehende SMS werden ebenfalls angezeigt. Messenger werden dagegen nicht unterstützt. Diese bieten aber größtenteils eigene Desktop-Apps an.

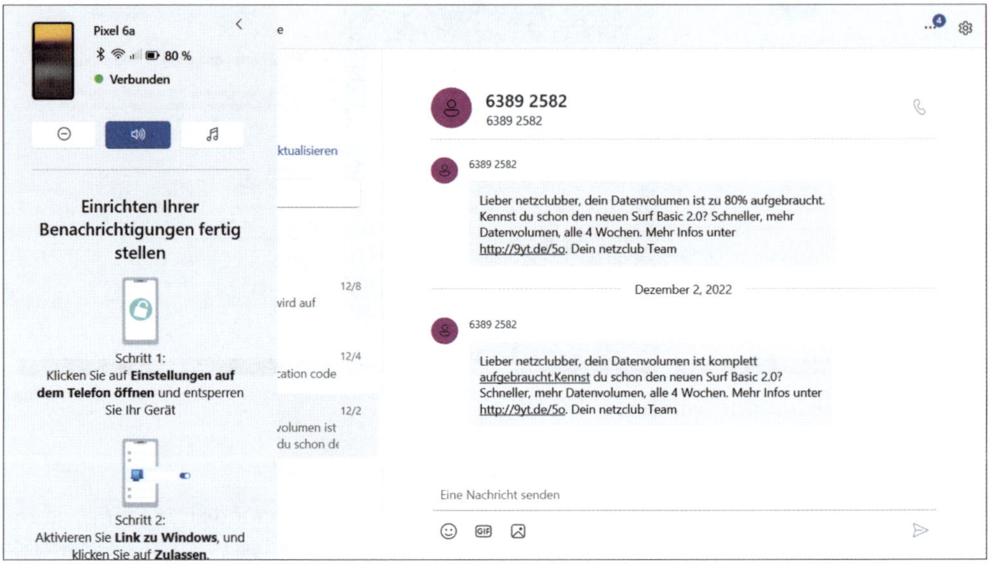

SMS vom Smartphone auf dem PC sehen

Smartphone-Fotos auf dem PC betrachten und teilen

Fotos, die mit der Smartphone-Kamera aufgenommen wurden, lassen sich auf dem PC betrachten, herunterladen, teilen oder auch auf dem Smartphone löschen.

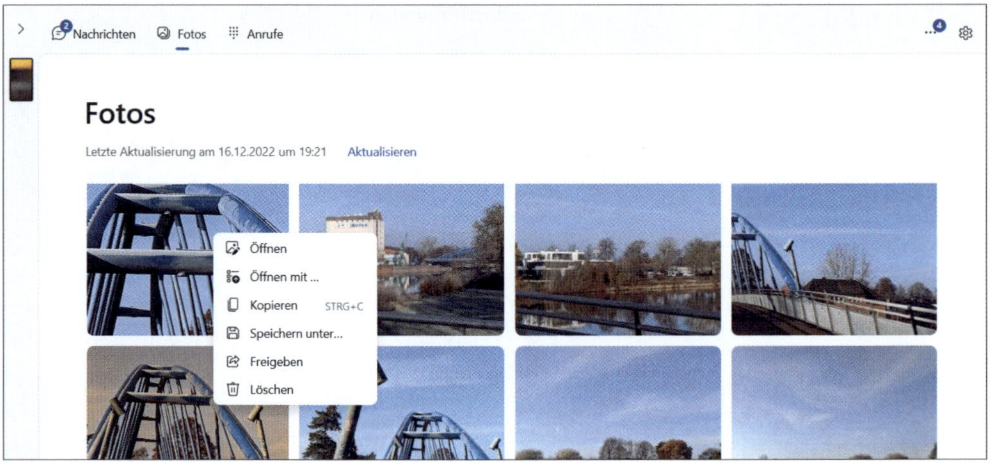

Fotos vom Smartphone auf dem PC ansehen und teilen

Fotoordner außerhalb des standardmäßig angelegten Fotoordners werden nicht unterstützt. Komfortabler ist es, das Smartphone über die OneDrive-App zu verbinden, die die Fotos automatisch im Hintergrund auf den PC überträgt.

> **Smartphone-Link auch für iPhone**
> *Smartphone-Link* funktioniert auch mit iPhones. Diese müssen über Bluetooth verbunden werden, Kabelverbindungen werden hier nicht unterstützt. Weitere Informationen finden Sie im Abschnitt 7.5.2 »Daten zwischen PC und Smartphones per Bluetooth übertragen«.

7.2 PC und iPhone

Auch iPhones können mit geeigneten USB-Kabeln mit dem PC verbunden werden. Allerdings haben Sie hier keinen Zugriff auf alle Dateien, nur auf die auf dem iPhone gespeicherten Fotos und Screenshots.

1. Schließen Sie das iPhone über ein USB-Kabel am PC an. Auf dem iPhone erscheint eine Meldung, dass Sie das Gerät entsperren müssen.
2. Bestätigen Sie auf dem iPhone, dass der PC auf Fotos und Videos zugreifen darf.

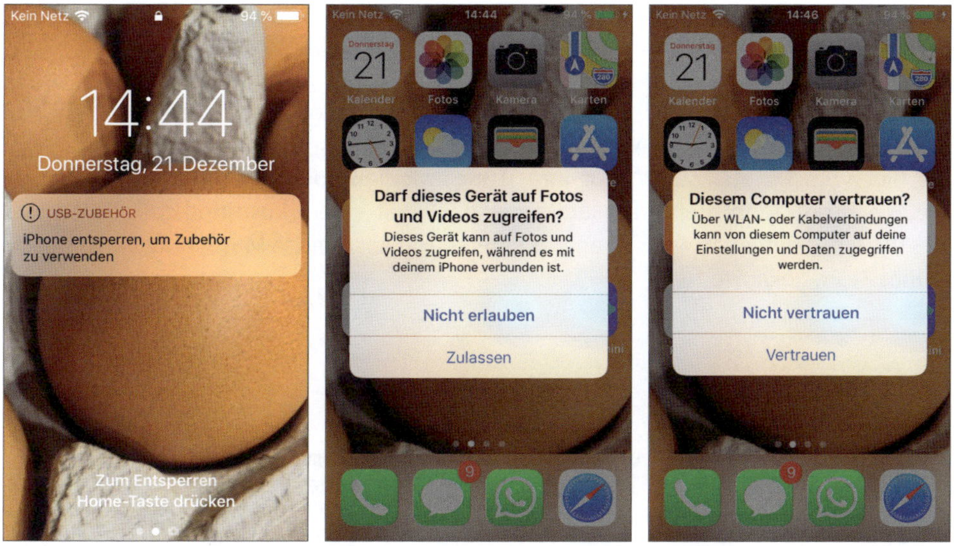

Meldungen auf dem iPhone bei einer USB-Verbindung mit dem PC

3. Das iPhone wird im ***Explorer*** in der Ansicht *Dieser PC* angezeigt. Klicken Sie darauf, sehen Sie den Ordner *DCIM* im internen Speicher und können Dateien hin und her übertragen.

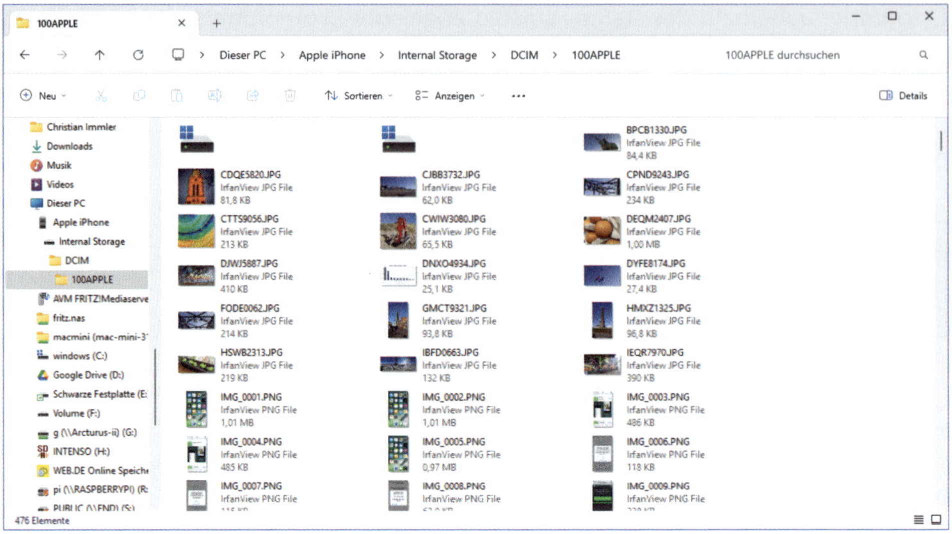

Das iPhone im Explorer von Windows 11

4. Bestätigen Sie auf dem iPhone die Meldung *Diesem Computer vertrauen*, da andernfalls der ***Explorer*** nach kurzer Zeit automatisch wieder geschlossen wird.

7.2.1 iTunes für Windows

macOS bietet in den Apps *Musik*, *Podcasts*, *Bücher* und *Apple TV* direkten Zugriff auf die in der iTunes-Medienbibliothek gespeicherten Medien. Für Windows bietet Apple die iTunes-Software im Microsoft Store zum kostenlosen Download an. Nach Anmeldung mit der Apple-ID haben Sie hier vom PC aus Zugriff auf Ihre iTunes-Medienbibliothek. Allerdings funktioniert die Synchronisation mehrerer Geräte nur noch mit einem kostenpflichtigen Apple-Music-Abo – das gilt auch, wenn man nur eigene und kostenlose Musik nutzt, keine aus dem iTunes Store gekaufte.

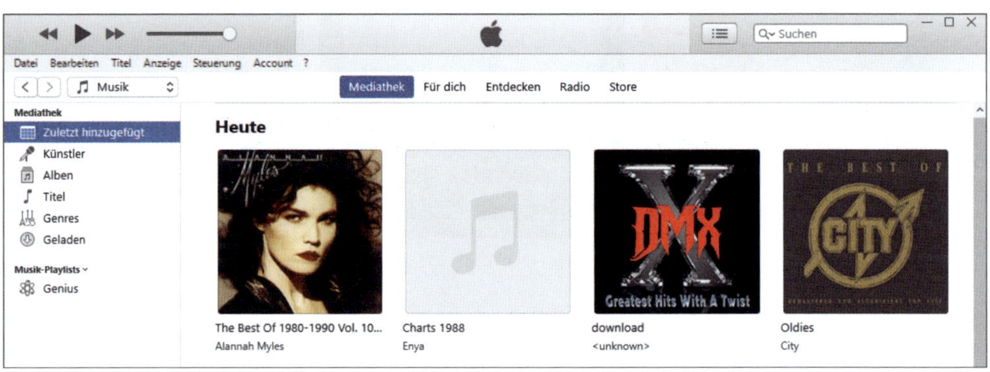

iTunes für Windows

Über das Menü *Datei* können Sie auf dem PC gespeicherte Musik in die iTunes-Medienbibliothek importieren.

7.3 Mac und iPhone

Verbinden Sie ein iPhone über ein USB-Kabel mit einem Mac, können Sie ein Backup des iPhones erstellen, die Medienbibliothek synchronisieren und auf die Fotos zugreifen.

1. Schließen Sie das iPhone über ein USB-Kabel an den Mac an. Auf dem iPhone erscheint eine Meldung, dass Sie das Gerät entsperren müssen. Bestätigen Sie auf dem iPhone, dass Sie dem Mac vertrauen und dass er auf die Daten zugreifen darf.

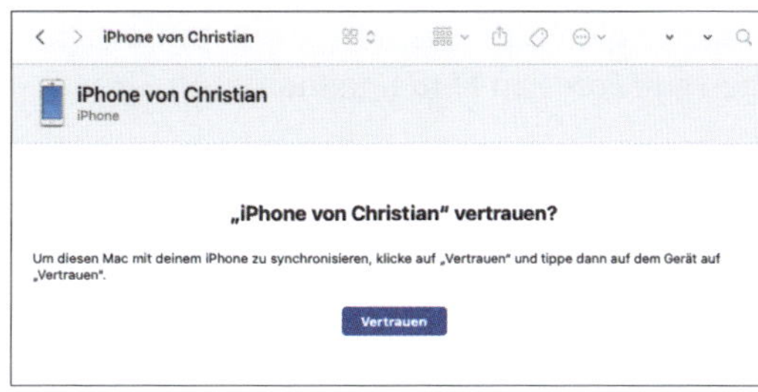

2. Das iPhone erscheint in der Seitenleiste des ***Finder***, es werden aber nicht wie in anderen Ordnern alle Dateien angezeigt. Auf der Seite *Allgemein* können Sie ein Softwareupdate für das iPhone suchen und installieren sowie komplette Backups des iPhones auf dem Mac anlegen.

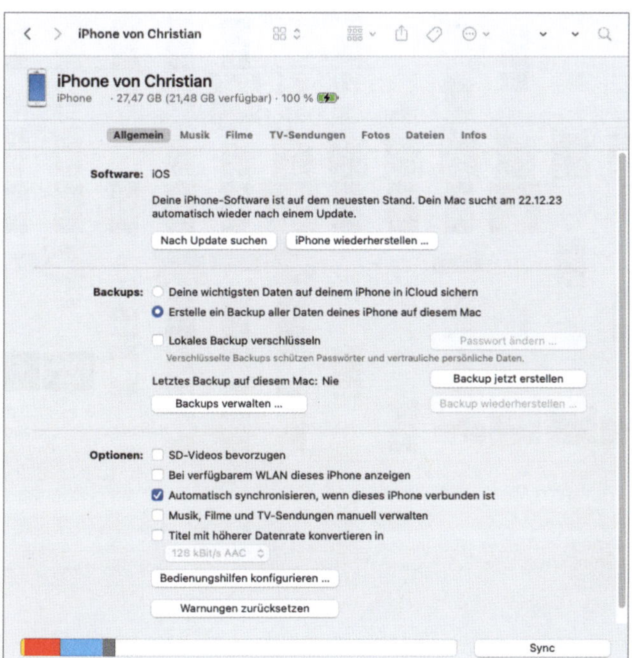

iPhone mit dem Mac per USB verbinden

3. Die Seite *Dateien* zeigt nur einige wenige Dateien, die von speziellen Apps, die diese Funktion unterstützen, angelegt wurden.
4. Solange Kalender und Kontakte des iPhones mit der iCloud synchronisiert werden, was wesentlich komfortabler ist als lokale Kalender und Kontakte, zeigt die Seite *Infos* keine Daten. Sie finden die Termine und Kontakte des iPhones automatisch in den Apps *Kalender* und *Kontakte* auf dem Mac. Lokal gespeicherte Termine und Kontakte können Sie hier auf den Mac übertragen.

7.3.1 Fotos vom iPhone auf den PC übertragen

Solange die Fotos des iPhones automatisch mit der iCloud synchronisiert werden, zeigt die Seite *Fotos* im ***Finder*** keine Daten.

In der App *Fotos* sehen Sie auf dem Mac immer alle Fotos des iPhones, egal, ob diese mit der iCloud synchronisiert werden oder nicht.

Hier können Sie Fotos auf dem Mac importieren. Diese können dann unter *Importe* in der Fotos-App angezeigt und geteilt werden.

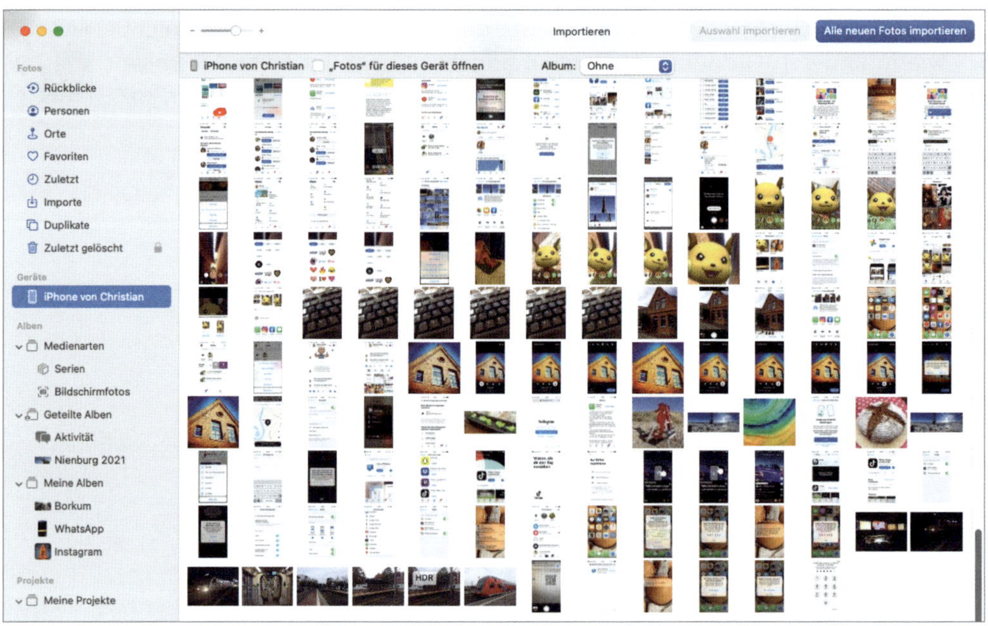

Fotos vom iPhone in der Fotos-App auf dem Mac

7.3.2 Musik auf das iPhone übertragen

Im Gegensatz zu Android-Smartphones können MP3- und andere Musikdateien nicht direkt über ein USB-Kabel – und auch nicht drahtlos – auf ein iPhone übertragen werden. Hier müssen Sie einen Umweg nutzen.

1. Kopieren Sie mit dem ***Finder*** die Musikdateien von externen Laufwerken oder Netzlaufwerken in den Ordner *Musik*.
2. Starten Sie die App *Musik*. Nach kurzer Zeit werden die Musikdateien aus dem *Musik*-Ordner dort angezeigt.
3. Im Menü der App *Musik* können Sie über *Ablage/Importieren* auch Musikdateien aus anderen Ordnern oder Laufwerken in die Medienbibliothek importieren.
4. Schließen Sie das iPhone über ein USB-Kabel an den Mac an. Das iPhone erscheint im ***Finder***. Auf der Seite *Musik* können Sie die gesamte Medienbibliothek oder ausgewählte Künstler, Alben oder Playlists auf das iPhone übertragen.

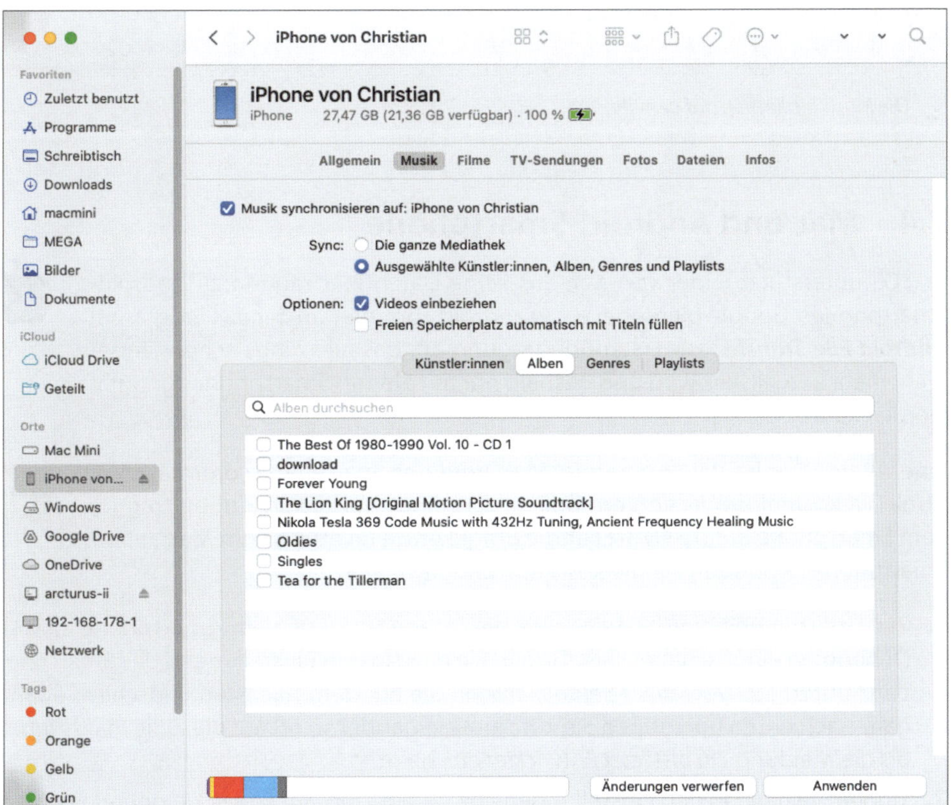

Musikbibliothek vom Mac mit dem iPhone synchronisieren

5. Die Übertragung über das USB-Kabel geht auch bei großen Datenmengen sehr schnell. Bereits nach kurzer Zeit haben Sie die Musik auf dem iPhone.

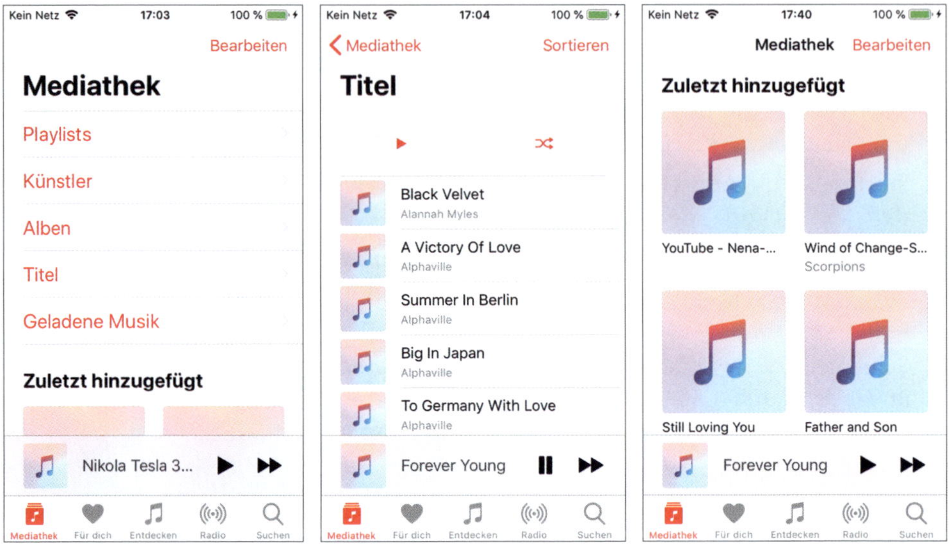

Die Musikbibliothek auf dem iPhone

7.4 Mac und Android-Smartphone

macOS unterstützt leider von sich aus keine Datenübertragung zu Android-Smartphones. Google bietet bei www.android.com/filetransfer das Programm ***Android File Transfer*** zur Datenübertragung an, das allerdings schon länger nicht mehr aktualisiert wird und deshalb nur mit älteren Smartphones genutzt werden kann.

Eine Alternative ist das Programm ***MacDroid*** von mac.eltima.com/macdroid.html. Die kostenlose Version ermöglicht allerdings nur die Datenübertragung vom Smartphone auf den Mac. Für die umgekehrte Richtung vom Mac auf das Smartphone benötigen Sie die kostenpflichtige Version.

1. Zur Übertragung von Dateien auf den Mac muss auf dem Smartphone das USB-Debugging eingeschaltet sein. Tippen Sie dazu in den Einstellungen des Smartphones ganz unten auf *Über das Telefon*. Scrollen Sie auf dem nächsten Bildschirm ebenfalls ganz nach unten und tippen Sie kurz hintereinander so oft auf die Zeile *Build-Nummer*, bis die Meldung *Du bist jetzt Entwickler* erscheint.
2. Tippen Sie dann in den Einstellungen auf *System*, dort auf *Entwickleroptionen* und aktivieren dann den Schalter *USB-Debugging*.

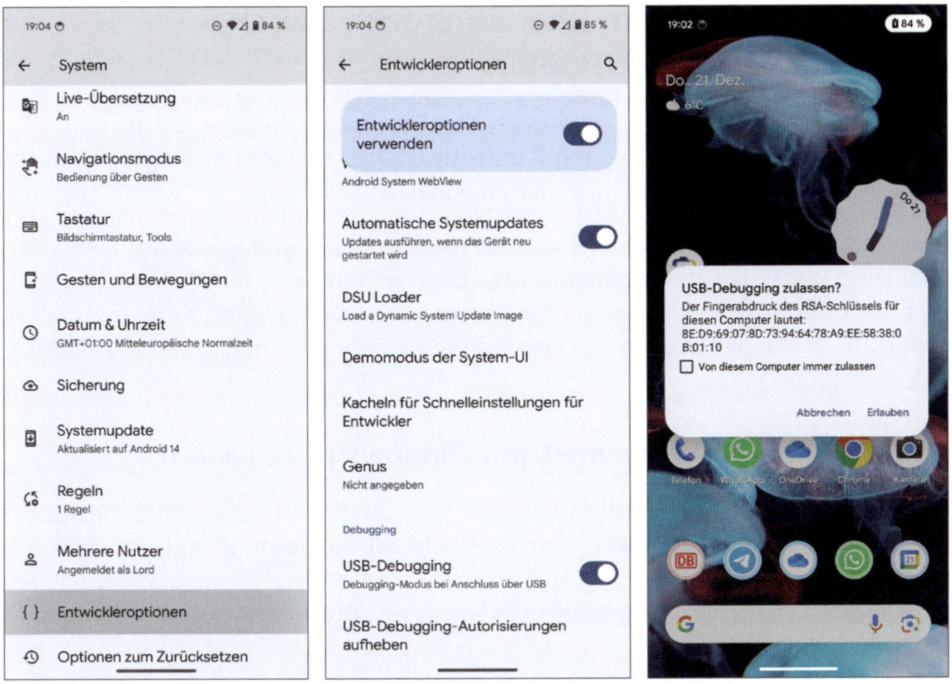

USB-Debugging auf dem Smartphone aktivieren

3. Verbinden Sie jetzt das Smartphone über ein USB-Kabel mit dem Mac.
4. Starten Sie das Programm ***MacDroid*** und bestätigen Sie die Schritte zur Verbindung. Dabei müssen Sie auf dem Smartphone die Anfrage zum USB-Debugging bestätigen.
5. Klicken Sie im letzten Dialogfeld auf *Im Finder anzeigen*. Jetzt sehen Sie das Smartphone im ***Finder***. Auf aktuellen Android-Smartphones finden Sie die Benutzerdateien in Unterordnern unter */storage/emulated/0*.

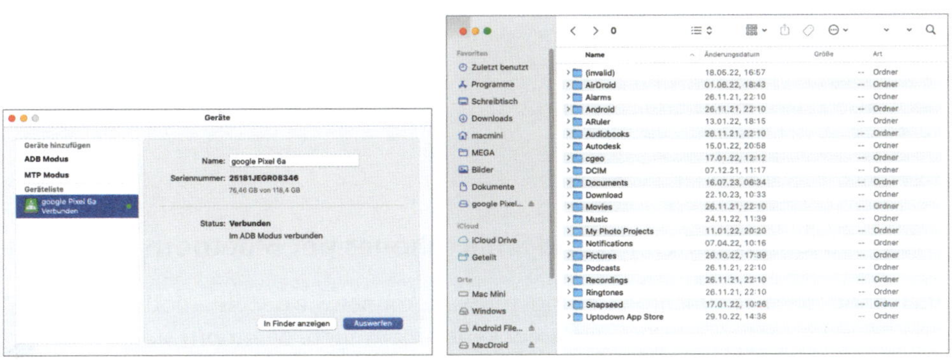

Android-Smartphone im Finder auf macOS

7.5 Datenaustausch über Bluetooth zwischen verschiedenen Geräten

Viele Notebooks haben bereits eine Bluetooth-Schnittstelle eingebaut. Andere PCs lassen sich leicht mit Bluetooth nachrüsten. Bluetooth-Adapter in USB-Stick-Bauart sind in großer Auswahl zu günstigen Preisen im Zubehörhandel erhältlich.

Bluetooth-Verbindungen werden nicht wie Netzwerkverbindungen von einem Gerät aus verwaltet. Hier muss an beiden beteiligten Geräten jemand sitzen. Auf dem einen Gerät wird die Datei verschickt, und auf dem anderen muss sie angenommen werden. Bluetooth-Übertragungen dauern deutlich länger als Datenübertragungen per WLAN oder Kabelverbindungen.

7.5.1 Bluetooth auf einem PC mit Windows 11 aktivieren

Schalten Sie über die Schnelleinstellungen von Windows 11 oder über *Bluetooth und Geräte* in den *Einstellungen* die Option *Bluetooth* ein. Bluetooth wird damit aktiviert, der PC automatisch als sichtbar festgelegt und der Bluetooth-Gerätename angezeigt. Mit einem Rechtsklick auf das Bluetooth-Symbol im Info-Center kommen Sie auch zu den Bluetooth-Einstellungen.

Bluetooth-Einstellungen in Windows 11

7.5.2 Daten zwischen PC und Smartphones per Bluetooth übertragen

Auch ohne spezielle Synchronisierungssoftware können Sie per Bluetooth Daten vom Smartphone auf den PC und umgekehrt übertragen. Bluetooth stellt eine einfache Möglichkeit dar, einzelne Fotos vom Smartphone auf fremde PCs zu senden, auf denen nicht dasselbe Google-Konto eingerichtet ist.

Android-Smartphone und Windows-PC koppeln

1. Um vom Smartphone Dateien auf einen Windows-PC senden zu können, müssen die Geräte gekoppelt werden. Klicken Sie dazu in den Bluetooth-Einstellungen auf dem PC auf *Gerät hinzufügen* und wählen Sie im nächsten Fenster die Option *Bluetooth*.
2. Schalten Sie das Smartphone auf sichtbar, indem Sie den Bildschirm mit den Bluetooth-Einstellungen im Vordergrund lassen.
3. Danach erscheint eine Liste sichtbarer Bluetooth-Geräte in der Umgebung. Wählen Sie das gewünschte Gerät aus.

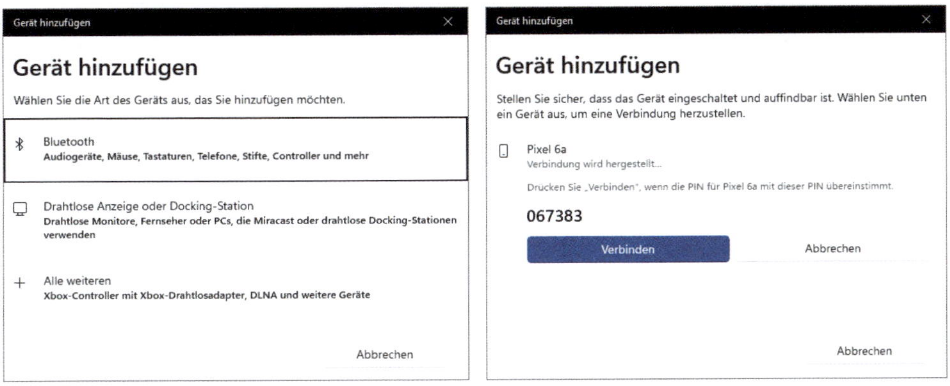

Bluetooth-Gerät koppeln

4. Auf dem PC und auch auf dem Smartphone erscheint ein Kopplungscode. Bestätigen Sie auf beiden Geräten, dass es sich um den gleichen Code handelt.

Datei vom Smartphone auf einen Windows-PC senden

1. Klicken Sie auf dem PC mit der rechten Maustaste auf das Bluetooth-Symbol in der Taskleistenecke und wählen Sie im Kontextmenü *Datei empfangen*. Jetzt wartet der PC auf eine Verbindung.

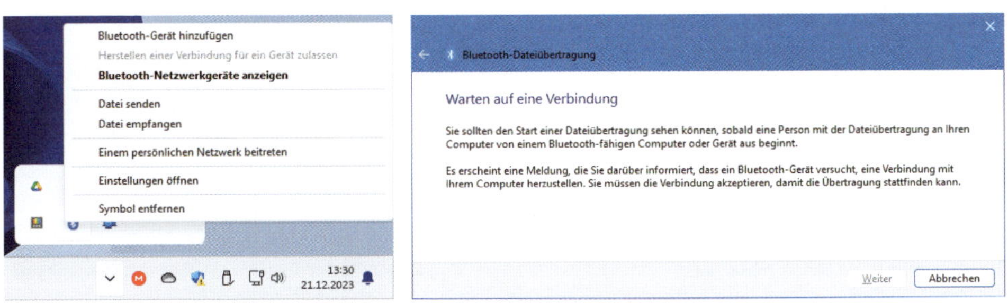

Der PC wartet auf eine eingehende Bluetooth-Dateiübertragung

2. Starten Sie auf dem Smartphone die gewünschte App, markieren Sie die zu übertragende Datei, zum Beispiel ein Foto, tippen Sie auf das *Teilen*-Symbol und wählen Sie in der Liste *Bluetooth*.

3. Die Suche nach Bluetooth-Geräten in der Umgebung startet automatisch. Tippen Sie hier auf den PC, an den die Datei gesendet werden soll.

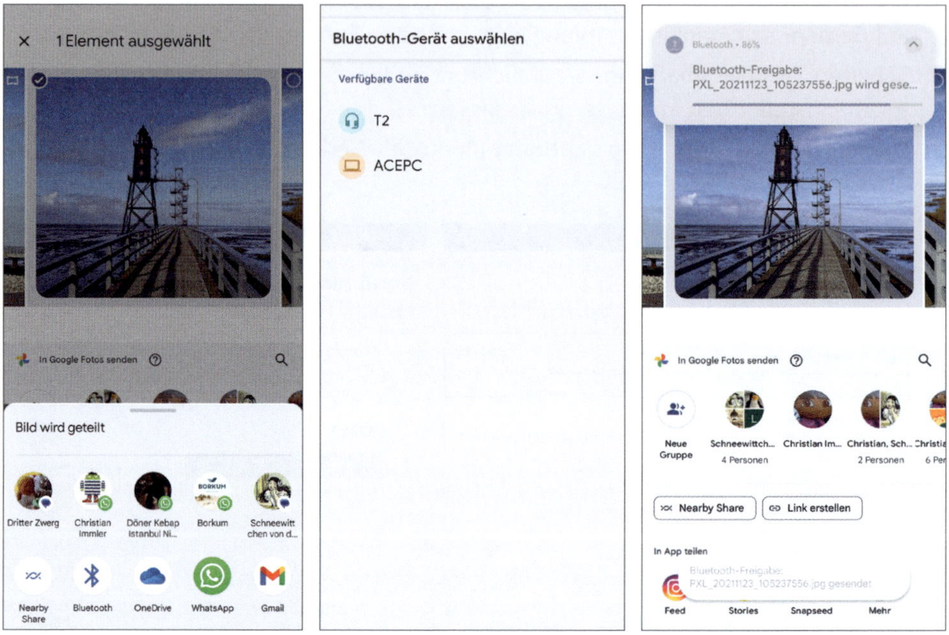

Foto aus Google Fotos über Bluetooth an einen PC senden

4. Auf dem PC wird die Datei empfangen, ohne dass zunächst ein Ordner angegeben werden muss. Erst nach erfolgreicher Übertragung wählen Sie den Ordner, in dem die übertragene Datei auf dem PC gespeichert werden soll.

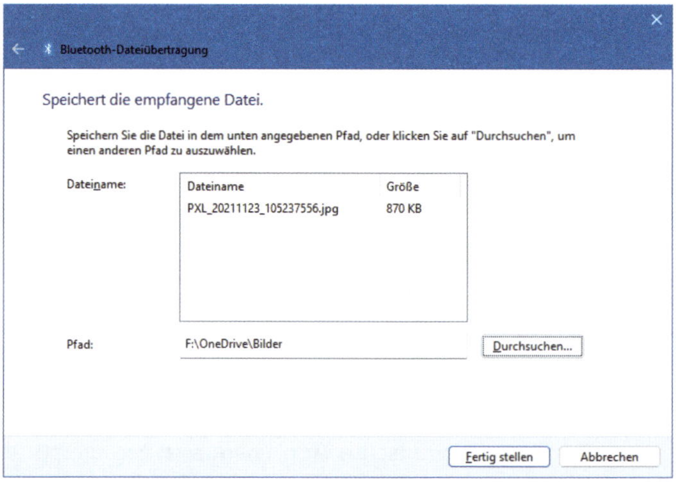

Datei per Bluetooth auf dem PC empfangen

Datei vom PC auf das Smartphone senden

Umgekehrt können Sie auch Dateien vom PC auf das Smartphone übertragen. Achten Sie darauf, nur Dateitypen zu übertragen, mit denen Sie auf dem Smartphone auch etwas anfangen können, zum Beispiel Fotos.

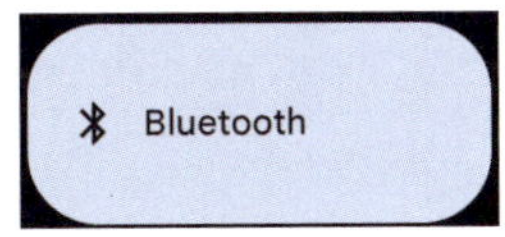

1. Schalten Sie auf dem Smartphone Bluetooth ein und lassen Sie den Bluetooth-Einstellungen-Bildschirm geöffnet, damit das Smartphone sichtbar bleibt.
2. Suchen Sie auf dem PC die zu übertragende Datei im ***Explorer***, klicken Sie mit der rechten Maustaste darauf, wählen Sie im Kontextmenü *Weitere Optionen anzeigen* und dann *Senden an/Bluetooth-Gerät*.

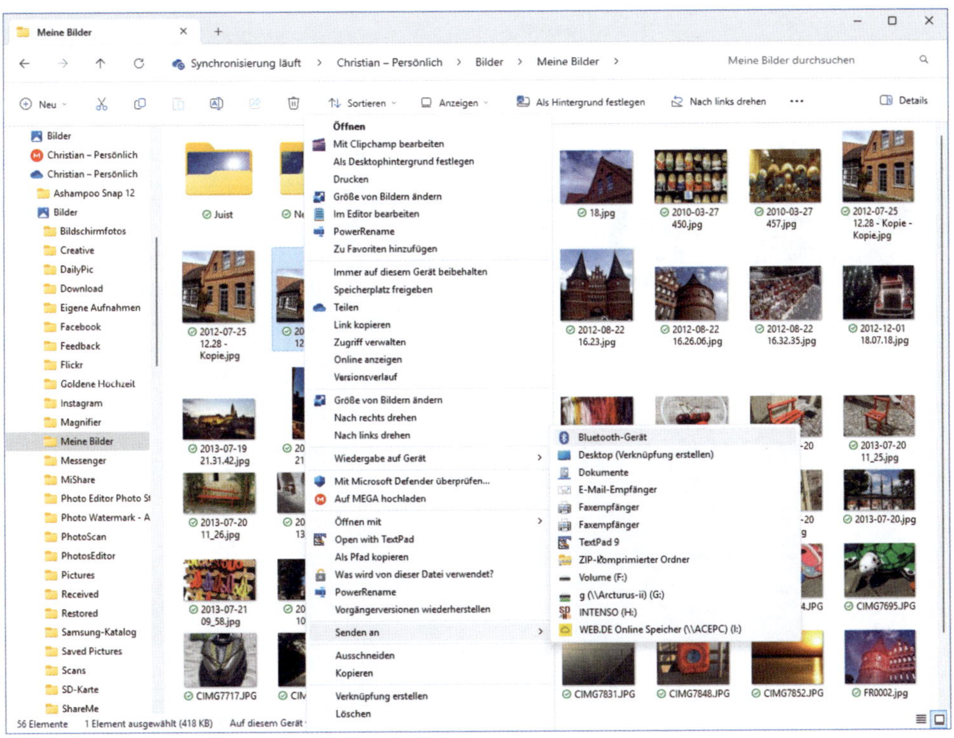

Foto aus dem Explorer an ein Bluetooth-Gerät senden

3. Wählen Sie im nächsten Dialogfeld Ihr Smartphone aus und klicken Sie auf *Weiter*.
4. Auf dem Smartphone erscheint eine Benachrichtigung zur Datenübertragung, in der der Name des PCs sowie der Name der zu übertragenden Datei angezeigt werden. Tippen Sie hier auf *Akzeptieren*. Das Bild wird in der Fotogalerie im Ordner *Download* abgelegt.

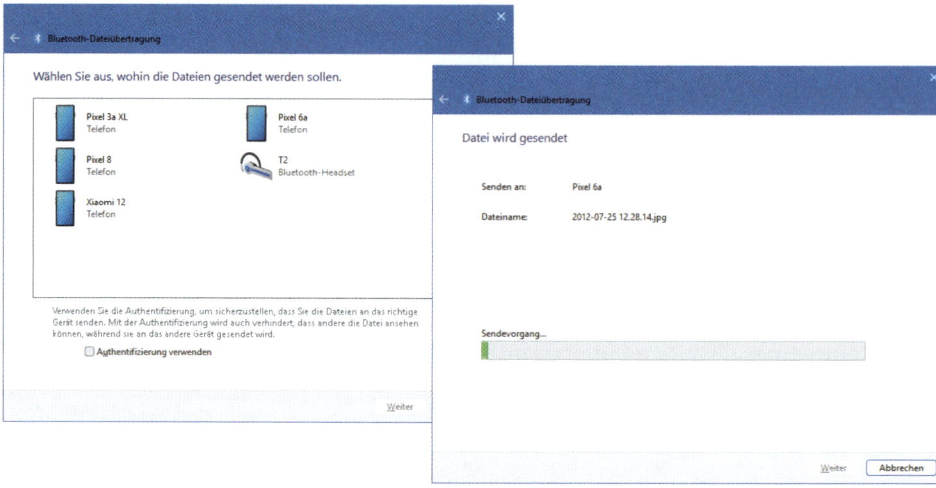

Smartphone zur Datenübertragung auswählen und Übertragung starten

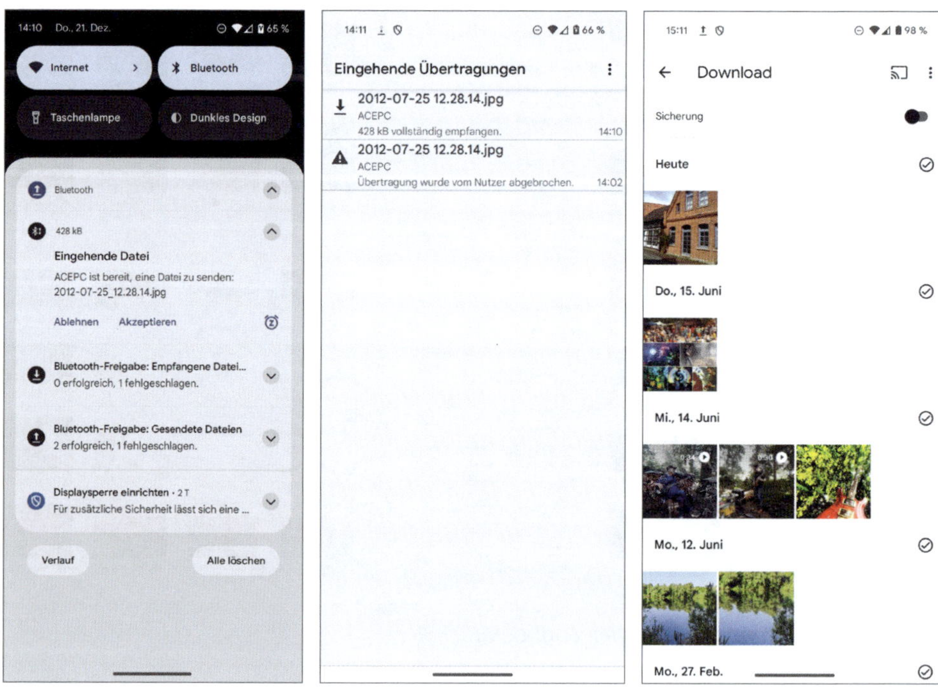

Datei vom PC per Bluetooth auf das Smartphone senden und auf dem Smartphone akzeptieren

5. Nach erfolgreicher Übertragung erscheint auf dem PC eine entsprechende Meldung.

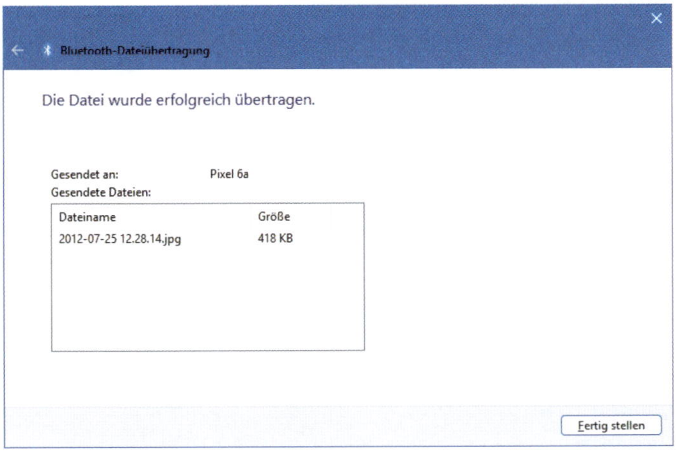

Datei erfolgreich auf das Smartphone übertragen

iPhone und Windows-PC koppeln

iPhone und Windows-PC lassen sich zwar ähnlich wie Android-Smartphones koppeln, eine direkte Datenübertragung per Bluetooth zwischen iPhone und PC ist aber nicht möglich.

Schalten Sie zum Koppeln das iPhone auf sichtbar, indem Sie den Bildschirm mit den Bluetooth-Einstellungen im Vordergrund lassen. Das weitere Vorgehen auf dem PC ist fast genauso wie beim Koppeln eines Android-Smartphones (siehe Seite 265).

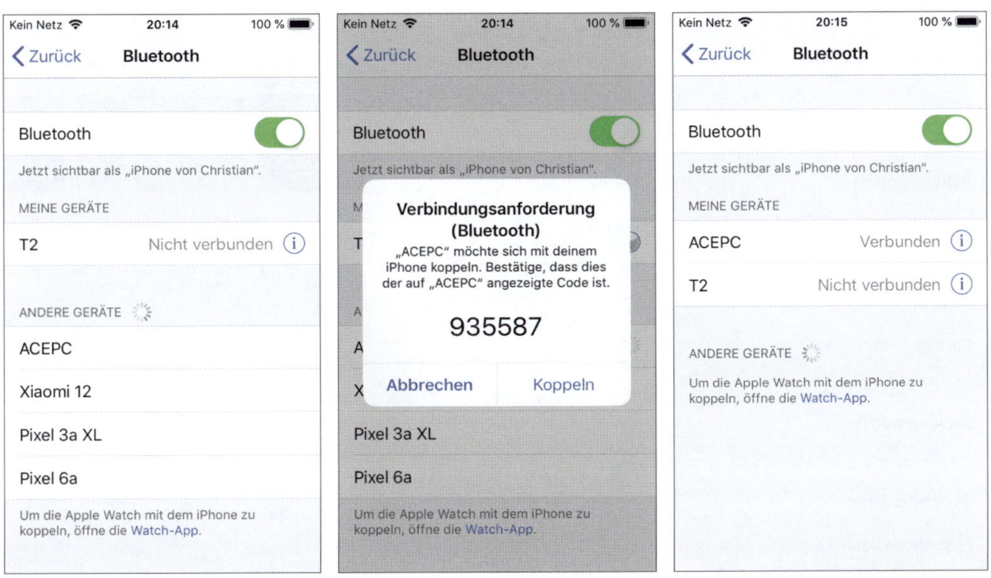

iPhone als Bluetooth-Gerät koppeln

7.5.3 Smartphone-Link für iPhone

Die auf Windows 11 vorinstallierte App *Smartphone-Link* unterstützt auch die Datenübertragung von iPhones. Hier werden nur Bluetooth-Verbindungen unterstützt, keine USB-Kabel.

1. Klicken Sie auf dem Startbildschirm von *Smartphone-Link* auf dem PC oben rechts auf das *Einstellungen*-Symbol und auf der nächsten Seite im Bereich *Geräte* auf das Pluszeichen für eine neue Verknüpfung.
2. Wählen Sie auf dem nächsten Bildschirm *iPhone*. Daraufhin erscheint ein QR-Code, mit dem Sie die App *Link zu Windows* auf dem iPhone installieren können.
3. *Smartphone-Link* für das iPhone zeigt nur Anrufe, SMS und Kontakte vom iPhone auf dem PC an. Die weiteren Funktionen der Android-Version, wie beispielsweise Fotos oder gar Apps zu starten, gibt es bei iPhones nicht.

7.5.4 Daten zwischen Mac und iPhone über AirDrop übertragen

AirDrop ist ein Apple-eigenes Übertragungsverfahren, mit dem sich Dateien zwischen iPhones und Macs per Bluetooth und WLAN übertragen lassen.

Schalten Sie auf dem iPhone in den *Einstellungen* unter *Allgemein* die Funktion *AirDrop* ein. Hier können Sie noch auswählen, ob Sie nur mit gespeicherten Kontakten oder allen Daten austauschen möchten.

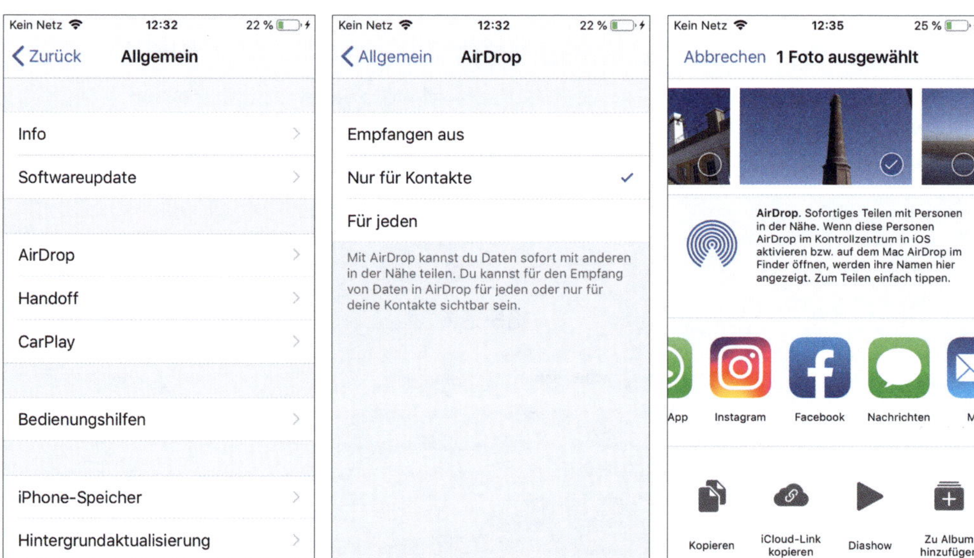

AirDrop-Einstellungen, rechts: Bild über AirDrop senden

Schalten Sie auf dem Mac im Kontrollzentrum oben rechts ***AirDrop*** ein. Auch hier können Sie auswählen, ob Sie nur mit gespeicherten Kontakten oder allen Daten austauschen möchten.

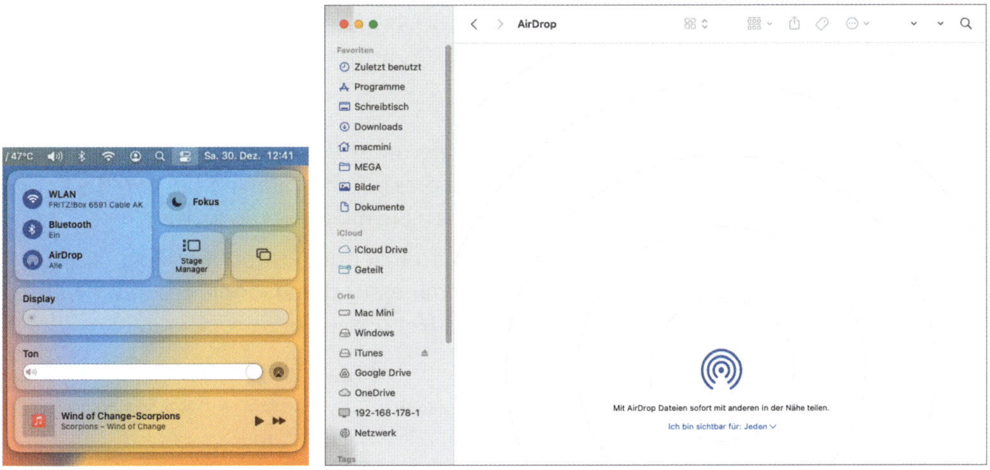

Links: AirDrop im Kontrollzentrum einschalten, rechts: AirDrop im Finder

Teilen Sie ein Bild oder eine andere Datei auf dem iPhone und tippen Sie auf dem Teilen-Bildschirm auf das AirDrop-Symbol. Jetzt können Sie die Datei auf den Mac senden.

Wählen Sie auf dem Mac im Menü des ***Finder*** *Gehe zu/AirDrop*. Hier können Sie die gesendete Datei annehmen und betrachten oder in einen anderen Ordner kopieren.

7.6 Daten über Cloud-Dienste synchronisieren

Die weiter vorne in diesem Buch beschriebenen Cloud-Dienste können nicht nur zum Datenaustausch zwischen Windows-PCs und Macs genutzt werden, sondern in vielen Fällen auch zum Datenaustausch zwischen Smartphones und PCs oder Macs.

7.6.1 Kalender zwischen Android-Smartphone und iPhone synchronisieren

In der Kalender-App auf dem iPhone können Sie Termine in der iCloud speichern. Dazu muss in den *Einstellungen* unter *Apple-ID/iCloud* der Schalter bei *Kalender* aktiviert sein. Die Termine werden automatisch mit dem Mac synchronisiert. Auf dem Windows-PC können Sie den iCloud-Kalender im Browser über www.icloud.com/calendar nutzen.

Auf dem Android-Smartphone funktioniert die Browserversion des iCloud-Kalenders nur, wenn Sie im Browser den Schalter *Desktopwebseite* aktiviert haben. Die Termine können aber nicht mit dem Google Kalender, der auf jedem Android-Smartphone vorinstalliert ist, synchronisiert werden. Nutzen Sie den Google Kalender auf dem iPhone, können Sie Termine zwischen allen Plattformen, macOS, Windows, Android und iPhone synchronisieren. Grundlegende Informationen zur Synchronisation von Terminen über das Google-Konto finden Sie in Kapitel 6.4.2 zum Google Kalender.

1. Fügen Sie in den *Einstellungen* auf dem iPhone unter *Passwörter & Accounts/Account hinzufügen* ein Google-Konto hinzu. Wenn Sie dies bereits getan haben und die Kalender-Synchronisierung aktiviert haben, brauchen Sie nichts weiter zu tun.
2. Die Termine aus dem Google-Konto werden im Kalender auf dem iPhone angezeigt und können auch bearbeitet werden. Die Termine aus dem Google Kalender werden automatisch auch auf dem Mac angezeigt.

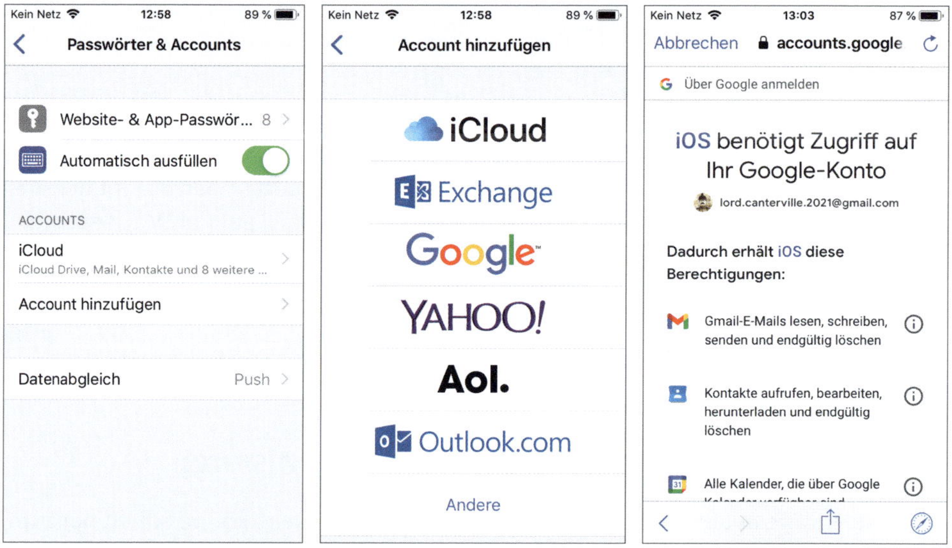

Google-Konto auf dem iPhone einrichten

3. Um einen neuen Termin anzulegen, der über das Google-Konto synchronisiert wird, wählen Sie in der Zeile *Kalender* das Google-Konto sowie den gewünschten Kalender aus, falls dieses Konto mehrere Kalender enthält. Die Daten des Termins lassen sich später jederzeit ändern.
4. Möchten Sie neue Termine immer im Google Kalender anlegen, damit diese synchronisiert werden, wählen Sie in den *Einstellungen* unter *Kalender/Standardkalender* den Google Kalender aus.

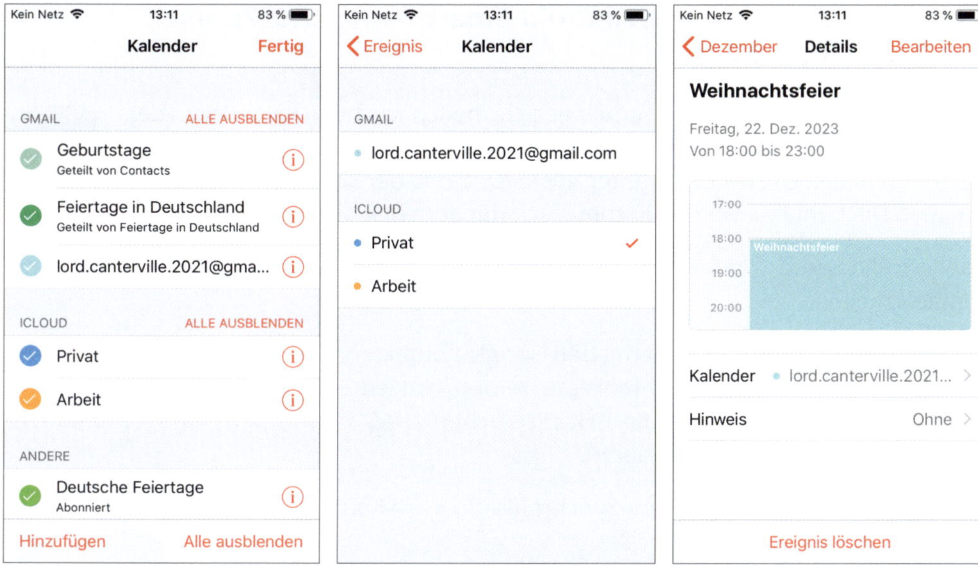

Der Kalender auf dem iPhone mit synchronisiertem Google Kalender

Alternativ können Sie auch die App *Google Kalender* aus dem App Store auf dem iPhone installieren. Diese bietet alle Möglichkeiten des Google Kalender und unterliegt nicht den Einschränkungen des iPhone-Kalenders, besonders was Benachrichtigungen zu Terminen angeht.

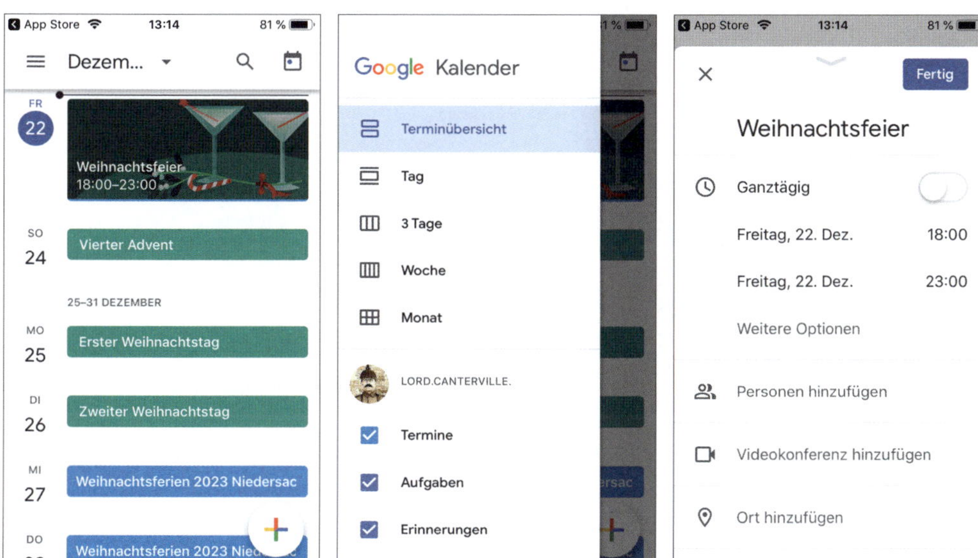

Der Google Kalender auf dem iPhone

7.6.2 Kontakte zwischen Android-Smartphone und iPhone synchronisieren

Bei Kontakten auf dem iPhone verhält es sich ähnlich wie beim Kalender. In der Kontakte-App auf dem iPhone können Sie Kontakte in der iCloud speichern. Dazu wird in den *Einstellungen* unter *Apple-ID/iCloud* der Schalter bei *Kontakte* aktiviert. Die Kontakte werden automatisch mit dem Mac synchronisiert.

Auf dem Windows-PC können Sie die iCloud-Kontakte im Browser unter www.icloud.com/contacts nutzen.

Die Kontakte können aber nicht mit den Google Kontakten, die auf jedem Android-Smartphone vorinstalliert sind, synchronisiert werden. Nutzen Sie dagegen ein Google-Konto auf dem iPhone, können Sie Kontakte zwischen allen Plattformen, macOS, Windows, Android und iPhone synchronisieren.

Grundlegende Informationen zur Synchronisation von Kontakten über das Google-Konto finden Sie in Kapitel 6.4.1.

1. Fügen Sie, wie weiter oben beschrieben, auf dem iPhone unter *Passwörter & Accounts/Account hinzufügen* ein Google-Konto hinzu. Wenn Sie dies bereits getan haben und die Synchronisierung der Kontakte aktiviert haben, brauchen Sie nichts weiter zu tun.
2. Die Kontakte aus dem Google-Konto werden in der Kontakte-App auf dem iPhone angezeigt und können auch bearbeitet werden.

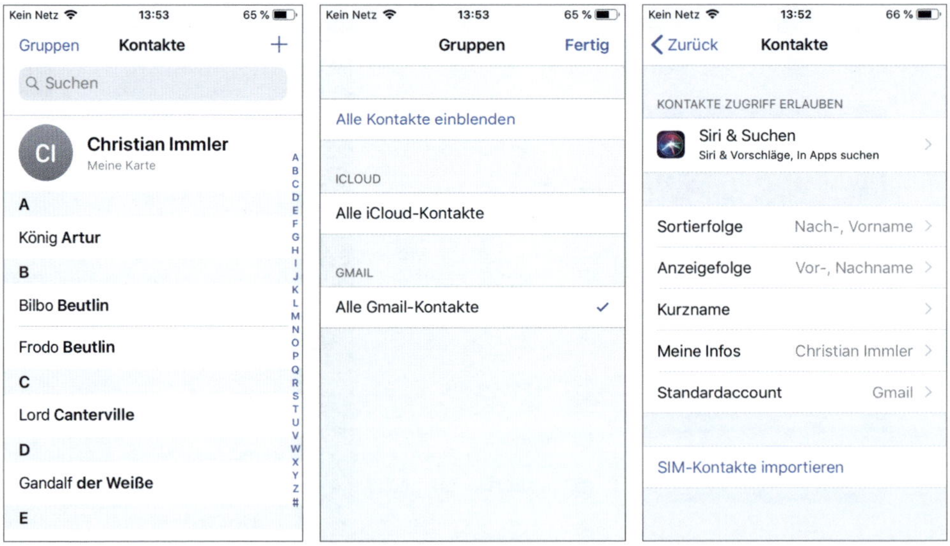

Google Kontakte in der Kontakte-App auf dem iPhone nutzen

3. Möchten Sie neue Kontakte immer im Google-Konto anlegen, damit diese synchronisiert werden, wählen Sie in den *Einstellungen* unter *Kontakte/Standardaccount* das Google-Konto aus. Die Kontakte-App selbst bietet beim Anlegen neuer Kontakte keine Möglichkeit, das Konto zu wählen.

4. Nutzen Sie für Kontakte das Google-Konto, schalten Sie über das Symbol *Gruppen* in der *Kontakte*-App die iCloud-Kontakte aus.

7.6.3 Browserdaten synchronisieren

Alle großen Browser ermöglichen die Synchronisation von Lesezeichen, Verlaufsliste und gespeicherten Zugangsdaten über mehrere Geräte. Wie diese Synchronisation in unterschiedlichen Browsern auch zwischen Windows-PC und Mac funktioniert, lesen Sie in Kapitel 6.1.

Fast alle bekannten Browser bieten auch Apps für Smartphones an und synchronisieren auch mit diesen, wenn Sie dort die passenden Einstellungen vornehmen.

Browserdaten zwischen Android-Smartphone und PC/Mac synchronisieren

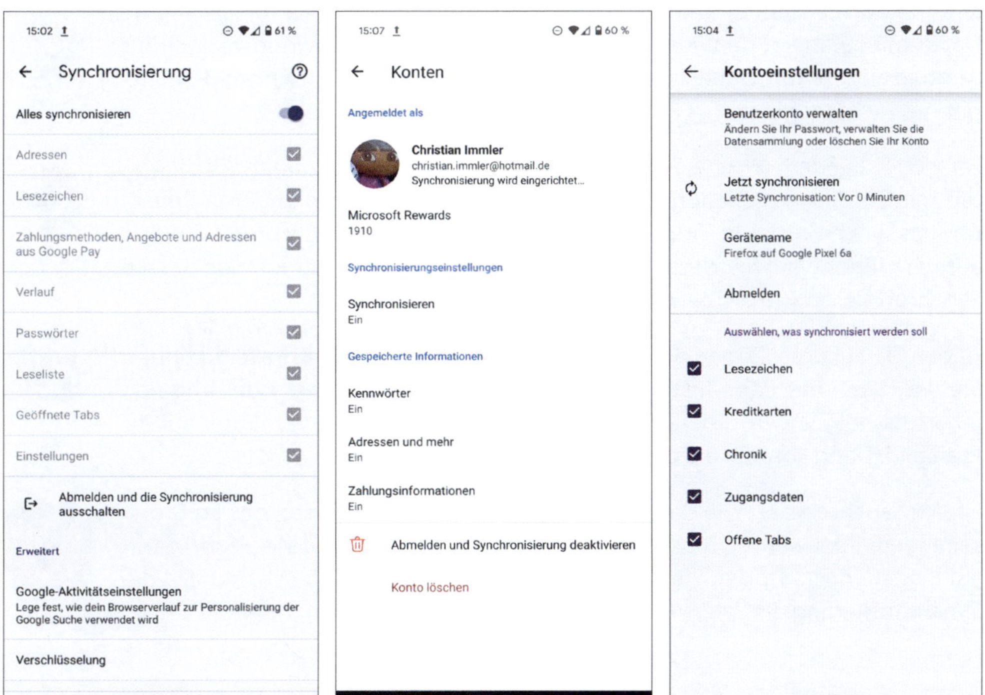

Browserdaten in Chrome, Edge und Firefox mit dem Smartphone synchronisieren

Android-Smartphones nutzen standardmäßig den Browser Chrome, der über das auf dem Smartphone angemeldete Google-Konto die Daten mit Chrome-Installationen auf dem Windows-PC, Mac oder anderen Smartphones synchronisiert. Auf der Startseite der *Einstellungen* im Chrome-Browser schalten Sie die Synchronisierung ein. Tippen Sie auf die Zeile *Synchronisierung*, können Sie einzelne Datentypen ausschalten.

Microsoft bietet seinen Browser Edge auch für Android an. Nach der Anmeldung mit dem Microsoft-Konto werden die Daten mit Edge-Installationen auf dem Windows-PC, Mac oder anderen Smartphones synchronisiert. Tippen Sie auf der Startseite von Edge oben links auf Ihr Profilbild und dann noch einmal auf das jetzt größer dargestellte Profilbild. Hier können Sie die Synchronisierung einrichten.

Firefox synchronisiert die Daten über ein eigenes Firefox-Konto, das im Browser angemeldet werden muss. Tippen Sie unten rechts auf das Menü und dann auf Ihren Benutzernamen. Hier können Sie die Synchronisierung einrichten.

Browserdaten zwischen iPhone und PC/Mac synchronisieren

iPhones nutzen standardmäßig den Safari-Browser. Dieser synchronisiert seine Daten mit Safari auf dem Mac. Der Browser wird weder für Windows noch für Android angeboten. Daher ist eine direkte Synchronisation mit Android-Smartphones nicht möglich.

Haben Sie auf dem iPhone den Chrome-Browser installiert, können Sie die Daten mit Chrome-Installationen auf Windows-PCs, Macs oder anderen Smartphones synchronisieren. Tippen Sie in den *Einstellungen* des Chrome-Browsers auf dem iPhone auf *Synchronisierung und Google-Dienste*. Hier können Sie die Synchronisierung einrichten.

Haben Sie auf dem iPhone den Edge-Browser von Microsoft installiert, können Sie die Daten mit Edge-Installationen auf Windows-PCs, Macs oder anderen Smartphones synchronisieren. Tippen Sie auf der Startseite von Edge auf Ihr Profilbild. Dann können Sie die Synchronisierung einrichten.

Firefox synchronisiert die Daten über ein eigenes Firefox-Konto, das im Browser angemeldet werden muss. Tippen Sie unten rechts auf das Menü und dann auf *Einstellungen*. Tippen Sie dann auf Ihr Benutzerkonto und schalten Sie die Synchronisierung ein.

7.7 Fotos vom Smartphone auf PC/Mac übertragen

iPhones speichern ihre Fotos standardmäßig auf ***iCloud***, Android-Smartphones auf ***Google Fotos***. Diese Fotos lassen sich auf einen Windows-PC oder Mac übertragen und in vielen Fällen auch synchronisieren, sodass eine Übertragung per USB-Kabel nicht nötig ist.

Die auf iCloud gespeicherten Fotos werden automatisch in der App *Fotos* auf dem Mac angezeigt. Auf Windows-PCs sehen Sie die Fotos im iCloud-Portal www.icloud.com.

Die auf Google Fotos gespeicherten Fotos sehen Sie im Browser bei photos.google.com. Dies funktioniert mit jedem Betriebssystem. Über das Menü mit den drei Punkten oben rechts können Sie ausgewählte Fotos oder ganze Alben als ZIP-Archiv herunterladen, um sie lokal weiterzubearbeiten und nicht einzeln herunterladen zu müssen.

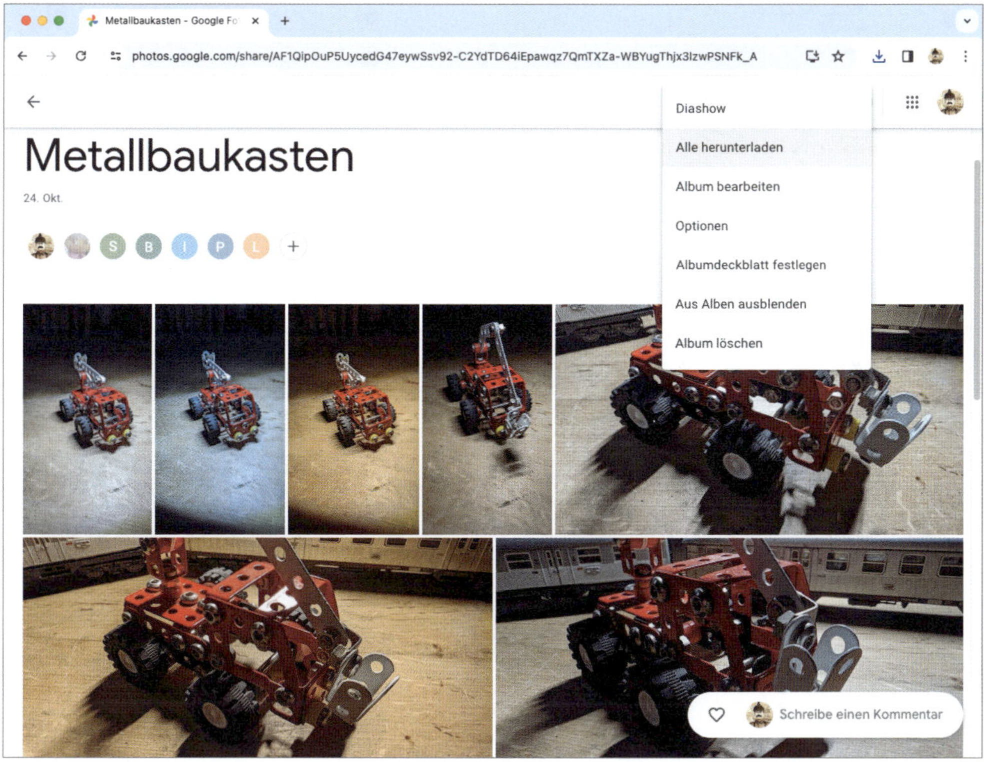

Google Fotos im Browser herunterladen

Die Google-Fotos-App ist auf Android-Smartphones vorinstalliert und wird auch für iPhones im App Store angeboten. Tippen Sie bei beiden Varianten oben rechts auf Ihr Profilbild, dann auf *Sicherung* und danach oben rechts auf das *Einstellungen*-Symbol. Hier schalten Sie die Sicherung ein oder aus.

Auf Android-Smartphones können Sie zusätzlich Geräteordner wählen, aus denen Fotos gesichert werden sollen. Bei iPhones besteht diese Auswahlmöglichkeit nicht.

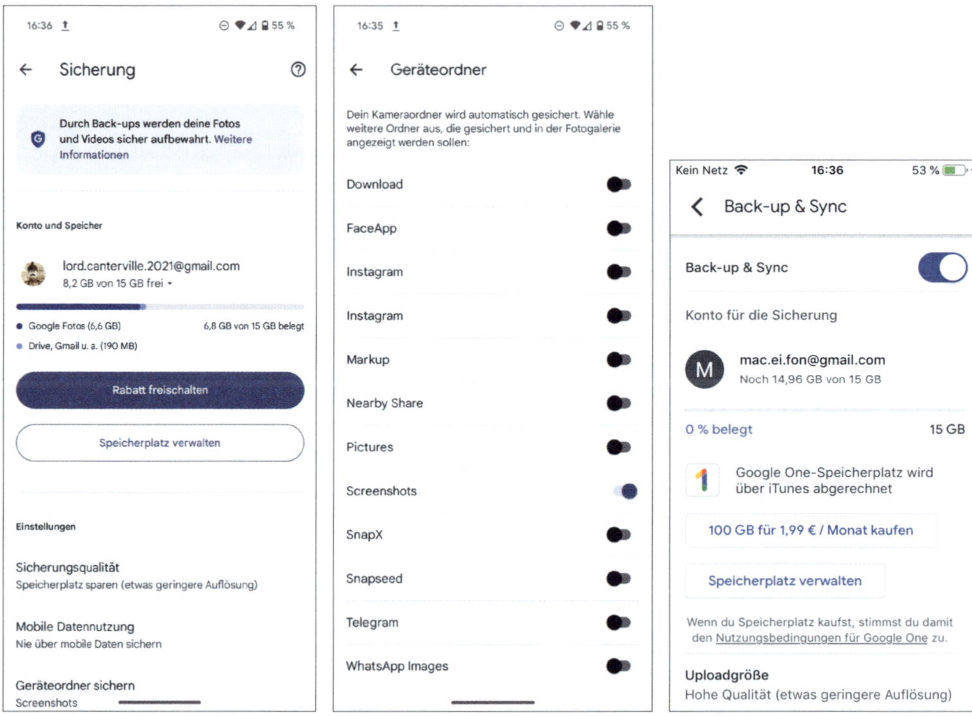

Einstellungen zur Synchronisierung in Google Fotos, links, Mitte: Android, rechts: iPhone

7.7.1 Fotos auf OneDrive sichern und teilen

OneDrive bietet besonders für Windows-Nutzer eine interessante Möglichkeit, Fotos vom Smartphone auf den PC zu übertragen, da auf den meisten Windows-PCs OneDrive automatisch eingerichtet ist.

Die OneDrive-App wird für Android und iPhone angeboten. Melden Sie sich in der App mit dem Microsoft-Konto an, das Sie auch auf Ihren Windows-PCs nutzen. Für macOS gibt es ebenfalls eine OneDrive-App, die die Fotos synchronisieren kann. Weitere Informationen dazu finden Sie in Kapitel 5.1 zu Microsoft OneDrive.

Tippen Sie unten rechts auf das Symbol *Ich* und dann auf *Einstellungen*. Schalten Sie hier das Kamera-Backup ein. Auf Android-Geräten besteht die Möglichkeit, bestimmte Geräteordner auszuwählen, die zusätzlich zu den Kamerafotos gesichert werden sollen. Auf iPhones besteht diese Möglichkeit nicht.

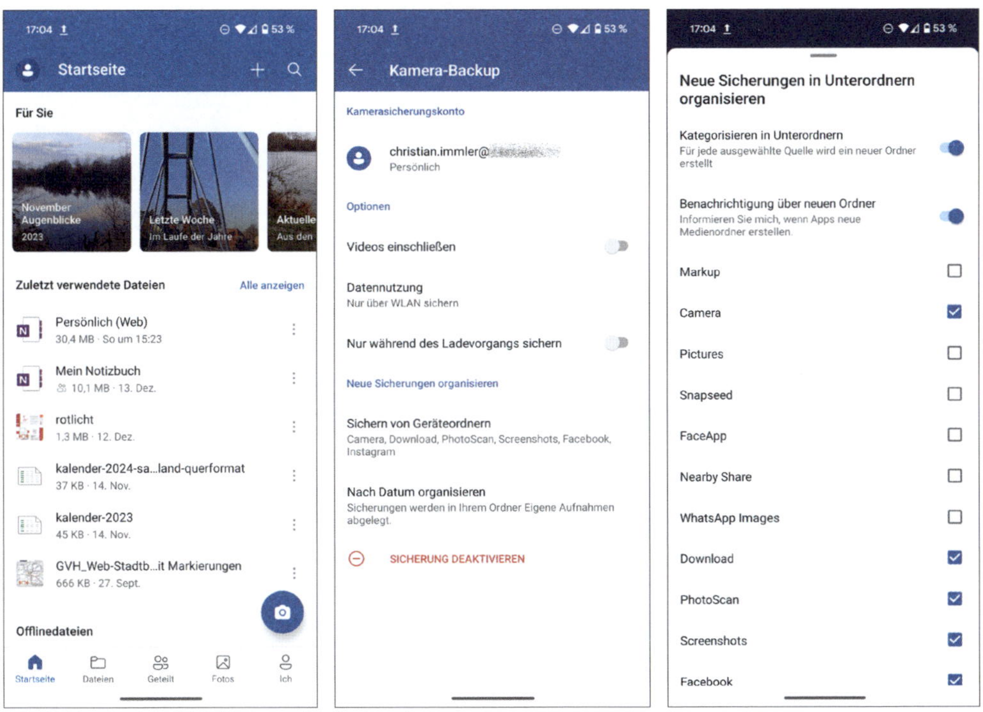

Kamera-Backup in der OneDrive-App

7.7.2 iCloud-Fotos mit Android-Smartphones

iCloud bietet von sich aus keine Möglichkeit, Fotos mit Android-Smartphones auszutauschen. Die unabhängige App *Sync for iCloud* füllt diese Lücke.

Melden Sie sich in der App auf dem Smartphone mit Ihrer Apple-ID an. Dabei müssen Sie einen Bestätigungscode eingeben, der auf einem Mac oder iPhone angezeigt wird.

Jetzt sehen Sie Ihre auf iCloud gespeicherten Fotos auf dem Smartphone und können über das Pluszeichen unten rechts auch eigene Fotos vom Smartphone auf iCloud hochladen.

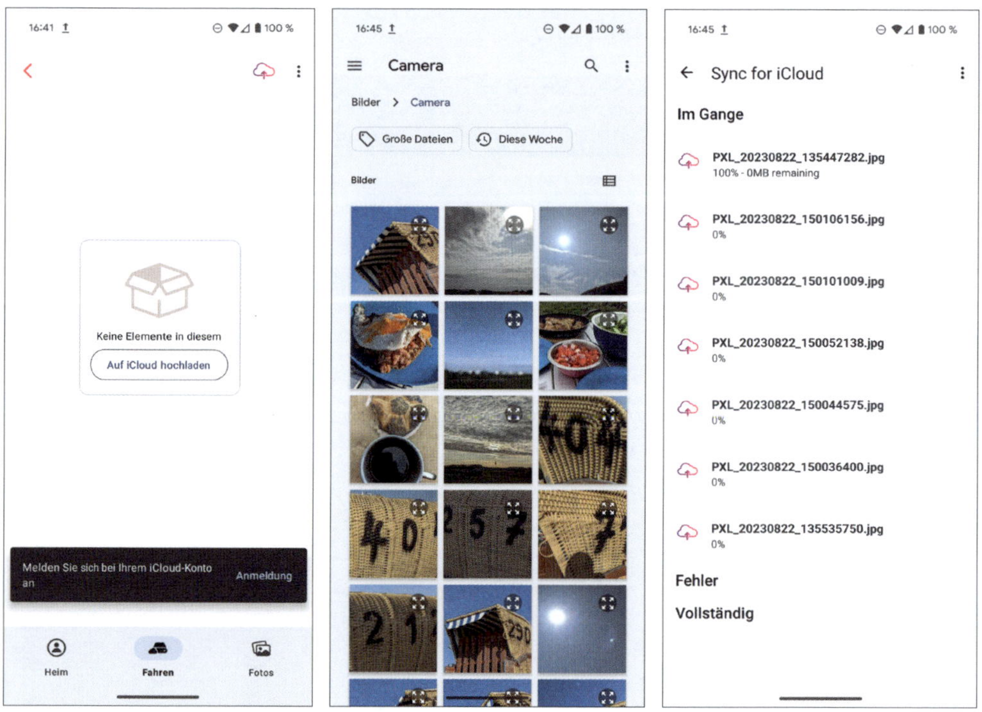

Fotos vom Smartphone auf iCloud hochladen

7.7.3 Fotos gemeinsam teilen

Für Reisegruppen, Partys und andere Gelegenheiten bietet es sich an, Fotoalben anzulegen, in die mehrere Nutzer Fotos hochladen können. Nutzen Sie hier am besten Google Fotos auf Android-Smartphones und iPhones, da die auf iPhones vorinstallierte iCloud standardmäßig keine Android-Smartphones zulässt.

1. Wählen Sie die Bilder aus und legen Sie ein *Geteiltes Album* an.
2. Geben Sie dem Album einen Namen, tippen Sie neben den Profilbildern auf das Plussymbol und wählen Sie Personen aus, die das Album auch nutzen dürfen.
3. Gehen Sie im Menü der Albumansicht auf *Optionen* und aktivieren Sie dort den Schalter *Freigeben*.
4. In der Albumansicht bei den Freunden erscheint oben das Symbol *Fotos hinzufügen*. Tippen Sie darauf und fügen Sie eigene Fotos zum Album hinzu.

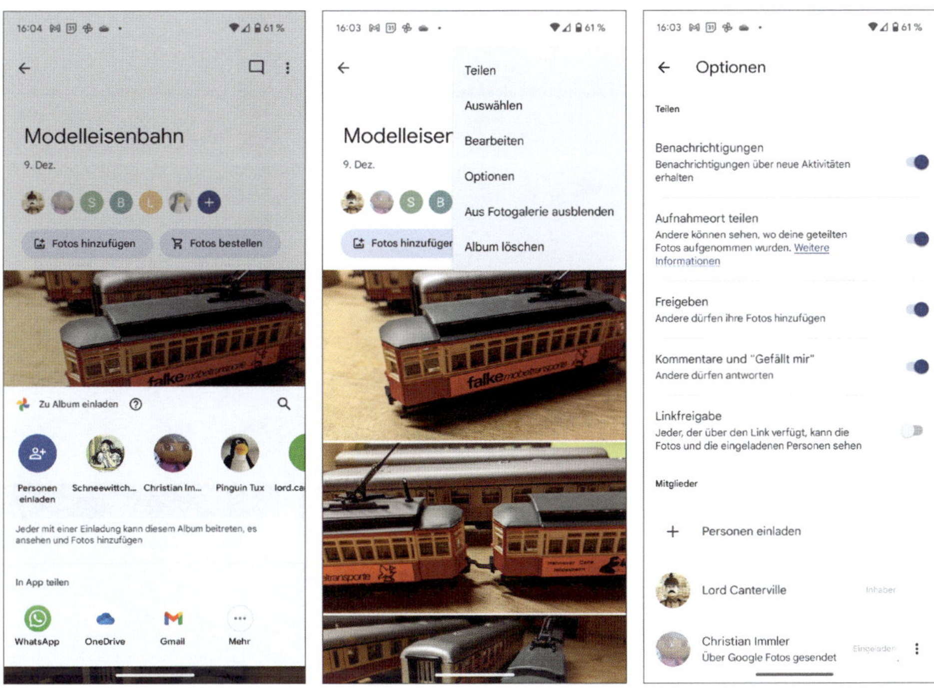

Album zur Zusammenarbeit freigeben

7.8 E-Mail-Anhänge in der Cloud speichern

Die E-Mail-Apps von Gmail, GMX und Web.de bieten die Möglichkeit, E-Mail-Anhänge direkt in den Cloud-Speichern der jeweiligen Anbieter ***Google Drive***, ***GMX Cloud*** sowie ***Web.de Online-Speicher*** abzulegen. Sind die entsprechenden Synchronisationstools auf dem PC oder Mac installiert, haben Sie die Anhänge automatisch dort verfügbar, wenn Sie unterwegs auf dem Smartphone eine E-Mail gelesen haben.

In der Gmail-App tippen Sie dazu auf das Google-Drive-Symbol bei einem Anhang und wählen den Ordner aus, in dem der Anhang gespeichert werden soll. Bei GMX und Web.de werden Cloud-Symbole bei den Anhängen angezeigt. Auch hier können Sie den Ordner innerhalb des Cloud-Speichers wählen.

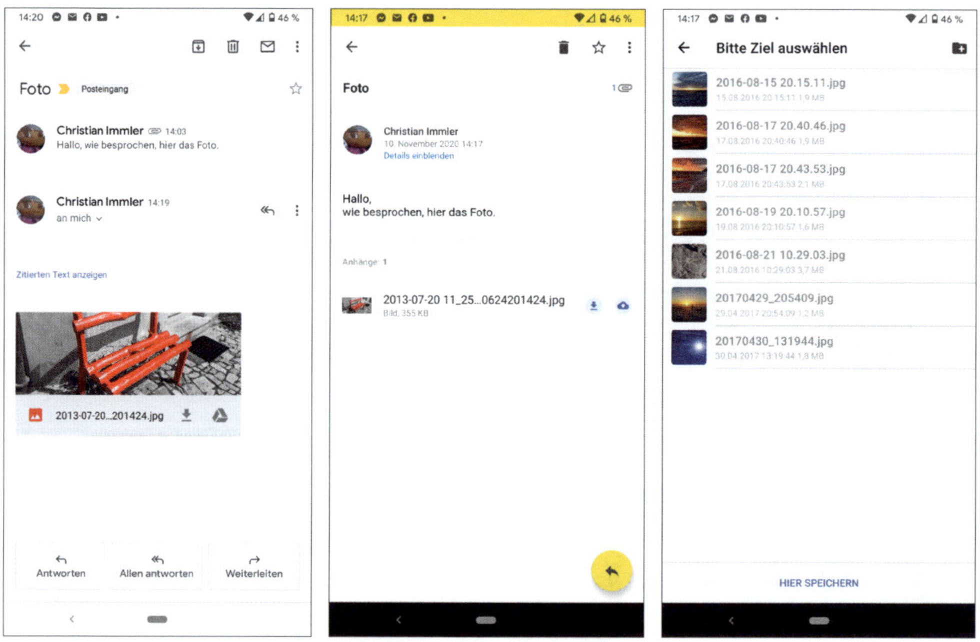

Anhänge in der Cloud speichern, links: Gmail, Mitte, rechts: Web.de

8. Spezielles für Freaks

Nachdem Sie in den vorangegangenen Kapiteln erfahren haben, dass es trotz aller offensichtlichen Unterschiede gar nicht so schwer ist, mit Windows-PCs und Macs zusammenzuarbeiten, finden Sie in diesem letzten Kapitel noch einige Spezialfälle, wie Sie einen Mac vom PC aus steuern, Windows-Programme auf einem Mac nutzen oder einen Windows-Desktop wie macOS aussehen lassen.

8.1 Fernwartung über beide Welten

Hat man ein Problem am Computer, fragt man am besten einen Freund, der sich auskennt. Aber auch der größte Windows- oder Mac-Kenner tut sich schwer, Probleme in Gedanken nachzuspielen und zu lösen, wenn er nicht auf den Bildschirm sehen, sondern sich nur am Telefon die Schwierigkeiten anhören kann und auch die genaue Bezeichnung der diversen Menüpunkte und Optionen nicht immer parat hat.

Windows-PCs lassen sich mit der vorinstallierten ***Remotehilfe*** leicht aus der Ferne steuern. *VNC* (**V**irtual **N**etwork **C**omputing) ist eine plattformunabhängige Open-Source-Software, mit der sich der komplette Desktop eines Computers auf einen anderen Computer übertragen und von dort aus steuern lässt. Das funktioniert nicht nur mit Windows, sondern auch mit Linux oder macOS.

VNC benötigt zwei Komponenten: einen VNC-Server auf dem Gerät, das gesteuert werden soll, sowie einen VNC-Viewer auf dem Gerät, an dem man sitzt, um den anderen zu steuern.

> **RealVNC**
> Die »offizielle« VNC-Software *RealVNC* ist nur für Raspberry Pis und Smartphones kostenlos. Für Windows und macOS gibt es kostenlose Testversionen der kostenpflichtigen Software bei www.realvnc.com zum Download.

Für eine Fernsteuerung zweier Windows-PCs, zweier Macs oder auch von Mac zu Windows und umgekehrt brauchen Sie keinerlei kostenpflichtige Software.

Die Freeware *UltraVNC* (www.uvnc.com) für Windows enthält beide Komponenten. Bei der Installation können Sie festlegen, ob der Server als Systemdienst registriert und automatisch gestartet werden soll. Dies ist besonders dann nützlich, wenn der PC mit dem VNC-Server unbeaufsichtigt im Netzwerk läuft und sichergestellt sein soll, dass VNC auch bei einem unerwarteten Neustart immer wieder startet.

Ein PC mit Windows 10 steuert einen PC mit Windows 11

Nachdem auf dem fernzusteuernden PC der UltraVNC-Server gestartet wurde, zeigt ein Symbol im Infobereich der Taskleiste beim Darüberfahren mit der Maus die IP-Adresse dieses Computers im lokalen Netzwerk an. Rufen Sie danach im Kontextmenü des UltraVNC-Servermoduls den Punkt *Admin Properties* auf und legen Sie ein VNC-Passwort zum Zugriff auf diesen PC fest.

Starten Sie auf dem anderen PC den UltraVNC-Viewer und legen Sie eine neue Verbindung mit IP-Adresse und Passwort an. Dann sehen Sie den Desktop des anderen PCs in einem Fenster und können ihn fernbedienen. Bei der Anmeldung können Sie den anzuzeigenden Bildschirm und eine Skalierung wählen, wenn Server und Client unterschiedliche Auflösungen haben.

8.1.1 Windows-PC vom Mac fernsteuern

Um vom Mac aus einen PC fernzusteuern, verwenden Sie auf dem Mac das vorinstallierte Programm ***Bildschirmfreigabe***.

Starten Sie auf dem PC den UltraVNC-Server und geben Sie dessen IP-Adresse im Startfenster der ***Bildschirmfreigabe*** auf dem Mac ein. Geben Sie im nächsten Fenster das Anmeldepasswort ein.

Danach erscheint der Desktop des Windows-PCs in einem Fenster auf dem Mac und Sie können diesen fernsteuern.

Anmeldung mit der Bildschirmfreigabe auf macOS

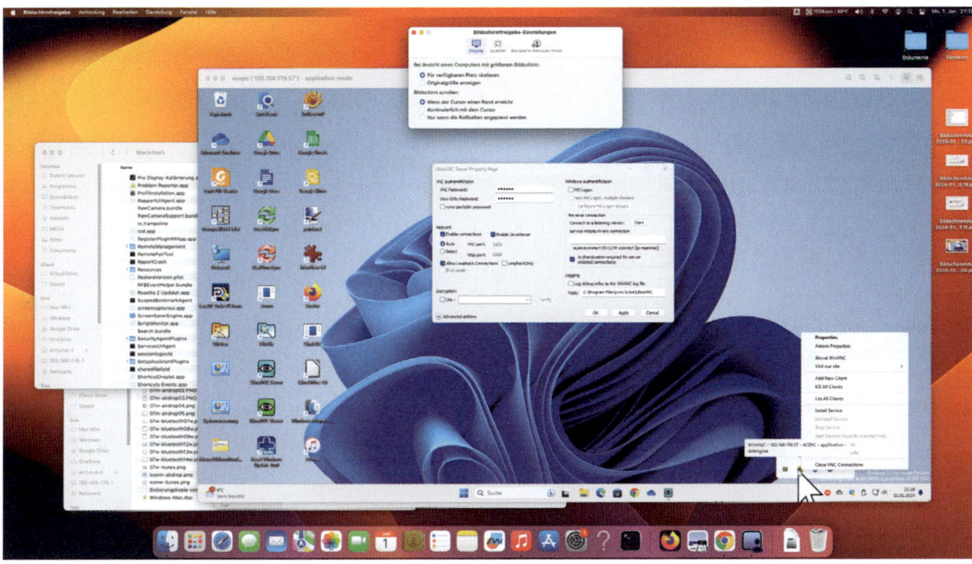

Windows-PC vom Mac fernsteuern

8.1.2 Mac vom Windows-PC fernsteuern

Umgekehrt können Sie auch von einem Windows-PC einen Mac fernsteuern.

1. Aktivieren Sie zunächst auf dem Mac in den *Einstellungen* unter *Allgemein/Teilen* die ***Bildschirmfreigabe***.
2. Klicken Sie auf das kleine *(i)*-Symbol in der Zeile *Bildschirmfreigabe*. Hier wählen Sie aus, welche Nutzer VNC-Verbindungen von anderen PCs oder Macs auf diesen nutzen dürfen. Um sich möglichst wenig einzuschränken, lassen Sie alle Benutzer zu. Die Nutzer müssen sich bei einer VNC-Verbindung zum Mac mit ihrem Mac-Benutzerpasswort anmelden, was bei VNC-Verbindungen zu Windows-PCs nicht zwingend nötig ist.
3. Ganz oben im Text des Fensters *Bildschirmfreigabe: Aktiviert* finden Sie die VNC-Adresse des Macs. Diese müssen Sie bei der Verbindung vom PC eingeben.

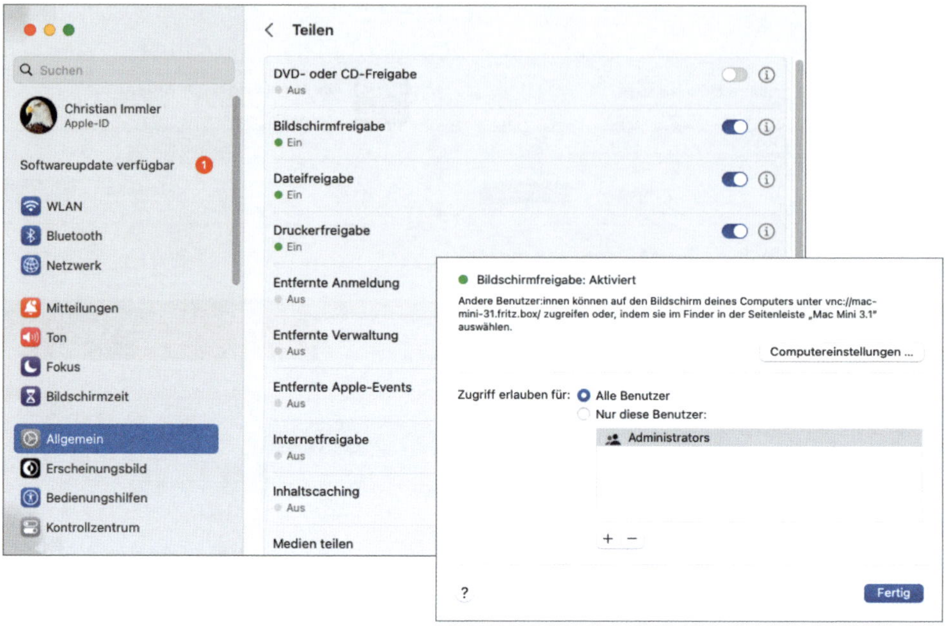

Bildschirmfreigabe auf dem Mac aktivieren

4. Klicken Sie jetzt noch auf *Computereinstellungen* und aktivieren Sie im nächsten Fenster beide Schalter. Legen Sie hier noch ein Passwort fest, das bei der VNC-Anmeldung eingegeben werden muss.

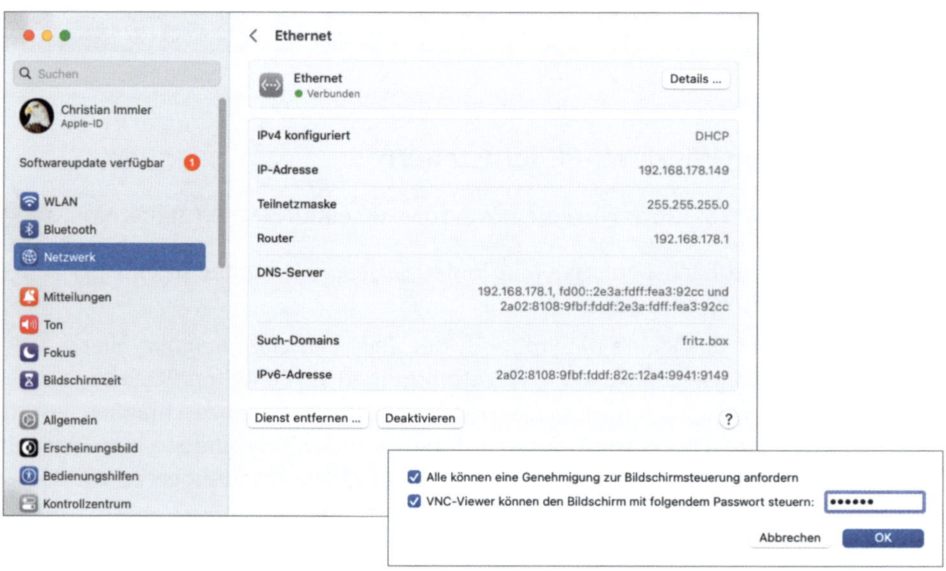

Links: IP-Adresse des Macs anzeigen, rechts: VNC-Passwort zum Zugriff auf den Mac festlegen

5. Starten Sie auf dem PC den UltraVNC-Client und tragen Sie die VNC-Adresse des Macs im Feld *server:port* ein. Schalten Sie mit *Show Options* die weiteren Optionen ein.
6. Legen Sie auf den verschiedenen Registerkarten die abgebildeten Einstellungen fest. Besonders wichtig ist, dass Sie auf der Registerkarte *Security* die Verschlüsselung abschalten.

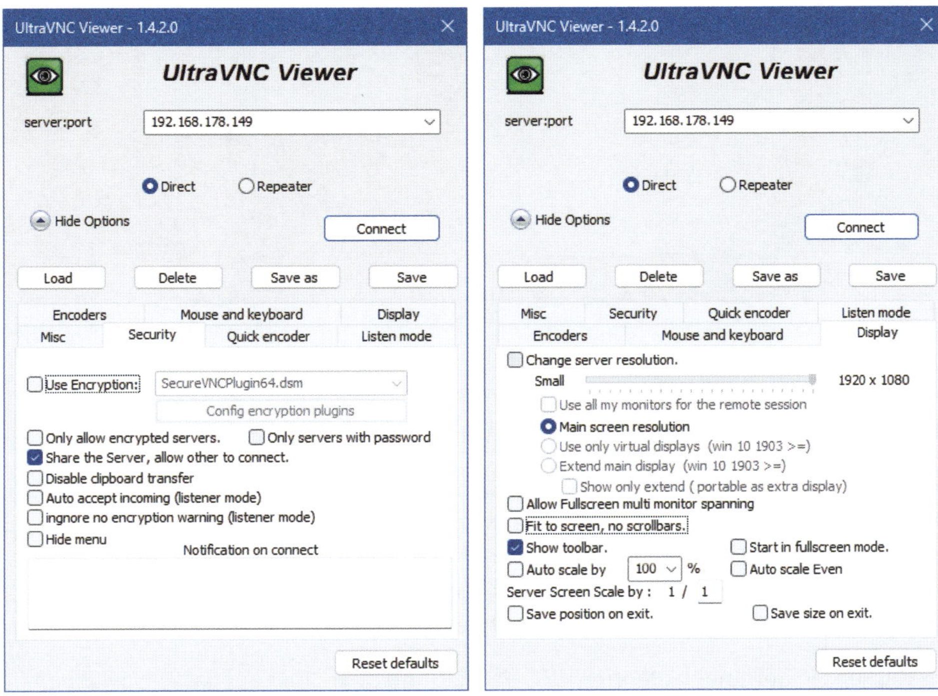

Einstellungen in UltraVNC

7. Um die Einstellungen nicht jedes Mal neu eingeben zu müssen, können Sie sie mit dem Button *Save as* speichern.
8. Klicken Sie jetzt auf den Button *Connect*, um die Verbindung herzustellen. Zunächst müssen Sie das auf dem Mac festgelegte VNC-Passwort eingeben. Anschließend erscheint der Anmeldebildschirm des Macs, auf dem Sie sich mit Ihrem Mac-Benutzerpasswort anmelden.
9. Leider funktioniert die Anmeldung mit der angezeigten VNC-Adresse oftmals nicht. Geben Sie in solchen Fällen die IP-Adresse des Macs im Feld *server:port* ein. Diese finden Sie auf dem Mac in den *Einstellungen* unter *Netzwerk/Ethernet* oder *Netzwerk/WLAN*, je nach Verbindungstyp.

Mac vom Windows-PC fernsteuern

8.1.3 Wenn die Bildschirmauflösung nicht passt

Mac-Bildschirme haben oftmals eine sehr hohe Auflösung. Besonders, wenn Sie einen Mac über VNC von einem Windows-Laptop unterwegs steuern möchten, kann es passieren, dass der Mac-Bildschirm nicht komplett in das VNC-Fenster auf dem Windows-PC passt. ***UltraVNC*** bietet mehrere Möglichkeiten, die Darstellung so anzupassen, dass der gesamte Mac-Bildschirm im Fenster zu sehen ist.

1. Klicken Sie bei einer laufenden VNC-Verbindung oben links auf das *Einstellungen*-Symbol und wählen Sie im Bereich *Display* der Verbindungseinstellungen einen Prozentsatz aus, auf den die Darstellung skaliert werden soll.
2. Möchten Sie diese Skalierung für die Verbindung mit dem Mac immer nutzen, wählen Sie vor dem Aufbau der Verbindung in ***UltraVNC*** auf der Registerkarte *Display* unter *Auto scale by* einen Prozentsatz aus, auf den die Darstellung skaliert werden soll. Speichern Sie dann die Verbindungseinstellungen mit *Save*.
3. Klicken Sie während einer Verbindung oben links auf das Symbol *Toggle Fullscreen Mode*. Damit wird das VNC-Fenster im Vollbildmodus eingeblendet. Oben erscheint eine schmale Symbolleiste, auf der Sie mit dem zweiten Symbol von links die Darstellung automatisch so skalieren können, dass der gesamte Bildschirminhalt des Macs auf dem PC-Bildschirm dargestellt wird.

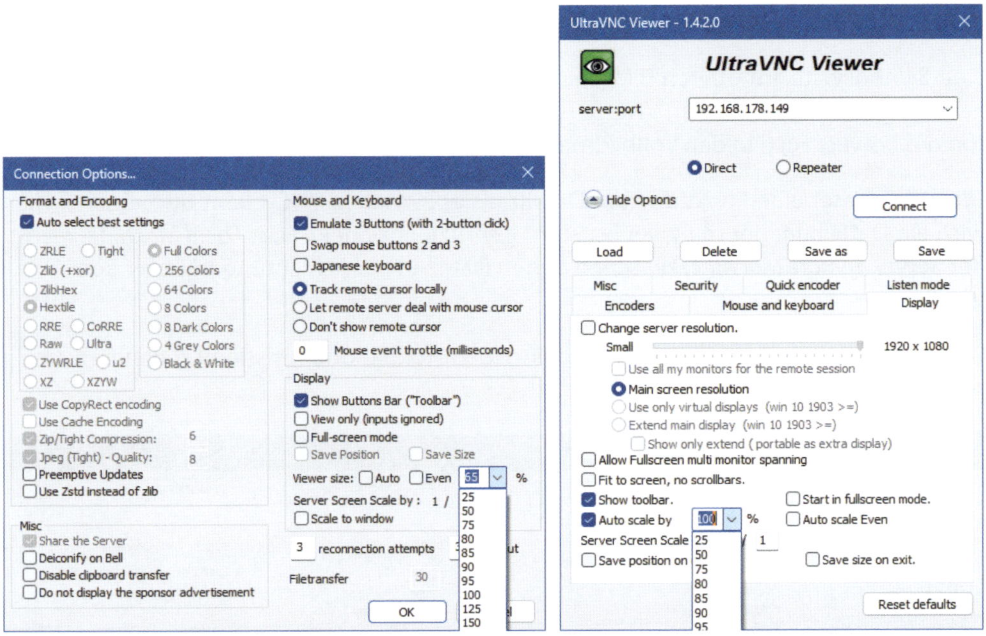

Skalierung in UltraVNC während oder vor einer Verbindung einstellen

Mac vom Windows-PC im Vollbildmodus fernsteuern

8.1.4 Dateiübertragung über VNC

Eine Symbolleiste am oberen Bildschirmrand von ***UltraVNC*** bietet die Möglichkeit, spezielle Befehle an den VNC-Server zu senden. Hier können Sie den Desktop des Servers auch in den Vollbildmodus auf dem Client schalten.

UltraVNC bietet eine Funktion zum Dateitransfer zwischen VNC-Client und -Server. Hier wird ein Dateimanager mit zwei Fenstern genutzt, links der Client *Local Machine*, rechts der Server *Remote Machine*, zwischen denen Daten in beide Richtungen übertragen werden können.

Diese Datenübertragung ist nicht Teil des VNC-Protokolls und funktioniert daher nur zwischen UltraVNC-Installationen.

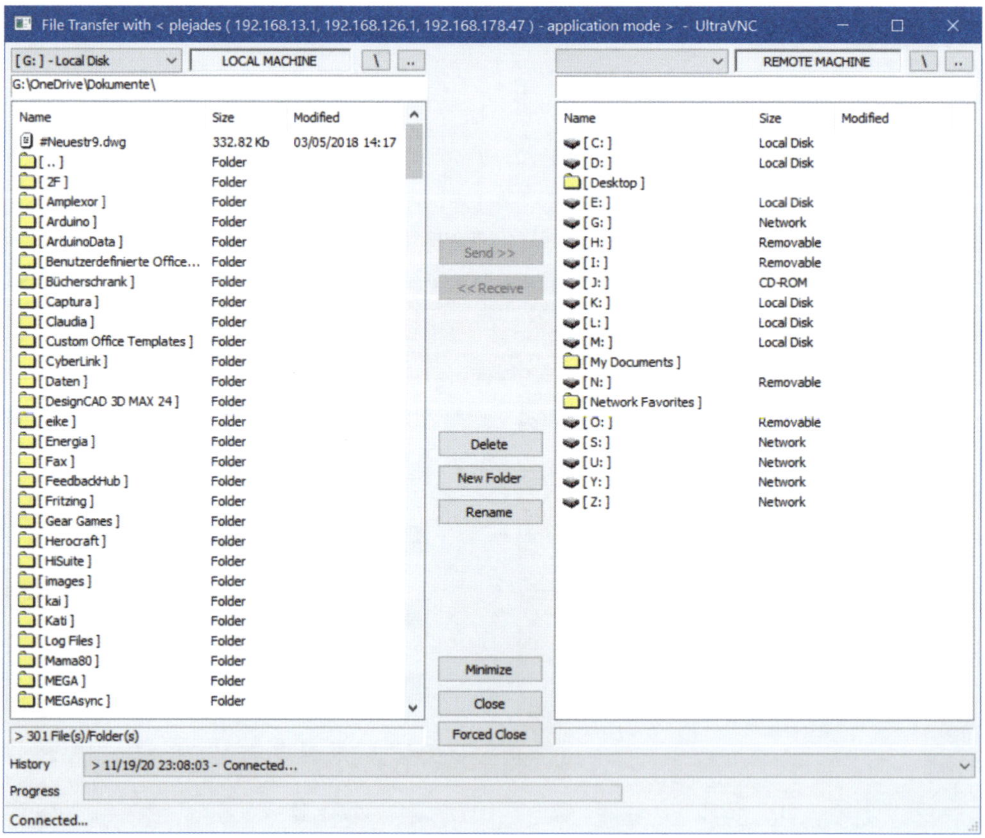

Dateimanager in UltraVNC

8.2 macOS-Look für Windows

Möchten Sie, dass Ihr Windows wie macOS aussieht? Verschiedene Bildschirmthemen und Fanprojekte machen es möglich. Die am weitesten reichenden Anpassungen bietet das ***macOS Transformation Pack***, das Sie unter windowsxlive.net/macos-transformation-pack herunterladen.

> **Nur gut für Windows 10**
>
> Das ***macOS Transformation Pack*** funktioniert bis jetzt gut mit Windows 10, aber nur mit erheblichen Einschränkungen mit Windows 11.

8.2.1 Systemwiederherstellungspunkt anlegen

Legen Sie auf jeden Fall vor so tiefgreifenden Systemveränderungen immer einen Systemwiederherstellungspunkt an, um im Falle des Nichtfunktionierens den vorherigen Zustand wiederherzustellen.

Klicken Sie dazu in den *Einstellungen* unter *System/Info* auf *Systemschutz*. Legen Sie hier mit einem Klick auf *Erstellen* einen neuen Wiederherstellungspunkt an. Geben Sie diesem einen Namen, unter dem Sie ihn später wiederfinden.

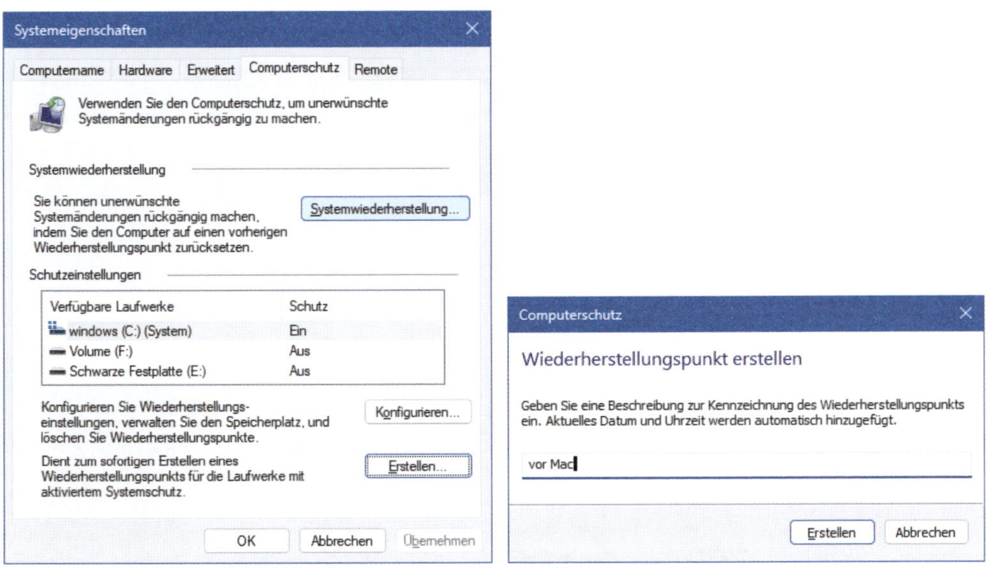

Systemwiederherstellungspunkt erstellen

Möchten Sie Ihr System auf diesen Zeitpunkt zurücksetzen, klicken Sie im Fenster *Systemeigenschaften* auf *Systemwiederherstellung* und wählen den gewünschten Wiederherstellungspunkt aus.

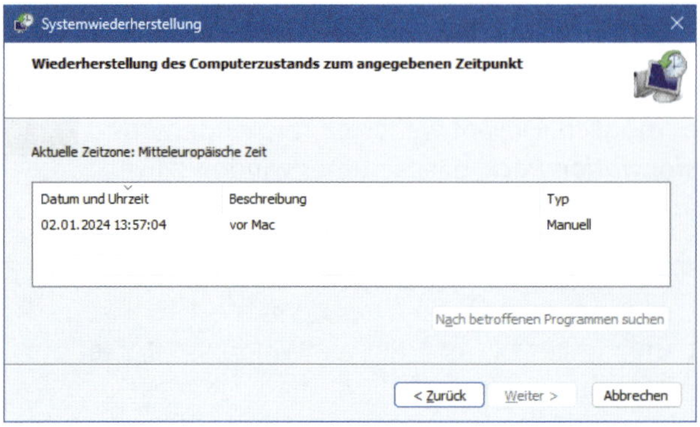

Systemwiederherstellungspunkt auswählen

8.2.2 macOS Transformation Pack installieren

Die verschiedenen Tools des ***macOS Transformation Pack*** werden von einer gemeinsamen Installationsroutine automatisch installiert. Zum Schluss müssen Sie nur noch einmal den PC neu starten.

1. Starten Sie die Installationsdatei aus dem Download. Auf dem Einrichtungsbildschirm können Sie verschiedene Grundeinstellungen wählen. Die meisten sind bereits optimal voreingestellt. Der Parameter *Left side OS X caption buttons style* verschiebt die drei Buttons zum Schließen, Minimieren und Maximieren der Fenster in die linke obere Fensterecke, was bei einigen Windows-Programmen zu Problemen führt.

macOS Transformation Pack: Installationsoptionen auswählen

2. Schalten Sie, um Ihre Browser-Einstellungen nicht zu beschädigen, die Option *Set Windows X's Live as default homepage* unten links aus. Klicken Sie dann auf *Install*.
3. Die Installation kann einige Zeit dauern. Danach müssen Sie den PC neu starten.

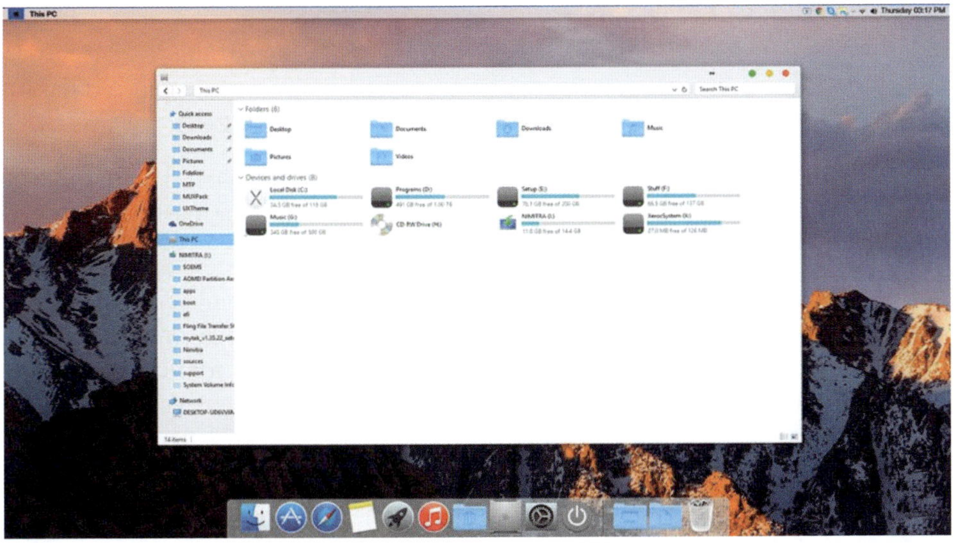

Windows 10 mit macOS Transformation Pack

Windows 11 mit macOS Transformation Pack

> **Nichts für langsame PCs**
> Das ***macOS Transformation Pack*** benötigt einiges an Systemressourcen und bremst schwächere PCs deutlich aus.

8.3 Windows-Programme auf dem Mac nutzen

Windows-Programme laufen grundsätzlich nicht auf macOS. Viele Entwickler bieten ihre Programme in zwei Versionen an, für Windows und für macOS – aber eben nicht alle.

Gibt es für eines der Programme, die Sie unbedingt benötigen, keine macOS-Version oder keine geeignete Alternative, bietet das kostenpflichtige Programm ***CrossOver*** in vielen Fällen eine Lösung. Der Hersteller bietet unter www.codeweavers.com/compatibility eine Kompatibilitätsliste an, welche Programme laufen und welche nicht. ***CrossOver*** benötigt keine Windows-Lizenz und auch keine Windows-Installations-DVD, da kein Windows im Hintergrund läuft, sondern die nötigen Funktionen nur auf macOS umgesetzt werden.

Nach der Installation können Sie in ***CrossOver*** nach kompatiblen Programmen suchen. Manche Programme können direkt aus ***CrossOver*** heruntergeladen werden, für andere benötigen Sie die Original-Installationsdatei.

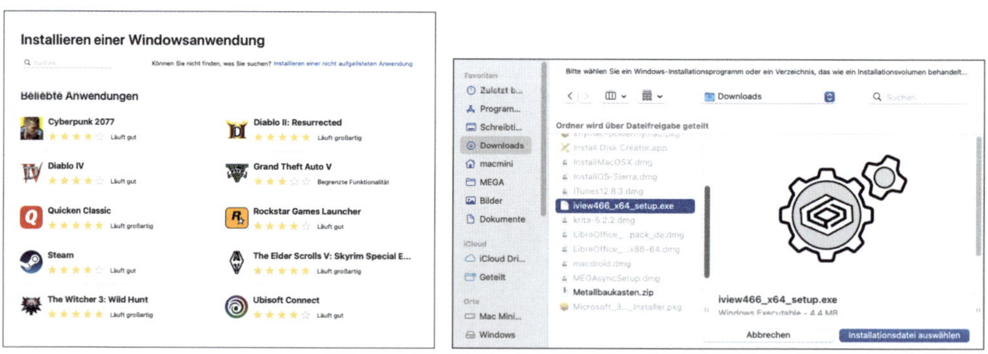

Windows-Anwendung in CrossOver installieren

Nach der Installation eines Windows-Programms können Sie dieses direkt aus ***CrossOver*** starten.

Die installierten Programme werden auch im ***Launchpad*** eingetragen und können von dort wie macOS-Apps gestartet werden.

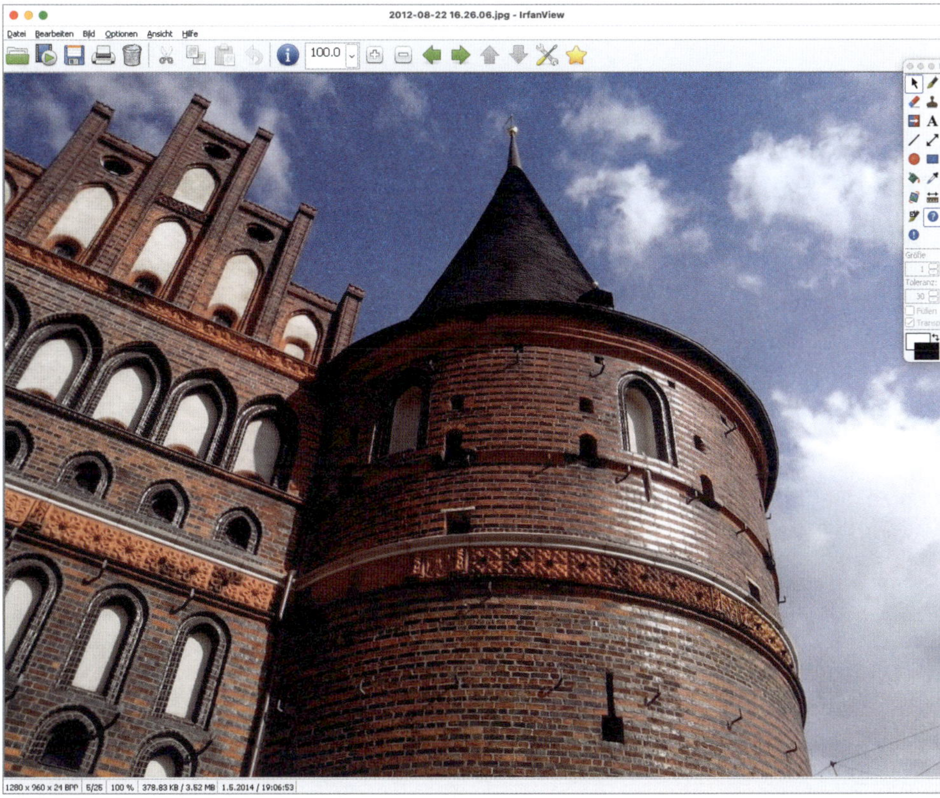

Das Windows-Programm IrfanView läuft mit CrossOver auf macOS

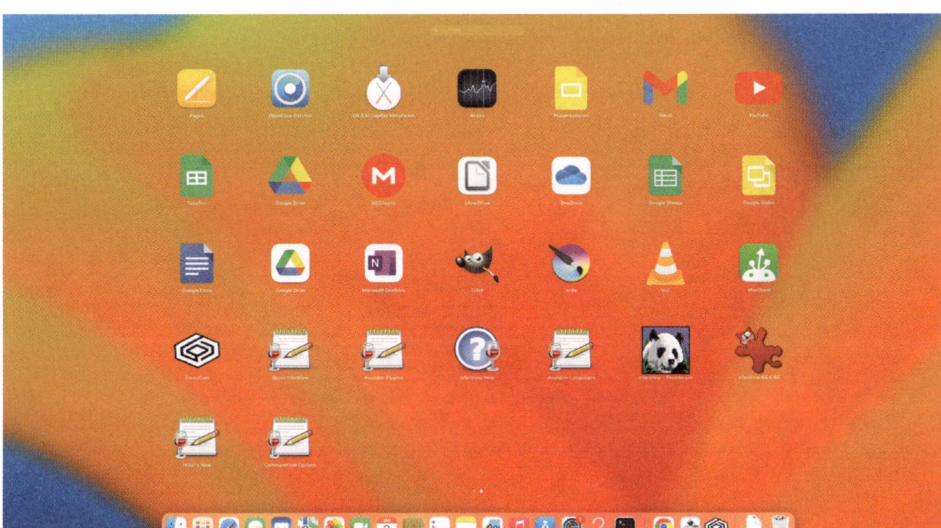

Windows-Programme im Launchpad

8.4 Windows über Boot Camp auf dem Mac installieren

Nachdem über Jahre verschiedenste Methoden im Internet kursierten, wie Windows auf einem Mac installiert werden kann, bietet Apple seit Mac OS X Tiger eine eigene Softwarelösung namens ***Boot Camp*** an. ***Boot Camp*** installiert Windows direkt auf der Mac-Hardware. Es handelt sich nicht um eine Virtualisierungsplattform wie ***Parallels Desktop*** oder ***VM-ware***, die die Leistung deutlich ausbremsen.

Zur Installation von Windows benötigen Sie mindestens 64 GB freien Festplattenplatz sowie eine ISO-Datei eines Windows-Installationsmediums. Erstellen Sie außerdem vorher eine Datensicherung aller persönlichen Dateien. Im Normalfall gehen bei der Boot-Camp-Installation keine Daten verloren, aber sicher ist sicher.

1. Starten Sie den Boot Camp-Assistenten aus dem Ordner *Dienstprogramme*.
2. Wählen Sie im Boot Camp-Assistenten die ISO-Datei zur Installation von Windows. Diese kann auf der internen Festplatte des Macs oder auf einem USB-Laufwerk liegen.
3. Legen Sie jetzt noch die Größe der gewünschten Windows-Partition auf der Festplatte fest. Der *Boot Camp-Assistent* legt diese Partition automatisch an. Die vorhandene macOS-Festplattenpartition wird um den benötigten Speicherplatz der Windows-Partition verkleinert. Dazu muss ausreichend freier Festplattenplatz vorhanden sein. Die Partitionsgröße lässt sich später nicht mehr ändern.

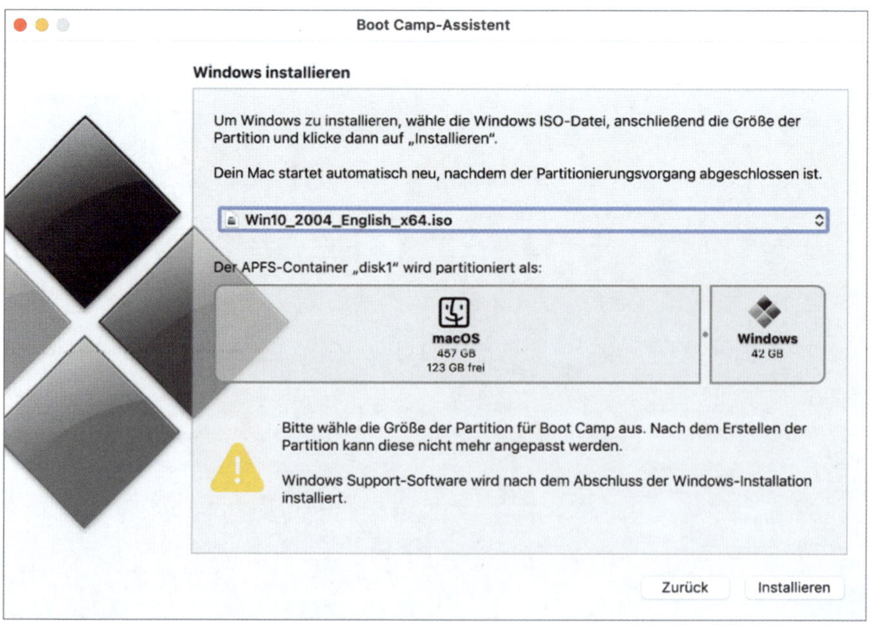

Windows mit Boot Camp installieren

4. Sollte bereits eine Boot-Camp-Installation auf der Festplatte vorhanden sein, kann keine weitere Festplattenpartition angelegt werden. ***Boot Camp*** kann aber die alte Installation löschen.
5. Nachdem die Festplattenpartition angelegt und formatiert wurde, wird Windows installiert. Die Installation läuft wie eine Windows-Installation auf einem PC.
6. Zum Schluss installiert ***Boot Camp*** einige Gerätetreiber, damit Windows auf der Mac-Hardware läuft. Hierbei kommt es immer wieder zu Meldungen, dass Komponenten den sogenannten Windows-Logo-Test nicht bestanden haben. Klicken Sie in solchen Fällen immer auf *Trotzdem installieren*.
7. Nachdem die Installation abgeschlossen ist, startet Windows auf dem Mac. Beim ersten Start müssen Sie wie bei jeder Windows-Installation ein Benutzerkonto anlegen oder ein Microsoft-Konto zur Anmeldung eintragen.

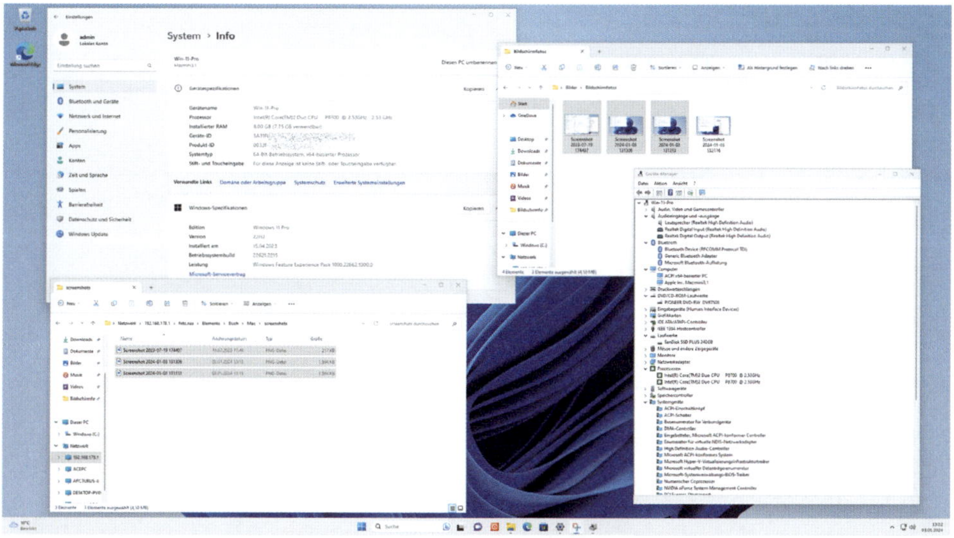

Windows 11 auf dem Mac

Keine Treiberupdates

Sollte sich Windows wegen veralteter Treiber melden, installieren Sie keine Treiberupdates, da die von Microsoft gelieferten Gerätetreiber oft nicht kompatibel zu ***Boot Camp*** sind. Die Sicherheitsupdates von Windows sollten dagegen immer installiert werden.

Standardbetriebssystem wählen

Nach der Installation von ***Boot Camp*** erscheint bei jedem Neustart ein Bootmanager mit einem Auswahlbildschirm, auf dem Sie zwischen macOS und Windows wählen können. Nach wenigen Sekunden wird der Mac automatisch mit dem gewählten Standardbetriebssystem gestartet, wenn Sie vorher keine Auswahl tätigen.

In den *Einstellungen* von macOS können Sie unter *Allgemein/Startvolume* festlegen, ob der Mac nach der Wartezeit automatisch mit macOS oder mit Windows gestartet werden soll.

Startvolume in den Einstellungen von macOS auswählen

Viel Spaß mit Ihrem Mac oder/und Windows-PC!

Christian Immler und das Team von Markt+Technik

A

B

C

D

E